21世纪高等医药院校教材

供医药经济与管理及临床医学专业使用

# 卫生法学

陈 瑶 田 侃 主编

科学出版社

北 京

# 内 容 简 介

本书系统介绍了我国现行主要的卫生法律法规和卫生法涉及的法学基础理论,对现代医学发展中产生的新的法律问题作了有力的探讨。全书采用最新资料和学术成果,使该书具备了较强的科学性、系统性和实用性。

本书可作为高等医药院校本专科相关专业课程的教材和医药卫生行政执法监督机构学习卫生法规知识的读本,也可作为国家执业医师(中医师)、执业药师(中药师)考试的辅导参考书及社会读者了解医药卫生法律知识、应对医药卫生法律诉讼的参考书。

**图书在版编目(CIP)数据**

卫生法学 / 陈瑶,田侃主编. —北京:科学出版社,2010.8
21 世纪高等医药院校教材·供医药经济与管理及临床医学专业使用
ISBN 978-7-03-028407-5

Ⅰ. 卫… Ⅱ. ①陈… ②田… Ⅲ. 卫生法-法的理论-中国-医学院校-教材 Ⅳ. D922.161

中国版本图书馆 CIP 数据核字 (2010) 第 143277 号

责任编辑:杨 扬 曹丽英 / 责任校对:陈玉凤
责任印制:徐晓晨 / 封面设计:黄 超

**科 学 出 版 社**出版
北京东黄城根北街 16 号
邮政编码:100717
http://www.sciencep.com

**北京京华虎彩印刷有限公司** 印刷
科学出版社发行 各地新华书店经销

\*

2010 年 8 月第 一 版 开本:787×1092 1/16
2018 年 1 月第六次印刷 印张:22 3/4
字数:541 000
**定价:39.00 元**
(如有印装质量问题,我社负责调换)

# 《卫生法学》编写人员

主　编　　陈　瑶　田　侃
副主编　　李　娜　史君榕　周成友　王　群
编　委　(按姓氏笔画排序)

王　群(铜仁职业技术学院)

毛　毛(中国药科大学)

田　侃(南京中医药大学)

史君榕(黔南民族医学高等专科学校)

卢军锋(南京中医药大学)

朱晓卓(南京中医药大学)

许　玲(南京中医药大学)

李　娜(贵阳中医学院)

李　歆(南京医科大学)

李　鑫(南京中医药大学)

严桂平(江西中医学院)

陈绍辉(江西中医学院)

陈　瑶(贵阳中医学院)

张会萍(河南中医学院)

沈爱玲(南京中医药大学)

周成友(遵义医药高等专科学校)

胡　曲(浙江中医药大学)

黄仁夫(贵阳中医学院)

# 前　言

20世纪中叶以来,随着生物-心理-社会医学模式的确立,人们越来越认识到医学与人文社会科学结合的重要性。一批具有明显医学和人文社会科学交叉渗透特点的新兴边缘学科应运而生,并在迅速发展。卫生法学就是这一医学人文学科群中一颗璀璨的明珠。

卫生法学是我国社会主义法律体系的重要组成部分。随着社会经济的不断发展和人民健康水平的日益提高,卫生法学越来越受到人们的重视。目前,全国绝大多数的医药院校都开设了卫生法学类课程,并加强了卫生法学的理论研究。国家执业医师资格考试也将卫生法学列入各级各类医师的必考科目。

《卫生法学》以介绍我国现行的医药卫生法学为主,同时对卫生法学涉及的法学基础理论做了较为系统的介绍,对现代医学发展中产生的新的法律问题也做了有益探讨,并尽可能地采用最新资料和学术成果,力求做到科学性、系统性和实用性。

本书针对各专业的特点,充分注意到内容的适用面,并将卫生法学的内容做了有益的拓展,使该书更符合卫生法学理论体系的完整要求,因此,本书可作为医药院校医药经济与管理专业和临床医学各层次卫生法学类课程的专用书,同时也可以作为执业医师资格考试参加者较好的参考书和培训书;既可供医药卫生行政机关、卫生监督执法机构工作人员和卫生专业技术人员学习和运用卫生法律知识之用,也可供医药卫生系统干部、职工教育培训使用,还可供卫生法学爱好者自学使用。

在本书的编写过程中,贵阳中医学院、南京中医药大学、河南中医学院等院校的领导给予了支持和帮助,特别是贵阳中医学院医学人文系和南京中医药大学经贸管理学院为了保证本书质量,为编者提供了大量帮助,承担了许多协调工作,科学出版社也为本书的出版做了许多具体细致的工作,对此我们一并致以诚挚的谢意。本书由陈瑶、田侃拟编大纲,后经过全体编者讨论修改完善,由贵阳中医学院的陈瑶、李娜、黄仁夫,南京中医药大学的田侃、沈爱玲、李鑫、朱晓卓、卢军锋、许玲,黔南民族医学高等专科学校的史君榕、遵义医药高等专科学校的周成友、铜仁职业技术学院的王群、河南中医学院的张会萍,浙江中医药大学的胡曲,南京医科大学的李歆,江西中医学院的严桂平、陈绍辉,中国药科大学毛毛等多位从事卫生法学教学和研究的专业人员共同编写。本书最后由陈瑶统稿、定稿。

因水平和能力有限,加之时间仓促,书中疏漏、不妥和错误之处在所难免,敬请专家同行和广大读者批评指正,也希望使用本书的师生提出宝贵意见,以供今后修订时参考。

陈　瑶

2010年6月于贵阳东山脚下

# 目　　录

# 绪　论

通过绪论内容的学习,了解卫生法学的概念、性质和任务,卫生法学的研究对象,熟悉卫生法学体系及其与各相关学科的关系、学习意义,掌握卫生法学的学习方法。

## 一、卫生法学的概念、性质和任务

### (一) 卫生法学的概念

卫生法学(medical jurisprudence)是研究卫生法律规范及其发展规律的一门法律学科。

20 世纪以来,自然科学和社会科学逐渐从分化走向综合,出现两大领域汇流、不断融合渗透的历史趋势;20 世纪 60 年代后期,传统的生物医学模式日渐式微,新的生物-心理-社会医学模式蓬勃兴起。卫生法学就是在这一深刻的社会历史背景下孕育和成长起来的一门新兴的边缘交叉学科。从医学角度来看,卫生法学属于人文医学的范畴;从法学角度来看,卫生法学则属于法律科学中一门有关卫生问题的应用科学范畴。

我们在研究卫生法学的时候,首先应该了解"卫生"和"法律"的含义。

1. **什么是卫生**

"卫生"一词在这里应作广义的理解,即泛指为维护和保障人体生命健康而进行的一切个人和社会活动的总和。它包含以下三个方面的内容:一是使人体在出生前后便有一个比较强健的体质;二是促使人体在生活和劳动过程中增强体质,能够避免和抵御外部环境对人体的不良影响,并保持完满的精神状态和良好的社会适应能力;三是对业已患病的人体进行治疗,使之恢复健康。《牛津辞典》为"health"和"medicine"下的权威定义分别是:"soundness of body or mind"和"art of restoring and preserving health",即分别为"心理与机体的圆满状态"和"恢复和保护健康的技艺"。

在我国,卫生范围主要包括:传染病防治、国境卫生检疫、妇幼卫生保健、计划生育、职业病防治、食品卫生、药品和生物制品、医疗器械、公共卫生、环境卫生、口腔卫生、精神卫生、特殊人群卫生、传统医学、康复医学、医疗服务、卫生规划、卫生组织、卫生人员、卫生技术、卫生立法、卫生伦理、卫生信息、卫生监督、医疗保障、医药学高科技发展、医药学教育、卫生国际合作等。

2. **什么是法律**

法律一般认为是阶级社会特有的一种历史现象。法律的含义可以从形式与内容两个方面去理解。从形式上看,法律具有公平、正义、无私、威严等自然品性,但从本质上看,法律是由一定物质生活条件决定的统治阶级意志的体现,是由国家制定或认可并由国家强制力保证实施的行为规则的总和,是确认、维护和发展对统治阶级有利的社会关系和社会统治的工具。

法律是一种特殊的社会规范,它从统治阶级的利益出发,以国家的名义规定了人们的权利和义务,明确地告诉人们,什么行为是合法的、可以做的,什么行为是非法的、禁止做的。以此来规范人们的行为,钳制被统治阶级,调整社会成员的相互关系,从而使有利于统治阶级的社会关系和社会秩序得到维护和发展,以实现统治阶级的阶级专政。

(1)法律的特征:法律作为一种特殊的社会规范,其特征如下:

1)法律是由国家制定或认可的,具有国家意志性。制定或认可是统治阶级将自己的意志上升为国家意志的两种方式。制定,就是国家机关根据法定权限和程序制定规范性法律文件的活动。认可,就是统治阶级根据需要对社会上早已存在的风俗习惯、道德规范、宗教信条等,由国家机关加以确认,并赋予其法律效力。法律的国家意志性还可以派生出法的国家权威性、统一性和普遍适用性三个属性。

2)法律规定人们的权利和义务,具有确定性和可预测性。法律作为一种社会规范,是通过规定人们的权利和义务,以权利和义务为机制,影响人们的行为动机,指引人们的行为,调整社会关系的,这与道德和宗教有明显区别。一般说来,道德是通过规定人对人的义务来调整社会关系。而宗教则是通过规定人对神明的义务来调整社会关系。法律上的权利和义务规定则具有确定性和可预测性的特点,明确地告诉人们该怎样行为,不该怎样行为以及必须怎样行为,人们根据法律来预先估计自己与他人之间该怎样行为,并预见到行为的后果以及法律的态度等等。

3)法律由国家强制力保证实施,具有国家强制性。社会规范一般都具有某种强制性,但各自强制的性质、范围、实现的程度和方式不尽相同。如道德规范是由社会舆论、人们的内心信念及习惯、传统力量加以维护,它不具有国家强制力。所谓国家强制力,主要是指国家的军队、警察、监狱、法庭等有组织的国家暴力。法律规定人们行为所应该遵循的准则、权利和义务能否在现实中得以实施,必须依靠国家强制力予以保证,否则,如果没有国家强制力作后盾,法律就是一纸空文,毫无意义。

(2)法律的作用:法律是阶级社会重要的社会调整器,它的基本作用就是建立、维护和发展对统治阶级有利的社会关系和社会秩序,通过调整人们行为的规范来实现维护阶级统治的社会作用。就社会作用的范围或方向而言,可概括为两个基本职能:①政治职能。这里指统治阶级运用法律开展政治斗争,维护其政权的统治职能。②社会职能。这是指统治阶级基于其根本利益及维护全体社会居民的公共利益之目的,运用法律执行社会公共事务的职能。

## (二)卫生法学的性质和任务

对卫生法学的性质我们可以从以下几方面来认识:从卫生法学的总体职能来理解,卫生法学具有阶级性;从立法的根本宗旨来看,卫生法学具有社会性;从科学技术进步和调整纷繁复杂的社会关系来看,卫生法学具有综合性;从卫生法学是边缘学科来理解,它具有交叉性;从医学高科技发展的角度来分析,卫生法学又具有发展性和时代性。因此,卫生法学的任务就是将生物学、医学、药学、卫生学等基本理论、知识和法学的基本理论、知识结合起来,运用于卫生事业实践,用法律手段促进卫生事业的发展,维护和保障公民的生命和健康。

## 二、卫生法学的研究对象

卫生法学以卫生法律规范为研究对象,主要研究卫生法的产生及其发展规律;研究卫生法的调整对象、特征、基本原则、卫生法学体系;研究卫生法的制定和实施;研究卫生法学和相关学科的关系;研究国外卫生法学理论、立法和司法实践;研究如何运用卫生法学理论来解决卫生改革和医学高科技发展中的新问题等。

随着社会的不断进步和科学技术的飞速发展,以及卫生管理活动内容的日益丰富,健康在人们的实际生活和生产劳动过程中的作用也受到更加广泛的关注和重视。这就为全面地、系统地研究卫生活动中的客观规律和一般方法提供了必要的条件和基础,从而使卫生法学的研究不断得到充实和发展。

## 三、卫生法学体系

卫生法的内容涉及卫生、预防保健工作的各个方面。由于科学技术日新月异的发展,医学的外延正在不断扩大,卫生法的内容也在逐渐增加。目前,我国尚无一部统一的卫生法典,所以卫生法只是国家有关卫生问题的法律规范的总称。因此,要建立卫生法学的体系,就必须从众多的卫生法律规范中归纳和总结出一般性问题而加以研究。

根据我国众多卫生法学专家的观点,一般认为卫生法学由以下几部分构成:

1. 绪论部分

主要阐述卫生法学的概念、性质和任务及研究对象,卫生法学与相关学科的关系,学习卫生法学的目的、意义和方法。

2. 总论部分

主要阐述卫生法的基本理论,包括概念、调整对象、卫生法的产生和历史发展、卫生法的地位和作用、卫生法的基本原则、卫生法的表现形式、卫生法律关系、卫生法律责任、卫生法的制定和实施、卫生行政救济等。

3. 分论部分

主要阐述我国现行的卫生法律制度,包括公共卫生监督与疾病防治法律制度,医政管理法律制度,医疗技术人员管理法律制度,药政管理法律制度,妇幼卫生和计划生育法律制度,中医和民族医药管理法律制度以及医学高科技发展引起的有关法律问题等。

由于卫生法学是一门新兴学科,它的体系尚属初创,许多理论问题有待进一步研究和探讨,在不断总结实践经验的基础上,卫生法学体系必将进一步发展和完善。

## 四、卫生法学与相关学科的关系

1. 卫生法学与法学

法学是以法和法律现象及其发展规律为研究对象的一门社会科学。卫生法学则是以卫生法为研究对象的一门法学的分支学科。两者之间是一般与特殊的关系。卫生法学在法学基础理论的指导下开拓和发展自己的专门研究领域,而法学则可以吸收卫生法学中带有普遍意义的原则和规律来丰富自己。因而,学习和研究卫生法学应该努力掌握法学基础理论和基本知识。

2. 卫生法学与医药卫生科学

医药卫生科学是研究人类生命过程以及防治疾病的科学,医药卫生科学属自然科学范畴,而卫生法学属社会科学范畴。卫生法学和医药卫生科学的共同使命都是为了保护人体生命和健康，从这一点来说两者之间是相通的，因而医药卫生科学与卫生法学又有着必然的联系，表现在：①医药卫生科学的发展使立法思想受到影响和启迪，促进了许多卫生法律、法规的产生，使卫生法逐步形成了自己的结构和体系，并从原有的法律体系中脱颖而出，构成一个新的法律部门。同时，医药卫生科学理论与知识及其研究成果被运用到立法过程中，使卫生法的内容更具有科学性。②卫生法律为医药卫生的发展创造了良好的社会环境。通过卫生法律可以决定医药卫生发展的方向，保证国家医药卫生战略的实施，规定医药卫生机构的设置、组织原则、权限、职能和活动方式，控制现代医药卫生无序、失控和异化带来的社会危害等。同时，国家以适应医药卫生特点的法律来调整医药卫生活动领域中的社会关系，并不断探索现代医学发展引起的立法问题。

3. 卫生法学与医学伦理学

医学伦理学是研究医学道德的一门科学。卫生法律规范和医德规范都是调整人们行为的准则，它们的共同使命都是调整人际关系，维护社会秩序和人民利益。两者的联系表现在：卫生法体现了医德的要求，是培养、传播和实现医德的有力武器；医德体现了卫生法的要求，是维护、加强和实施卫生法的重要精神力量，所以，卫生法和医德相互渗透，互为补充，相辅相成。

然而，卫生法与医德又是有区别的，表现在：

1）在表现形式上，卫生法是拥有立法权的国家机关依照法定程序制定的，一般都是成文的；医德一般是不成文的，存在于人们的意识和社会舆论之中。

2）在调整的范围上，医德调整的范围要宽于卫生法，凡是卫生法所禁止的行为，也是医德所谴责的行为；但违反医德的行为不一定要受到卫生法的制裁。

3）在实施的手段上，卫生法的实施以国家强制力为后盾，通过追究法律责任来制止一切伤害人体健康的行为；医德主要依靠社会舆论，人们的内心信念和传统习俗来发挥作用。

4. 卫生法学与卫生政策学

卫生政策学是以卫生政策的制定和贯彻落实为研究对象的一门学科。卫生政策是指党和国家在一定历史时期内，为实现一定卫生目标和任务而制定的行为准则。卫生法和卫生政策都是建立在社会主义经济基础之上的上层建筑，在本质上是一致的，体现了广大人民群众的意志和利益，都具有规范性，是调整社会关系的行为准则。它们两者的联系主要表现在：卫生政策是卫生法的灵魂和依据。卫生法的制定要体现卫生政策的精神和内容；卫生法是实现卫生政策的工具，是卫生政策的具体化、条文化、规范化和法律化。

5. 卫生法学与卫生事业管理学

卫生事业管理学是研究卫生事业管理工作中普遍应用的基本管理理论、知识和方法的一门学科。卫生事业管理的方法有多种，法律方法仅是其中的一种。所谓卫生事业管理中的法律方法，是指运用卫生立法、司法和遵纪守法教育等手段，规范和监督卫生组织及其成员的行为，以使卫生事业管理目标得以顺利实现，即通常说的卫生法制管理。所以，卫生法律规范是卫生事业管理工作的活动准则和依据，卫生事业管理工作中的法律方法和其他方法的不同点在于它具有国家强制性。

6. 卫生法学与法医学

法医学是应用医学、生物学、化学及其他自然科学的理论和技术，研究并解决司法实践中有关人身伤亡和涉及法律的各种医学问题的学科。两者研究的内容都与医学密切相关，且都与法律不

可分离,因而联系很多。两者的区别在于:

1) 研究对象不同。法医学以司法实践中有关人身伤亡和涉及法律的各种医学问题为研究对象,而卫生法学则以卫生法为研究对象,两者分属医学学科和法学学科。

2) 产生的依据不同。法医学是应法律的需要而产生的,其任务是运用自然科学解决司法实践中的医学问题;卫生法学是应医学的需要而产生的,其任务是运用法律促进医药卫生事业的发展,保障人体生命健康。

## 五、学习卫生法学的意义

### 1. 依法治国,建设社会主义法制国家的需要

九届全国人大二次会议根据党中央的建议,对现行宪法加以修改,将"中华人民共和国实行依法治国,建设社会主义法治国家"作为宪法第五条的第一款。党的十六大进一步明确提出,依法治国是党领导人民治理国家的基本方略,为了实施这一方略,就必须加强社会各领域的法治。卫生事业是社会主义事业的重要组成部分,依法管理卫生事业是实现依法治国、建设社会主义法治国家的重要内容,只有加强法制宣传教育,包括卫生法制教育,不断提高广大人民群众的法制观念和法律意识,才能实现依法治国、建设社会主义法治国家的目标。

### 2. 发展卫生事业的需要

市场经济就是法制经济,21 世纪的社会将是法制比较健全的社会。卫生事业的发展需要法律予以保障,卫生事业也将逐步走向法制管理的轨道,不仅卫生机构的设置、各类卫生人员的执业要进行法制管理,而且社会公民的求医行为和遵医行为也将全面纳入法制管理的轨道。因此,对于卫生技术人员和医学生来说,学习卫生法可以调整知识结构,拓宽治学领域,了解与自己从事的工作密切相关的卫生法律规范,明确自己在卫生工作中享有的权利和承担的义务,增强法律意识,正确履行岗位职责,为保护人体生命和健康、促进卫生事业的发展做出自己的贡献。

### 3. 提高卫生执法水平的需要

卫生行政执法是政府管理全社会卫生的基本方式,是实现预防战略、保护人体生命健康的基本手段,卫生行政执法水平的高低,不仅关系到改善社会公共卫生状况,提高社会卫生水平和人民生活质量的问题,而且关系到规范市场经济秩序,优化投资环境,促进经济发展的问题。因此,提高卫生行政执法水平,必须要有一支既有丰富的专业知识,又熟悉卫生法律规范,乃至了解整个卫生法律体系基本情况的高素质的卫生行政执法队伍。学习卫生法学理论和知识,将有助于卫生行政执法人员更好地做到依法行政,不断提高卫生行政执法水平。

### 4. 维护公民生命健康权利的需要

我国的卫生事业,是以为人民的健康服务为中心,以维护公民的健康权利为核心。对于司法人员和管理者而言,学习卫生法学有利于正确及时地处理日益增多的卫生纠纷,科学合理地调解医患矛盾冲突,更好地维护公民的健康权利。对广大公民来说,通过学习和了解卫生法学基本理论、卫生知识,树立卫生法律理念,可以在自己的生命健康权利受到侵害时,正确运用法律武器来维护自己的合法权益。同时,对生命健康权、卫生行业及行为的特殊性有一个全面、科学、系统的认识,能进一步提高遵守卫生法律规范的自觉性。

## 六、学习卫生法学的方法

### 1. 理论联系实际的方法

理论与实际相结合是马克思主义理论研究的出发点和归宿。卫生法学是一门应用性的理论学科,具有很强的实践性。这里的理论,就是指卫生法学的基本理论、基本知识和相关学科的知识。所谓联系实际,一是联系客观的事实、制度、现象及实际中存在的问题;二是密切结合我国卫生体制改革和卫生法制建设的实践;三是联系社会思潮、认识及流行的各种观点和见解;四是结合个人的思想实际和专业工作实际。只有广泛地联系和深入地考察生动的社会实际,才能使我们的思路开拓,避免认识僵化;同时我们也会得到对理性认识的检验,提高运用理论解决实际问题的能力。

### 2. 历史分析的方法

法是人类社会发展到一定历史阶段的产物,它同当时的社会物质生活条件有着密切联系,受当时社会政治、经济、文化、宗教等社会意识形态的影响。卫生法律规范的确定和实施都是基于具体的历史条件和特定的历史背景的,如果脱离了时间和空间,问题就得不到正确的认识和解决。因此,学习卫生法学一定要坚持历史分析的方法,对法律现象及法律关系的研究同一定的社会经济关系、意识形态以及卫生的发展实际等联系起来,深入研究不同卫生法律的产生与发展基础,探究其产生与发展的根源和条件。

### 3. 比较分析的方法

比较分析方法是学习卫生法学的重要方法之一。比较可以分纵向比较和横向比较两种方法,纵向比较,就是指要了解古今卫生法律规范的历史演变,用批判分析的态度借鉴历史;横向比较,就是指要了解世界各国的卫生法律制度和国际卫生立法的情况,既要吸收国外成功经验、科学成果,又要剔除其不合国情的成分,做到有分析、有比较、有选择,从而形成和发展具有中国特色的社会主义卫生法学体系。

(南京中医药大学　田　侃)

# 第一章 卫生法概论

通过本章的学习,要求理解卫生法的概念、调整对象,掌握卫生法的基本原则和卫生法律关系的特征、构成要素,熟悉卫生法渊源的种类、卫生法的制定和实施,了解卫生法的作用和法律责任。

## 第一节 卫生法的概念、调整对象和作用

### 一、卫生法的概念和特征

**1. 卫生法的概念**

卫生法是指由国家制定或认可,并由国家强制力保证实施的,旨在调整和保护公民生命健康活动中形成的各种社会关系的法律规范的总和。

卫生法有狭义和广义之分。狭义的卫生法,是指由全国人民代表大会及其常务委员会制定的各种卫生法律。广义的卫生法,不仅包括上述各种卫生法律,而且还包括被授权的其他国家机关制定颁布的从属于卫生法律的,在其所辖范围内普遍有效的卫生法规和规章,以及宪法和其他规范性法律文件中涉及卫生法的内容。本书所指的卫生法是指广义的卫生法。

**2. 卫生法的特征**

卫生法是我国法律体系的一个重要组成部分,具有法律的一般属性,同时,由于卫生法是以围绕人体健康生命权益而产生的各种社会关系为调整对象,它必然要受到自然规律和科学技术发展水平的影响。因此,和其他法律部门相比,卫生法又具有自己独有的特点。

1)卫生法以保护公民生命健康权为根本宗旨。公民的生命健康权是公民人身权中一项最基本的权利。卫生法以保障公民的生命健康权为根本宗旨,这正是它区别于其他法律部门的主要标志。

2)卫生法是行政法律规范和民事法律规范相结合的法律。卫生法作为一个重要的法律部门,有着与其他法律部门不同的特点。它以调整卫生社会关系为主要内容。从卫生法的内容上看,卫生法是一种行政法律规范和民事法律规范相结合的法律。卫生社会关系既存在于卫生机构、卫生人员与卫生行政部门之间,也存在于卫生机构、卫生人员与患者之间,以及其他产生卫生社会关系的主体之间。卫生法调整的社会关系的广泛性,决定了其调整手段的多样性;既要采用行政手段调整卫生行政组织管理活动中产生的社会关系,又要采用民事手段来调整卫生服务活动中的权利义务关系。例如在我国,卫生机构和卫生人员提供卫生服务时,其与患者的关系多是由行政法律

规范来调整的,但这并不妨碍医患关系受民事法律规范的制约。虽然我国将患者的权利纳入了行政法律规范,但患者的权利主要具有民事性质,因此法律规定侵害患者权利的行为要承担一定的民事赔偿责任;对在医疗服务过程中出现的严重的侵权行为还要追究相应的刑事责任。因此,从这一角度来说,卫生法是多元的。国外卫生法学将卫生法解释为与卫生保健以及与卫生保健直接有关的一般民事法、行政法及刑法的法律规范的总称。

3) 卫生法与医学等自然科学的发展关系密切。卫生工作是以生命科学为核心的科技密集型行业。现代卫生事业是在现代自然科学及其应用工程技术高度发展的基础上展开的。以卫生关系为调整对象的卫生法,必然要涉及与人的生命、健康相关的自然科学。医学及其他相关学科的技术成果是卫生法的立法依据,也是卫生法的实施手段和实施依据。因此从这个角度说,卫生法具有浓厚的技术性。从医学实践中总结出来的反映客观规律的医学技术成果不断被卫生法所吸收,是卫生法生命力的源泉。卫生法的内容中含有大量的医学技术成果,既显示了卫生法的技术性、专业性,也说明了卫生法的普遍性、广泛性。同时,随着医学的发展与进步,卫生法也不断面临新的问题,如涉及器官移植、脑死亡、基因诊断与治疗、生殖技术等问题,需要制定相应的法律规范,而原有的卫生法也需要不断修改和完善。医学科学在探索人类健康和生命的过程中充满着难以预料的风险,需要一定的社会保证条件,其中包括法律的保护和导向作用。因此,卫生法与医学等自然科学紧密联系、相互促进、互为依存的关系是其他众多法律所难以比拟的,因而这成为卫生法的基本特征之一。

4) 卫生法是具有一定国际性的国内法。从卫生法所确认的规则看,卫生法是具有一定国际性的国内法。卫生法虽然在本质上属于国内法,但由于对卫生本身共性的、规律性的普遍要求,特别是随着各国之间人员往来和贸易与合作的快速发展,任何一个国家或地区都不可能置身于世界之外,而只能从自身利益的互补性出发,去适应世界经济一体化的发展趋势。因此,各国卫生法在保留其个性的同时,都比较注意借鉴和吸收各国通行的卫生规则,把一些具有共同性的卫生要求、卫生标准载于本国法律,并注意借鉴和吸收各国通行的卫生规则,使得卫生法具有明显的国际性。一些国际组织为卫生法的国际化做出了贡献。如世界卫生组织、国际医学法学会等。国际社会还订立了大量的有关卫生的国际公约。

## 二、卫生法的历史发展

卫生法的发展在人类历史上源远流长,对不同历史时期、不同阶级社会的卫生法律特点及其发展规律进行研究借鉴,对完善和发展社会主义卫生法律理论有着重要的意义。

### 1. 国外卫生法的发展

据文献记载,早在公元前3000年左右,古埃及就开始颁布一些有关卫生方面的法令,如有关掩埋尸体、排水以及处罚违纪医生、严禁弃婴的规定等。公元前2000年古代印度的《摩奴法典》,公元前18世纪古巴比伦王国的《汉谟拉比法典》,公元前450年古罗马的《十二铜表法》、《阿基拉法》和《科尼利阿法》等法典中都有对医师的管理、医疗事故的处理、城市公共卫生、食品卫生、疾病预防、医学教育等方面的规定。

欧洲封建国家兴起后,各国逐渐加强了卫生立法,法律规定、调整的范围有所扩大,到中世纪中后期,随着科学的发展,医学学校的出现,在许多方面出现了卫生成文法规,如13世纪法国的腓特烈二世颁布了《医师开业法》、《药剂师开业法》;14世纪,威尼斯、马塞等地颁布了检疫法,开创了国际卫生检疫的先河;15 世纪前后在佛罗伦萨、纽伦堡等地出现了较系统的药典。

随着工业革命的兴起,社会关系发生了的巨大改变,也导致了流行病、职业卫生和妇幼卫生等方面问题的出现,由此也促进了卫生立法。英国 1601 年制定的《伊丽莎白济贫法》是最早的近代意义上的卫生法,影响最大,达二百余年。到 17、18 世纪,治理城市环境,防治传染病,改善居民居住条件和劳动条件,建立卫生检查制度已成为卫生立法的主要内容。19 世纪以后,资本主义各国为适应社会的发展,不断制定卫生法律法规,如英国相继制定了《医药卫生法》、《助产士法》、《精神缺陷法》等。日本从 1874 年开始建立卫生制度,制定了《医务工作条例》,1925 年颁布了《药剂师法》,1933 年颁布《医师法》,1942 年颁布了著名的《国民医疗法》,1948 年制定了《药事法》等。美国纽约市 1866 年通过了《都会保健法案》。1878 年美国颁布了《全国检疫法》,1902 年美国制定了有关生物制品的法规,1906 年颁布了《纯净食品与药物法》,1914 年制定了《联邦麻醉剂法令》等。加强卫生立法,改造与改善环境,已成为第一次卫生革命的成功经验。

二战以后,卫生立法得到了迅速发展,各国宪法中都明确规定公民享有健康保护权,制定了关于医院管理的医政法规,环境立法也达到了空前兴旺的时期,出现"公害罪",明确规定了法人犯罪问题,如法国的《公共医药卫生法》、美国的《国家环境政策法》、日本的《公害对策基本法》等。在劳动保护方面,各国制定了职业安全卫生法。在生殖生育方面,也先后制定了优生法。其他如传染病防治法、卫生检疫法律等都在不断修改、完善。20 世纪后半期,一些国家的老人保健法、精神卫生法、福利法、国民健康保险法等也相继出台,使卫生法律法规在社会生活的各个方面发挥越来越大的作用。

2. 国内卫生法的发展

我国早在 2000 多年前就有了卫生方面的法律规范。商朝《韩非子·那储记》上有"弃灰于道者断手"的记载。西周的《周礼》详实地记载了当时的卫生管理制度,包括司理医药的机构、病历书写和医生考核制度等。在《秦律》、《唐律》、《元典章》到《大明会典》、《大清律》中,就有涉及医药机构管理、传染病防治、医学教育、公共卫生、医疗事故等各方面的规定。如《秦律》中就有禁止杀婴堕胎等,《唐律》中明令禁止同姓为婚,并对官方征用医生和医校的设置等做了规定。宋朝开设了国家药局,制定了生产药品的法定标准《太平惠民和剂局方》,这是我国也是世界上最早的药品标准,而《安济法》则是我国最早的医院管理规章。宋慈所著的《洗冤录》是现存世界上最早的法医学著作,自 13 世纪至 19 世纪 600 年间被历代法官和检验官奉为经典。此外,《元典章》对医生和百姓发生争执和诉讼等问题做了规定,《大明会典》和《大清律》对庸医行医、传染病防治等问题做了规定。

太平天国的《太平条规》、《刑律诸条禁》对医院制度、医疗免费、公共卫生的法制建设做了一次特殊的尝试。

民国时期的卫生法是我国卫生法的专门化、具体化时期,这个阶段国家设卫生部负责全国卫生工作,卫生管理制度日趋完善,制定了卫生行政大纲和涉及卫生行政、防疫、公共卫生、医政、药政、食品卫生和医学教育等多方面内容的一系列法规,卫生管理制度日趋完备。如《全国海港检疫条例》、《公立医院设置规则》、《中医条例》及《医师法》、《药师法》、《传染病预防条例》等。

中华人民共和国成立后,党和政府制定了大量卫生法规来促进卫生事业的发展和保障公民的身体健康。先后颁布了《中央人民政府卫生组织条例》、《管理麻醉药品暂行条例》、《种痘暂行办法》、《交通检疫暂行办法》、《医院诊所管埋暂行条例》等卫生法律文件。20 世纪 50 年代后期,在宪法的指导下,国家先后颁布了大量的卫生法律文件,如《卫生防疫暂行办法》、《传染病管理办法》、《管理毒药、限制剧毒药暂行规定》、《工厂安全卫生规程》、《食品卫生管理试行条例》、《饮用水质标准》等一系列条例和标准。而1957年12月第一届全国人民代表大会常务委员会通过的《中华人民共和国国境卫生检疫条例》,是新中国历史上第一部真正意义上的卫生法律。从1954~1966年,国务院和卫生部制定发布了上百个卫生法律文件,使我国卫生事业逐步从行政管理、技术管理向法制管理发展。20世纪80年代开始,我国卫生立法也进入了迅速发展的新时期。1982年的宪法第二十一条规定:"国家发展医疗卫生事业,保证人民健康",为新时期的卫生立法提供了立法依据。于是《食品医药卫生法》、《药品管理法》、《国境卫生检疫法》、《传染病防治法》、《红十字会法》、《母婴保健法》、《献血法》、《执业医师法》先后出台,国务院制定发布和批准发布的如《麻醉药品管理办法》、《精神药品管理办法》等20余部卫生行政法规,以及卫生部制定和颁布的如《药品卫生标准》、《医院工作制度》等70余部卫生规章都相继问世。地方人大和政府也结合实际制定了一大批地方性医药卫生法规、规章。2001年10月27日我国第一部职业医药卫生法《中华人民共和国职业病防治法》也批准通过,并于2002年5月1日开始实施。上述规范性文件初步形成了我国的卫生法律体现。

3. 国际卫生立法

国际卫生法是调整国家、地区及国际组织之间在保护人类健康活动中所产生的各种社会关系的有拘束力的原则、规则和规章制度的总称。国际卫生法的特点是:其法律关系主体是国家或国际组织;制定者是国家或国家集团,一般不需要特别的立法机构和专设的部门;其实施和监督除依靠国家外,有时也依靠临时的国际专业小组或委员会,但却无须暴力等手段强制推行。随着全球经济的一体化,以及各国之间相互交流与合作的加强,必须确定在保护人类健康和保护动植物卫生活动中需要共同遵循的基本原则、规则和制度,这就导致了国际卫生法的产生。

早在1851年在巴黎举行的第一次国际卫生会议上,11个国家签署了第一个地区性的《国际卫生公约》。1905年美洲24个国家签订了泛美卫生法规。第二次世界大战后,国际卫生立法步伐明显加快,特别是1948年世界卫生组织(WHO)成立后,为了实现其"使全世界人民获得可能的最高水平的健康"的宗旨,将提出国际卫生公约、规则和协定,制定食品、生物制品、药品的国际标准以及制定诊断方法的国际规范和标准作为自己的任务之一。积极地在国与国之间进行了医学和卫生立法的交流协作,其各专家委员会与特设小组把制定国际医药卫生公约、协约、规则,食品、生物制品、药品的国际标准,以及诊疗方法的国际通用规范和原则,作为其主要工作内容。随着高新医学技术的不断出现和卫生经济的发展,生死观念和文化的变化,越来越多的特殊法律问题需要认真对待,需要在国际间寻找共同的理解和认知。世界卫生组织除进行较广泛深入的卫生法理学研究和向发展中国家提供卫生立法咨询外,还制定了一系列单行国际卫生法规和与医药卫生相关产品的国际标准,订立了多项有价值的国际公约、条约和世界性医学原则。如在防止传染病在国际间传播方面制定的《国际卫生条例》;在药品质量控制方面倡导药品生产质量管理规范(GMP);与国际放射防护委员会(TCRP)合作,制定放射防护基本安全标准;与联合国粮农组织(FAO)合作,建立食品法典委员会,制定并公布食品卫生标准等。WHO还编辑出版了《国际卫生立法汇编》(international digest of health legislation)季刊,积极推动国家间卫生立法的交流与合作。

联合国也订立了多项与卫生有关的国际条约,如《1961年麻醉品单一公约》、《1971年精神药物公约》、《儿童生存、保护和发展世界宣言》等,国际性一些涉及医药卫生领域的学会和其他非政府组织对国际卫生立法十分关注,成立于1947年的世界医学会(WMA),在1948年制定了著名的以医学道德规范为核心的《日内瓦宣言》,即后来通过后命名为《医学伦理学国际法》,随之该医学会又制定了一系列世界性医学原则,主要包括:有关人体实验原则的《赫尔辛基宣言》;《护士伦理学国际法》;有关死亡确定问题的《悉尼宣言》;有关医学流产处理原则的《奥斯陆宣言》;有关犯人人道待遇问题的《东京宣言》;有关精神病人准则的《夏威夷宣言》;《献血与输血的道德规范》以及《世界人类基因组与人权宣言》等。此外,在世界贸易组织(WTO)的若干个协定中,也涉及与医疗卫生的相关内容,如《实施卫生与植物卫生措施协定(SPS)》和《技术性贸易壁垒协定(TBT)》及其附件,以及在《服务贸易总协定》中关于医疗卫生服务的规定等,这些都极大地推进了国际卫生立法的发展。

### 三、卫生法的调整对象

卫生法的调整对象是指各种卫生法所调整的社会关系,包括由国家卫生行政机关、医疗卫生保健组织、企事业单位、个人、国际组织之间及其内部,因预防和治疗疾病,改善人们生产、学习和生活环境与卫生状况,保护和增进身心健康所形成的各种社会关系,具有多层次、多形式的特点。调整的具体社会关系不同,也就形成了不同调整范围的法律规范性文件。一般来说,卫生法主要调整以下三个方面的社会关系:

1. 卫生组织关系

卫生法把各级卫生行政部门和各级各类卫生组织的法律地位、组织形式、隶属关系、职权范围以及权利义务等以法律条文的形式固定下来,以形成规范的管理体系和制度。从而使国家能够有效地对卫生工作进行组织和领导,并使医疗卫生组织的活动有据,同时保障了医疗卫生组织的卫生法律活动。如在《全国卫生防疫站工作条例》、《医疗机构管理条例》、《计划生育技术服务管理条例》等条例中,分别明确了相关医疗卫生机构的法律地位、职责范围、编制和工作方法,以保证它们在法律规定的范围内从事相应的卫生活动。

2. 卫生管理关系

卫生管理关系指国家卫生行政机关及其他有关机关,根据法律的规定,在进行卫生组织、领导、监督、评估等活动时,与企事业单位、社会团体或者公民之间形成的权利义务关系,这是一种纵向的行政关系,受卫生法的调整。如卫生行政机关与行政管理相对人的监督管理关系。在卫生法中,卫生管理关系通常表现为卫生行政隶属关系和卫生职能管辖关系。

3. 卫生服务关系

卫生服务关系指卫生行政机关、医疗卫生组织、有关企事业单位、社会团体和公民在向社会提供卫生咨询指导、医疗预防保健服务过程中,与接受服务者所结成的一种平等主体间的权利义务关系。也包括从事健康相关产品的生产经营单位等,就提供的产品和服务的安全卫生质量,与接受服务者所结成的一种平等主体间的权利义务关系。卫生服务关系是一种横向的社会关系,最为常见的是医患关系。

### 四、卫生法的基本原则

卫生法的基本原则,是指贯穿于各种卫生法律和法规中的,对调整保护人体生命健康等活动过程中所发生的各种社会关系具有普遍指导意义的准则。卫生法的基本原则是卫生立法的基础,是卫生法所确认的卫生社会关系主体及其卫生活动必须遵循的基本准则,在卫生司法活动中起指导和制约作用。

1. 保护公民健康的原则

保护公民健康的原则是指卫生法的制定和实施都要从广大人民群众的健康利益出发,把维护人体健康作为卫生法的最高宗旨,使每个公民都依法享有改善卫生条件、获得基本医疗保健的权利,以增进身体健康。我国各类卫生法律法规的总则部分,均将保护公民健康作为立法目的;卫生行政执法过程中的卫生监督检查、行政处罚、强制执行以及按照《医疗事故处理条例》对医疗事故的处理等,其根本目的都是为了维护广大人民群众的生命健康权以及相关权益。

2. 预防为主的原则

预防为主是我国卫生工作的根本方针,也是卫生立法及执法必须遵循的一条重要原则。要正确处理防病和治病的关系,把防疫工作放在首位,坚持防治结合、预防为主。这是一项综合性的系统工程,必须增强全体公民的预防保健意识,明确医药卫生防疫工作是全社会的共同责任。无病防病,有病治病,防治结合,是预防为主的总要求。预防为主是我国卫生工作根本方针,也是卫生立法及执法必须遵循的一条重要原则。预防为主的原则体现在卫生法律法规中的"卫生许可制度"、"国家卫生监督制度"以及《传染病防治法》中规定的计划免疫制度,《职业病防治法》中规定的职业病危害项目报告制度和职业病危害预评价制度等制度中。

3. 中西医协调发展的原则

中国传统医学(包括各民族医药学)有着数千年的历史,是我国各族人民在长期同疾病进行斗争中的经验总结;西方医学随着现代科学技术发展起来,是现代科学的重要组成部分。我们在对疾病的诊疗护理中,要正确处理中国传统医学和西方医学的关系,不仅要认真学习和运用西方医学,努力发展和提高现代医学科技水平,还必须努力继承和发展祖国传统医药学遗产,运用现代科学技术知识和方法对其加以研究、整理、挖掘,把它提高到现代科学水平,从而使中西两个不同理论体系的医药学互相取长补短、协调发展以共同造福人类。

4. 国家卫生监督原则

国家卫生监督原则是指卫生行政机关和法律法规授权的组织,对管辖范围内的社会组织和个人贯彻执行国家卫生法律、法规、规章的情况,要予以监察督导。卫生监督包括医政监督、药政监督、卫生防疫监督和其他有关卫生监督。为了体现和实现这一原则,卫生法对各级各类卫生监督机构的设置、任务、职责、管理、监督程序,以及对违法者的处罚种类、裁量标准、处罚程序及执法文书等一系列问题做了明确规定,要求卫生监督人员准确适用法律,严格依法办事。

## 五、卫生法的作用

1. 贯彻党的卫生政策,保证国家对卫生工作的领导

卫生立法是党和国家的卫生政策的具体化和法律化,是卫生活动的依据和指导。根据卫生法律规范的规定,可以明确合法行为与违法行为的界限,合法行为受到法律的保护,违法行为要承担相应的法律责任。这样,医药卫生行政部门和司法机关就可以依此依法行政和司法,切实保护公民和社会组织的合法权益。

2. 促进经济发展,推动医学科学的进步

医学的存在是卫生立法的基础,卫生法的制定与实施是保证和促进医学发展的重要手段。我

国颁布了许多卫生法律、法规和规章,从而使医药卫生事业从行政管理上升为法律管理,从一般技术规范和医德规范提高到法律规范,为医学科学的进步和发展起着强有力的法律保障作用。随着新的科学技术不断引用到医学领域中来,当代医学科学也向卫生立法提出了一系列新的课题。例如,人工授精、试管婴儿、安乐死、脑死亡、人体器官与组织的移植、克隆技术等问题,都需要法律做出明文规定,用法律手段加以调整。只有通过卫生立法,才可以确保医学科学的这些新技术和新成果不被滥用,能够受到人类的合法控制,得以造福人类。

3. 增强公众的卫生法制观念,保护人体健康

在卫生行政管理中,通过对卫生法制的宣传教育,可以使国家机关、企事业单位、社会团体和公民增强卫生法制观念,明确自己在卫生活动中的权利和义务;同时,积极地同违反卫生法的行为进行斗争。

4. 促进国际卫生交流和合作

疾病的流行没有地域、国界和人群的限制,疾病防治的措施和方法也不会因国家社会制度的不同而不同。为了预防传染病在国际间的传播,保护我国公民的健康,保障彼此间权利和义务,我国颁布了《国境卫生检疫法》、《艾滋病监测管理的若干规定》、《外国医师来华短期行医暂行管理办法》等一系列涉外的卫生法律、法规和规章。随着世界经济发展和对外开放扩大,各国政府都重视卫生立法工作,把一些具有国际共同性的卫生要求、卫生标准载入本国法律,并注意借鉴和吸收各国通行的卫生规则,使卫生法具有明显的国际性。我国与国外的友好往来也在日益增多,为了推动世界医药卫生事业的发展,我国政府正式承认了《国际卫生条约》,并且参加和缔结了《麻醉品单一公约》和《精神药物公约》等国际公约。除此之外,在卫生立法问题上,我国还注意与有关的国际条例、协约、公约相协调,既维护国家主权,保护人体生命健康,又履行国际间的义务,有利于促进国际间卫生交流与合作。

# 第二节 卫生法律关系

## 一、卫生法律关系的概念

法律关系是指法律所调整的人与人之间的权利、义务关系。每一个法律部门都调整着特定方面的社会关系,卫生法作为一个独立的法律部门,同样调整着一定范围的社会关系。卫生法律关系是指卫生法所调整的、在卫生管理和卫生预防保健服务过程中国家机关、企事业单位、社会团体或者公民之间的权利与义务关系。卫生法律关系和卫生关系既有联系又有区别,卫生关系是一种未经医药卫生法调整的社会关系,这种关系一旦纳入卫生法调整的范围就成为卫生法律关系,并受到卫生法的保护。在实际生活中卫生关系往往同时也是卫生法律关系。

## 二、卫生法律关系的特征

由于卫生法的调整对象主要为卫生管理关系和卫生服务关系,因此,卫生法律关系除了具备一般法律关系的共同特征外,还具有其自身的特征:

1. 卫生法律关系是基于保障和维护人体健康而结成的法律关系

卫生法律关系是以保障和维护人体健康为目的的。从卫生法律关系形成的过程看,卫生法律

关系是在卫生管理和医药卫生预防保健服务过程中形成的各种关系,但无论是在卫生行政管理中形成的卫生法律关系,或者是在卫生服务中形成的卫生法律关系,还是在生产经营过程中形成的卫生法律关系,其内容都体现了个人和社会的健康利益,其目的都是为了保障人类健康。没有健康问题,也就没有卫生法律关系。其他法律关系均不以保障人体健康为其特定目的,也不是在卫生管理和卫生预防服务这一特定活动中形成的,这是卫生法律关系与其他法律关系的根本差异。

2. 卫生法律关系是由卫生法调整和确认的法律关系,具有特定的范围

卫生法律关系必须以相应的卫生法律规范的存在为前提。国家为了确保公共卫生安全和人体健康,通过卫生立法,对那些直接关系人体健康的卫生关系加以具体规定,保护其不受非法行为的侵害。在实践中,当这些卫生关系为卫生法所确认和保护时,就上升为卫生法律关系,具有了卫生法律的形式。卫生法律关系是卫生法调整的健康利益的实质内容和卫生法律形式的统一,因此卫生法律关系的范围取决于卫生法调整对象的范围。

3. 卫生法律关系是一种纵横交错的法律关系

所谓纵横交错是指卫生法律关系是一种既存在于平等主体之间,又存在于不平等主体之间的法律关系。其中既有国家管理活动中的领导和从属关系,又有各个法律关系主体之间的平等的权利义务关系。卫生法律关系的这一特点,是由卫生法所调整的卫生行政部门与卫生机构、其他行政相对人的不平等性和医疗卫生机构等在提供卫生服务或保证卫生服务的过程中与接受服务者之间关系的平等性所决定的。其中,纵向的卫生法律关系,是指国家有关机关在卫生管理监督过程中,与企事业单位、社会组织和公民之间发生的行政法律关系;横向的卫生法律关系,是指医药卫生预防保健单位及医药企业同国家机关、企事业单位、社会组织和公民之间,在提供医药卫生服务与商品的过程中所发生的民事权利义务关系。

4. 卫生法律关系的主体具有特殊性

卫生法是一门专业性很强的部门法,这就决定了卫生法律关系主体的特殊身份,即通常是从事卫生工作的组织和个人。在纵向的卫生法律关系中,必定有一方当事人是医药卫生管理机关,如卫生行政部门、卫生监督机构等;在横向的卫生法律关系中,必定有一方当事人是医药预防保健机构或个人。

### 三、卫生法律关系的构成要素

卫生法律关系的构成要素是指构成每一个具体的卫生法律关系所必须具备的因素。卫生法律关系同其他法律关系一样,都是由主体、客体和内容三个方面的要素构成。这三个要素必须同时具备,缺一不可,如果缺乏其中任何一要素,该卫生法律关系就无法形成或继续存在。

#### (一) 卫生法律关系的主体

卫生法律关系的主体是指参加卫生法律关系,并在其中享有卫生权利、承担卫生义务的人,一般称为当事人。在我国,卫生法律关系的主体包括卫生行政机关、医疗卫生机构、企事业单位、社会团体和公民。

1) 卫生行政机关。国家卫生行政机关包括卫生部、中医药管理局、食品药品监督管理局以及所属的各级行政部门。卫生行政机关通过制定和颁布各种卫生法规、政策,采用法律手段或者行政手段管理卫生工作。这种在国家卫生工作中的地位和作用决定了它们同其他主体之间形成的

主要是一种命令与服从的管理关系。这种行政关系包括两种情况：一是各级卫生行政机关依法与其管辖范围内的其他国家机关、企事业单位、社会团体、公民等形成卫生行政法律关系；二是各级卫生行政管理机关之间、各级卫生行政管理机关与法律授权承担公共卫生事务管理的事业单位之间形成的卫生行政法律关系。另外，各级各类国家机关因需要医药卫生预防保健服务，同提供医药卫生保健服务的企事业单位形成的是卫生服务法律关系。

2）医疗卫生机构。指依法设立的各级各类医疗卫生组织，包括医疗机构、医药院校、药检所、妇幼保健院（所）等机构。

3）企事业单位和社会团体。主要包括依据卫生法的规定，作为行政相对人的食品、药品、化妆品生产经营单位，公共场所及工矿企业和学校等。

4）公民（自然人）。公民作为卫生法律关系的主体有两种情况：一种是以特殊身份成为卫生法律关系的主体，如医疗机构内部的工作人员，他们一方面因需要申办资格许可和执业许可，而同卫生行政部门结成卫生行政法律关系，另一方面在提供医药卫生预防保健服务时，他们与患者还结成医患法律关系；另一种是以普通公民的身份参加卫生法律关系而成为主体，如医疗服务关系中的病人。对于依法个体行医的公民，其地位和作用类似于医院，他与病人之间发生的卫生服务关系，同样要接受当地医药卫生行政机关或其他主管机关的管理和监督。

此外，居住在我国的外国人和无国籍人，如果参与到我国的卫生法律关系中，也可以成为我国卫生法律关系的主体，如在国境卫生检疫法律关系中接受我国国境卫生检疫机关检疫查验中的外国入境人员。

## （二）卫生法律关系的内容

卫生法律关系的内容是指卫生法律关系的主体依法享有的权利和应承担的义务。其中，卫生权利指由卫生法规定的，卫生法律关系主体根据自己的意愿实现某种利益的可能性。它包含三层含义：①权利主体有权在卫生法规定的范围内，根据自己的意愿为一定行为或者不为一定行为。②权利主体有权在卫生法规定的范围内，要求义务主体为一定行为或者不为一定行为，以便实现自己的某种利益。③权利主体有权在自己的卫生权利遭受侵害或者义务主体不履行卫生义务时，请求人民法院给予法律保护。

卫生义务指依照卫生法的规定，卫生法律关系中的义务主体，为了满足权利主体的某种利益而为一定行为或者不为一定行为的必要性。它也包含三层含义：①义务主体应当依据卫生法的规定，为一定行为或者不为一定行为，以便实现权利主体的某种利益。②义务主体负有的义务是在卫生法规定的范围内为一定行为或者不为一定行为，对于权利主体超出法定范围的要求，义务主体不承担义务。③卫生义务是一种法定义务，受到国家强制力的约束，如果义务主体不履行或者不适当履行，就要承担相应的法律责任。

卫生权利和卫生义务是卫生法律关系的两个不同方面，两者相互依存、密不可分。当义务人拒不履行义务或不依法履行义务时，权利人可以依法请求司法机关或卫生行政机关采取必要的强制措施，以保障其权利的享有；当权利人的权利受到对方的侵害时，受害人可以依法请求司法机关或卫生行政部门给予法律保护，要求依法追究对方的民事责任、行政责任或刑事责任。

## （三）卫生法律关系的客体

卫生法律关系的客体，是指卫生法律关系主体的卫生权利和卫生义务所共同指向的对象。卫生法的目的是保障公共卫生安全和人体健康,其调整范围涉及与人体健康相关的各个领域,因此卫生法律关系的客体具有广泛性和多层次性。卫生法律关系的客体大致可分为几类,即公民的生命健康利益、行为、物和智力成果等。

1) 公民的生命健康利益。它是人身利益的一部分,包括公民的生命、身体、生理功能等。生命健康是每一个公民生存的客观基础,是公民正常生活和从事各种活动的重要前提。保障公民的生命健康利益是我国卫生法的基本目的,因此,人的生命健康利益是卫生法律关系的最高层次的客体,也是各种卫生法律关系的共同客体。

2) 行为。指卫生法律关系中的主体行使卫生权利和履行卫生义务的活动。如卫生审批、申请许可等。行为包括合法行为和违法行为两种形式。前者应受到法律的确认和保护,如在医疗服务关系中,医疗机构向患者提供医疗保健服务的行为。后者则要承担相应的法律责任,要受到法律的制裁。如卫生行政管理关系中,管理相对人违反有关法律规定,不设置卫生防护设施、不组织从业人员进行健康检查等,或者故意将卫生防护设施拆除。

3) 物。指现实存在的,能够被人所支配、利用,具有一定价值和使用价值的物质财富。包括进行各种医疗服务和卫生管理活动中所需要的生产资料和生活资料,以满足个人和社会对医疗保健的需要。如食品、药品、化妆品、保健品、医疗器械等。

4) 人身。人身是由各种生理器官组成的有机体。它是人的物质形态,也是人的生命健康利益的载体。随着现代科技和医学科学的不断发展,器官移植、输血、人工生殖、植皮等医学技术和成果在临床中大量应用,角膜、血液、骨髓、脏器等人体器官成为可供捐献、交易的对象,由此产生了一系列法律问题,人身不再只是传统意义上的法律关系主体,而且在一定范围内、一定条件下成为法律关系的客体。当然,有生命的人的身体不是法律上的“物”,不能成为物权、债权等某些法律权利的客体,法律禁止任何人将他人或本人的整个身体作为民法上的“物”进行转让或买卖。

5) 智力成果。智力成果是无体物,又称精神财富,是指人们的智力活动所创造的成果。如医学著作或论文、医疗仪器的发明、新药的发明等。

## 四、卫生法律关系的产生、变更和消灭

在实际生活中,各种各样的卫生法律关系不是自然产生、永恒不变的,而是处于不断产生、变更和消灭的运行过程中。产生,指在卫生法律关系主体之间形成某种权利和义务的联系;变更,指卫生法律关系主体、客体及内容发生变化;消灭,指主体之间权利义务关系的终止。卫生法律关系只有在一定条件下才能产生、变更和消灭,这种条件就是法律事实的实现。

所谓法律事实,是指法律规定的能够引起法律关系产生、变更和消灭的事件和行为。它包括法律行为和法律事件。其中,法律关系当事人以其主观意愿表现出来的法律事实,称为法律行为;不以法律关系当事人的主观意志为转移的法律事实,称为法律事件。

### 1. 法律行为

法律行为分为合法行为和违法行为,是卫生法律关系产生、变更或消灭的最普遍的法律事实。合法行为是指卫生法律关系主体实施的符合卫生法律规范、能够产生行为人预期后果的行为。如卫生行政机关依法对相对人进行行政处罚等。合法行为受到法律的确认和保护。违法行为是指卫生法律关系主体实施的为卫生法所禁止的、侵犯他人合法权益从而引起某种卫生法律关系的产生、变更和消灭的行为。如制售假药、劣药的行为。违法行为不能产生行为人预期的法律后果,是

无效行为,为法律所禁止,必须承担相应的法律责任。

2. 法律事件

法律事件分为两类:一类是自然事件,如作为卫生行政相对人的企事业单位因地震、失火等自然灾害而被迫停业,病人因非医疗因素死亡而终止医患法律关系;另一类是社会事件,如卫生政策的重大调整、卫生法律的重大修改、地方政府卫生行政措施的颁布实施等。

# 第三节　卫生法的渊源

法的渊源是法的外在表现形态,指法律由何种国家机关制定或认可,具有何种表现形式或效力等级。卫生法的渊源是卫生法律规范的具体表现形式。由于这些形式的权威性质,渊源于这些形式的规范具有相应的法律效力。根据我国宪法和法律的规定,我国卫生法的渊源主要有以下几种:

## 一、宪法

宪法是我国的根本大法,它是由我国最高国家权力机关——全国人民代表大会依照法定程序制定的具有最高法律效力的规范性法律文件。它不仅是国家立法活动的基础,也是制定各种法律、法规的依据。我国宪法中有关保护公民生命健康的卫生方面的条款,就是我国卫生法的立法依据,也是我国卫生法的重要渊源,并在卫生法律体系中具有最高的法律效力。

我国现行宪法中有关卫生方面的法律规定主要有:第二十一条:"国家发展医疗卫生事业,发展现代医药和我国传统医药,鼓励和支持农村集体经济组织、国家企事业组织和街道组织举办各种医疗卫生设施,开展群众性的卫生活动,保护人民健康。"第二十五条:"国家推行计划生育,使人口的增长同经济和社会发展计划相适应。"第四十条:"夫妇双方有实行计划生育的义务。"第四十五条:"中华人民共和国公民在年老、疾病或者丧失劳动能力的情况下,有从国家和社会获得物质帮助的权利。国家发展为公民享受这些权利所需要的社会保险、社会救济和医疗卫生事业。"

## 二、卫生法律

卫生法律是指由全国人民代表大会及其常务委员会制定的有关卫生方面的专门法律,其效力低于宪法。卫生法律可分为两种:一是由全国人民代表大会制定的卫生基本法。目前我国还未制定卫生基本法。二是由全国人民代表大会常务委员会制定的卫生基本法律以外的卫生法律,现已有《中华人民共和国食品医药卫生法》、《中华人民共和国药品管理法》、《中华人民共和国国境卫生检疫法》、《中华人民共和国传染病防治法》、《中华人民共和国红十字会法》、《中华人民共和国母婴保健法》、《中华人民共和国献血法》、《中华人民共和国执业医师法》、《中华人民共和国职业病防治法》、《中华人民共和国人口与计划生育法》。

此外,在民法、婚姻法、劳动法、环境保护法、刑法等其他法律中,有关卫生的法律条文也属于卫生法律。

## 三、卫生行政法规

卫生行政法规是指由国务院制定发布的有关卫生方面的行政法规,其法律效力低于卫生法律。它既是卫生法的渊源之一,也是下级卫生行政部门制定各种卫生行政管理规章的依据。如《医疗事故处理条例》、《公共场所卫生管理条例》、《精神药品管理办法》、《中华人民共和国传染病防治法实施办法》等。

## 四、地方性卫生法规、卫生自治条例与单行条例

地方性卫生法规是指省级人民代表大会及其常务委员会,省、自治区的人民政府所在地的市或经国务院批准的较大的市的人民代表大会及其常务委员会依法制定和批准的,可在本行政区域内发生法律效力的有关卫生方面的规范性文件。如《黑龙江省发展中医条例》、《江苏省职业病防治条例》等。

卫生自治条例与单行条例是指民族自治地方的人民代表大会依法在其职权范围内根据当地民族的政治、经济、文化的特点,制定发布的有关本地区卫生行政管理方面的法律文件。

## 五、卫生行政规章

卫生行政规章是国务院卫生行政部门在其权限内发布的有关医药卫生方面的部门规章,它是卫生法数量最多的渊源。卫生行政规章的法律地位和法律效力低于宪法、卫生法律和卫生行政法规。卫生部是国务院的卫生行政部门,按照宪法的规定,卫生部有权根据法律和国务院的卫生行政法规、决定和命令,在本部的权限内独自制定发布或和其他部门联合制定发布在全国范围有效的规章,如《护士管理办法》、《精神疾病司法鉴定暂行规定》、《保健食品管理办法》等。

## 六、地方性卫生规章

地方性卫生规章是指省、自治区、直辖市以及省会所在地的市或经国务院批准的较大的市的人民政府,依法在其职权范围内制定、发布的有关本地区医药卫生管理方面的卫生法律文件。地方性卫生规章仅在本地方有效,其法律效力低于宪法、卫生法律、卫生行政法规和地方性卫生法规,且不得同卫生部制定的卫生规章相抵触。

## 七、卫生标准、卫生技术规范和操作规程

由于卫生法具有技术控制和法律控制的双重性质,因此卫生标准、卫生技术规范和操作规程就成为卫生法渊源的一个重要组成部分。这些标准、规范和规程可分为国家和地方两级。前者由卫生部制定颁布,后者由地方政府卫生行政部门制定颁布。这些标准、规范和规程的法律效力虽然不及法律、法规,但在具体的执法过程中,它们的地位又是相当重要的。因为卫生法律、法规只对社会卫生管理中的一些问题做了原则规定,而对某种行为的具体控制则需要依靠标准、规范和规程,所以从一定意义上说,只要卫生法律、法规对某种行为做了规范,卫生标准、规范和规程对这种行为的控制就有了极高的法律效力。

## 八、卫生国际条约

卫生国际条约是指我国与外国缔结的或者我国加入并生效的有关卫生方面的国际法规范性文件。全国人大常委会有权决定同外国缔结卫生条约和卫生协定,国务院按职权范围也可以同外国缔结卫生条约和卫生协定。按我国宪法和有关法律的规定,除我国声明保留的条款外,这些条

约均对我国产生法律约束力,如《国际卫生条例》、1961 年《麻醉品单一公约》等。

# 第四节 卫生法的制定

## 一、卫生法制定的概念和特征

卫生法的制定又称卫生立法活动,是指有权的国家机关依照法定的权限和程序,制定、认可、修改、补充或废止规范性卫生法律文件的活动。

卫生法的制定有广义和狭义之分。狭义的卫生法的制定,专指全国人大及其常委会制定卫生法律的活动。广义的卫生法的制定,不仅包括全国人大及其常委会制定卫生法律的活动,还包括国家行政机关、地方权力机关等制定卫生法规、规章和其他相关规范性文件的活动。

卫生法的制定是卫生执法、卫生司法和卫生守法的前提和基础,在国家卫生法制建设中具有重要的地位。我国的宪法、立法法、全国人大组织法、国务院组织法、行政法规制定程序暂行规定、地方组织法等法律、法规都对有关立法制度做了明确规定。

卫生法的制定具有如下特点:①权威性。卫生立法是国家的一项专门活动,只能由享有卫生立法权的国家机关进行,其他任何国家机关、社会组织和公民个人均不得进行卫生立法活动。②职权性。享有卫生立法权的国家机关只能在其特定的权限范围内进行与其职权相适应的卫生立法活动。③程序性。卫生立法活动必须依照法定程序进行。④综合性。卫生立法活动不仅包括制定新的规范性卫生法律文件的活动,还包括认可、修改、补充或废止等一系列卫生立法活动。⑤特定性。卫生立法特定于卫生领域,即有关公共卫生、公民健康保护、防病治病等方面的法律。

## 二、卫生法制定的依据

**1. 宪法是卫生立法的法律依据**

宪法是国家的根本大法,具有最高的法律效力,是制定其他法律、法规的依据。因此,宪法中有关卫生的规定,如国家发展医疗卫生事业,发展现代医药和我国传统医药,鼓励和支持农村集体经济组织、国家企事业组织和街道组织举办各种医疗卫生设施,开展群众性的卫生活动,保护人民健康的内容,是我国卫生立法的来源和法律依据。

**2. 保护人体健康是卫生立法的思想依据**

健康是人类生存与发展的基本条件,人民的健康状况和卫生发展水平是衡量一个国家或地区的发展水平和文明程度的重要标志。国家的富强和民族的进步,包含着健康素质的提高。以卫生关系为调整对象的卫生法必然要把保护人体健康作为其立法的思想依据、立法工作的出发点和落脚点,有利于增进人民健康,提高全民族的健康素质,促进和保障社会的可持续发展。

**3. 医药卫生科学是卫生立法的自然科学依据**

卫生法是法学与医学、卫生学、药物学等自然学科相结合的产物,其许多具体内容是依据基础医学、临床医学、预防医学和药物学、生物学的基本原理、研究成果而制定的,因此卫生立法工作在遵循法律科学的基础上,必须遵循卫生工作的客观规律,也就是必须把医学、卫生学、药物学、生物学等自然科学的基本规律作为卫生法制定的科学依据,使法学和医药卫生科学紧密联系在一起,促进医学科学的进步和卫生事业的发展。

4. 我国现阶段的社会经济条件是卫生立法的物质依据

卫生立法也离不开我国现阶段的物质生活条件。只有这样,才能使卫生法客观地反映自然规律要求,使卫生法所调整的卫生法律关系更趋科学化。不过当前我国仍然是发展中国家,与世界发达国家相比,我国的综合国力、人民生活水平和公民的文化素质水平都不高,地区间发展又严重不平衡,这些都是制约卫生立法工作的因素。因此,卫生法的制定必须着眼于我国的实际,实事求是,正确处理好卫生立法与现实条件、经济发展之间的关系,以适应社会主义市场经济和卫生事业改革的需要,以实现保护人体健康的目的。

5. 卫生方针、卫生政策是卫生立法的政策依据

党的卫生政策是卫生法制定的依据之一,卫生立法离不开党的方针、政策。卫生政策是党领导国家卫生工作的基本方法和手段,它正确反映医药卫生科学的客观规律和社会经济与卫生事业发展的客观要求,是对人民共同意志和卫生权益的高度概括和集中体现。政策的执行必须依靠法律,通过法律将政策的内容定型化、具体化,变得具有可执行性,政策的具体内容才能够得以贯彻实施,卫生立法以卫生政策为指导,使卫生法反映社会发展的要求,充分体现人民意志,使卫生法能够在现实生活中得到普遍遵守和贯彻,最终形成良好的卫生法律秩序,保障人民群众卫生权益的实现。

此外,在卫生立法过程中,我们应当体现和履行我国已参加的国际卫生条约、惯例的有关规定。同时还要借鉴外国优秀的卫生法律、立法经验及立法技术,以促进卫生立法水平的提高。

## 三、卫生法制定的基本原则

卫生法制定的原则,是指卫生立法活动应当遵循的指导思想和方针。它反映了卫生立法工作的一般规律,是我国社会主义立法原则在卫生领域中的具体体现。

其基本原则包括:实事求是,从实际出发的原则;原则性与灵活性相结合的原则;遵循医学科学发展的客观规律的原则;协调的原则;民主立法,走群众路线的原则;总结我国经验与借鉴国外经验相结合的原则。

## 四、卫生立法机关

我国的立法机关及其权限是由宪法、立法法及其他相关立法制度严格规定的。具体说来,卫生立法机关主要有:

1)全国人民代表大会有权制定宪法和法律,全国人民代表大会常务委员会有权制定和修改除应当由全国人大制定的法律以外的其他法律。

2)国务院有权根据宪法和法律,制定卫生行政法规、改变或者撤销各部、各委员会发布的不适当的命令、指示和规章,改变或者撤销地方各级卫生行政机关的不适当的决定和命令。

3)国务院各部、各委员会根据法律和国务院的行政法规、决定、命令,在本部门的权限内,制定卫生行政规章。

4)省、自治区、直辖市、省会所在地以及国务院批准的较大的市的人大及其常委会,在不与宪法、法律、法规相抵触的前提下,制定和公布地方性卫生法规。民族自治地方的人民代表大会有权依照当地的民族特点,制定有关卫生方面的自治条例和单行条例。

5）省、自治区、直辖市、省会所在地以及国务院批准的较大的市的人民政府，有权依据宪法、法律、行政法规和本辖区内的地方性法规，制定地方性卫生政府规章。

## 五、卫生法制定的程序

《立法法》分别对全国人大和全国人大常委会的立法程序做了明确的规定，对行政法规、地方性法规和规章的立法程序做了原则性规定。卫生立法并无特别的程序，依照上述规定，卫生立法程序也包括四个环节：法律案的提出、审议、表决和公布。

# 第五节　卫生法的实施

## 一、卫生法实施的概念

卫生法的实施是指通过一定的方式使卫生法律规范在社会实际生活中贯彻与实现的活动。它包括卫生执法、卫生司法、卫生守法和医药卫生法律监督四个方面。

卫生执法又称卫生法的适用。它有广义和狭义之分。广义的卫生法的适用，是指国家机关和法律、法规授权的社会组织依照法定的职权和程序，行使国家权力，将卫生法律规范创造性地运用到具体人或组织，用来解决具体问题的一种专门活动。它包括卫生行政部门以及法律、法规授权的组织依法进行的卫生执法活动和司法机关依法处理有关卫生违法和犯罪案件的司法活动。狭义的卫生法的适用仅指司法活动。这里指的是广义的卫生法的适用。

卫生司法也是卫生法适用的一种重要形式，是指人民法院依照卫生法审理卫生行政诉讼案件的活动。

卫生守法即卫生法的遵守，是指全体公民和法人自觉遵守卫生法律规范，行使卫生权利，履行卫生义务的行为。

卫生法律监督是指国家机关、党政、团体、企事业单位、新闻媒体、社会舆论及公民等依照法律规定和法定程序，对卫生法律在实施过程中的情况进行监察与督促的活动。

## 二、卫生法的适用

卫生法在适用中要求做到正确、合法、及时这三个基本原则。"正确"是指在适用医药卫生法律时，事实要清楚，证据要确实，定性要准确，处理要适当。"合法"是在处理违反卫生规范案件时，必须在法律授权范围内行事，既要符合实体法的要求，又不能违反程序法的规定。"及时"则是在正确、合法的前提下，在法定的期限内办理完案件。以上三个原则，在卫生法的适用中相互联系，缺一不可。

卫生法的适用是一种国家活动，不同于一般公民、法人和其他组织实现卫生法律规范的活动。它具有以下特点：

1. 目的的特定性

卫生法适用的根本目的是保护公民的生命健康权。这是卫生法保护人体健康的宗旨所决定的。

#### 2. 权威性

卫生法的适用是享有法定职权的国家机关以及法律、法规授权的组织,在其法定的或授予的权限范围内,依法实施卫生法律规范的专门活动,其他任何国家机关、社会组织和公民个人都不得从事此项活动。

#### 3. 合法性

卫生行政机关及法律法规授权的组织对卫生管理事务或案件的处理,应当有相应的法律依据。否则无效,甚至还必须承担相应的法律责任。

#### 4. 程序性

卫生行政机关及法律法规授权的组织适用卫生法的活动必须依照法定程序进行。

#### 5. 国家强制性

卫生法的适用是以国家强制力为后盾实施卫生法的活动,对依卫生行政机关及法律法规授权的组织法做出的决定,任何当事人都必须执行,不得违反。

#### 6. 要式性

卫生法的适用要求必须有表明适用结果的法律文书的制定。如卫生许可证、罚款决定书、判决书等。

### 三、卫生法的解释

卫生法的解释是指有关国家机关、组织或个人,为适用或遵守卫生法,根据立法原意对卫生现行的法律规范的含义、内容、概念、术语以及适用的条件等所作的分析、说明和解答。卫生法的解释是完备卫生立法和正确实施卫生法所必须的。按照解释的主体和解释的法律效力的不同,卫生法的解释可以分为正式解释和非正式解释。

#### 1. 正式解释

正式解释又称法定解释、官方解释、有权解释。它是指特定的国家机关依据宪法和法律所赋予的职权,对卫生法有关的法律条文所进行的解释,它具有法律上的效力。正式解释是一种创造性的活动,是立法活动的继续,是对立法意图的进一步说明,具有填补法的漏洞的作用,正式解释在我国主要有:

1) 立法解释。指依法有权制定卫生法律、法规和规章的立法机关,对有关卫生法律规范条文所做的进一步解释。包括全国人大常委会对宪法和卫生法律的解释,国务院对其制定的卫生行政法规的解释,地方人大及其常委会对地方性卫生法规的解释,国家授权其他国家机关的解释。

2) 司法解释。指司法机关依法对卫生法适用工作中的问题如何具体应用法律所做的解释。包括最高人民法院做出的审判解释,最高人民检察院做出的检察解释,以及最高人民法院和最高人民检察院联合做出的解释。

3) 行政解释。指国家行政机关在依法行使职权时,对有关卫生法律规范如何具体应用问题所做的解释。包括国务院及其所属各部门、地方人民政府行使职权时,对如何具体应用卫生法律的问题所做的解释。这种解释仅在所辖区内生效。

#### 2. 非正式解释

非正式解释也称无权解释、无效解释或非官方解释,是指社会团体或公民对卫生法所做的解释。可分为学理性解释和任意解释。非正式解释虽不具有法律效力,不能直接引用,但对法律的实际适用有参考价值。

1）学理性解释。指教学、科研以及法制宣传活动对卫生法所进行的理论性、知识性和常识性解释。

2）任意解释。指一般公民、当事人、辩护人、代理人对法律所做的理解和说明。

## 四、卫生法的遵守

卫生法的遵守，又称卫生守法，是指一切国家机关、政党、社会团体、企事业单位和全体公民都必须恪守卫生法的规定，严格依法办事。它是卫生法实施的一种重要形式，也是法治的基本内容和要求。

### 1. 卫生法遵守的主体

卫生法遵守的主体，包括一切国家机关、社会组织和全体中国公民，以及在中国领域内活动的国际组织、外国组织、外国人和无国籍人。

### 2. 卫生法遵守的范围

卫生守法的范围极其广泛。不仅包括广义上的卫生法律，而且包括在卫生法适用过程中，有关国家机关依法做出的、具有法律效力的决定书，如人民法院的判决书、调解书，卫生行政部门的卫生许可证、卫生行政处罚决定书等非规范性文件。此外，公共卫生秩序、居民卫生公约、卫生公德等也属于卫生守法的范围。

### 3. 卫生法遵守的内容

卫生守法不是消极、被动的，其内容包括依法行使权利和履行义务两个方面。它既要求国家机关、社会组织和公民依法承担和履行卫生义务(职责)，更包含守法主体依法享有权利、行使权力。

# 第六节　卫生法律责任

## 一、卫生法律责任的概念和特点

卫生法律责任是指卫生法律关系主体由于违反卫生法律规范规定的义务或约定义务，所应承担的带有强制性的法律后果。卫生法律责任主要有以下特点：

1）卫生法律责任是违反卫生法律规范的后果。这是行为人承担卫生法律责任的前提条件。所谓卫生违法是法律关系主体实施的一切违反卫生法律规范的行为。卫生违法必须符合以下四个条件：①行为人在客观方面实施了违反卫生法律、法规的行为。它可以分为两种基本表现形式，一是作为，即积极地实施卫生法所禁止的行为；二是不作为，即消极的不实施卫生法要求的行为。②卫生违法行为具有一定的社会危害性，侵害了卫生法所保护的社会关系和社会秩序。这种危害性包括两种情况：一是卫生违法行为已经给法律保护的社会关系和社会秩序造成了实际的损害结果；二是虽然尚未造成实际的损害，但已经使卫生法所保护的社会关系和社会秩序处于某种危险之中，即使其可能受到损害。③违法行为的主体在主观方面必须有过错。过错包括故意和过失两种形式。如果卫生违法行为不是因为当事人主观有过错，而是因为不可抗力造成或者是由无民事行为能力人造成的，则不能构成卫生违法。④卫生违法的主体，必须是具有法定责任能力的公民、法人和其他组织。如果违法主体未达到法定责任年龄或不具有法定责任能力,不能控制和辨认自己的行为,则不构成卫生违法。

2) 卫生法律责任必须有卫生法律明文规定。卫生违法行为有很多,但不是所有的违法行为都应负法律责任。只有卫生法律、法规、规章在设定权限范围内做了某些明确规定,行为主体才承担某种相应的法律责任。

3) 卫生法律责任具有国家强制性,以国家强制力作为后盾。如果违法者拒绝承担其应承担的法律责任时,国家强制力将强制其承担。

4) 卫生法律责任必须由国家授权的专门机关在法定职权范围内依法予以追究。其他任何组织或个人都不得行使这种职权。

## 二、卫生法律责任的种类

根据行为人违反卫生法律规范的性质和社会危害程度的不同,卫生法律责任可以分为:行政责任、民事责任和刑事责任三种。

### (一) 行政责任

卫生行政责任是指卫生行政法律关系主体实施了违反卫生法的行为,但尚未构成犯罪所应承担的法律后果。根据我国现行卫生法的规定,卫生行政责任主要包括卫生行政处罚和卫生行政处分两种。

1) 卫生行政处罚。这是指卫生行政机关或者法律法规授权的组织,在职权范围内对违反卫生法而尚未构成犯罪的行政相对人(公民、法人或其他组织),所实施的卫生行政制裁。卫生行政处罚有下列主要特征:①卫生行政处罚是由特定的行政主体做出的。②卫生行政处罚是行政主体针对行政相对人做出的,属于行政主体依法实施的一种外部行为。③卫生行政处罚是对行政相对人违反卫生行政管理秩序行为的处罚来源于医药卫生法的规定。④卫生行政处罚是一种法律制裁,具有鲜明的惩戒性,并由国家强制力作保证。

根据行政处罚法和我国现行卫生法律、法规和规章的规定,卫生行政处罚的种类主要有:警告、通报、罚款、没收非法财物、没收违法所得、责令停产停业、暂扣或吊销有关许可证等。卫生行政处罚一般由卫生行政、药品监督管理等部门决定,其中有的还必须报请同级人民政府批准。

2) 卫生行政处分。卫生行政处分是指有管辖权的国家机关或企事业单位的行政领导依据行政隶属关系,对违法失职人员给予的一种行政制裁。卫生行政处分主要是对卫生行政机关或有关机关内部的执法人员、公务人员,及医疗卫生机构内部的医疗卫生人员违反卫生行政管理秩序所给予的一种制裁。行政处分的种类主要有警告、记过、记大过、降级、降职、撤职、留用查看、开除八种。

行政处罚与行政处分虽然都属于行政责任,但它们是两个不同的概念和两种不同的法律制度,其主要区别在:①主体不同:行政处罚由行政执法机关实施,处罚的是行政相对人违反行政法律规范的行为;行政处分一般由国家机关、企事业单位或医疗卫生机构的行政领导做出决定,针对的是其内部所属人员的违法失职行为。②性质不同:处罚是外部行为,多属违法;处分属内部行为,多为失职。③制裁方式不同。④法律救济不同:对行政处罚不服,可以提起行政复议和行政诉讼,对行政处分不服只适用内部申诉途径。

## （二）民事责任

卫生民事责任是指医疗机构和卫生工作人员或从事与卫生事业有关的机构违反法律规定侵害公民的健康权利时,应向受害人承担损害赔偿的责任。民事责任的特点是:①民事责任主要是一种财产性质的责任。②承担民事责任的方式是给予经济赔偿,以补偿受害人的损失。③在法律允许的条件下,民事责任可以由当事人自愿协商解决。

民法通则规定的承担民事责任的方式有:停止损害,排除妨碍,消除危险,返还财产,恢复原状,修理、重作、更换,赔偿损失,支付违约金,消除影响恢复名誉,赔礼道歉等十种。卫生法所涉及的民事责任以赔偿损失为主要形式。

## （三）刑事责任

卫生刑事责任是指刑事行政机关的工作人员、医疗卫生工作人员及健康相关产品的生产、经营者违反卫生法律法规,实施了刑法所禁止的犯罪行为而应承担的法律后果。卫生法律规范中对刑事责任的规定是直接引用刑法中的有关条款。构成违反卫生法的刑事责任必须以卫生刑事犯罪为前提。刑事责任有以下特征:①刑事责任是基于行为人实施了刑法明文规定的犯罪行为而产生的。②其确立的依据是行为人实施的行为符合犯罪的构成要件。③刑事责任实现的方式是刑法规定的各类以剥夺行为人自由和生命为主的刑罚,是最为严厉的强制手段。

根据我国刑法规定,实现刑事责任的方式是刑罚。刑罚是国家审判机构依照刑法的规定,剥夺犯罪分子某种权益直至生命的一种强制处分,包括主刑和附加刑。主刑有管制、拘役、有期徒刑、无期徒刑、死刑,它们只能单独适用。附加刑有罚金、剥夺政治权利、没收财产,它们可以附加适用,也可以独立适用。对于犯罪的外国人,还可以独立适用或附加适用驱逐出境。

我国《刑法》对违反卫生法的犯罪行为的刑事责任做了明确规定,规定了20余个与违反卫生法有关的罪名,如生产销售假药罪,生产销售劣药罪,生产销售不符合卫生标准的食品罪,生产销售有害食品罪,生产销售不符合标准的医用器材罪,生产销售不符合标准的化妆品罪,违反规定引起甲类传染病传播或者有传播危险罪,非法经营罪(如非法经营麻醉药品、精神药品等特殊药品),传播性病罪,妨害传染病防治罪,妨害国境卫生检疫罪,非法组织卖血罪,强迫卖血罪,非法采集血液、制作供应血液制品罪,医疗事故罪,非法行医罪,破坏节育手术罪等。

### 思考题

1. 简述卫生法有哪些基本原则。
2. 简述卫生法律关系概念及构成要素。
3. 简述法律事实及其分类。
4. 简述卫生法的法律渊源有哪些。
5. 简述卫生法制定的概念和特征。
6. 简述卫生行政责任的概念和种类。

（南京中医药大学　田　侃）

# 第二章 卫生行政救济法律制度

通过本章的学习,要求理解卫生行政执法和法制监督,掌握卫生行政复议和行政诉讼的概念、特征、原则、管辖、程序、受案范围,熟悉卫生行政赔偿的概念、构成要件、卫生行政赔偿的范围,了解行政赔偿的程序。

## 第一节 概　　述

### 一、卫生行政救济的概念

公力救济,亦称法律救济,是指国家专门机关依法定程序解决纠纷的法律制度。它有别于人类社会早期的私力救济。①救济主体不同。法律救济的主体是国家专门机关,如司法机关、行政机关等,私力救济的主体是争议的双方当事人或双方当事人约定的组织、个人或依习惯、习俗约定的组织、个人,如仲裁人、氏族首领、族长等。②解决争议的程序不同。法律救济的程序是法定的,国家以法律的形式制定各种不同性质的解决争议的程序;私力救济的程序是约定的,或依习惯、习俗约定的,或是民间组织的规章。③适用的行为规则不同。法律救济适用的是国家法律,而私力救济适用的是习惯、习俗、惯例。④约束力不同。法律救济的处理结果具有国家强制力,私立救济的处理结果的执行依靠双方对救济主体的信任或道德规范的约束。所以,虽然人类社会至今仍然在一定程度上,在一些地区存在私力救济的途径,但法律救济已成为人类社会解决纠纷的主要途径,并不断得以完善,以期公正、合理地处理纠纷,促进人类社会向高度文明的社会发展。

法律救济制度经过长期的发展形成了比较完备的体系,它包括行政法律救济、民事法律救济和刑事法律救济三大类。卫生行政救济是行政法律救济的一种,是指国家专门机关适用法定程序依法解决卫生行政管理机关在实施卫生行政管理过程中与行政相对人所发生的纠纷的法律制度。

### 二、卫生行政救济的种类

卫生行政救济因救济性质的不同分为卫生行政复议、卫生行政诉讼和卫生行政赔偿,《行政复议法》、《行政诉讼法》、《国家赔偿法》是卫生行政救济的主要法律依据。

## 第二节　卫生行政执法

### 一、卫生行政执法的概念

卫生行政执法,是指国家卫生行政管理机关、卫生法律授权、委托的组织及其公职人员在行使卫生行政管理权的过程中,依照法定职权和程序,贯彻实施卫生法律的活动。

法律的生命力在于它在社会生活中的具体实施。执法是法律实施的重要组成部分。卫生行政执法是卫生法律实现的主要途径。因此,卫生行政执法在我国卫生法制建设中占有十分重要的地位,对实现卫生法制具有重要意义。

### 二、卫生行政执法的特征

1. 执法主体的特定性

卫生执法主体只能是国家卫生行政管理机关、卫生法律授权、委托的组织及其公职人员。

2. 执法依据的特定性

卫生行政执法是卫生行政管理机关、卫生法律授权、委托的组织及其公职人员的职务行为,依据的是国家卫生法律、法规、规章以及我国承认或者参加的国际卫生方面的条约、或者签署的双边或多边协议。

3. 执法内容的广泛性

卫生行政执法涉及卫生市场准入、卫生市场行为监管、卫生纠纷的法律救济等方面,内容十分广泛。

4. 执法职权和执法程序的法定性

卫生行政执法主体必须在法定的职权范围内,依法定程序执法,否则将承担相应的卫生行政法律责任。

### 三、卫生行政执法的种类

依据不同的标准可以对卫生行政执法进行分类,通常以卫生行政执法的性质不同将卫生行政执法分为:

1. 卫生行政许可

卫生行政许可,是卫生行政监管的重要内容,是指卫生行政执法主体基于行政相对人的申请,依法赋予行政相对人享有可以从事为法律法规一般禁止的权利或资格的卫生行政执法行为。如颁发执业医师资格和执业证、颁发药品生产企业药品生产许可证等。

2. 卫生行政处罚

卫生行政处罚,是指卫生行政执法主体依据卫生法律规定,对违反卫生法律的相对人所实施的行政法律制裁行为。如吊销执业医师资格、暂停医药卫生执业、罚款、行政拘留等。

3. 卫生行政强制措施

卫生行政强制措施是指卫生行政执法主体为保障卫生行政管理秩序、维护卫生市场主体的合法权益,强迫行政相对人履行义务的行政执法行为。如疫情发生后,为防止疫情的扩散而采取的隔离措施,对禽类的扑杀、填埋;对违法卫生市场主体的查封、扣押、冻结等。

### 4. 卫生行政监察

卫生行政监察,亦称卫生监督,是指卫生行政执法主体依法对行政相对人遵守卫生法律和履行卫生行政管理机关的决定、命令的情况进行检查、监督的行政执法行为。如卫生执法检查,执行某项制度、决定、命令的检查等。

## 四、对卫生行政执法的要求

### 1. 主体资格合法

主体资格合法是卫生行政执法合法性的前提。在我国卫生行政执法主体有:①卫生行政管理机关。卫生行政管理机关包括卫生行政管理机关和食品药品监督管理机关。②计划生育管理机关。③出入境检验检疫机关。④法律、法规授权、委托的组织,如各级卫生防疫机构、药品质量检测所、职业病防治所等。⑤联合执法主体,如"非典"时期,在各级政府的统一领导下,由卫生行政管理机关会同公安机关、工商行政管理机关等进行卫生联合执法。

### 2. 在法定职权内依法定程序实施

卫生行政执法主体都有自己法定的行政执法职权范围,只有在法定的职权范围内依法定程序所实施的行政管理行为,才能实现预期的行政管理的目的。超越法定的职权范围或者不依法定程序实施行政管理侵害行政相对人合法权益的,应承担相应的行政法律责任。

### 3. 执法内容合法又合理

卫生行政管理的复杂性和灵活性,要求卫生行政执法的内容既要合法又要合理。合法即依法行政,在实施卫生行政执法时必须严格依据卫生法律、法规、规章行事。合理是指卫生行政执法主体在执法活动中,特别在行使自由裁量权进行行政管理时,必须做到适当、合理、公正,即符合卫生法律的基本精神和目的,具有客观、充分的事实根据和法律依据,与社会生活常理一致。如卫生行政执法主体在行政执法时,除认定事实本身外,还应考虑行为环境、行政相对人的实际情况、受害人的要求、侵权人的承受力、当地的经济发展水平等因素,最后才依法做出行政决定,以体现政治文明的精神。

# 第三节 卫生行政法制监督

## 一、卫生行政法制监督的概念

关于法制监督有广义和狭义之分,狭义的法制监督是指国家机关依法定职权和程序对立法、执法、司法等法制运作环节的合法性所进行的监察、制控和督导;广义的法制监督是指一切国家机关、政治或社会组织和公民对法制全部运作过程的合法性所进行的监察、制控和督导。我们这里使用法制监督广义的概念。卫生行政法制监督是指一切国家机关、政治或社会组织和公民依法对卫生行政管理机关及其公职人员、法律授权、委托的组织和个人的行政执法活动的合法性和合理性所进行的监督。

## 二、卫生行政法制监督的特征

1. 监督客体的特定性

卫生行政法制监督的客体是卫生行政管理机关及其公职人员、法律授权、委托的组织和个人。

2. 监督内容的法定性

卫生行政法制监督的内容是卫生行政管理机关及其公职人员、法律授权、委托的组织和个人所实施的卫生行政管理行为的合法性、合理性。

3. 监督主体的广泛性

一切国家机关、政治或社会组织和公民对卫生行政管理机关及其公职人员、法律授权、委托的组织和个人所实施的卫生行政管理行为的合法性、合理性都有权监督。

## 三、卫生行政法制监督的种类

依照不同的标准可以对卫生行政法制监督进行分类。

1) 依监督主体的不同可以将卫生行政法制监督分为卫生国家监督和卫生社会监督。卫生国家监督是由国家机关所实施的监督,又可分为权力机关的监督、行政机关的监督和司法机关的监督;卫生社会监督是由国家机关以外的其他社会关系主体所实施的监督,又可分为政治或社会组织的监督、社会舆论的监督和公民的直接监督。

2) 依监督内容的不同可以将卫生行政法制监督分为合法性监督和合理性监督。

## 四、卫生行政法制监督的法律效力

卫生行政法制监督因监督主体的不同,监督的法律效力不同。卫生国家监督是国家机关以国家名义依法定职权和程序进行的具有直接法律效力的监督,而卫生社会监督是由国家机关以外的政治或社会组织和公民进行的不具有直接法律效力的监督。社会监督虽不具有直接的法律效力,但它体现一个国家民主法制化的程度,在我国政治生活中发挥着重要作用,如中国共产党的监督、民主党派的监督和社会舆论的监督对促进卫生行政管理机关依法行政功不可没。只要我们依法监督,任何形式的监督都不可替代,它们都是我国法制监督体系中不可或缺的一员。

# 第四节　卫生行政复议

## 一、卫生行政复议的概念

卫生行政复议是行政复议的一种,因此,要了解卫生行政复议的概念必须首先明确行政复议的概念。行政复议,是指行政相对人认为行政主体的具体行政行为侵犯其合法权益,依法向行政复议机关提出复查该具体行政行为的申请,行政复议机关依照法定程序对被申请的具体行政行为进行合法、适当性审查,并做出行政复议决定的一种法律制度。

行政复议是行政相对人行使行政救济权的一项重要法律制度,它具有以下法律特征:

1）行政复议所处理的争议是行政争议。

行政复议所处理的争议是行政主体在行政管理的过程中因实施具体行政行为而与行政相对人发生的争议,争议的核心是行政主体所实施的具体行政行为是否合法、适当。

2）行政复议以具体行政行为为审查对象,并附带审查部分抽象行政行为。

行政复议是一种纠错机制,通过行政复议来审查行政主体所做出的具体行政行为的合法性、适当性,同时审查部分抽象行政行为(行政法规、规章之外的规范性文件)的合法性、适当性。

3）行政复议主要采用书面审查的方式,必要时也可以通过听证的方式审理。

为了保证行政复议的行政效率,行政复议主要采用书面审查方式。在符合法律规定的情况下也可以采取听证方式。这有别于行政诉讼的开庭审查方式。

根据行政复议的概念,我们可以得出卫生行政复议的概念。卫生行政复议是指行政相对人认为卫生行政管理机关的具体卫生行政行为侵犯其合法权益,依法向行政复议机关(即做出该具体卫生行政行为的卫生行政管理机关的上级机关)提出复查该具体卫生行政行为的申请,行政复议机关依照法定程序对被申请的具体卫生行政行为进行合法、适当性审查,并做出行政复议决定的一种法律制度。它除具有一般行政复议的特征外,还具有以下特征:

1）卫生行政复议的审查对象是卫生行政管理机关做出的具体卫生行政行为。其他行政机关所做出的具体行政行为不是卫生行政复议的审查对象。

2）审查具体卫生行政行为的合法、适当性应从我国卫生事业的全局出发,依据卫生法律、法规、规章做出行政复议决定。

## 二、卫生行政复议的基本原则

法律原则,根据《布莱克法律辞典》的解释是:法律的基础性真理或原理,为其他规则提供基础性或本源的综合性规则或原理,是法律行为、法律程序、法律决定的决定性规则。依据该定义,行政复议的基本原则为合法、公正、公开、及时和便民。卫生行政复议除具有一般行政复议的基本原则外还应包括:

### 1. 保护人民健康原则

保护人民健康,既是卫生工作的出发点,又是卫生工作的目的。卫生行政复议这一行政纠错机制正是通过复查卫生行政管理机关所做出的具体卫生行政行为的合法、适当性,以最大限度地保护人民的生命和健康。

### 2. 保障卫生工作效率原则

卫生行政复议机关通过对具体卫生行政行为合法性、适当性的审查并做出卫生行政复议决定,向所有卫生行政管理机关彰示什么是合法、适当的具体卫生行政行为,什么是违法、不适当的具体卫生行政行为,从而提高卫生行政管理工作的效率。

## 三、卫生行政复议范围

行政复议范围,是指行政相对人认为行政机关做出的行政行为侵犯其合法权益,依法可以向行政复议机关请求重新审查的范围。根据《行政复议法》的规定和卫生行政管理工作的特点,卫生行政复议范围包括:

1）对卫生行政管理机关做出的卫生行政处罚决定不服的。如对罚款、吊销药品生产许可证、责令停产停业、行政拘留等不服,即可提起卫生行政复议。

2)对卫生行政管理机关做出的行政强制措施决定不服的。如对医疗机构财产采取的查封、扣押、冻结措施不服,医疗机构即可申请卫生行政复议。

3)对卫生行政管理机关做出的有关卫生许可证、执照、资质证、资格证等证书变更、中止、撤销等决定不服的。这类证书通常是行政相对人从事某种职业的前提条件,如对吊销执业医师资格证的决定不服的。

4)对卫生行政管理机关做出的关于确认不动产的所有权或者使用权的决定不服的。如医疗机构对卫生行政管理机关没收其房产的决定不服的。

5)认为卫生行政管理机关侵犯合法经营自主权的。如卫生行政管理机关强制医疗机构合并、转让知识产权等。

6)认为卫生行政管理机关违法要求履行义务的。如卫生行政管理机关乱摊派、乱收费、违法集资等。

7)认为卫生行政管理机关不依法办理卫生行政许可等事项的。如行政相对人申请办证、审批、登记有关事项的,卫生行政管理机关拒绝办理或者不予答复的。

8)认为卫生行政管理机关不履行保护人身权、财产权、受教育权法定职责的。对涉及行政相对人人身权、财产权和受教育权的法定职责,经行政相对人申请,卫生行政管理机关必须及时依法履行。卫生行政管理机关拒不履行或者不予答复的,行政相对人可以提起卫生行政复议申请。

9)认为卫生行政管理机关不依法发放抚恤金、社会保险金或者最低生活保障费的。如卫生行政管理机关对医疗机构中因公殉职人员的家属不依法发放抚恤金的。

10)认为卫生行政管理机关其他具体的卫生行政行为侵犯其合法权益的。这是一条概括性的法律规定,即行政相对人只要是认为卫生行政管理机关所实施的具体卫生行政行为侵犯了他的合法权益就可以提起卫生行政复议申请。

11)行政相对人认为具体卫生行政行为所依据的下列规定不合法,在对具体卫生行政行为申请复议时,也可以一并向卫生行政复议机关提出对该规定的审查申请:①国务院部门的规定。②县级以上地方各级人民政府及其工作部门的规定。③乡、镇人民政府的规定。

## 四、卫生行政复议机关与管辖

### (一)卫生行政复议机关

#### 1. 卫生行政复议机关的概念

卫生行政复议机关,是指依照法律规定,有权受理卫生行政复议的申请,依法对被申请的卫生行政行为进行合法性、适当性审查并做出决定的行政机关。它具有以下特征:

1)卫生行政复议机关是行政机关。法律、法规授权的组织不能成为行政复议机关。

2)卫生行政复议机关是有行政复议权的行政机关。乡、镇人民政府等行政机关就没有行政复议权。

3)卫生行政复议机关是能以自己的名义行使卫生行政复议权,并对行为后果独立承担法律责任的行政机关。

#### 2. 卫生行政复议机关的种类

1)做出被申请卫生行政行为的行政主体。此种复议机关由于违背了"自己不得裁决自己案件"的公正原则,在实际中适用范围有限。

2) 做出被申请卫生行政行为的行政主体的上一级行政机关。这类复议机关是现行法律、法规规定最多的复议机关。

3) 做出被申请卫生行政行为的行政主体所属的人民政府。

## (二) 卫生行政复议管辖

卫生行政复议的管辖,是指各卫生行政复议机关对卫生行政复议案件在受理上的具体分工,即行政相对人提起卫生行政复议申请后,应当由哪一个卫生行政复议机关来行使行政复议权。根据《行政复议法》的规定和我国卫生行政管理机关的设置情况,卫生行政复议管辖如下:

1) 对县级以上地方各级人民政府卫生工作部门做出的具体行政行为不服的复议,由申请人选择,由该部门的本级人民政府或上一级主管部门管辖。

2) 对地方人民政府的具体卫生行政行为不服的,由上一级地方人民政府管辖。

3) 对省、自治区人民政府依法设立的派出机关所属的县级地方人民政府的具体卫生行政行为不服的,由该派出机关管辖。

4) 对国务院卫生管理部门或者省、自治区、直辖市人民政府的具体卫生行政行为不服的,向做出该具体行政行为的国务院卫生管理部门或者省、自治区、直辖市人民政府申请复议。对行政复议决定不服的,可以向人民法院提起行政诉讼,也可以向国务院申请裁决,国务院依照《行政复议法》的规定做出最终裁决。

5) 对县级以上的地方人民政府依法设立的派出机关做出的具体卫生行政行为不服申请复议的,由设立该派出机关的人民政府管辖。

6) 对人民政府的卫生工作部门依法设立的派出机构根据法律、法规和规章规定以自己名义做出的具体卫生行政行为不服申请复议的,由设立该派出机构的部门或者该部门的本级人民政府管辖。

7) 对两个或两个以上行政机关以共同名义做出的具体卫生行政行为申请复议的,由它们共同上一级行政机关管辖。

8) 对法律、法规授权的组织做出的具体卫生行政行为不服申请复议的,由直接主管该组织的地方人民政府、地方人民政府的卫生工作部门或者国务院卫生管理部门管辖。

9) 对被撤销的卫生行政管理机关在其被撤销前做出的具体卫生行政行为不服,申请复议的,由继续行使其职权的行政机关的上一级行政机关管辖。

# 五、卫生行政复议参加人

## (一) 申请人

申请人是指对卫生行政主体做出的具体医药卫生行政行为不服,依据法律、法规的规定,以自己的名义向卫生行政复议机关提起行政复议申请的公民、法人或者其他组织。

1) 申请人必须是行政相对人。

2) 申请人是认为被具体卫生行政行为侵害其合法权益的人。

### （二）被申请人

被申请人是指其具体卫生行政行为被卫生行政复议的申请人指控违法侵犯其合法权益,并由行政复议机关通知参加行政复议的行政主体。

1）被申请人必须是行政主体。

2）被申请人必须是实施相应卫生行政行为的行政主体。

3）被申请人必须是相应卫生行政行为受申请人指控并由行政复议机关通知参加行政复议的行政主体。

### （三）第三人

卫生行政复议的第三人,是指因与被申请的具体卫生行政行为有利害关系,通过申请或者复议机关通知,参加到复议中去的公民、法人或者其他组织。

卫生行政复议的第三人在卫生行政复议中具有独立的法律地位,他参加行政复议是为了维护自己的合法权益,在行政复议中不依附于申请人或者被申请人,享有与申请人基本相同的复议权利。如卫生行政处罚案件中的共同被处罚人,有一部分被处罚人提起行政复议的,另外的被处罚人可以作为第三人参加行政复议。

## 六、卫生行政复议程序

### （一）复议申请

卫生行政复议申请是指行政相对人不服卫生行政管理机关的具体卫生行政行为而向复议机关提出要求撤销或变更该具体卫生行政行为的请求。

行政复议是依申请的行政行为。复议申请是行政复议的启动程序,依据《行政复议法》的规定必须符合以下条件:

1）申请人必须是认为具体卫生行政行为侵犯其合法权益的行政相对人。

2）有明确的被申请人。

3）有具体的复议请求和事实根据。

4）属于受理复议机关管辖

5）法律、法规规定的其他条件。

行政相对人应当在知道相应具体卫生行政行为之日起60天内提出复议申请,法律另有规定的除外。因不可抗力或者其他正当理由耽误法定申请期限的,申请期限自障碍消除之日起继续计算。

申请复议既可书面申请,也可口头申请。口头申请的,复议机关应当当场记录申请人的基本情况,行政复议请求,申请复议的主要事实、理由和时间。

### （二）复议受理

复议机关在收到复议申请后,依法应当在收到之日起5日内,对申请书进行审查并做出如下处理:

1）对于符合申请复议条件的,且没有向人民法院提起诉讼的,依法应当决定受理。

2）对于不符合申请复议条件的,依法决定不予受理,并告知申请人不予受理的理由。

3）对于复议申请请求的内容有欠缺的复议申请,依法决定发还申请人并限期补正。

4）对于复议申请符合《行政复议法》规定,但不属于该机关管辖的,应当告知申请人向有管辖权的复议机关提出。

### （三）审理与决定

卫生行政复议案件的审理是复议机关对复议案件的事实、证据、法律适用及争论的焦点等进行审查的过程,是卫生行政复议程序的关键阶段。

**1. 审理方式**

卫生行政复议案件的审理以书面审理为主,其他方式为辅的审理方式。对于一般卫生行政复议案件采取书面审的方式可以提高行政效率。但对于较为复杂、影响较大的行政复议案件,复议机关认为必要时可以向有关组织和人员调查情况,听取申请人、被申请人和第三人的意见,或者采取听证方式。

**2. 审理依据**

复议机关审理卫生行政复议案件主要依据医药卫生法律、法规和规章,同时依据其他法律、法规和规章。

**3. 举证责任**

虽然《行政复议法》对举证责任未做规定,但介于行政复议的特点可参照《行政诉讼法》关于举证责任的规定,即由被申请人承担举证责任,提供做出具体行政行为决定的事实依据和法律依据,以证明其所做出的具体行政行为决定的合法性和合理性。卫生行政复议也应遵循该做法。

**4. 复议决定**

卫生行政复议机关通过对复议案件进行审理,根据不同情况应当在受理卫生行政复议申请之日起 60 日内分别做出不同决定,法律另有规定的除外:

（1）维持决定

卫生行政复议机关通过复议案件的审理对事实清楚、证据确凿,适用法律、法规、规章和具有普遍约束力的决定、命令正确,符合法定程序和内容适当的应当做出维持被申请的具体卫生行政行为的决定。

（2）履行决定

卫生行政复议机关通过复议案件的审理对被申请的行政主体拒不履行法定职责和拖延履行法定职责的做出责令被申请的行政主体在一定期限内履行法定职责的决定。

（3）撤销、变更和确认违法决定

卫生行政复议机关通过复议案件的审理对主要事实不清、证据不足的;适用依据错误的;违反法定程序的;超越职权或者滥用职权的;具体行政行为明显不当的依法做出撤销、变更或者确认该行为违法的决定。必要时,可以责令被申请人在一定期限内重新做出具体卫生行政行为的决定。

（4）赔偿决定

申请人在申请卫生行政复议时一并提出行政赔偿请求的,复议机关经过审查认为符合国家赔偿法的有关规定应予赔偿的,应当在做出撤销、变更具体卫生行政行为或者确认具体卫生行政行为违法的决定时,同时做出责成被申请人依法给予申请人赔偿的决定。

（5）对抽象卫生行政行为的处理决定

申请人在申请医药卫生行政复议时一并提出对有关抽象卫生行政行为的审查申请的,复议机关对该抽象行政行为有权处理的,应当在 30 日内依法做出处理决定;无权处理的,应当在 7 日内按照法定程序转送有权处理的行政机关做出处理决定,有权处理的行政机关应当在 60 日内依法做出处理决定。

复议决定送达当事人后即发生法律效力。法律规定可以起诉的行政复议决定,当事人不服的在法定的期限内可依法提起行政诉讼。

# 第五节　卫生行政诉讼

## 一、卫生行政诉讼的概念

卫生行政诉讼是指行政相对人(公民、法人或者其他组织)与卫生行政主体在卫生行政法律关系领域发生纠纷后,依法向人民法院提起诉讼,人民法院依法定程序审查卫生行政主体的行政行为的合法性,并判断相对人的主张是否妥当,以做出裁判的一种司法制度。它与卫生行政复议比较有如下差异:

1. 性质不同

卫生行政复议是卫生行政行为,体现的是卫生行政内部的监督。而卫生行政诉讼是司法行为,体现的是司法对行政管理的监督。

2. 卫生行政复议的受案范围大于医药卫生行政诉讼。卫生行政诉讼只受理不服具体卫生行政行为的案件,而卫生行政复议还受理部分不服抽象卫生行政行为的案件。

3. 案件管辖不同

卫生行政复议案件由与行政相对人发生行政争议的卫生行政管理机关的上级机关管辖,而一审卫生行政诉讼案件由最初做出具体卫生行政行为的行政机关所在地人民法院管辖。

4. 审查的范围不同

卫生行政复议不仅审查具体卫生行政行为的合法性,还审查具体卫生行政行为的合理性。而卫生行政诉讼只审查具体卫生行政行为的合法性。

5. 法律效果不同

除法律有特别规定外,申请人对卫生行政复议决定不服的,在法定期限内还可以提起卫生行政诉讼。而卫生行政诉讼实行两审终审制,当事人对一审判决不服的可以在法定期限内提出上诉。

行政诉讼制度是我国政治文明的重要体现,是法制监督的重要内容,是行政相对人寻求行政法律救济的重要途径。卫生行政诉讼是监督医药卫生行政行为,保障卫生行政效率,保护公民、法人和其他组织的合法权益的重要司法制度。它与卫生行政复议、卫生行政赔偿共同构成我国完整的卫生行政法律救济体系。

## 二、卫生行政诉讼的基本原则

卫生行政诉讼除遵循我国诉讼制度的共有原则外,还必须遵循行政诉讼的特有原则,即人民法院只对行政机关的具体行政行为进行合法性审查的原则。

1)卫生行政诉讼的客体限于具体卫生行政行为(不包括抽象行政行为)。

2)人民法院审查具体卫生行政行为只监督审查合法性,而不审查合理性。

## 三、卫生行政诉讼的受案范围

卫生行政诉讼的受案范围是指人民法院受理卫生行政诉讼案件的范围。根据《行政诉讼法》的规定和卫生行政管理的特点,卫生行政诉讼的受案范围为:

1)对卫生行政管理机关做出的行政处罚不服的。

2)对卫生行政管理机关采取的行政强制措施不服的。

3)认为卫生行政管理机关侵犯法律规定的经营自主权的。

4)认为符合法定条件申请卫生行政管理机关颁发许可证和执照,卫生行政管理机关拒绝颁发或者不予答复的。

5)申请卫生行政管理机关履行保护人身权、财产权的法定职责,卫生行政管理机关拒绝履行或者不予答复的。

6)认为卫生行政管理机关没有依法发给抚恤金的。

7)认为卫生行政管理机关违法要求履行义务的。

8)法律、法规和规章规定可以提起卫生行政诉讼的其他情形。

## 四、卫生行政诉讼管辖

卫生行政诉讼管辖是指人民法院受理第一审卫生行政案件的分工和权限。分为级别管辖、地域管辖和裁定管辖。

### (一)级别管辖

级别管辖是指各级人民法院之间受理第一审行政案件的职权分工。根据《行政诉讼法》的规定:

1)基层人民法院管辖第一审行政案件。

2)中级人民法院管辖对国务院各部门和省级政府具体行政行为提起的第一审行政案件和辖区内重大、复杂的第一审行政案件。

3)高级人民法院负责本辖区内重大、复杂的第一审行政案件。

4)最高人民法院负责全国范围内重大复杂的第一审行政案件。

卫生行政案件亦遵循以上的管辖规定。

### (二)地域管辖

地域管辖是指同级人民法院之间受理第一审行政案件的职权分工。

#### 1. 一般地域管辖

一般地域管辖是指在无特殊情况下,行政案件由最初做出具体行政行为的行政机关所在地人民法院管辖。

2. 特殊地域管辖

特殊地域管辖是由于行政案件的特殊性,从而在管辖上有别于一般地域管辖。根据《行政诉讼法》的规定有以下四种情况:

1）经复议的案件,复议机关改变了原具体行政行为的,可以由最初做出具体行政行为的行政机关所在地或复议机关所在地的人民法院管辖。

2）对限制人身自由的行政强制措施不服的行政案件,由被告或原告所在地人民法院管辖。

3）因不动产引起的行政诉讼由不动产所在地人民法院管辖。

4）对两个以上人民法院都有管辖权的行政案件,当事人可以选择其中一个人民法院提起诉讼,同时向两个以上有管辖权的人民法院起诉的,由最先收到起诉状的人民法院管辖。

### （三）裁定管辖

裁定管辖是人民法院根据法律的授权以裁定方式确定的管辖。包括指定管辖、移送管辖和管辖权的转移。

1. 指定管辖

指定管辖是指有管辖权的人民法院由于特殊原因不能行使管辖权或者人民法院对管辖权发生争议,协商解决不成的,由上级人民法院指定管辖法院的情形。

2. 移送管辖

移送管辖是指人民法院对已受理的行政案件经审查发现不属于本法院管辖时,将案件移送给有管辖权的人民法院管辖的一种法律制度。受移送的人民法院不得自行移送。

3. 管辖权的转移

管辖权的转移是指由上级人民法院决定或同意,把案件的管辖权由上级人民法院移交给下级人民法院,或者由下级人民法院移交给上级人民法院。

## 五、卫生行政诉讼参加人

卫生行政诉讼参加人,是指依法参加卫生行政诉讼,享有诉讼权利,承担诉讼义务,并且与诉讼争议或诉讼结果有利害关系的人。根据《行政诉讼法》的规定卫生行政诉讼参加人包括当事人、共同诉讼人、行政诉讼第三人和行政诉讼代理人。

### （一）卫生行政诉讼当事人

行政诉讼当事人有广义和狭义之分。狭义的当事人只包括原告和被告,广义的当事人还包括共同诉讼人和诉讼中的第三人。我们这里在广义上使用当事人的概念。作为卫生行政诉讼的当事人必须符合以下要求:

1）以自己的名义进行诉讼。这一点有别于诉讼代理人,诉讼代理人根据授权或法律规定以被代理人的名义进行行政诉讼。

2）与行政案件有直接或间接的利害关系。这一点有别于证人、鉴定人、翻译人员等。

3）受人民法院裁判拘束。只有当事人受人民法院裁判的拘束,当事人以外的其他行政诉讼参与人不受人民法院裁判的拘束,即不享有人民法院裁判所确定的权利,也不承担人民法院裁判所确定的义务。

引起行政诉讼程序首先是原告。卫生行政诉讼原告是指认为卫生行政管理机关及其工作人员所做出的具体卫生行政行为侵犯其合法权益,而向人民法院提起行政诉讼的个人或者组织。个人主要指中国公民,亦包括外国人和无国籍人;组织包括法人和其他组织。在行政诉讼中,有时会发生原告资格的转移。《行政诉讼法》规定,有权提起行政诉讼的公民死亡,其近亲属可以提起诉讼;有权提起行政诉讼的法人或者其他组织终止,承受其权利的法人或者组织可以提起诉讼。我国《行政诉讼法》对行政诉讼原告的资格规定较为原则,导致在司法实践中,原告的资格有时难以确定,有待立法或司法解释予以完善。

卫生行政诉讼的被告,是指其实施的具体卫生行政行为被原告指控侵犯其行政法上的合法权益,而由人民法院通知应诉的卫生行政主体。具体而言,在卫生行政诉讼中作为被告的行政主体包括:

1) 做出具体卫生行政行为的行政机关。
2) 具体卫生行政行为经复议机关复议维持的,做出原具体卫生行政行为的行政机关是被告。
3) 具体卫生行政行为经复议机关复议改变的,复议机关是被告。
4) 由法律、法规授权组织做出的具体卫生行政行为,该组织是被告。
5) 由卫生行政管理机关委托的组织做出的具体卫生行政行为,做出委托的行政机关是被告。
6) 两个以上行政机关共同做出的具体行政行为,共同做出具体行政行为的机关是共同被告。

共同诉讼是指当事人一方或者双方为两人以上的诉讼。基于同一具体行政行为发生的共同诉讼为必要的共同诉讼,基于同样的具体行政行为发生的共同诉讼为普通的共同诉讼。两人以上的一方当事人统称共同诉讼人。原告为两人以上称共同原告,被告为两人以上称共同被告。必要的共同诉讼人在共同诉讼中有着共同的权利和义务。

行政诉讼第三人是与提起诉讼的具体行政行为有利害关系,为了维护自己的合法权益而参加诉讼的个人或者组织。作为行政诉讼的第三人必须符合以下条件:

1) 它是原、被告之外的行政法律关系的主体。
2) 它与被诉的具体行政行为有利害关系。
3) 它参加诉讼必须在诉讼开始后和案件审结前。
4) 参加诉讼有两种方式:申请参加和人民法院通知参加。

## (二) 卫生行政诉讼代理人

卫生行政诉讼代理人,是指依法律规定,或由法院指定,或受当事人委托,以当事人的名义,在代理权限范围内为当事人进行卫生行政诉讼活动,其诉讼法律后果由当事人承受的人。依据《行政诉讼法》的规定,卫生行政诉讼代理人包括法定代理人和委托代理人。

1. 法定代理人

法定代理人是指根据法律规定,代替无诉讼能力的公民进行卫生行政诉讼活动的人。如未成年人、精神病人的法定代理人。法定代理人互相推诿代理责任的,由人民法院在法定代理人中指定诉讼代理人。

2. 委托代理人

委托代理人是受当事人或法定代理人的委托而代为进行卫生行政诉讼的人。根据《行政诉讼法》规定,律师、社会团体、提起卫生行政诉讼的公民的近亲属或者所在单位推荐的人,或者经人民法院许可的其他公民可以受委托成为委托代理人。

## 六、卫生行政诉讼证据及举证责任

### (一) 卫生行政诉讼证据

根据《行政诉讼法》的规定以下证据经法庭审查属实,才能作为卫生行政诉讼定案的根据:

1. 书证

以所记载的内容来证明案件事实的证据。如行政决定书、许可证、执照等。

2. 物证

以物品的自然状态来证明案件事实的证据。如未使用完的药品、受侵害的物品等。

3. 视听资料

以录音、录像、计算机等储存的信息来证明案件事实的证据。

4. 证人证言

知悉案件情况的人以口头或书面的方式,向人民法院所做的与案件有关的事实的陈述。

5. 当事人陈述

当事人在卫生行政诉讼中就其所经历的案件事实,向人民法院所做的陈述。

6. 鉴定结论

鉴定部门指派具有专门知识和专门技能的人对某些专门性问题进行分析、鉴别和判断,从而做出的能够证明案件事实的书面结论。如血液鉴定结论、笔迹鉴定结论等。

7. 勘验笔录、现场笔录

勘验笔录是对物品、现场等进行察看、检验后所做的能够证明案件情况的记录。

现场笔录是专指行政机关及其工作人员在实施具体行政行为的过程中,对某些事项当场所做的能够证明案件事实的记录。

### (二) 卫生行政诉讼的举证责任

基于行政诉讼的特殊性,在举证责任上,行政诉讼法规定由做出具体行政行为的被告负责举证。即由做出具体行政行为的行政机关提供做出具体行政行为的证据和所依据的规范性文件。由被告举证有利于发挥行政机关的举证优势和促进行政机关依法行政,也有利于行政相对人行使诉权。但被告举证并不排除原告提供诉讼证据。

## 七、卫生行政诉讼程序

### (一) 起诉

卫生行政诉讼的起诉是指公民、法人或其他组织认为医药卫生行政管理机关的具体行政行为侵犯其合法权益,向法院提起诉讼,请求法院审查具体行政行为的合法性并向其提供法律救济的行为。卫生行政诉讼的起诉必须符合以下条件:

1) 原告必须是认为具体卫生行政行为侵犯其合法权益的公民、法人或其他组织。

2) 必须有明确的被告。

3）必须有具体的诉讼请求和事实根据。

4）起诉的案件属于人民法院受案范围和受诉人民法院管辖。

## （二）受理

人民法院经过对起诉的审查,分别不同情况做出处理。

1）对符合起诉条件的,应当在7日内立案并通知当事人。

2）对不符合起诉条件的,也应当在7日内做出不予受理的裁定。原告对裁定不服的,可以提起上诉。

3）对不属于本院管辖的案件应移送到有管辖权的法院,并通知原告。

## （三）审理并判决

### 1. 审理内容

卫生行政案件的审理是针对卫生行政管理机关所做出的具体行政行为的合法性。具体而言:

1）审查做出具体行政行为的卫生行政管理机关是否适合。

2）审查做出具体行政行为所依据的事实是否全面、准确、真实。

3）审查做出具体行政行为所依据的法律、法规和规章是否正确。

4）是否依法定程序实施的具体行政行为。

### 2. 审理的依据

能作为卫生行政案件裁判依据有:

1）法律、行政法规和部委规章。

2）地方性法规(适用于本行政区域内发生的行政案件)。

3）自治条例和单行条例(适用于审理民族自治地方的行政案件)。

4）可参照国务院部、委根据法律和国务院的行政法规、决定、命令制定、发布的规章以及省、自治区、直辖市和省、自治区的人民政府所在地的市和经国务院批准的较大的市的人民政府根据法律和国务院的行政法规制定、发布的规章。

### 3. 判决

人民法院依法组成合议庭,通过对卫生行政案件的审理,分别不同情况做出如下行政判决:

1）对具体卫生行政行为证据确凿,适用法律正确,符合法定程序的,判决维持卫生行政机关的具体行政行为。

2）对具体卫生行政行为具有主要证据不足、适用法律错误、违反法定程序、超越职权、滥用职权情形之一的,判决撤销卫生行政管理机关的具体行政行为。部分违法的,可判决只撤销违法部分。

3）对卫生行政管理机关应当依法履行法定职责而不履行或拖延履行的,判决卫生行政管理机关在一定期限内履行其法定职责。

4）对卫生行政管理机关显失公正的具体行政行为,判决变更卫生行政管理机关的具体行政行为。判决变更具体行政行为的,卫生行政管理机关不得做出与原具体行政行为基本相同的具体行政行为。

人民法院做出的一审行政判决当事人不服的,可以在接到判决书之日起15日内向上一级人民法院提出上诉。上诉法院所做出的判决是终审判决,一经送达即发生法律效力。当事人必须执行。

# 第六节　卫生行政赔偿

## 一、卫生行政赔偿的概念

卫生行政赔偿是指医药卫生行政管理机关及其工作人员违法行使职权,侵犯了公民、法人或其他组织的合法权益造成损害后果,由国家承担赔偿责任的法律制度。

卫生行政赔偿是国家赔偿制度的有机组成部分,具有以下特点:

1) 行政侵权的主体是国家卫生行政管理机关及其工作人员。

2) 卫生行政赔偿的请求人是因国家卫生行政管理机关违法行政导致合法权益受到侵害的公民、法人和其他组织。

3) 卫生行政赔偿是对卫生行政侵权造成的损害所给予的赔偿。合法的行政行为所导致的损害不予赔偿。

4) 卫生行政赔偿的责任主体为国家。赔偿费用由国库支出,列入各级政府财政。

## 二、卫生行政赔偿的构成要件

构成卫生行政赔偿必须具备以下要件:

1) 侵权主体为国家卫生行政管理机关及其工作人员。其他组织、个人只有在法律授权或接受卫生行政管理机关委托的情况下,才能成为侵权行为的主体。

2) 执行卫生职务的行为违法。

3) 有损害事实发生。即使有违法事实,但未有损害事实不构成行政赔偿。损害事实既包括对人身权的侵害事实,亦包括对财产权的损害事实。

4) 违法行为与损害事实之间存在因果关系。即卫生行政管理机关所实施的侵权行为与损害事实之间存在前因后果的关系。

## 三、卫生行政赔偿的范围

### (一) 侵犯人身权的赔偿

卫生行政管理机关及其工作人员在行使职权时有下列侵犯人身权情形之一的,受害人有取得赔偿的权利:

1) 违法拘留或者违法采取限制公民人身自由的行政强制措施的。

2) 非法拘禁或者以其他方式非法剥夺公民人身自由的。

3) 以殴打等暴力行为或者唆使他人以殴打等暴力行为造成公民身体伤害或者死亡的。

4) 违法使用武器、警械造成公民身体伤害或者死亡的。

5) 造成公民身体伤害或者死亡的其他违法行为。

### (二) 侵犯财产权的赔偿

卫生行政管理机关及其工作人员在行使职权时有下列侵犯财产权情形之一的,受害人有取得赔偿的权利:

1) 违法实施罚款、吊销许可证和责令停产停业、没收财物等处罚的。

2) 违法对财产采取查封、扣押、冻结等行政强制措施的。

3) 违反国家规定征收财物、摊派费用的。

4) 造成财产损失的其他违法行为。

## 四、卫生行政赔偿程序

公民、法人和其他组织提起卫生行政赔偿,既可单独提起,亦可与行政复议或行政诉讼一并提起。单独提出卫生行政赔偿的,申请人必须先向卫生行政赔偿义务机关提出,并依法递交请求行政赔偿申请书。赔偿义务机关应当在 2 个月内做出是否给予行政赔偿和赔偿多少的决定。申请人对赔偿有异议的,可在期限届满之日起 3 个月内向人民法院提起诉讼,人民法院按照行政诉讼程序审理并做出判决。

## 五、卫生行政赔偿的方式和计算标准

### (一) 赔偿方式

根据《国家赔偿法》的规定,卫生行政赔偿以支付赔偿金为主要方式,能够返还财产或者恢复原状的,予以返还或恢复原状。

### (二) 计算标准

**1. 侵犯公民人身自由的**

侵犯公民人身自由的,每日的赔偿金按照国家上年度职工日平均工资计算。

**2. 侵犯公民生命健康权的**

侵犯公民生命健康权的,赔偿金按照下列规定计算:

1) 造成身体伤害的,应当支付医疗费以及赔偿因误工减少的收入。减少的收入每日的赔偿金按照国家上年度职工日平均工资计算,最高额为国家上年度职工年平均工资的 5 倍。

2) 造成部分或者全部丧失劳动能力的,应当支付医疗费,以及残疾赔偿金,残疾赔偿金根据丧失劳动能力的程度确定,部分丧失劳动能力的最高额为国家上年度职工年平均工资的 10 倍,全部丧失劳动能力的为国家上年度职工年平均工资的 20 倍。造成全部丧失劳动能力的,对其扶养的无劳动能力的人,还应当支付生活费。

3) 造成死亡的,应当支付死亡赔偿金、丧葬费,总额为国家上年度职工年平均工资的 20 倍。对死者生前扶养的无劳动能力的人,还应当支付生活费。

**3. 侵犯财产权的**

侵犯公民、法人和其他组织的财产权造成损害的,按照下列规定处理:

1) 处罚款、罚金、追缴、没收财产或者违反国家规定征收财物、摊派费用的,返还财产。

2）查封、扣押、冻结财产的,解除对财产的查封、扣押、冻结,造成财产损坏或者灭失的按3）、4)项办法处理。

3）损坏的财产能恢复原状的恢复原状,不能恢复原状的,按照损坏程度给付相应的赔偿金。

4）应当返还的财产灭失的,给予相应的赔偿金。

5）财产已经拍卖的,给付拍卖所得的价款。

6）吊销许可证和执照、责令停产停业的,赔偿停产停业期间必要的经常性费用开支。

7）对财产权造成其他损害的,按照直接损失给予赔偿。

## 思 考 题

1. 简述卫生行政救济的概念、特征。
2. 简述卫生行政执法特征、种类。
3. 简述卫生行政法制监督的特征。
4. 简述卫生行政诉讼和行政复议的概念、特征、原则、管辖、受案范围。
5. 简述卫生行政赔偿的概念、构成要件、范围、方式。
6. 简述行政诉讼和行政复议的程序。

（江西中医学院　严桂平　贵阳中医学院　黄仁夫）

# 第三章 医疗机构管理法律制度

通过本章的学习,要求掌握医疗机构的概念和医疗机构名称的构成原则,理解医疗机构的含义和医疗机构名称的禁止性规定,了解我国医疗机构的常见分类,以及对医疗机构的监督与处罚。

## 第一节 概 述

### 一、医疗机构的概念与医疗机构的管理立法

医疗机构是依法定程序设立的从事疾病诊断、治疗活动的卫生机构的总称。医院、卫生院是我国医疗机构的主要形式,此外还有疗养院、门诊部、诊所、卫生所(室)以及急救站等,共同构成了我国的医疗机构。医疗机构以救死扶伤、防病治病、为人民的健康服务为宗旨,其依法从事的诊疗活动受法律保护。

在新中国成立后,我国十分重视卫生事业,1951 年 1 月 3 日当时的政务院批准颁布了我国第一个医疗机构管理方面的行政法规《医院诊所管理暂行条例》。随后国务院及卫生部等又陆续制定了一系列有关医疗机构管理的行政法规和部门规章。为了加强对医疗机构的管理,促进医疗卫生事业的发展,保障公民健康,针对这些问题,在总结过去管理经验的基础上,国务院于 1994 年 2 月 26 日发布了《医疗机构管理条例》,自同年 9 月 1 日起施行。为了配合该条例的实施,1994 年 8 月 29 日,卫生部发布了《医疗机构管理条例实施细则》及《医疗机构监督管理行政处罚程序》、《医疗机构设置规划指导原则》、《医疗机构基本标准(试行)》、《医疗机构评审委员会章程》等。

国务院办公厅于 2000 年 2 月转发了国务院体改办等八个部门共同制定的《关于城镇医药卫生体制改革的指导意见》,决定将我国现有医药机构进行分类管理,分为非盈利性医疗机构和盈利性医疗机构两类。国家计委、卫生部、中医药局、财政部为了贯彻于 2000 年 7 月 18 日发布了《关于城镇医疗机构分类管理的实施意见》。对盈利性医疗机构和非盈利性医疗机构给予了明确的界定。为做好城镇非盈利性医疗机构的登记管理工作,根据《民办非企业单位登记管理暂行条例》和《医疗机构管理条例》,民政部、卫生部 2000 年 12 月发布的《关于城镇非盈利性医疗机构进行民办非企业单位登记有关问题的通知》规定各类城镇非盈利性医疗机构(政府举办的非盈利性医疗机构除外)在取得《医疗机构执业许可证》后,应当依法到民政部门进行民办非企业单位登记。财政部、国家税务总局等发出了《关于医疗卫生机构有关税收政策的通知》,进一步明确了医院分类管理和税收优惠的政策界限和操作办法,对非盈利性医院主营业务收入的免税规定以及对盈利性医

院照章征税的政策。除政府主办的非盈利性医疗机构可享受财政补助外,其他非盈利性医疗机构都没有补助而执行政府规定的医疗服务指导价,并享受相应的税收优惠政策,在财会制度上执行国家的《医院财会制度》和《医院会计制度》及相关政策。盈利性医疗机构在不享受政府补助的同时,医疗服务价格可根据市场自主调节、自主经营、照章纳税,财会制度参照执行企业的财会制度与有关政策。为医院的有序竞争和规范管理创造了公平的政策环境。

为促进医疗机构的发展,鼓励以多种形式创建医疗机构,卫生部、外经贸部1988年联合颁布《关于开办外宾华侨医院、诊所和外籍医生来华执业行医的几条规定》,外经贸部1997年颁布《关于设立外商投资医疗机构的补充规定》,2000年5月卫生部、对外贸易经济合作部联合发布了《中外合资、合作医疗机构暂行管理办法》等规章。

2002年根据《中共中央、国务院关于进一步加强农村卫生工作的决定》的精神,卫生部、国家计委、财政部、人事部、国家中医药管理局发布《关于农村卫生机构改革与管理的意见》,为建立和完善社会主义市场经济体制下的农村卫生服务体系,满足农村居民多层次、多样化的卫生服务需求等做出规定。

为了保护医疗机构、医务人员、患者各方合法权益,2002年4月国务院发布了《医疗事故处理条例》,这一行政法规于2002年9月1日生效实施。根据《医疗事故处理条例》,加强医疗机构病历管理,卫生部和国家中医药管理局制定了《医疗机构病历管理规定》并于2002年9月1日起施行。自此,我国对各级各类医疗机构的管理逐步走上了法制化轨道。

## 二、医疗机构的类别

### 1. 按医疗机构的功能、任务、规模等不同分类

按医疗机构的功能、任务、规模等不同共分为12类。①综合医院、中医医院、中西医结合医院、民族医医院、专科医院、康复医院。②妇幼保健院。③中心卫生院、乡(镇)卫生院、街道卫生院。④疗养院。⑤综合门诊部、专科门诊部、中医门诊部、中西医结合门诊部、民族医门诊部。⑥诊所、中医诊所、民族医诊所、卫生所、医务室、卫生保健所、卫生站。⑦村卫生室(所)。⑧急救中心、急救站。⑨临床检验中心。⑩专科疾病防治院、专科疾病防治所、专科疾病防治站。⑪护理院、护理站。⑫其他诊疗机构。

### 2. 按医疗机构是否以盈利为目的的分类

1)非盈利性医疗机构:是指为社会公众利益服务而设立和运营的医疗机构,不以盈利为目的,其收入用于弥补医疗服务成本,实际运营中的收支结余只能用于自身的发展,如改善医疗条件、引进技术、开展新的医疗服务项目等。非盈利性医疗机构在医疗服务体系中占主导地位,包括公立医疗机构和少量慈善团体、港澳同胞、海外侨胞捐资和社会筹资兴建的非盈利性医院。

2)盈利性医疗机构:是指以投资获利为目的,医疗服务所得收益可用于投资者经济回报的医疗机构。盈利性医疗机构的最大特点是它的盈利性。其在价格政策、财会制度和税收上都不同于非盈利性医疗机构。个体诊所、私营医院、股份制医院、股份合作制医院和中外合资合作医院等形式的医疗机构都可以列入盈利性医疗机构。政府不举办盈利性医疗机构。

### 3. 按投资主体是否具有外国国籍分类

1)内资医疗机构:即投资主体成分不含有外资成分,全部由中国公民或法人、国家授权的投资部门投资设立。

2）中外合资、合作医疗机构：即外国医疗机构、公司、企业和其他经济组织，按照平等互利的原则，经中国政府主管部门批准，在中国境内(香港、澳门及台湾地区除外)与中国的医疗机构、公司、企业和其他经济组织以合资或者合作形式设立医疗机构。为促进卫生领域对外交流与合作，我国允许开办中外合资、合作医疗机构。

4. 按所有制性质分类

1）全民所有制医疗机构：是由国家出资，全部资产属于国家所有的医疗机构。

2）集体所有制医疗机构：是全部资产归劳动群众集体所有的医疗机构。

3）私人所有制医疗机构：是指资产归私人所有的医疗机构。

4）混合所有制医疗机构：是指资产由不同所有制成分构成的医疗机构。

5. 按法律形态分类

1）独资医疗机构：是指由单个投资主体出资经营的医疗机构。它一般具有以下特征：①出资者仅有一人。②出资者对医疗机构的债务承担无限责任。③不具有独立的法人资格。

在我国，独资医疗机构中最多的表现形式就是个体诊所，它的规模一般都很小。我国不允许外商来华创办独资医疗机构。

2）合伙医疗机构：是由两个或两个以上的投资主体以合伙协议相互约定出资，共同经营，共享收益，共担风险，对医院机构债务承担无限连带责任的医疗机构。一般具有以下特征：①必须有两个以上的合伙人。②必须有书面合伙协议。③合伙人对合伙医疗机构的债务承担无限连带责任。④不具有独立的法人资格。

中外合作医疗机构必须具有法人资格，因此目前我国没有合伙型的中外合作医疗机构。

3）股权制医疗机构：是由两个或两个以上的投资者共同投资组建的具有法人资格的医疗机构，投资者按其在医疗机构中拥有的股权比例享受权利和承担责任，医疗机构则以其全部财产对其债务承担有限责任。它一般具有以下特征：①具有独立的法人资格。②投资者须为两人以上。③投资者对公司债务以出资额为限承担有限责任。

4）股份合作制医疗机构：是指其全部资本分为等额股份并以职工股份或职工股份为主构成，股东按照劳动合作与资本合作相结合的原则享有权利和承担义务，医疗结构以其全部资产对其债务承担责任的医疗机构。它一般具有以下特征：①具有独立的法人资格股份合作制医疗机构实行独立核算、自主经营、自负盈亏、自担风险、依法取得法人资格，以其全部财产独立承担民事责任。②职工持有或以职工持有为主的股份结构。职工持股为主应当包括两方面含义：一是大多数职工要持股；二是股份的大多数要由职工持有。③职工股份转让的限制性。职工股东的股份一般只能在本医疗机构内部转让。职工离开医疗机构时，不允许把其持有的股份带走，只能转让给本医疗机构的其他职工。④按劳分配与按资分配相结合的分配原则。

# 第二节　医疗机构的设置

## 一、医疗机构的设置规划

医疗机构设置规划是区域卫生规划的重要组成部分，是卫生行政部门审批医疗机构的依据。

其目的是统筹规划医疗机构的数量、规模和分布,合理配置卫生资源,提高卫生资源的利用效率。医疗机构设置规划分三级。

1. 医疗机构设置规划的制定

县级以上地方人民政府卫生行政部门根据本行政区域内的人口、医疗资源、医疗需要和现有医疗机构的分布状况,依据卫生部制定的《医疗机构设置规划指导原则》,制定本行政区域医疗机构设置规划,经上一级卫生行政部门审核,报同级人民政府批准,在本行政区域发布实施。机关、企业和事业单位可以根据需要设置医疗机构,并纳入当地医疗机构的设置规划。

省级和县级的医疗机构设置规划都要以设区的市级所制定的医疗机构设置规划为基础。县级卫生行政部门制定医疗机构设置规划的重点是 100 张床以下的医疗机构的具体配置和布局,省级卫生行政部门制定医疗机构设置规划的重点是 500 张床以上的医院、重点专科和重点专科医院、急救中心、临床检验中心等医疗机构的配置。

2. 医疗机构设置规划应遵循的原则

1)公平性原则。从当地的医疗供需实际出发,面向全人群,充分发挥现有医疗资源作用。现阶段发展要以农村、基层为重点,严格控制城市医疗机构的发展规模,保证全体居民尤其是广大农民公平地享有基本医疗服务。

2)整体效益原则。医疗机构设置要符合当地卫生发展总体规划的要求,充分发挥医疗系统的整体功能,合理配置医疗资源,提高医疗预防保健网的整体效益,局部要服从全局。

3)可及性原则。医疗服务周径适宜,交通便利,布置合理,易于为群众服务。

4)分级管理原则。为了合理有效地利用卫生资源,确保医疗机构的服务质量,按医疗机构的功能、任务、规模将其分为不同级别,实行标准有别、要求不同的管理,建立和完善分级医疗体系。

5)公有制主导原则。医疗机构应坚持国家和集体举办为主,个人和其他社会团体为补充的原则。

6)中西医并重原则。遵循卫生工作的基本方针,中西医并重,保证中医、中西医结合、民族医医疗机构的合理布局及资源配置。

## 二、医疗机构的设置申请与审批

### (一) 申请

1. 申请设置医疗机构的条件

医疗机构不分类别、所有制形式、隶属关系、服务对象,其设置必须符合当地《医疗机构设置规划》。任何单位和个人申请设置医疗机构,要按照规定的程序和要求向县级以上地方人民政府卫生行政部门提交设置申请书、设置可行性研究报告、选址报告和建筑设计平面图等。经卫生行政部门审查批准,取得设置医疗机构批准书,方可向有关部门办理其他手续。

单位或者个人设置医疗机构,不设床位或者床位不满 100 张的医疗机构,向所在地的县级人民政府卫生行政部门申请;床位在 100 张以上的医疗机构和专科医院按照省级人民政府卫生行政部门的规定申请。

地方各级人民政府设置医疗机构,由政府指定或者任命的拟设医疗机构的筹建负责人申请;法人或者其他组织设置医疗机构,由其代表人申请;个人设置医疗机构,由设置人申请;两人以上合伙设置医疗机构,由合伙人共同申请。

由两个以上法人或者其他组织共同申请设置医疗机构以及由两人以上合伙申请设置医疗机构的,除提交可行性研究报告和选址报告外,还必须提交由各方共同签署的协议书。

在城市设置诊所的个人,必须同时具备下列条件:

1)经医师执业技术考核合格,取得《医师执业证书》。

2)取得《医师执业证书》或者医师职称后,从事5年以上同一专业的临床工作。

3)省级卫生行政部门规定的其他条件。

在乡镇和村设置诊所的个人的条件,由省级卫生行政部门规定。

卫生防疫、国境卫生检疫、医学科研和教学等机构在本机构业务范围之外开展诊疗活动以及美容服务机构开展医疗美容业务的,必须依据《医疗机构管理条例》及其《实施细则》,申请设置相应类别的医疗机构。中国人民解放军和中国人民武装警察部队编制外的医疗机构,由地方卫生行政部门按照《医疗机构管理条例》及其《实施细则》管理。

法人和其他组织设置的为内部职工服务的门诊部、诊所、卫生所(室),由设置单位在该医疗机构执业登记前,向当地县级卫生行政部门备案,并提交:①设置单位或者其主管部门设置医疗机构的决定。②《设置医疗机构备案书》。

变更《设置医疗机构批准书》中核准的医疗机构的类别、规模、选址和诊疗科目,必须重新申请办理设置审批手续。

**2. 不得申请设置医疗机构的情形(有下列情形之一的)**

1)不能独立承担民事责任的单位。

2)正在服刑或者不具有完全民事行为能力的个人。

3)医疗机构在职、因病退职或者停薪留职的医务人员。

4)发生二级以上医疗事故未满5年的医务人员。

5)因违反有关法律、法规和规章、已被吊销执业证书的医务人员。

6)被吊销《医疗机构执业许可证》的医疗机构法定代表人或者主要负责人。

7)省级卫生行政部门规定的其他情形。

### (二)审批

卫生行政部门对设置医疗机构申请,应当自受理之日起30日内,依据当地医疗机构设置规划进行审批,对符合医疗机构设置规划和卫生部制定的标准的,发给设置医疗机构批准证书;对不予批准的要以书面形式告知理由。

床位在100张以上的综合医院、中医医院、中西医结合医院、民族医医院以及专科医院、疗养院、康复医院、妇幼保健院、急救中心、临床检验中心和专科疾病防治机构的设置审批权限的划分,由省、自治区、直辖市卫生行政部门规定。其他医疗机构的设置,由县级卫生行政部门负责审批。

申请设置医疗机构有下列情形之一的不予批准。①不符合当地《医疗机构设置规划》。②设置人不符合规定的条件。③不能提供满足投资总额的资信证明。④投资总额不能满足各项预算开支。⑤医疗机构选址不合理。⑥水、污物、粪便处理方案不合理。⑦省、自治区、直辖市卫生行政部门规定的其他情形。

# 第三节　医疗机构的登记和校验

## 一、医疗机构的执业登记

医疗机构执业必须进行登记,领取《医疗机构执业许可证》。

1. 申请医疗机构执业登记应当具备的条件

①有设置医疗机构批准书。②符合医疗机构的基本标准。③有适合的名称、组织机构和场所。④有与其开展的业务相适应的经费、设施和专业卫生技术人员。⑤有相应的规章制度。⑥能够独立承担民事责任。

申请医疗机构执业登记必须填写《医疗机构申请执业登记注册书》,并向登记机关提交下列材料:①《设置医疗机构批准书》或者《设置医疗机构备案回执》。②医疗机构用房产权证明或者使用证明。③医疗机构建筑设计平面图。④验资证明、资产评估报告。⑤医疗机构规章制度。⑥医疗机构法定代表人或者主要负责人以及各科室负责人名录和有关资格证书、执业证书复印件。⑦卫生行政部门规定提交的其他材料。

申请门诊部、诊所、卫生所、医务室、卫生保健所和卫生站登记的,还应当提交附设药房(柜)的药品种类清单、卫生技术人员名录及其有关资格证书、执业证书复印件以及卫生行政部门规定提交的其他材料。

2. 医疗机构执业登记的事项

①类别、名称、地址、法定代表人或者主要负责人。②所有制形式。③注册资金(资本)。④服务方式。⑤诊疗科目。⑥房屋建筑面积、床位(牙椅)。⑦服务对象。⑧职工人数。⑨执业许可证登记号(医疗机构代码)。⑩省级卫生行政部门规定的其他登记事项。

门诊部、诊所、卫生所、医务室、卫生保健所、卫生站除登记前款所列事项外,还应当核准登记附设药房(柜)的药品种类。

3. 申请医疗机构执业登记有下列情形之一的不予登记

①不符合《设置医疗机构批准书》核准的事项。②中外合资、合作医疗机构不符合《医疗机构基本标准》。③投资不到位。④医疗机构用房不能满足诊疗服务功能。⑤通信、供电、上下水道等公共设施不能满足医疗机构正常运转。⑥医疗机构规章制度不符合要求。⑦消毒、隔离和无菌操作等基本知识和技能的现场抽查考核不合格。⑧省级卫生行政部门规定的其他情形。

医疗机构的执业登记,由所在地的省级人民政府卫生行政部门办理。机关、企业和事业单位设置的为内部职工服务的门诊部、诊所、卫生所(室)的执业登记,由所在地的县级人民政府卫生行政部门办理。卫生行政部门受理执业登记申请后,应当自申请人提供规定的全部材料之日起45日内审核申请是否具备规定的条件,是否符合医疗机构基本标准,并进行考察、核实,对有关执业人员还应进行消毒、隔离和无菌操作等基本知识和技能的现场抽查考核。经审核合格的,予以登记,发给《医疗机构执业许可证》;审核不合格的,应将审核结果和不予批准的理由以书面形式通知申请人。《医疗机构执业许可证》不得伪造、涂改、出卖、转让、出借。若遗失,应当及时申明并向原登记机关申请补发。

医疗机构变更名称、地址、法定代表人或者主要负责人、所有制形式、注册资金(资本)、服务方式、诊疗科目、床位(牙椅)、服务对象,应当向卫生行政部门申请办理变更登记。机关、企业和事业单位设置的为内部职工服务的医疗机构向社会开放,应当按规定申请办理变更登记。

医疗机构因分立或者合并而保留的医疗机构应当申请变更登记;因分立或者合并而新设置的医疗机构应当申请设置许可和执业登记;因合并而终止的医疗机构应当申请注销登记。医疗机构歇业,必须向原登记机关办理注销登记。经登记机关核准后,收缴《医疗机构执业许可证》。医疗机构非因改建、扩建、迁建原因停业超过1年的,视为歇业。医疗机构停业,必须经登记机关批准。除改建、扩建、迁建原因,医疗机构停业不得超过1年。

医疗机构在原登记机关管辖权限范围内变更登记事项的,由原登记机关办理变更登记;因变更登记超出原登记机关管辖权限的,由有管辖权的卫生行政部门办理变更登记。在原登记机关管辖区域内迁移,由原登记机关办理变更登记;向原登记机关管辖区域外迁移的,应当在取得迁移目的地的卫生行政部门发给的《设置医疗机构批准书》,并经原登记机关核准办理注销登记后,再向迁移目的地的卫生行政部门申请办理执业登记。

## 二、医疗机构执业登记的校验

床位不满100张的医疗机构,其《医疗机构执业许可证》每年校验1次;床位在100张以上的医疗机构,其《医疗机构执业许可证》每3年校验1次。校验由原登记机关办理。

医疗机构应当于校验期满前3个月向登记的卫生行政部门申请办理校验手续,并提交医疗机构校验申请书、医疗机构执业许可证副本等。卫生行政部门应当在受理校验申请后30日内完成校验。

医疗机构有下列情形之一的,登记机关可以根据情况,给予1~6个月的暂缓校验期:①不符合《医疗机构基本标准》。②限期改正期间。③省级卫生行政部门规定的其他情形。

暂缓校验期满仍不能通过校验的,由登记机关注销其《医疗机构执业许可证》。不设床位的医疗机构在暂缓校验期内不得执业。

## 三、医疗机构的名称

医疗机构的名称由识别名称和通用名称依次组成。

1. 医疗机构的命名必须符合的原则

1) 医疗机构的通用名称以如下名称为限:医院、中心卫生院、卫生院、疗养院、妇幼保健院、门诊部、诊所、卫生所、卫生站、卫生室、医务室、卫生保健所、急救中心、急救站、临床检验中心、防治院、防治所、防治站、护理院、护理站、中心以及卫生部规定或者认可的其他名称。

2) 医疗机构可以下列名称作为识别名称:地名、单位名称、个人姓名、医学学科名称、医学专业和专科名称、诊疗科目名称和核准机关批准使用的名称。医疗机构的识别名称可以合并使用。

3) 名称必须名副其实,名称必须与医疗机构类别或者诊疗科目相适应。

4) 各级地方人民政府设置的医疗机构的识别名称中应当含有省、市、县、区、街道、乡、镇、村等行政区划名称,其他医疗机构的识别名称中不得含有行政区划名称。

5) 国家机关、企业和事业单位、社会团体或者个人设置的医疗机构的名称中应当含有设置单位名称或者个人的姓名。

2. 医疗机构不得使用的名称

1）有损于国家、社会或者公共利益的名称。

2）侵犯他人利益的名称。

3）以外文字母、汉语拼音组成的名称。

4）以医疗仪器、药品、医用产品命名的名称。

5）含有"疑难病"、"专治"、"专家"、"名医"或者同类含义文字的名称以及其他宣传或者暗示诊疗效果的名称。

6）超出登记的诊疗科目范围的名称。

7）省级以上卫生行政部门规定不得使用的名称。

3. 以下医疗机构名称由卫生部核准,属于中医、中西医结合和民族医医疗机构的,由国家中医药管理局核准

1）含有外国国家(地区)名称及其简称、国际组织名称的。

2）含有"中国"、"全国"、"中华"、"国家"等字样以及跨省地域名称的。

3）各级地方人民政府设置的医疗机构的识别名称中不含有行政区划名称的。

以"中心"作为医疗机构通用名称的医疗机构名称,由省级以上卫生行政部门核准;在识别名称中含有"中心"字样的医疗机构名称的核准,由省级卫生行政部门规定。含有"中心"字样的医疗机构名称必须同时含有行政区划名称或者地名。

除专科疾病防治机构以外,医疗机构不得以具体疾病名称作为识别名称,确有需要的由省级卫生行政部门核准。

医疗机构名称经核准登记,于领取《医疗机构执业许可证》后方可使用,在核准机关管辖范围内享有专用权。医疗机构只准使用一个名称。确有需要,经核准机关核准可以使用两个或者两个以上名称,但必须确定一个第一名称。医疗机构名称不得买卖、出借。未经核准机关许可,医疗机构名称不得转让。

# 第四节　医疗机构的执业

## 一、执业条件

医疗机构执业应当进行登记,领取《医疗机构执业许可证》。任何单位或者个人,未取得《医疗机构执业许可证》,不得开展诊疗活动。为内部职工服务的医疗机构未经许可和变更登记不得向社会开放。医疗机构被吊销或者注销执业许可证后,不得继续开展诊疗活动。

## 二、开展诊疗活动的规则

1）医疗机构执业,必须遵守有关法律、法规和医疗技术规范。医疗机构必须按照核准登记的诊疗科目开展诊疗活动。

2）医疗机构必须将《医疗机构执业许可证》、诊疗科目、诊疗时间和收费标准悬挂于明显处所。医疗机构的印章、银行账户、版匾以及医疗文件中使用的名称应当与核准登记的医疗机构名

称相同;使用两个以上名称的,应当与第一名称相同。标有医疗机构标识的票据和病历本册以及处方笺、名种检查的申请单、报告单、证明文书单、药品分装袋、制剂标签等不得买卖、出借和转让。

3) 医疗机构应当加强对医务人员的医德教育。医疗机构应当组织医务人员学习医德规范和有关教材,督促医务人员恪守职业道德。医疗机构应当定期检查、考核各项规章制度和各级各类人员岗位责任制的执行和落实情况。医疗机构应当经常对医务人员进行"基础理论、基本知识、基本技能"的训练与考核,把"严格要求、严密组织、严谨态度"落实到各项工作中。医疗机构工作人员上岗工作,必须佩带载有本人姓名、职务或者职称的标牌。医疗机构不得使用非卫生技术人员从事医疗卫生技术工作。

4) 医疗机构应当按照卫生行政部门的有关规定、标准加强医疗质量管理,实施医疗质量保证方案,确保医疗安全和服务质量,不断提高服务水平。医疗机构应当严格执行无菌消毒、隔离制度,采取科学有效的措施处理污水和废弃物,预防和减少医院感染。医疗机构发生医疗事故,按照国家有关规定处理。

5) 医疗机构必须按照有关药品管理的法律、法规,加强药品管理。医疗机构不得使用假劣药品、过期和失效药品以及违禁药品。门诊部、诊所、卫生所、医务室、卫生保健所和卫生站附设药房(柜)的药品种类由登记机关核定,具体办法由省、自治区、直辖市卫生行政部门规定。

6) 医疗机构对危重病人应当立即抢救。对限于设备或者技术条件不能诊治的病人,应当及时转诊。医疗机构对传染病、精神病、职业病等患者的特殊诊治和处理,应当按照国家有关法律、法规的规定办理。医疗机构施行手术、特殊检查或者特殊治疗时,必须征得患者同意,并应当取得其家属或者关系人同意并签字;无法取得患者意见时,应当取得家属或者关系人同意并签字;无法取得患者意见又无家属或者关系人在场,或者遇到其他特殊情况时,经治医师应当提出医疗处置方案,在取得医疗机构负责人或者被授权负责人员的批准后实施。医疗机构在诊疗活动中,应当对患者实行保护性医疗措施,并取得患者家属和有关人员的配合。医疗机构应当尊重患者对自己的病情、诊断、治疗的知情权利。在实施手术、特殊检查、特殊治疗时,应当向患者作必要的解释。因实施保护性医疗措施不宜向患者说明情况的,应当将有关情况通知患者家属。

7) 未经医师(士)亲自诊查病人,医疗机构不得出具疾病诊断书、健康证明书或者死亡证明书等证明文件;未经医师(士)、助产人员亲自接产,医疗机构不得出具出生证明书或者死产报告书。医疗机构为死因不明者出具的《死亡医学证明书》,只做是否死亡的诊断,不做死亡原因的诊断。如有关方面要求进行死亡原因诊断的,医疗机构必须指派医生对尸体进行解剖和有关死因检查后方能做出死因诊断。医疗机构的门诊病历的保存期不得少于 15 年;住院病历的保存期不得少于 30 年。

8) 医疗机构必须承担相应的预防保健工作,承担县级以上人民政府卫生行政部门委托的支援农村、指导基层医疗卫生工作等任务。发生重大灾害、事故、疾病流行或者其他意外情况时,医疗机构及其卫生技术人员必须服从县级以上人民政府卫生行政部门的调遣。根据《互联网医疗卫生信息服务管理办法》利用互联网开展远程医疗会诊服务,属于医疗行为,必须遵守卫生部《关于加强远程医疗会诊管理的通知》等有关规定,只能在具有《医疗机构执业许可证》的医疗机构之间进行。

9) 病历是指医务人员在医疗活动过程中形成的文字、符号、图表、影像、切片等资料的总和,包括门(急)诊病历和住院病历。医疗机构应当建立病历管理制度,保证病历资料客观、真实、完整,设置专门部门或者配备专(兼)职人员,具体负责本机构病历和病案的保存与管理工作。医疗机构应当建立门(急)诊病历和住院病历编号制度。门(急)诊病历和住院病历应当标注页码。在医疗机构建有门(急)诊病历档案的,其门(急)诊病历由医疗机构负责保管;没有在医疗机构建立门(急)诊病历档案的,其门(急)诊病历由患者负责保管。住院病历由医疗机构负责保管。严禁任何人涂改、伪造、隐匿、销毁、抢夺、窃取病历。除涉及对患者实施医疗活动的医务人员及医疗服务质量监控人员外,其他任何机构和个人不得擅自查阅该患者的病历。因科研、教学需要查阅病历的,需经患者就诊的医疗机构有关部门同意后查阅。阅后应当立即归还。不得泄露患者隐私。医疗机构应当受理患者本人或其代理人、死亡患者近亲属或其代理人、保险机构复印或者复制病历资料的申请。

10) 医疗机构不得冒用标有其他医疗机构标识的票据和病历本册以及处方笺、各种检查的申请单、报告单、证明文书单、药品分装袋、制剂标签等。医疗机构必须按照人民政府或者物价部门的有关规定收取医疗费用,详列细项,并出具收据。无论是营利性医疗机构,还是非营利性医疗机构,只要在购买药品或者其他医疗用品中收受回扣的,都按照《反不正当竞争法》的规定承担法律责任。

# 第五节　中外合资、合作医疗机构的规定

## 一、中外合资、合作医疗机构的设置条件

1) 中外合资、合作医疗机构的设置和发展必须符合区域卫生规划和医疗机构设置规划,并执行医疗机构基本标准,满足下列要求之一:①能够提供国际先进的医疗机构管理经验、管理模式和服务模式。②能够提供具有国际领先水平的医学技术和设备。③可以补充或改善当地在医疗服务能力、医疗技术、资金和医疗设施方面的不足。

2) 设立的中外合资、合作医疗机构应当符合以下条件:①必须是独立的法人。②投资总额不得低于 2000 万人民币。③中方在中外合资、合作医疗机构中所占的股权比例或权益不得低于 30%。④合资、合作期限不超过 20 年。⑤省级以上卫生行政部门规定的其他条件。

合资、合作中方以国有资产参与投资(包括作价出资或作为合作条件),应当经相应主管部门批准,并按国有资产评估管理有关规定,由国有资产管理部门确认的评估机构对拟投入国有资产进行评估。经省级以上国有资产管理部门确认的评估结果,可以作为拟投入的国有资产的作价依据。

3) 设置中外合资、合作医疗机构,应先向所在地设区的市级卫生行政部门提出申请,并提交以下材料:①设置医疗机构申请书。②双方法人代表签署的项目建议书及中外合资、合作医疗机构设置可行性研究报告。③双方各自的注册登记证明(复印件)、法定代表人身份证明(复印件)和银行资信证明。④国有资产管理部门对拟投入国有资产的评估报告确认文件。

4) 设区的市级卫生行政部门进行初审,提出初审意见报所在地省级卫生行政部门审核,省级卫生行政部门审核后报卫生部审批。申请人在获得卫生部设置许可后,按照有关法律、法规向商务部提出申请,并提交以下材料:①设置申请申报材料及批准文件。②由各方的法定代表人或其

授权的代表签署的中外合资、合作医疗机构的合同、章程。③拟设立医疗机构董事会成员名单及合资、合作各方董事委派书。④工商行政管理部门出具的机构名称预先核准通知书。⑤法律、法规和商务部规定的其他材料。

5）省级卫生行政部门对申请材料及设区的市级卫生行政部门初审意见进行审核后报卫生部审批。报请审批,需由省级卫生行政部门向卫生部提交以下材料:①申请人设置申请材料。②设置地设区的市级人民政府批准发布实施的《医疗机构设置规划》及设置地设区的市级和省级卫生行政部门关于拟设置中外合资、合作医疗机构是否符合当地区域卫生规划和医疗机构设置规划的审核意见。③省级卫生行政管理部门关于设置该中外合资、合作医疗机构的审核意见,其中包括对拟设置中外合资、合作医疗机构的名称、选址、规模(床位、牙椅)、诊疗科目和经营期限等的意见。④法律、法规和卫生部规定的其他材料。

卫生部应当自受理之日起 45 个工作日内,做出批准或者不批准的书面决定。

申请设置中外合资、合作中医医疗机构(含中外合资、合作中西医结合医疗机构和中外合资、合作民族医医疗机构)的,经所在地区的市级卫生行政部门初审和所在地的省级卫生行政部门审核,报国家中医药管理局审核后转报卫生部审批。

6）申请人在获得卫生部设置许可后,按照有关法律、法规向商务部提出申请,并提交以下材料:①设置申请申报材料及批准文件。②由中外合资、合作各方的法定代表人或其授权的代表签署的中外合资、合作医疗机构的合同、章程。③拟设立中外合资、合作医疗机构董事会成员名单及合资、合作各方董事委派书。④工商行政管理部门出具的机构名称预先核准通知书。⑤法律、法规和商务部规定的其他材料。

商务部应当自受理申请之日起 45 个工作日内,做出批准或者不批准的书面决定;予以批准的,发给《外商投资企业批准证书》。自收到商务部颁发的《外商投资企业批准证书》之日起一个月内,凭此证书到国家工商行政管理部门办理注册登记手续,获准设立的中外合资、合作医疗机构,应当按《医疗机构管理条例》和《医疗机构管理条例实施细则》关于医疗机构执业登记所规定的程序和要求,向所在地省级卫生行政部门规定的卫生行政部门申请执业登记,领取《医疗机构执业许可证》。

申请在我国中西部地区或老、少、边、穷地区设置中外合资、合作医疗机构或申请设置的中外合资、合作医疗机构所提供的医疗服务范围和内容属于国家鼓励的服务领域,可适当放宽条件。

省级卫生行政部门根据中外合资、合作医疗机构的类别和规模,确定省级卫生行政部门或设区的市级卫生行政部门受理中外合资、合作医疗机构执业登记申请。

中外合资、合作医疗机构命名应当遵循卫生部发布的《医疗机构管理条例实施细则》规定。名称由所在地地名、识别名和通用名依次组成。中外合资、合作医疗机构不得设置分支机构。

## 二、中外合资、合作医疗机构的变更、延期和终止

已设立的中外合资、合作医疗机构变更机构规模(床位、牙椅)、诊疗科目、合资、合作期限等,应按规定的审批程序,经原审批机关审批后,到原登记机关办理相应的变更登记手续。中外合资、合作医疗机构涉及合同、章程有关条款的变更,由所在地商务部门转报商务部批准。

中外合资、合作医疗机构合资、合作期 20 年届满,因特殊情况确需延长合资、合作期限的,合资、合作双方可以申请延长合资、合作期限,并应当在合资、合作期限届满的 90 天前申请延期。延

期申请经省级卫生行政部门和商务行政部门审核同意后,报请卫生部和商务部审批。审批机关自接到申请之日起45个工作日内,做出批准或者不予批准的书面决定。

### 三、中外合资、合作医疗机构的执业

中外合资、合作医疗机构作为独立法人实体,自负盈亏,独立核算,独立承担民事责任。

中外合资、合作医疗机构应当执行《医疗机构管理条例》及其《实施细则》关于医疗机构执业的规定。必须执行医疗技术准入规范和临床诊疗技术规范,遵守新技术、新设备及大型医用设备临床应用的有关规定。发布本机构医疗广告,按照《中华人民共和国广告法》、《医疗广告管理办法》办理。聘请外籍医师、护士,按照《中华人民共和国执业医师法》和《中华人民共和国护士管理办法》等有关规定办理。医疗机构的医疗收费价格按照国家有关规定执行。税收政策按照国家有关规定执行。发生医疗事故,依照国家有关法律、法规处理。发生重大灾害、事故、疾病流行或者其他意外情况时,中外合资、合作医疗机构及其卫生技术人员要服从卫生行政部门的调遣。

### 四、中外合资、合作医疗机构的监督

中外合资、合作医疗机构的《医疗机构执业许可证》每年校验一次,《医疗机构执业许可证》的校验由医疗机构执业登记机关办理。

中外合资、合作医疗机构应当按照国家对外商投资企业的有关规定,接受国家有关部门的监督。违反国家有关法律、法规和规章,由有关主管部门依法查处。

县以上地方各级卫生行政部门负责本行政区域内中外合资、合作医疗机构的日常监督管理工作。县级以上卫生行政部门和商务部门可依据相关法律、法规和规章予以处罚。

中外各方未经卫生部和商务部批准,成立中外合资、合作医疗机构并开展医疗活动或以合同方式经营诊疗项目的,视同非法行医,按《医疗机构管理条例》和《医疗机构管理条例实施细则》及有关规定进行处罚。

## 第六节　法律责任

### 一、医疗机构的监督管理部门及其职权

国务院卫生行政部门负责全国医疗机构的监督管理工作。卫生行政部门依法独立行使监督管理职权,不受任何单位和个人干涉。县级以上地方人民政府卫生行政部门负责本行政区域内医疗机构的监督管理工作。中国人民解放军卫生主管部门依照国家有关规定,对军队的医疗机构实施监督管理。

县级以上人民政府卫生行政部门行使下列监督管理职权:①负责医疗机构的设置审批、执业登记和校验。②对医疗机构的执业活动进行检查指导。③负责组织对医疗机构的评审。④对违反《医疗机构管理条例》行为给予处罚。

卫生行政部门对医疗机构的执业活动检查、指导主要包括:①执行国家有关法律、法规、规章和标准情况。②执行医疗机构内部各项规章制度和各级各类人员岗位责任制情况。③医德医风

情况。④服务质量和服务水平情况。⑤执行医疗收费标准情况。⑥组织管理情况。⑦人员任用情况。⑧省、自治区、直辖市卫生行政部门规定的其他检查、指导项目。

卫生行政部门设立医疗机构监督管理办公室在同级卫生行政部门的领导下开展工作;卫生行政部门设医疗机构监督员,履行规定的监督管理职责,有权对医疗机构进行现场检查,无偿索取有关资料,医疗机构不得拒绝、隐匿或者隐瞒。

## 二、处罚

县级以上卫生行政部门查处违反医疗机构监督管理法规的行为,对违反规定的单位和个人进行行政处罚。

县级卫生行政部门负责查处发生在所辖区域内的违反规定的一般违法行为。设区的市级卫生行政部门负责查处发生在所辖区域内的违反规定的重大、复杂的违法行为。省、自治区、直辖市卫生行政部门负责查处发生在所辖区域内的违反规定的重大、复杂的违法行为。卫生部负责查处全国范围内违反规定的重大、复杂的违法行为。

卫生行政部门受理下列来源的案件:①在医疗机构监督管理中发现的。②上级部门交办或者有关单位移送的。③举报有据的。

医疗机构违反《医疗机构管理条例》时,医疗机构本身及其直接责任人员都应当承担一定的法律责任。

1) 对未取得《医疗机构执业许可证》擅自执业的,责令其停止执业活动,没收非法所得和药品、器械、并处以3 000元以下的罚款;有下列情形之一的,责令其停止执业活动,没收非法所得和药品、器械,处以3 000元以上1万元以下的罚款:①因擅自执业曾受过卫生行政部门处罚。②擅自执业的人员为非卫生技术专业人员。③擅自执业时间在3个月以上。④给患者造成伤害。⑤使用假药、劣药蒙骗患者。⑥以行医为名骗取患者钱物。⑦省级卫生行政部门规定的其他情形。

2) 对不按期办理校验《医疗机构执业许可证》又不停止诊疗活动的,由卫生行政部门责令其限期补办校验手续;在限期内仍不办理校验的,吊销其《医疗机构执业许可证》。

3) 转让、出借《医疗机构执业许可证》的,没收其非法所得,并处以3 000元以下的罚款;有下列情形之一的,没收其非法所得,处以3 000元以上5 000元以下的罚款,并吊销《医疗机构执业许可证》:①出卖《医疗机构执业许可证》。②转让或者出借《医疗机构执业许可证》是以营利为目的。③受让方或者承借方给患者造成伤害。④转让、出借《医疗机构执业许可证》给非卫生技术专业人员。⑤省级卫生行政部门规定的其他情形。

4) 除急诊和急救外,医疗机构诊疗活动超出登记的诊疗科目范围,情节轻微的,处以警告;超出登记的诊疗科目范围的诊疗活动累计收入在3 000元以下或者给患者造成伤害的,责令其限期改正,并可处以3 000元以下罚款;有下列情形之一的,处以3 000元罚款,并吊销《医疗机构执业许可证》:①超出登记的诊疗科目范围的诊疗活动累计收入在3 000元以上。②给患者造成伤害。③省级卫生行政部门规定的其他情形。

5) 任用非卫生技术人员从事医疗卫生技术工作的,责令其立即改正,并可处以3 000元以下的罚款;有下列情形之一的,处以3 000元以上5 000元以下罚款,并可以吊销其《医疗机构执业许可证》;医疗机构使用卫生技术人员从事本专业以外的诊疗活动的,按使用非卫生技术人员处理:

①任用两名以上非卫生技术人员从事诊疗活动。②任用的非卫生技术人员给患者造成伤害。

6）出具虚假证明文件,情节轻微的,给予警告,并可处以 500 元以下的罚款;有下列情形之一的,处以 500 元以上 1 000 元以下的罚款,对直接责任人员由所在单位或者上级机关给予行政处分:①出具虚假证明文件造成延误诊治的。②出具虚假证明文件给患者精神造成伤害的。③造成其他危害后果的。

7）医疗机构有下列情形之一的,登记机关可以责令其限期改正:①发生重大医疗事故。②连续发生同类医疗事故,不采取有效防范措施。③连续发生原因不明的同类患者死亡事件,同时存在管理不善因素。④管理混乱,有严重事故隐患,可能直接影响医疗安全。⑤省级卫生行政部门规定的其他情形。

当事人对行政处罚决定不服的,可以在接到《行政处罚决定通知书》之日起 15 日内向做出行政处罚决定的上一级卫生行政部门申请复议。也可以在接到《行政处罚决定通知书》之日起 15 日内直接向人民法院提起行政诉讼。逾期不申请复议、不起诉又不履行行政处罚决定的,由做出行政处罚决定的卫生行政部门填定《行政处罚强制执行申请书》,向人民法院申请强制执行。

## 思 考 题

1. 简述医疗机构的概念。
2. 论述医疗机构命名的原则。
3. 简述医疗机构执业登记的条件。
4. 简述医疗机构的各种分类依据。
5. 简述设立的中外合资、合作医疗机构的条件。
6. 简述中医医疗机构的管理要求。

（南京中医药大学 沈爱玲）

# 第四章 医药企业管理法律制度

通过本章的学习,要求掌握医药企业的设置条件,熟悉医药企业的登记和校验,以及生产和经营,了解医药企业的监督管理和处罚。

## 第一节 概 述

### 一、药品生产管理立法的历史沿革与背景

在药品的研制、生产、流通和使用的全过程中,生产环节风险最大,最易产生危害,世界上大多数的药害事故都起源于药品的生产环节,因此,为保证用药安全有效,加强管理,有必要通过法律或法规的形式,对药品的生产管理加以确认。

世界上大部分发达国家的药事立法体系就是从药品生产管理立法开始的,如美国1962年的《食品、药品和化妆品法案修正案》。1961年,世界上发生了震惊全世界的"反应停"事件:一种曾用于妊娠反应的药物沙利度胺(反应停),导致了成千上万例畸胎的药物灾难事件。反应停在市场上流通了六年,波及世界各地,受害者超过15 000人。美国是少数几个幸免于难的发达国家之一,当时美国FDA官员在审查此药时,发现该药缺乏美国药品法律法规所要求的足够的临床试验资料,如长期毒性报告,所以不批准其进口。这场灾难虽没有波及美国,但是在美国社会激起了公众对药品监督和药品法规的普遍重视,促使美国国会于1962年对原《食品、药品和化妆品法案》进行了一次重大的修改。1962年《食品、药品和化妆品法案修正案》要求制药企业实施药品生产质量管理规范(good manufacture practice,GMP)。它是世界药品生产管理法律化、法制化的起点。虽然"反应停事件"发生的最终原因并不是药品生产环节出了差错,但是却引起了人们对生产环节的高度重视,推动了美国国会对药品生产管理的立法。在FDCA修正案的影响下,美国国会采纳了FDA的建议,将GMP立法,按照1962年FDCA修正案的要求,FDA于1963年颁布了世界上第一部《药品生产管理规范》(GMP),要求对药品生产的全过程进行规范化管理,否则产品不得出厂销售。

GMP的理论在实践中得到了检验和发展,其在药品生产和质量保证中的积极作用逐渐被世界各国政府所接受,此后的几十年间,一些发达国家制定了自己的药品生产管理法律法规,推广本国的GMP,形成了以药品生产管理法律为基础的药事法规体系。

我国是一个具有高尚医药道德传统、重视药品生产管理的国家。建于清朝康熙八年的同仁堂药店至今已有320多年的历史,建厂伊始便立下了"炮制虽繁必不敢省人工,品味虽贵必不敢减物

力"的古训,足以证实我国早在 300 年前,就已经有了严格的药品生产质量管理规范了,只不过当时的药品生产的规模和技术不能和现代制药大工业生产同日而语。

20 世纪 80 年代中期及后期,《中华人民共和国药品管理法》及其实施办法的颁布,首次以法律的形式确立了我国的药品生产管理的制度。1984 年的《药品管理法》正式确定了药品生产企业的许可证制度、规定了开办药品生产企业必须具备的条件、开办药品生产企业的法定程序以及实施药品 GMP 制度。根据药品管理法的规定,卫生部于 1988 年正式颁布了我国第一个 GMP 条例,即 1988 年《药品生产质量管理规范》,1992 年卫生部又重新修订了 88 版 GMP,制定了 1992 年《药品生产质量管理规范》。1998 年国家药品监督管理局正式组建后又马上重新修订并颁布了《药品生产质量管理规范》,即我国现行 GMP——98 版 GMP。2001 年和 2002 年药品管理法修正案及其实施条例的正式颁布和实施又进一步推动了药品生产管理立法工作,使我国药品生产管理法律制度更加完善、更加规范和更加详尽。

## 二、药品经营管理立法历史沿革与背景

药品经营管理法律制度旨在保证药品在流通领域中的质量。为了保证药品经营质量,世界上大多数国家都采取不同的方式对药品经营过程进行必要的管理。部分国家制定了 GSP 规范,规范药品贸易和流通活动,更多的国家要求药品经营企业必须具有储存药品并保证药品质量稳定的能力和条件,必须对特殊药品进行特殊的采购、储存、销售管理,几乎所有的国家都要求开办药店必须具有注册执业药师和药学技术人才,如日本早在 20 世纪 70 年代就制定了《医药品的供应与质量管理的实践规范》(JGSP)。

早在药品管理法立法之前,我国就开始了推行药品经营质量管理的步伐。20 世纪 80 年代初,当时有关部门在对国外药品经营质量管理的法律法规进行了认真地研究后,形成了第一部中国自己的 GSP。1984 年中国医药公司制定了《医药商品质量管理规范》在全国医药商业系统内试行。1992 年,该版 GSP 经修订由原国家医药管理局正式发布实施,使 GSP 正式成为实行医药行业管理的部门规章,将 GSP 立法推向了一个新的阶段。此间,1985 年药品管理法正式颁布并实施,标志着药品经营管理的法律制度正式确立。1998 年,国家药品监督管理局成立后,通过总结 GSP 实施 20 年的经验,在 1992 年版的 GSP 的基础上重新修订,颁布并与 2000 年 7 月 1 日开始实施我国现行版的《药品经营质量管理规范》。

# 第二节　医药企业的设置

医药企业是指医药生产经营经济组织,包括药品生产企业、药品经营企业,医疗器械生产经营企业。药品生产企业是指生产药品的专营企业或者兼营企业。药品经营企业是指经营药品的专营企业和兼营企业。药品经营企业又分药品批发企业和药品零售企业。医药企业以获得盈利为自己的目标,同时兼顾社会效益,为人类健康事业贡献力量。

医药企业的设置是指国家对医药企业的准入设置法定条件,药事法律法规的中心法——《中华人民共和国药品管理法》确认了我国对医药企业实行许可证制度,明确了设置医药企业的法定准入条件。

## 一、药品生产企业的设置

### (一) 开办药品生产企业的条件

1) 人员条件,必须具有依法经过资格认定的药学技术人员、工程技术人员及相应的技术工人,依法经过资格认定是指国家有关部门依照执业药师法或其他相关法律的规定对药学技术人员、工程技术人员及相应技术工人进行资格认定,符合法定条件的人员才有资格从事药品生产,因为具备掌握药学科学知识和技能的药学技术人员是开办药品生产企业必不可少的条件。

2) 厂房、设施和卫生环境条件,即具有与其药品生产相适应的厂房、设施和卫生环境。药品生产必须具备相应的硬件条件,厂址的选择必须适当,厂房、生产车间的设计、洁净空气洁净级别必须与所生产的药品、剂型相适应,厂区环境必须符合要求,达到空气清新,远离污染排放源的要求等。

3) 生产质量控制条件,应当具有能对所生产药品进行质量管理和质量检验的机构、人员以及必要的仪器设备。药品生产企业应当具备质量控制的能力,必须能够利用自身的条件对药品生产中的质量管理方面所出现的问题能够做出正确的判断和处理。即必须对生产药品的原料、辅料、半成品、环境状况、空气洁净度级别、工艺用水等进行测试和监控,同时必须对即将出厂销售的药品进行质量检验,符合法定标准后方可出厂销售。因此企业必须建立起相应的质量管理和质量检验的组织机构,具有达到要求的仪器设备。

4) 规章制度条件,必须具有保证药品质量的规章制度,即具备相应的软件条件。药品生产企业必须制定保证药品质量的各项规章制度,包括技术标准、产品标准和卫生标准等,并且做到实施标准时都要有相应的原始记录和凭证。

### (二) 药品生产许可证的获得

符合条件者,方可申请药品生产许可证。法律规定:开办药品生产企业,必须经企业所在地省、自治区、直辖市人民政府药品监督管理部门批准并发给《药品生产许可证》,凭《药品生产许可证》到工商行政管理部门办理登记注册。无《药品生产许可证》的,不得生产药品。《药品生产许可证》应当标明有效期和生产范围,到期重新审查发证。

《药品生产许可证》法律地位是药品生产企业有权生产药品的资格证明,只有取得《药品生产许可证》的企业才具备生产药品的法定资格。《药品生产许可证》也是具有法定附加条件的生产资格证明,其有效期为5年。一旦药品生产企业终止生产药品或者关闭,《药品生产许可证》应由原发证部门缴销。企业必须按照许可证所标明的生产范围进行生产,禁止超范围生产。根据1998年国务院机构改革的"三定方案",开办药品生产企业的审批职能由国家药品监督管理部门行使,所以《药品生产许可证》的行政许可职能是各省级人民政府药品监督管理部门。除了《药品生产许可证》,开办药品生产企业还应进行工商行政登记注册,领取《企业营业执照》。

药品监督管理部门批准开办药品生产企业,还应当符合国家制定的药品行业发展规划和产业政策,防止重复建设。

## 二、药品经营企业的设置

### （一）开办药品经营企业的条件

1）具有依法经过资格认定的药学技术人员。
2）具有与所经营药品相适应的营业场所、设备、仓储设施、卫生环境。
3）具有与所经营药品相适应的质量管理机构或者人员。
4）具有保证所经营药品质量的规章制度。

### （二）药品经营许可证的获得

开办药品批发企业，须经企业所在地省、自治区、直辖市人民政府药品监督管理部门批准并发给《药品经营许可证》；开办药品零售企业，必须经企业所在地县级以上地方药品监督管理部门批准并发给《药品经营许可证》，凭《药品经营许可证》到工商行政管理部门办理登记注册。无《药品经营许可证》的，不得经营药品。《药品经营许可证》应当标明有效期和经营范围，到期重新审查发证。药品监督管理部门批准开办药品经营企业，还应当遵循合理布局和方便群众购药的原则。

药品经营企业必须按照国务院药品监督管理部门依据本法制定的《药品经营质量管理规范》经营药品。药品监督管理部门按照规定对药品经营企业是否符合《药品经营质量管理规范》的要求进行认证；对认证合格的，发给认证证书。

## 第三节　医药企业的登记与校验

### 一、药品生产企业的登记与校验

1. 开办药品生产企业即办理和变更《药品生产许可证》的具体程序

申办人应当向拟办企业所在地省、自治区、直辖市人民政府药品监督管理部门提出申请。省、自治区、直辖市人民政府药品监督管理部门应当自收到申请之日起30个工作日内，按照国家发布的药品行业发展规划和产业政策进行审查，并做出是否同意筹建的决定；申办人完成拟办企业筹建后，应当向原审批部门申请验收。原审批部门应当自收到申请之日起30个工作日内，依据《药品管理法》第八条规定的开办条件组织验收；验收合格的，发给《药品生产许可证》。申办人凭《药品生产许可证》到工商行政管理部门依法办理登记注册。

药品生产企业变更《药品生产许可证》许可事项的，应当在许可事项发生变更30日前，向原发证机关申请《药品生产许可证》变更登记；未经批准，不得变更许可事项。原发证机关应当自收到申请之日起15个工作日内做出决定。申请人凭变更后的《药品生产许可证》到工商行政管理部门依法办理变更登记手续。《药品生产许可证》有效期届满，需要继续生产药品的，持证企业应当在许可证有效期届满前6个月，按照国务院药品监督管理部门的规定申请换发《药品生产许可证》。

药品生产企业变更《药品生产许可证》许可事项的，应当在许可事项发生变更30日前，向原发证机关申请《药品生产许可证》变更登记；未经批准，不得变更许可事项。原发证机关应当自收到申请之日起15个工作日内做出决定。申请人凭变更后的《药品生产许可证》到工商行政管理部门依法办理变更登记手续。

2. 开办药品生产企业的校验程序

新开办的药品生产企业、药品生产企业的新建药品生产车间或者新增生产剂型的,应当自取得药品生产证明文件或经批准正式生产之日起30日内,按照规定向药品监督管理部门申请《药品生产质量管理规范》认证。受理申请的药品监督管理部门应当自收到企业申请之日起6个月内,组织对申请企业是否符合《药品生产质量管理规范》进行认证;认证合格的,发给认证证书。

药品监督管理部门必须从《药品生产质量管理规范》认证检查员库中随机抽取认证检查员组成认证检查组对药品生产企业进行《药品生产质量管理规范》认证。

《药品生产许可证》有效期届满,需要继续生产药品的,持证企业应当在许可证有效期届满前6个月,按照国务院药品监督管理部门的规定申请换发《药品生产许可证》。药品生产企业终止生产药品或者关闭的,《药品生产许可证》由原发证部门缴销。

## 二、药品经营企业的登记与校验

1. 开办药品经营企业即办理和变更《药品生产许可证》的具体程序

开办药品批发企业,申办人应当向拟办企业所在地省、自治区、直辖市人民政府药品监督管理部门提出申请。省、自治区、直辖市人民政府药品监督管理部门应当自收到申请之日起30个工作日内,依据国务院药品监督管理部门规定的设置标准做出是否同意筹建的决定。申办人完成拟办企业筹建后,应当向原审批部门申请验收。原审批部门应当自收到申请之日起30个工作日内,依据《药品管理法》规定的开办条件组织验收;符合条件的,发给《药品经营许可证》。申办人凭《药品经营许可证》到工商行政管理部门依法办理登记注册。

开办药品零售企业,申办人应当向拟办企业所在地设区的市级药品监督管理机构或者省、自治区、直辖市人民政府药品监督管理部门直接设置的县级药品监督管理机构提出申请。受理申请的药品监督管理机构应当自收到申请之日起30个工作日内,依据国务院药品监督管理部门的规定,结合当地常住人口数量、地域、交通状况和实际需要进行审查,做出是否同意筹建的决定。申办人完成拟办企业筹建后,应当向原审批机构申请验收。原审批机构应当自收到申请之日起15个工作日内,依据《药品管理法》第十五条规定的开办条件组织验收;符合条件的,发给《药品经营许可证》。申办人凭《药品经营许可证》到工商行政管理部门依法办理登记注册。

2. 开办药品经营企业的校验程序

省、自治区、直辖市人民政府药品监督管理部门负责组织药品经营企业的认证工作。药品经营企业应当按照国务院药品监督管理部门规定的实施办法和实施步骤,通过省、自治区、直辖市人民政府药品监督管理部门组织的《药品经营质量管理规范》的认证,取得认证证书。《药品经营质量管理规范》认证证书的格式由国务院药品监督管理部门统一规定。

新开办药品批发企业和药品零售企业,应当自取得《药品经营许可证》之日起30日内,向发给其《药品经营许可证》的药品监督管理部门或者药品监督管理机构申请《药品经营质量管理规范》认证。受理药品零售企业认证申请的药品监督管理机构应当自收到申请之日起7个工作日内,将申请移送负责组织药品经营企业认证工作的省、自治区、直辖市人民政府药品监督管理部门。省、自治区、直辖市人民政府药品监督管理部门应当自收到认证申请之日起3个月内,按照国务院药品监督管理部门的规定,组织对申请认证的药品批发企业或者药品零售企业是否符合《药品经营质量管理规范》进行认证;认证合格的,发给认证证书。

药品经营企业变更《药品经营许可证》许可事项的,应当在许可事项发生变更30日前,向原发证机关申请《药品经营许可证》变更登记;未经批准,不得变更许可事项。原发证机关应当自收到企业申请之日起15个工作日内做出决定。申请人凭变更后的《药品经营许可证》到工商行政管理部门依法办理变更登记手续。

《药品经营许可证》有效期为5年。有效期届满,需要继续经营药品的,持证企业应当在许可证有效期届满前6个月,按照国务院药品监督管理部门的规定申请换发《药品经营许可证》。

药品经营企业终止经营药品或者关闭的,《药品经营许可证》由原发证机关缴销。

交通不便的边远地区城乡集市贸易市场没有药品零售企业的,当地药品零售企业经所在地县(市)药品监督管理机构批准并到工商行政管理部门办理登记注册后,可以在该城乡集市贸易市场内设点并在批准经营的药品范围内销售非处方药品。

# 第四节　医药企业的生产与经营

## 一、药品生产质量管理规范(GMP)

GMP的内容涉及到药品生产的方方面面,总体内容包括组织机构与人员、厂房与设施、设备、卫生管理、文件管理、物料控制、验证、生产控制、质量控制、产品销售管理和投诉与不良反应报告等等。从专业化管理的角度来区分,GMP可以分为质量控制系统和质量保证系统两大方面。一是对原材料、中间产品、成品进行系统质量控制,即质量控制系统。另一方面是对可能影响药品质量的,生产过程中易产生的人为差错和污染等问题进行系统的严格管理,以保证药品质量,可称为质量保证系统。从硬件和软件的角度来分,GMP可分为硬件系统和软件系统。硬件系统主要包括对人员、厂房、设施、设备等的目标要求,主要是企业资本资金的投入。软件系统主要包括组织机构、组织工作、生产工艺、记录、制度、方法、文件化程序、培训等,主要是企业智力为主的投入产出。

1. 组织机构和人员

药品生产企业应建立生产和质量管理机构。各级机构和人员职责应明确,并配备一定数量的与药品生产相适应的具有专业知识、生产经验及组织能力的管理人员和技术人员。

药品生产企业人员素质的原则性要求是:企业主管药品生产管理和质量管理负责人应具有医药或相关专业大专以上学历,药品生产管理部门和质量管理部门负责人不得互相兼任。要重视人员的专业技术培训,对从事药品生产的各级人员应按药品生产质量管理规范的要求进行培训和考核。

2. 厂房和设施

药品生产企业必须有整洁的生产环境;厂区的地面、路面及运输等不应对药品的生产造成污染;生产、行政、生活和辅助区的总体布局应合理,不得互相妨碍。

厂房应按生产工艺流程及所要求的空气洁净级别进行合理布局。同一厂房内以及相邻厂房之间的生产操作不得相互妨碍。厂房应有防尘及捕尘设施及防止昆虫和其他动物进入的设施。

生产区和储存区应有与生产规模相适应的面积和空间用以安置设备、物料,便于生产操作,存放物料、中间产品、待验品和成品,应最大限度地减少差错和交叉污染。

洁净室(区)的表面应平整光滑、无裂缝、接口严密、无颗粒物脱落,并能耐受清洗和消毒,墙壁与地面的交界处宜成弧形或采取其他措施,以减少灰尘积聚和便于清洁。

药品生产洁净室(区)内各种管道、灯具、风口以及其他公用设施.在设计和安装时应考虑使用中避免出现不易清洁的部位。

洁净室(区)应根据生产要求提供足够的照明。对照度有特殊要求的生产部位可设置局部照明。厂房应有应急照明设施。

进入洁净室(区)的空气必须净化,并根据生产工艺要求,划分空气洁净级别。洁净室(区)内空气的微生物和尘粒数应定期监测,监测结果应记录存档。洁净室(区)的窗户、天棚及进入室内的管道、风口、灯具与墙壁或天栅的连接部位均应密封。

中药材的炮制操作应有良好的通风、除烟、除尘、降温设施。

3. 设备

设备的设计、选型、安装应符合生产要求,灭菌,便于生产操作和维修、保养,并能防止差错和减少污染。与药品直接接触的设备表面应光洁、平整、易清洗或消毒、耐腐蚀,不与药品发生化学变化或吸附药品。与设备连接的主要固定管道应标明管内物料名称、流向。纯化水、注射用水的制备、储存和分配应能防止微生物的滋生和污染。储罐和输送管道所用材料应无毒、耐腐蚀。管道的设计和安装应避免死角、盲管。储罐和管道要规定清洗、灭菌周期。注射用水储罐的通气口应安装不脱落纤维的疏水性除菌滤器。

4. 物料

药品生产所用物料的购入、储存、发放、使用均应制定管理制度。

药品生产所用的物料,应符合药品标准、包装材料标准、生物制品规程或其他有关标准,不得对药品的质量产生不良影响。进口原料药应有口岸药品检验所的药品检验报告。药品生产所用物料应从符合规定的单位购进,并按规定入库。

待验、合格、不合格物料要严格管理,不合格的物料要专区存放。有易于识别的明显标志,并按有关规定及时处理。

对温度、湿度或其他条件有特殊要求的物料、中间产品和成品,应按规定条件储存。

药品的标签、使用说明书必须与药品监督管理部门批准的内容、式样、文字相一致。标签、使用说明书需经企业质量管理部门校对无误后印制、发放、使用。药品的标签、使用说明书应由专人保管、领用。

5. 卫生

药品生产企业应有防止污染的卫生措施,制定各项卫生管理制度,并由专人负责。

药品生产车间、工序、岗位均应按生产和空气洁净度等级的要求制定厂房、设备、容器等清洁规程。

生产区不得存放非生产物品和个人杂物。生产中的废弃物应及时处理。更衣室、浴室及厕所的设置不得对洁净室(区)产生不良影响。进入洁净室(区)的人员不得化妆和佩带饰物,不得裸手直接接触药品。洁净室(区)应定期消毒。使用的消毒剂不得对设备、物料和成品产生污染。

药品生产人员应有健康档案,直接接触药品的生产人员每年至少体检一次,传染病、皮肤病者和体表有伤口者不得从事直接接触药品的生产。

6. 验证

验证是证明任何程序、生产过程、设备、物料、活动或系统确实能达到预期结果得有文件证明的一系列活动。药品生产验证应包括厂房、设施及设备安装确认、运行确认、性能确认和产品验证。

产品的生产工艺及关键设施、设备应按验证方案进行验证。当影响产品质量的主要因素,如工艺、质量控制方法、主要原辅料、主要生产设备等发生改变时,以及生产一定周期后,应进行再验证。

7. 文件

药品生产企业应有生产管理、质量管理的各项制度和记录。

厂房、设施和设备的使用、维护、保养、检修等制度和记录。物料验收、生产操作、检验、发放、成品销售和用户投诉等制度和记录。不合格品管理、物料退库和报废、紧急情况处理等制度和记录。环境、厂房、设备、人员等卫生管理制度和记录。GMP 和专业技术培训等制度和记录。

产品生产管理文件主要有:生产工艺规程、岗位操作法或标准操作规程、批生产记录。

标准操作规程的内容包括:题目、编号、制定人及制定日期、审核人及审核日期批准人及批准日期、颁发部门、生效日期、分发部门,标题及正文。

批生产记录内容包括:产品名称、生产批号、生产日期、操作者、复核者的签名,有关操作与设备、相关生产阶段的产品数量、物料平衡的计算、生产过程的控制记录及特殊问题记录。

产品质量管理文件主要有:①药品的申请和审批文件。②物料、中间产品和成品质量标准及其检验操作规程。③产品质量稳定性考察。④批检验记录。

8. 生产管理

生产工艺规程、岗位操作法和标准操作规程不得任意更改。如需更改时,应按制定时的程序办理修订、审批手续。每批产品应按产量和数量的物料平衡进行检查,如有显著差异,必须查明原因,在得出合理解释,确认无潜在质量事故后,方可按正常产品处理。

在规定限度内具有同一性质和质量,并在同一连续生产周期中生产出来的一定数量的药品为一批。每批药品均应编制生产批号。批生产记录应字迹清晰、内容真实、数据完整。并由操作人及复核人签名。记录应保持整洁,不得撕毁和任意涂改;更改时,在更改处签名,并使原数据仍可辨认。批生产记录应按批号归档,保存至药品有效期后 1 年。未规定有效期的药品,其批生产记录至少保存 3 年。

每批药品的每一生产阶段完成后必须由生产操作人员清场,填写清场记录。清场记录内容包括:工序、品名、生产批号、清场日期、检查项目及结果、清场负责人及复查人签名。清场记录应纳入批生产记录。

9. 质量管理

药品生产企业的质量管理部门应负责药品生产全过程的质量管理和检验,受企业负责人直接领导。质量管理部门应配备一定数量的质量管理和检验人员,并有与药品生产规模、品种、检验要求相适应的场所、仪器、设备。

质量管理部门的主要职责:①制定和修订物料、中间产品和成品的内控标准和检验操作规程,制定取样和留样制度。②制定检验用设备、仪器、试剂、试液、标准品(或对照品)、滴定液、培养基、实验动物等管理办法。③决定物料和中间产品的使用。④审核成品发放前批生产记录,决定成品发放。⑤审核不合格品处理程序。⑥对物料、中间产品和成品进行取样、检验、留样,并出具检验报告。⑦监测洁净室(区)的尘粒数和微生物数。⑧评价原料、中间产品及成品的质量稳定性,为确定物料储存期、药品有效期提供数据。⑨制定质量管理和检验人员的职责。

**10. 产品销售与收回**

每批成品均应有销售记录。根据销售记录能追查每批药品的售出情况,必要时应能及时全部追回。销售记录内容应包括:品名、剂型、批号、规格、数量、收货单位和地址、发货日期。

销售记录应保存至药品有效期后 1 年。未规定有效期的药品,其销售记录应保存 3 年。

药品生产企业应建立药品退货和收回的书面程序,并有记录。药品退货和收回记录内容应包括:品名、批号、规格、数量、退货和收回单位及地址、退货和收回原因及日期、处理意见。

因质量原因退货和收回的药品制剂,应在质量管理部门监督下销毁,涉及其他批号时,应同时处理。

**11. 投诉与不良反应报告**

企业应建立药品不良反应监测报告制度,由专门机构或人员负责管理。对用户的药品质量投诉和药品不良反应应有详细记录和调查处理。对药品不良反应应及时向当地药品监督管理部门报告。药品生产出现重大质量问题时,应及时向当地药品监督管理部门报告。

**12. 自检**

药品生产企业应定期组织自检。自检应该按预定的程序,对人员、厂房、设备、文件、生产、质量控制、药品销售、用户投诉和产品收回的处理等项目定期进行检查,以证实与本规范的一致性。自检应有记录。自检完成后应形成自检报告,内容包括自检的结果、评价的结论以及改进措施和建议。

## 二、药品经营企业质量管理规范(GSP)

药品经营质量管理规范要求药品经营企业应在药品的购进、储运和销售等环节实行质量管理,建立包括组织结构、职责制度、过程管理和设施设备等方面的质量体系,并使之有效运行。对于药品批发经营企业和药品零售经营企业,由于经营规模的差异性和各自经营的特点,GSP 的要求并不相同。

### (一) 药品批发经营企业的质量管理

**1. 组织机构和人员培训**

药品批发经营企业应建立以企业主要负责人为首的质量领导组织。企业应设置专门的质量管理机构,行使质量管理职能,在企业内部对药品质量具有裁决权。同时,还应设置与经营规模相适应的药品检验部门和验收、养护等组织。药品检验部门和验收组织应隶属于质量管理机构。企业负责人中应有具有药学专业技术职称的人员,负责质量管理工作。

企业质量管理机构的负责人,应是执业药师或具有相应的药学专业技术职称,药品检验部门的负责人,应具有相应的药学专业技术职称。从事质量管理和检验工作的人员,应具有药学或相关专业的学历,或者具有药学专业技术职称,经专业培训并考核合格后持证上岗。从事验收、养护、计量、保管等工作的人员,应具有相应的学历或一定的文化程度,经有关培训并考核合格后持证上岗。企业应定期对各类人员进行药品法律、法规、规章和专业技术、药品知识、职业道德等教育或培训,并建立档案。

2. 设施与设备

企业应有与经营规模相适应的营业场所及辅助、办公用房。营业场所应明亮、整洁。企业还应具备与经营规模相适应的仓库。库区地面平整,无积水和杂草,无污染源,并做到:药品储存作业区、辅助作业区、办公生活区分开一定距离或有隔离措施。仓库应划分待验库(区)、合格品库(区)、发货库(区)、不合格品库(区)、退货库(区)等专用场所。储存麻醉药品、一类精神药品、医疗用毒性药品、放射性药品的专用仓库应具有相应的安全保卫措施。有与经营规模、范围相适应的药品检验部门,配置相应的检验仪器和设备。对所用设施和设备应定期进行检查、维修、保养并建立档案。分装中药饮片应有符合规定的专门场所,其面积和设备应与分装要求相适应。

3. 进货

企业应把质量放在选择药品和供货单位条件的首位,制定能够确保购进的药品符合质量要求的进货程序。购进的药品应符合法律规定的基本条件。企业对首营企业应进行包括资格和质量保证能力的审核。审核由业务部门会同质量管理机构共同进行。除审核有关资料外,必要时应实地考察。经审核批准后,方可从首营企业进货。企业对首营品种(含新规格、新剂型、新包装等)应进行合法性和质量基本情况的审核,审核合格后方可经营。签订进货合同应明确质量条款。

4. 验收与检验

药品批发经营企业应严格按照法定标准和合同规定的质量条款对购进药品、销后退回药品的质量进行逐批验收。验收时应同时对药品的包装、标签、说明书以及有关要求的证明或文件进行逐一检查。验收应按有关规定做好验收记录。验收记录应保存至超过药品有效期1年,但不得少于3年。验收首营品种,还应进行药品内在质量的检验。验收应在符合规定的场所进行,在规定时限内完成。

5. 储存与养护

药品应按规定的储存要求专库、分类存放,药品按温、湿度要求储存于相应的库中,在库药品均应实行色标管理,搬运和堆垛应严格遵守药品外包装图式标志的要求,规范操作,怕压药品应控制堆放高度,定期翻垛,药品与仓间地面、墙、顶、散热器之间应有相应的间距或隔离措施,药品应按批号集中堆放,有效期的药品应分类相对集中存放,按批号及效期远近依次或分开堆码并有明显标志,药品与非药品、内用药与外用药、处方药与非处方药之间应分开存放;易串味的药品、中药材、中药饮片以及危险品等应与其他药品分开存放。特殊药品应当专库或专柜存放,双人双锁保管,专账记录。

6. 出库与运输

药品出库应遵循"先产先出"、"近期先出"和按批号发货的原则。麻醉药品、一类精神药品、医疗用毒性药品应建立双人核对制度。药品出库应该做好药品质量跟踪记录,记录应保存至超过药品有效期1年,但不得少于3年。对有温度要求的药品的运输,应根据季节温度变化和运程采取必要的保温或冷藏措施。麻醉药品、一类精神药品、医疗用毒性药品和危险品的运输应按有关规定办理。由生产企业直调药品时,必须经经营单位质量验收合格后方可发运。

7. 销售与售后服务

企业应依据有关法律、法规和规章,将药品销售给具有合法资格的单位。销售特殊管理的药品应严格按照国家有关规定执行。销售应按规定建立销售记录,做到票、账、货相符。销售票据和记录应按规定保存。药品营销宣传应严格执行国家有关广告管理的法律、法规,宣传的内容必须以国家药品监督管理部门批准的药品使用说明书为准。对质量查询、投诉、抽查和销售过程中发现的质量问题要查明原因,分清责任,采取有效的处理措施,并做好记录。企业已售出的药品如发现质量问题,应向有关管理部门报告,并及时追回药品和做好记录。

### (二) 药品零售经营企业的质量管理

#### 1. 组织机构和人员培训

药品零售经营企业的主要负责人对企业经营药品的质量负领导责任。企业应设置质量管理机构或专职质量管理人员,具体负责企业质量管理工作。企业应根据国家有关法律、法规和本规范,并结合企业实际,制定各项质量管理制度。管理制度应定期检查和考核,并建立记录。

企业的质量负责人应具有药学专业的技术职称。药品零售中处方审核人员应是执业药师或有药师以上(含药师和中药师)的专业技术职称。企业的质量管理和药品检验人员应具有药学或相关专业的学历,或者具有药学专业的技术职称。企业从事质量管理、检验、验收、保管、养护、营业等工作的人员应经过专业培训,考核合格后持证上岗。企业每年应组织直接接触药品的人员进行健康检查,并建立健康档案。发现患有精神病、传染病和其他可能污染药品疾病的人员,应及时调离其工作岗位。

#### 2. 设施和设备

药品零售企业应有与经营规模相适应的营业场所和药品仓库,并且环境整洁、无污染物。企业的营业场所、仓库、办公生活等区域应分开。药品零售企业营业场所和药品仓库应配置便于药品陈列展示的设备、特殊管理药品的保管设备、符合药品特性要求的常温、阴凉和冷藏保管的设备、必要的药品检验、验收、养护的设备、检验和调节温、湿度的设备、保持药品与地面之间有一定距离的设备、药品防尘、防潮、防污染和防虫、防鼠、防霉变等设备以及经营中药饮片所需的调配处方和临方炮制的设备。

#### 3. 进货与验收

企业购进药品应以质量为前提,从合法的企业进货。对首营企业应确认其合法资格,并做好记录。购进药品应有合法票据,并按规定建立购进记录,做到票、账、货相符。购进票据和记录应保存至超过药品有效期1年,但不得少于2年。购进药品的合同应明确质量条款。购进首营品种,应进行药品质量审核,审核合格后方可经营。验收人员对购进的药品,应根据原始凭证,严格按照有关规定逐批验收并记录。必要时应抽样送检验机构检验。验收药品质量时,应按规定同时检查包装、标签、说明书等项内容。

#### 4. 陈列与储存

在零售店堂内陈列药品的质量和包装应符合规定。药品应按剂型或用途以及储存要求分类陈列和储存:药品与非药品、内服药与外用药应分开存放,易串味的药品与一般药品应分开存放;药品应根据其温湿度要求,按照规定的储存条件存放;处方药与非处方药应分柜摆放;特殊管理的药品应按照国家的有关规定存放;危险品不应陈列。

陈列和储存药品的养护工作包括:定期检查陈列与储存药品的质量并记录;检查药品陈列环境和储存条件是否符合规定要求;对各种养护设备进行检查;检查中发现的问题应及时向质量负责人汇报并尽快处理;库存药品应实行色标管理。

5. 销售与服务

销售药品要严格遵守有关法律、法规和制度,正确介绍药品的性能、用途、禁忌及注意事项。销售药品时,处方要经执业药师或具有药师以上(含药师和中药师)职称的人员审核后方可调配和销售。对处方所列药品不得擅自更改或代用。对有配伍禁忌或超剂量的处方,应当拒绝调配、销售,必要时,需经原处方医生更正或重新签字方可调配和销售。审核、调配或销售人员均应在处方上签字或盖章,处方按有关规定保存备查。药品拆零销售使用的工具、包装袋应清洁和卫生,出售时应在药袋上写明药品名称、规格、服法、用量、有效期等内容。销售特殊管理的药品,应严格按照国家有关规定,凭盖有医疗单位公章的医生处方限量供应,销售及复核人员均应在处方上签字或盖章,处方保存2年。企业应在零售场所内提供咨询服务,指导顾客安全、合理用药。企业还应设置意见簿和公布监督电话,对顾客的批评或投诉要及时加以解决。

# 第五节　法律责任

## 一、行政责任

1. 生产经营主体违法的行政责任

未取得《药品生产许可证》、《药品经营许可证》生产药品、经营药品的,依法予以取缔,没收违法生产、销售的药品和违法所得,并处违法生产、销售的药品(包括已售出的和未售出的药品,下同)货值金额二倍以上五倍以下的罚款。

提供虚假的证明、文件资料样品或者采取其他欺骗手段取得《药品生产许可证》和《药品经营许可证》或者药品批准证明文件的,吊销《药品生产许可证》和《药品经营许可证》,或者撤销药品批准证明文件,5年内不受理其申请,并处1万元以上3万元以下的罚款。

药品生产企业、药品经营企业变更药品生产经营许可事项,应当办理变更登记手续而未办理的,由原发证部门给予警告,责令限期补办变更登记手续;逾期不补办的,宣布其《药品生产许可证》和《药品经营许可证》无效;仍从事药品生产经营活动的,没收违法生产、销售的药品和违法所得,并处违法生产、销售的药品(包括已售出的和未售出的药品,下同)货值金额二倍以上五倍以下的罚款。

2. 违反药品生产经营法定要求的行政责任

生产、销售假药的,没收违法生产的药品和违法所得,并处违法生产、销售药品货值金额二倍以上五倍以下的罚款;有药品批准证明文件的予以撤销,并责令停产、停业整顿;情节严重的,吊销《药品生产许可证》和《药品经营许可证》。

生产、销售劣药的,没收违法生产的药品和违法所得,并处违法生产、销售药品货值金额一倍以上三倍以下的罚款;情节严重的,责令停产、停业整顿或者撤销药品批准证明文件、吊销《药品生产许可证》和《药品经营许可证》。

从事生产、销售假药及生产、销售劣药情节严重的企业或者其他单位,其直接负责的主管人员和其他直接责任人员十年内不得从事药品生产活动。对生产者专门用于生产假药、劣药的原辅材料、包装材料、生产设备,予以没收。

3. 违反药品生产经营质量管理规范的行政责任

药品生产企业和经营企业未按照规定实施《药品生产质量管理规范》和《药品经营质量管理规范》的,给予警告,责令限期改正;逾期不改正的,责令停产、停业整顿,并处 5 000 元以上 2 万元以下的罚款;情节严重的,吊销《药品生产许可证》和《药品经营许可证》。

开办药品生产企业、药品生产企业新建药品生产车间、新增生产剂型,在国务院药品监督管理部门规定的时间内未通过《药品生产质量管理规范》认证,仍进行药品生产的,给予警告,责令限期改正;逾期不改正的,责令停产、停业整顿,并处 5 000 元以上 2 万元以下的罚款;情节严重的,吊销《药品生产许可证》。

开办药品经营企业,在国务院药品监督管理部门规定的时间内未通过《药品经营质量管理规范》认证,仍进行药品经营的,给予警告,责令限期改正;逾期不改正的,责令停产、停业整顿,并处 5 000元以上 2 万元以下的罚款;情节严重的,吊销《药品经营许可证》。

4. 违反药品委托生产法律规定的行政责任

擅自委托或者接受委托生产药品的,对委托方和受托方均依照生产、销售假药的法律责任给予处罚。

## 二、民事责任

药品的生产企业、经营企业违反药品管理法的规定,给药品使用者造成损害的,依法承担民事赔偿责任。

## 三、刑事责任

《刑法》第 141 条规定,生产、销售假药,足以严重危害人体健康的,处 3 年以下有期徒刑或者拘役,并处或者单处销售金额 50%以上 2 倍以下罚金;对人体健康造成严重危害的,处 3 年以上 10 年以下有期徒刑,并处销售金额 50%以上 2 倍以下罚金;致人死亡或者对人体健康造成特别严重危害的,处 10 年以上有期徒刑、无期徒刑或者死刑,并处 50%以上 2 倍以下罚金或者没收财产。

《刑法》第 142 条规定,生产、销售劣药,对人体健康造成严重危害的,处 3 年以上 10 年以下有期徒刑,并处销售金额 50%以上 2 倍以下罚金;后果特别严重的,处 10 年以上有期徒刑或者无期徒刑,并处销售金额 50%以上 2 倍以下罚金或者没收财产。

## 思考题

1. 简述医药企业的设置条件。
2. 简述医药企业的生产管理。
3. 简述医药企业的经营管理。
4. 简述医药企业的监督管理。

(中国药科大学 毛 毛)

# 第五章 执业医师法律制度

通过本章的学习,要求理解执业医师法和执业医师的概念,掌握执业医师的考试和注册制度,以及医师执业规则,熟悉医师的考核和培训制度,了解执业医师法的适用范围及违反执业医师法应承担的法律责任。

## 第一节 概 述

### 一、执业医师法的概念

执业医师法是在调整、加强医师队伍建设,提高医师职业道德和业务素质,保障医师的合法权益和保护人民健康活动中产生的各种社会关系的法律规范的总称。

医师包括执业医师和执业助理医师。前者指依法取得执业医师资格并经注册,在医疗、预防、保健机构中按照其注册的执业类别和范围独立从事相应的医疗工作的医务人员;后者指依法取得执业助理医师资格并经注册,在医疗、预防、保健机构中,在执业医师的指导下,按照其注册的执业类别和范围从事活动的医务人员。

医师应当具备良好的职业道德和执业水平,发扬人道主义精神,履行防病治病、救死扶伤、保护人民健康的神圣职责,全社会应当尊重医师。医师依法履行职责,受法律保护。

20 世纪 20 年代开始,我国出现了对医师执业管理的单行法律,如于 1929 年颁布的《医师暂行条例》;1931 年的《高等考试西医师考试条例》,1934 年颁布的《医师法》。

新中国成立后,我国政府和有关部门也颁布了一些法律和法规。如 1951 年经当时的政务院批准,卫生部相继颁布了《医师暂行条例》、《中医师暂行条例》等。党的十一届三中全会以后,卫生部制定发布了一系列规范性文件,使医师执业管理法律法规逐步完善,如《卫生技术人员职称及晋升条例(试行)》(1979),《医院工作人员职责》(1982 年),《医师、中医师个体开业暂行管理办法》(1988 年),《外国医师来华短期行医管理办法》(1993 年)等。1998 年 6 月 26 日,第九届全国人大常委会第三次会议通过了《中华人民共和国执业医师法》(以下简称《执业医师法》)自 1999 年 5 月 1 日起施行。为了贯彻实施执业医师法,1999 年卫生部成立了国家医师资格考试委员会,发布了《医师资格考试暂行办法》、《医师执业注册暂行办法》、《关于医师执业注册中执业范围的暂行规定》等配套规章,标志着我国的执业医师管理走上了法制化、规范化的轨道。

## 二、执业医师法的制定意义

### 1. 有利于提高医师的必备素质

由于医疗、预防保健活动关系到人民群众的生命健康,医师需要利用自己所掌握的医学知识和技术为人们提供医疗、保健服务,这就要求医师不仅应遵守社会公共道德,还必须遵守与其职业性质和职业活动相适应的职业道德,而且还要具有良好的执业水平。医师执业水平更是直接关系到人民群众的生命健康,执业医师法建立了国家医师资格考试制度、医师执业注册制度和考核培训制度以及继续医学教育制度,这些制度的建立严格了医师队伍的入门资格,从而保障了进入医师行业的人具有基本的医疗执业水平,加强了对医师执业的经常性管理,保障了医师执业水平的逐步提高,激励医师不断提高自己的业务技术水平,如果达不到要求则不得继续执业。职业医师要在实践中不断接受医学继续教育,努力钻研业务,更新知识,提高专业技术水平。执业医师法的这些规定将促进医师队伍整体素质的不断提高,从而为广大人民群众提供满意的医疗服务。

### 2. 有利于保护人民群众的生命健康

保护人民健康是国家医疗卫生事业的宗旨,由于医师是我国医疗卫生技术人员队伍的主体,医师执业直接关系到人民的健康。截止到1998年底,我国从事医疗、预防、保健工作的各级各类医师已达到151.4万人、医士48.5万人。执业医师法对执业医师的职业道德和业务素质建设进行了法制化管理,使得医师必须具有良好的职业道德和医疗执业水平,从而使人民的生命和健康得到切实保护。

### 3. 有利于医师合法权益的保护

医师依法履行职责时,其合法权益应受法律保护。医师的合法权益主要是指医师除了作为公民应享有的权利以外,还应享有与医师执业活动相联系的特定的权利。执业医师法对医师在执业活动中应享有的权利做了具体的规定,明确了侵害医师合法权益的行为应承担的法律责任,用法律手段使医师的合法权益受到了有效的保护。

### 4. 有利于加强医师队伍的管理和建设

在医师队伍建设方面仍存在一些不容忽视的问题,如有些医师存在着较严重的医德、医风问题,医患矛盾反映比较强烈,对个体行医者的管理还存在薄弱环节等等。执业医师法将医师队伍的建设和管理纳入法制化轨道,明确规定了医师管理的一系列制度,如医师资格考试和执业注册制度、考核培训制度等,这些制度的建立有利于医师队伍的建设。同时,还明确规定了医师的权利义务以及执业规则,如遵守卫生行政规章制度和技术操作规范,不得利用职务之便索取、非法收受患者财务或牟取其他不正当利益等。

## 三、执业医师法的适用范围

执业医师法的适用范围,是指在医疗、预防、保健机构中工作的,依法取得执业医师资格考试或者执业助理医师资格,经注册取得医师执业证书,从事相应的医疗、预防、保健业务的专业医务人员。执业医师法规定医师的执业资格制度,是社会主义市场经济体制改革的一项重要措施,是国家对重要岗位专业技术人员执业的准入控制,对提高医师队伍素质,加强医师岗位管理,规范医师执业活动有着重要的作用。

#### 四、执业医师工作的管理

《执业医师法》规定,国务院卫生行政部门主管全国的医师工作,县级以上地方人民政府卫生行政部门负责管理本行政区域内的医师工作。

2002年1月9日,中国医师协会成立。中国医师协会的成立,将打破学、协会中严格的专业界限,容纳西医、中医、中西医结合医、民族医等,标志着我国医师队伍的管理将发生深刻的变化,将由目前单一的卫生行政管理模式,逐步过渡到卫生行政管理和行业自律管理的协同模式。据有关部门的统计,我国执业医师人数已超过200万人。

卫生行政部门对医师的管理主要包括:①医师资格考试由国务院卫生行政部门统一组织实施。②医师执业注册由各地县级以上人民政府卫生行政部门受理审查,并发给国务院卫生行政部门统一印制的《医师执业证书》。③《医师执业证书》的变更权、注销权由卫生行政部门统一行使。④县级以上人民政府卫生行政部门负责指导考核,并对考核不合格的医师进行处罚。⑤对医师的培训也由卫生行政部门统一制定计划并组织实施。⑥县级以上人民政府卫生行政部门有权对医师在执业活动中的行政违法行为进行调查,并进行行政处罚。

传统医学师资和确有专长人员的资格认定和考核由省级中医药主管部门组织,各考核机构具体实施,其医师资格考试的组织管理与实施,按《医师资格考试暂行办法》的有关规定执行。

## 第二节　医师资格考试和注册

### 一、医师资格考试

#### (一) 医师资格考试的种类

执业医师法规定,国家实行医师资格考试制度。医师资格考试是评价申请医师资格者是否具备执业所必需的专业知识与技能的考试,是医师执业的准入考试。医师资格考试实行统一办法、统一标准、统一组织。考试办法由国务院卫生行政部门制定。考试由省级以上人民政府卫生行政部门组织实施。

我国医师资格考试的种类包括执业医师资格考试和执业助理医师资格考试两种。考试的类别分为临床医师、中医(包括中医、民族医、中西医结合)师、口腔医师、公共卫生医师四类。考试方式分为实践技能考试和医学综合笔试。

#### (二) 医师资格考试的条件

根据《中华人民共和国执业医师法》和卫生部2001年4月30日颁发的《关于医师资格考试报名资格暂行规定》,报名条件如下:

1. 参加执业医师资格考试的条件

具有下列条件之一的,可以参加执业医师资格考试:①具有高等学校医学专业本科以上学历(是指国务院教育行政部门认可的各类高等学校医学专业本科以上的学历),在执业医师指导下,在医疗、预防、保健机构中试用期满1年。②取得执业助理医师执业证书后,具有高等学校医学专科学历(是指省级以上教育行政部门认可的各类高等学校医学专业专科学历),在医疗、预防、保健机构中工作满2年。③具有中等专业学校医学专业学历(是指经省级以上教育行政部门认可的各类中等专业学校医学专业中专学历),在医疗、预防、保健机构中工作满5年。④以师承方式学习传统医学满3年或者经多年实践医术确有专长的,经县级以上人民政府卫生行政部门确定的传统医学专业组织或者医疗、预防、保健机构考核合格并推荐。⑤在1998年6月26日前获得医士专业技术职务资格,后又取得执业助理医师资格,医士从业时间和取得执业助理医师执业证书后执业时间累计满5年。⑥7年制临床医学、口腔医学、中医学的临床硕士生和8年制毕业生在学习期间有相当于大学本科的1年生产实习和1年以上严格的临床实践训练,可在毕业当年参加医师资格考试。

2. 执业助理医师考试报名条件

根据执业医师法的规定,具有下列条件之一的,可以参加执业助理医师资格考试:①具有高等学校医学专业专科学历或者中等专业学校医学专业学历,在执业医师指导下,在医疗、预防、保健机构中试用期满1年。②以师承方式学习传统医学满3年或者经多年实践医术确有专长的,经县级以上人民政府卫生行政部门确定的传统医学专业组织或者医疗、预防、保健机构考核合格并推荐。

3. 其他参加医师资格考试的条件

(1) 军队人员参加医师资格考试的条件:军队人员具有《执业医师法》第九条、第十条规定的条件的,可以参加医师资格考试。军队参加医师资格考试的人员,应当在规定的时间内向所在单位报名,填写军队人员医师资格考试报名表。经军队团级以上单位政治机关干部部门和后勤机关卫生部门或者团级以上医疗、预防、保健机构医务部门和政治部门审核符合条件的,由团级以上单位后勤机关卫生部门或者团级以上医疗、预防、保健机构的医务部门,到所在地县级以上人民政府部门具体办理报名手续,并组织参加资格考试。

(2) 传统医学师承和确有专长人员参加医师资格考试的条件:以师承方式学习传统医学满3年或者经多年实践医术确有专长的,经县级以上卫生行政部门确定的传统医学专业组织或者医疗、预防、保健机构考核合格并推荐,可以参加执业医师资格或者执业助理医师资格考试。在乡村医疗卫生机构中向村民提供预防、保健和一般医疗服务的乡村医生,符合上述条件的,也可以参加医师资格考试。

在《执业医师法》颁布之日前已经县级以上中医(药)主管部门批准取得有效行医资格的师承人员,可以直接申请执业医师资格或执业助理医师资格考试的资格考核。其余师承人员应同时具备下列条件:①高中以上文化程度或具有同等学力。②具有经省级中医(药)主管部门批准的师承关系合同,连续跟师学习满3年;指导老师具有医学专业高级技术职务任职资格,并从事临床工作20年以上;有丰富独特的学术经验和技术专长,医德高尚,在群众中享有声誉,得到同行公认;应聘在医疗机构坚持临床实践,能够完成师承教学任务;同一指导老师在同一时期内带教学生不得超过两名。③取得省级中医药主管部门颁发的《出师合格证书》。④在执业医师指导下,在医疗机构中试用期满2年的。

申请执业助理医师资格考试的,除具备上款①至③项条件外,还应在执业医师指导下,在医疗机构中试用期满1年。

申请考核确有专长人员的,应具备下列条件之一:①《执业医师法》颁布之前经地级以上中医药主管部门审定为确有专长的,并经中医药主管部门批准取得有效行医资格的。②从事乡村工作10年以上,并经省级中医药主管部门确认有医术专长的。

在《执业医师法》颁布之前已经县级以上中医药主管部门批准取得有效行医资格的师承人员,经批准其行医资格的部门审查并签署意见后,向辖区内的考核机构提出考核申请;其余师承人员经试用机构审查并签署意见后,向辖区内的考核机构提出考核申请,符合第七条第一项规定的确有专长人员经批准其行医的中医(药)主管部门签署意见后,向辖区内考核机构提出考核申请;符合第七条第二项规定的确有专长人员经县级中医(药)主管部门审查并签署意见后,向辖区内的考核机构提出考核申请,由考核机构出具考核合格证明,并提出推荐意见。

### (三) 考试的组织与管理

卫生部成立医师资格考试委员会,负责全国医师资格考试工作。各省、自治区、直辖市卫生行政部门牵头成立医师资格考试领导小组,负责本辖区的医师资格考试工作。具体考务的组织与管理由国家医学考试中心、考区、考点三级分别负责任。

### (四) 医师资格证书的取得

医师资格是指国家确认的、准予从事医师职业的资格,是公民从事医师职业必须具备的条件和身份。医师资格证书是证明某人具有医师资格的法律文件,必须依法取得。对参加全国统一的执业医师资格考试或者执业助理医师资格考试,成绩合格的,授予执业医师资格或者执业助理医师资格,由省级卫生行政部门颁发卫生部统一印制的《医师资格证书》。医师资格一经合法取得,就不得非法剥夺。

## 二、医师执业注册制度

我国《执业医师法》规定,国家实行医师执业注册制度。卫生部负责全国医师执业注册监督管理工作。县级以上地方卫生行政部门是医师执业注册的主管部门,负责本行政区域内的医师执业注册监督管理工作。根据法律规定,凡取得执业医师资格或者执业助理医师资格的,均可申请医师执业注册。医师经注册取得《医师执业证书》后,方可按照注册的地点、执业类别、执业范围,从事相应的医疗、预防、保健活动。未经注册取得《医师执业证书》者,不得从事医疗、预防、保健活动。

### (一) 申请

凡取得执业医师资格或者执业助理医师资格的,均可向所在地县级以上卫生行政部门申请医师执业注册。拟在医疗、保健机构中执业的人员,应当向批准该机构执业的卫生行政部门申请注册。拟在预防机构中执业的人员,应当向该机构的同级卫生行政部门申请注册。拟在机关、企业和事业单位的医疗机构中执业的人员,应该向核发该机构《医疗机构执业许可证》的卫生行政部门申请。

申请医师执业注册,应当提交下列材料:①医师执业注册申请审核表。②二寸免冠正面半身照片两张。③《医师资格证书》。④注册主管部门指定的医疗机构出具的申请人6个月内的健康体检表。⑤申请人身份证明。⑥医疗、预防、保健机构的拟聘用证明。⑦省级以上卫生行政部门规定的其他材料。

重新申请注册的,除提交前款第②到第⑦项规定的材料外,还应提交医师重新执业注册申请审核表和县级以上卫生行政部门指定的医疗、预防、保健机构或者组织出具的业务水平考核结果证明。

获得执业医师资格或执业助理医师资格后 2 年内未经注册者,申请注册时,还应提交在省级以上卫生行政部门指定的机构接受 3~6 个月的培训,并提交经考核合格的证明。

执业助理医师取得执业医师资格后,继续在医疗、预防、保健机构中执业的,应当按照《医师执业注册暂行办法》第六条规定,申请执业医师注册。申请人除提交该办法第七条第一款规定的材料外,还应当提交原《医师执业证书》。注册主管部门在办理执业注册手续时,应当收回原《医师执业证书》,核发新的《医师执业证书》。

取得医师资格的军队医师,可以向所在军区级单位政治机关干部部门和后勤机关卫生部门申请医师执业注册。军区级医疗、预防、保健机构可以为本机构中的医师集体办理注册手续。

(二) 审核与注册

主管部门应当自收到注册申请之日起 30 日内,对申请人提交的申请材料进行审核。审核合格的,予以注册,并发给卫生部统一印制的《医师执业证书》。对不符合注册条件的,注册主管部门应当自收到注册申请之日起 30 日内,书面通知申请人,并说明理由。申请人如有异议的,可以依法申请行政复议或者向人民法院提起行政诉讼。

申请医师执业注册的军队医师应当填写军队医师执业注册申请表,由团级以上单位后勤机关卫生部门或者团级以上医疗、预防、保健机构的医务部门逐级上报至军区级单位后勤机关卫生部门,由军区级单位政治机关干部部门和后勤机关卫生部门共同审核。除有《执业医师法》第 15 条规定的情形外,军区级单位政治机关干部部门和后勤机关卫生部门类别、执业范围依法执业。县级以上地方人民政府卫生行政部门对个体行医的医师,应当按照国务院卫生行政部门的规定,经常监督检查,凡发现有本法第十六条规定的情形的,应当及时注销注册,收回医师执业证书。

被注销注册的当事人有异议的,可以自收到注销注册通知之日起 15 日内,依法申请复议或者向人民法院提起诉讼。

# 第三节  医师执业规则

## 一、医师在执业活动中享有的权利

法律意义上的医师权利指取得医师资格、依法注册的医师在执业活动中依法所享有的权利,是医师能够做出或不做出一定行为,以及要求他人相应做出或不做出一定行为的许可和保障,并为法律所确认、设定和保护。

根据执业医师法第二十一条的规定,医师在执业活动中享有的权利为:

1) 在注册的执业范围内,进行医学诊查、疾病调查、医学处置,出具相应的医学证明文件,选择合理的医疗、预防、保健方案。

2）按照国务院卫生行政部门规定的标准,获得与本人执业活动相当的医疗设置的基本条件。

3）从事医学研究、学术交流,参加专业学术团体。

4）参加专业培训,接受继续医学教育。

5）在执业活动中,人格尊严、人身安全不受侵犯。

6）获取工资报酬和津贴,享受国家规定的福利待遇。

7）对所在机构的医疗、预防、保健工作和卫生行政部门的工作提出意见和建议与所在机构的民主管理。

## 二、医师在执业活动中应履行的义务

医师执业义务是指医师在执业过程中必须履行和遵守的责任。医师的义务与医师的权利相对应,和医师的执业活动密切相关。

根据执业医师法第二十二条的规定,医师在执业活动中应当履行的义务:①遵守法律、法规,遵守技术操作规范。②树立敬业精神,遵守职业道德,履行医师职责,尽职尽责为患者服务。③关心、爱护、尊重患者,保护患者的隐私。④努力钻研业务,更新知识,提高专业技术水平。⑤宣传卫生保健知识,对患者进行健康教育。

## 三、医师的执业规则

根据执业医师法的规定,医师在执业活动中应遵守的执业规则主要是:

1）医师实施医疗、预防、保健措施,签署有关医学证明文件时,必须亲自诊察、调查并按照规定及时填写医学文书,不得隐匿、伪造或者销毁医学文书及有关材料,不得出具与自己执业范围无关或者与执业类别不相符的医学证明文件。

2）对危急患者,医师应当采取紧急措施进行诊治,不得拒绝急救处置。

3）医师应当使用经国家有关部门批准使用的药品、消毒药剂和医疗器械。除正当诊断治疗外,不得使用麻醉药品、医疗用毒性药品、精神药品和放射性药品。

4）医师应当如实向患者或其家属介绍病情,但应注意避免对患者产生不利后果。医师进行实验性临床医疗前应当经医院批准并征得患者本人或其家属同意。

5）医师不得利用职务之便索取、非法收受患者财物或者牟取其他不正当利益。

6）遇有自然灾害、传染病流行、突发重大伤亡事故及其他严重威胁人民生命健康的紧急情况时,医师应当服从县级以上人民政府卫生行政部门的调遣。

7）医师发生医疗事故或者发现传染病疫情时,应当按照有关规定及时向所在机构或者卫生行政部门报告;医师发现患者涉嫌伤害事件或者非正常死亡时,应当按照有关规定向有关部门报告。

# 第四节　医师的考核和培训

## 一、执业医师的考核

1. 考核的概念

考核通常是指一定的组织按照事先确定的原则、内容、方法和程序对所属的工作人员进行的考察和评价活动。医师考核是指医疗机构或者有关组织对医师的考核,它是对医师进行管理的重要的一环。考核的结果将作为卫生主管部门和医疗机构对医师进行奖惩、职称评定、职务晋升、培训等项管理的依据。

**2. 考核的主体**

执业医师法规定,县级以上卫生行政部门负责指导、检查和监督医师考核工作。县级以上人民政府卫生行政部门委托的医疗、预防、保健机构或者医疗机构评审委员会、医师协会或者其他医学专业组织负责对医师的业务水平、工作成绩和职业道德状况进行定期考核。

**3. 考核的标准、形式和内容**

医师考核标准是医师的执业标准,包括医师的执业规则以及医师的其他行业标准。医师考核实行定期考核,平时考核是定期考核的依据。考核内容包括:①业务水平,医师从事本职工作所具备的知识和技能。②工作成绩,医师完成工作的数量和质量。③职业道德,考察医师是否遵守医德规范。

**4. 考核的结果**

考核机构应当将考核结果报告准予注册的卫生行政部门备案。对考核不合格的医师,县级以上卫生行政部门可以责令其暂停执业活动3~6个月,并接受培训和继续医学教育。暂停执业活动期满,再次进行考核,对考核合格的,允许其继续执业,对考核不合格的,由县级以上卫生行政部门注销注册,收回医师执业证书。《执业医师法》还规定国家要对在医疗、预防、保健工作中做出贡献的医师给予奖励。医师在执业活动中有下列情形之一的,由县级以上人民政府卫生行政部门给予表彰或奖励。①在执业活动中,医德高尚,事迹突出的。②对医学专业技术的重大突破做出显著贡献的。③遇有自然灾害、传染病流行、突发重大伤亡事故及其他严重威胁人民生命健康的紧急情况时,救死扶伤、抢救治疗表现突出的。④长期在边远贫困地区、少数民族地区等条件艰苦的基层单位努力工作的。⑤国务院卫生行政部门规定应当予以表彰或奖励的其他情形。奖励是对表现突出或者业绩突出的医师给予的荣誉或物质上的鼓励。对医师的奖励是将现代管理科学中的激励机制引入医师的管理领域中。

## 二、执业医师的培训

医师的培训是指以提高医师的业务水平和素质为目的的各种教育和训练活动。它是一种以学习新理论、新技术、新方法为主的继续医学教育。

**1. 执业医师培训的对象和形式**

医师培训的对象是通过规范或非规范的医学专业学习毕业后,正在从事医学专业技术工作的各类医务人员。包括执业医师、执业助理医师以及其他医务人员。培训的内容要适应各类医务人员的实际需要,具有针对性、实用性和先进性,应以现代医学科学发展中的新理论、新知识、新技术和新方法为重点。培训形式包括参加学术会议、学术讲座、专题讨论会、专题学习班、专题调研和考察、安全分析讨论会、临床病理讨论会、技术操作示教、短期或长期培训等。培训应以短期和业余为主。

**2. 执业医师培训的具体内容**

内容包括人民政府卫生行政部门对医师实施培训和继续医学教育职责,以及医疗、预防、保健机构对医师实施培训和继续医学教育职责的规定:

1) 县级以上人民政府卫生行政部门应当制定医师培训计划,对医师进行各种形式的培训,为医师接受继续医学教育提供条件,应当采取有力措施,对在农村和少数民族地区从事医疗、预防、保健业务的医务人员实施培训。

2) 医疗、预防、保健机构应当按照规定和计划保证本机构医师能够接受培训及继续医学教育,县级以上人民政府卫生行政部门委托的承担医师考核任务的医疗卫生机构应当为医师的培训和接受继续医学教育提供和创造条件。

# 第五节　法律责任

按照违法行为的性质和危害程度,可以将法律责任分为:刑事责任、民事责任和行政责任。医师执业中的法律责任主要有:

## 一、采取不正当手段取得医师执业证书的违法行为的法律责任

以不正当手段取得《医师执业证书》的行为,主要是指违反本法关于医师注册制度的规定,而取得医师执业证书的行为,它主要包括以下几种行为:

1) 没有取得医师法所规定的医师资格的。如未参加医师资格考试,伪造考试成绩合格证书,或在医师资格考试中作弊,骗取考试合格证书、进而经注册取得执业证书的;以及不具备本法第九、十、十一条所规定的条件,而参加医师资格考试,进而取得执业证书的。

2) 本来具有《执业医师法》第十五条规定不予注册的情形,却加以隐瞒,骗取注册,进而获取执业证书的行为。如当事人曾受到吊销医师执业证书的处罚还未满2年。当事人本人或医疗、预防、保健机构负责为本机构的医师集体办理注册手续的有关人员却隐瞒了这一情况,向卫生部门申请注册;或当事人患有某种传染病,身体状况不符合国务院卫生行政部门规定的条件,却隐瞒情况,骗取执业证书的。

3) 行政部门的工作人员徇私舞弊,弄虚作假的。明知当事人未取得医师资格,或具有本法第十五条规定的不予注册的情形,却准予其注册,并给其颁发医师执业证书的。

4) 卫生行政部门工作人员玩忽职守,因工作疏忽大意未发现当事人具有本法第十五条规定的情形,准予其注册并给其颁发执业证书的。对于上述四种以不正当手段取得的《医师执业证书》,应由发给证书的卫生行政部门予以吊销;对负有直接责任的主管人员和其他直接责任人员(主要是指医疗、预防、保健机构的主管人员和有关人员以及卫生行政部门的工作人员)依法给予行政处分。

## 二、医师在执业活动中的违法行为及其应承担的法律责任

(一) 医师在执业活动中的违法行为

医师在执业活动中的违法行为主要有:①违反卫生行政规章制度或者技术操作规范,造成严重后果的。②由于不负责任延误急危患者的抢救和诊治,造成严重后果的。③造成医疗责任事故的。④未经亲自诊查、调查,签署诊断、治疗、流行病学等证明文件或者有关出生、死亡等证明文件的。⑤隐匿或者擅自销毁医学文书及有关资料的。⑥使用未经批准使用的药品、消毒药剂和医疗

器械的。⑦不按照规定使用麻醉药品、医疗用毒性药品、精神药品和放射性药品的。⑧未经患者或者其家属同意,对患者进行实验性临床医疗的。⑨泄露患者隐私,造成严重后果的。⑩利用职务之便非法收受患者财物或者牟取其他不正当利益的。⑪发生自然灾害、传染病流行、突发重大的伤亡事故以及其他严重威胁人民生命健康的情况时,不服从卫生行政部门调遣的。⑫发生医疗事故或者发现传染病疫情,患者涉嫌伤害事件或者非正常死亡,不按照规定报告的。

### (二) 对违法行为所应承担的法律责任

#### 1. 行政责任

1) 以不正当手段取得《医师执业证书》的,由发给证书的卫生行政部门吊销;对负有直接责任的主管人员和其他直接责任人员,依法给予行政处分。

2) 未经批准擅自开办医疗机构行医或者非医师行医的,由县级以上卫生行政部门予以取缔,没收其违法所得及其药品、器械,并处 10 万元以下的罚款;对医师吊销其执业证书。

3) 阻碍医师依法执业,侮辱、诽谤、威胁、殴打医师或者侵犯医师人身自由、干扰医师正常工作、生活的,依照治安管理处罚条例的规定给予治安行政处罚。

4) 医疗、预防、保健机构对属于注销注册情形而未履行报告职责,导致严重后果的,由县级以上卫生行政部门给予警告,并对该机构的主要负责人依法给予行政处分。

5) 卫生行政部门工作人员或者医疗、预防、保健机构工作人员违反执业医师法的有关规定作假、玩忽职守、滥用职权、徇私舞弊,不构成犯罪的,依法给予行政处分。

#### 2. 民事责任

执业医师法规定,医师在医疗、预防、保健工作中造成事故的,依照法律或者国家有关规定处理。未经批准擅自开办医疗机构行医或者非医师行医,给患者造成损害的,依法承担赔偿责任。使患者的身体健康遭到损害的,非法行医的公民或单位应承担当事人的医疗费、生活补助费、误工工资等损害赔偿责任;造成当事人死亡的,还应承担死者的丧葬费、遗属抚恤金等。

#### 3. 刑事责任

对诸种违法行为依照刑法构成犯罪时,应依法追究刑事责任。

1) 由于不负责延误患者的抢救和诊治,造成严重后果构成犯罪的,依法追究刑事责任。刑法第三百三十五条规定:医务人员由于严重不负责任,造成就诊人死亡或严重损害就诊人身体健康的,处 3 年以下有期徒刑或者拘役。"就诊人"是指到医疗机构治疗疾患、进行身体健康检查或者为计划生育而进行医疗的人。"严重不负责任"是指医务人员在对就诊人进行医疗护理或身体健康检查的过程中,在履行职责的范围内,对于应当可以防止出现的危害结果,由于其不负责而出现严重损害就诊人身体健康的后果。其表现为:对就诊人的生命和健康采取漠不关心的态度,不及时救治;严重违反明确的操作规程;经别人指出,仍不改正对就诊人的错误处置等。对不是因严重不负责任,而是由于其他原因造成医疗事故的不构成本罪。

2) 利用职务之便,索取、非法收受患者财物或者牟取其他不正当利益的,构成犯罪的,依法追究刑事责任。刑法规定:国家工作人员利用职务上的便利,索取他人财物的,或者非法收受他人财物,为他人牟取利益的,是受贿罪。这里的"利用职务上的便利"是指受贿人利用职权为行贿人办事,至于为他人牟取的利益是否正当,为他人牟取的利益是否实现,不影响本罪的成立。

3) 医务人员因弄虚作假、玩忽职守、滥用职权、徇私舞弊,构成犯罪的追究刑事责任。刑法第三百三十六条规定,未取得医师执业资格的人非法行医,情节严重的,处 3 年以下有期徒刑、拘役或者管制,并处或者单处罚金。严重损害就诊人身体健康的,处 3 年以上 10 年以下有期徒刑并处罚金。造成就诊人残废的,处 10 年以上有期徒刑并处罚金。未取得医师执业资格的人擅自为他人进行节育复通手术、假节育手术、终止妊娠手术或者摘取宫内节育器,情节严重的,处 3 年以下有期徒刑、拘役或者管制,并处或者单处罚金;严重损害就诊人身体健康的,处 3 年以上 10 年以下有期徒刑并处罚金。造成就诊人死亡的,处 10 年以上有期徒刑并处罚金。

## 思 考 题

1. 简述执业医师法和执业医师的概念。
2. 简述参加执业医师资格考试人员的条件。
3. 简述执业医师的权利和义务。
4. 简述执业医师执业规则。
5. 简述违反执业医师法的法律责任。

(河南中医学院　张会萍)

# 第六章 执业药师法律制度

通过本章的学习,要求理解执业药师的概念,掌握执业药师的考试和注册制度,以及药师执业规则,熟悉药师的考核和培训制度,了解违反执业法律药师应承担的法律责任。

## 第一节 概 述

### 一、我国推行执业药师资格制度的基本情况

执业药师是指经全国统一考试合格,取得《执业药师资格证书》并经注册登记取得《执业药师注册证》,在药品生产、经营、使用单位中执业的药学技术人员。执业药师是药学技术人员的一部分,药学技术人员不一定是执业药师,但执业药师一定是药学技术人员。药学技术人员是指具有药学专业知识,取得药学专业技术职称并从事药学工作的技术人员。

原国家医药管理局与人事部于 1994 年 3 月 15 日联合颁发了《执业药师资格制度暂行规定》,原国家中医药管理局与人事部于 1995 年 7 月 5 日联合颁发了《执业中药师资格制度暂行规定》,从此我国开始实施执业药师资格制度。1998 年国务院机构改革,成立国家药品监督管理局,并赋予其实施执业药师资格制度的职能,国家药品监督管理局与人事部对原规定的有关内容进行了修改,并颁发了新的《执业药师资格制度暂行规定》。明确执业药师和执业中药师统称为执业药师,执业药师分为药学和中药学两个类别。几年来,在国家人事部的支持和医药界各方面的共同努力下,执业药师资格制度起步是良好的,发展是健康的,工作是顺利的,已经形成了一定规模的执业药师队伍。

（一）初步建立了执业药师资格制度框架

以 1994 年 3 月 15 日颁布的《执业药师资格制度暂行规定》为基础,原国家医药管理局相继出台了《执业药师资格考试实施办法》、《执业药师注册管理暂行办法》、《执业药师资格认定办法》、《执业药师继续教育管理办法》等一系列规范性文件。现在国家食品药品监督管理局在有关药品分类管理制度、GSP 规范、换发药品经营许可证等方面,均对执业药师提出明确要求。对建立和完善执业药师资格制度,推进执业药师工作起到了良好的促进作用。目前,《中华人民共和国执业药师法》正在起草过程中。

## （二）基本建立了培训、考试、注册、继续教育工作体系

国家实行执业药师资格制度,纳入全国专业技术人员执业资格制度统一规划的范围。凡从事药品生产、经营、使用的单位均应配备相应的执业药师,并以此作为开办药品生产、经营、使用单位的必备条件之一。执业药师通过资格考试取得执业资格,依法独立执行业务。获得执业药师资格证书的人员,表明已具备执业药师的水平和能力,作为依法申请领办药品生产、经营或独立执行业务的依据。

根据执业药师应具备的知识结构,国家药品监督管理局在原有的基础上,精心组织修订了"执业药师资格考试大纲",经人事部组织审定后颁布实施。并以考试大纲为依据,组织征题、命题工作,还组织编写了各科"国家执业药师资格考试应试指南"。除少数省市外,大多数地区建立了执业药师培训与继续教育基地。考前培训与继续教育体系的建立提高了参加考试人员的业务水平,提高了执业药师考试的合格率,也有利于注册后的执业药师不断更新知识,提高执业水平和能力。另外,各省有专人负责执业药师工作,对执业药师进行注册登记,加强管理,形成注册管理体系。

## （三）健全组织管理机构

为了加强领导,推动执业药师工作的进展,国家药品监督管理局成立了"执业药师考试管理中心",业务归局人事教育司,具体负责执业药师的日常管理工作。国家药品监督管理局人事教育司2000年组建了培训处,负责执业药师的宏观管理工作。此外,国家药品监督管理局还组织执业药师专家组,负责命题考试、继续教育、编写教材、咨询服务等工作。各省局也在人事(教育)部门设立专人负责执业药师工作,一个从上到下的执业药师工作的组织管理体系已基本形成,为今后工作打下了良好的基础。

国家药品监督管理局负责对需由执业药师担任的岗位做出明确规定并进行检查。人事部和国家药品监督管理局共同负责全国执业药师资格制度的政策制定、组织协调、资格考试、注册登记和监督管理工作。目前我国已具有了一定数量的执业药师队伍。截止2000年6月,我国已有15 073人取得执业药师资格。到1998年底,我国已注册登记的执业药师有近7000人。1994～1999年执业药师认定与考试合格人数为15 073人。其中,药学类11 174人,中药学类3899人。2003年中国执业药师的行业管理与自律组织——中国执业药师协会在北京依法成立。

# 二、国外执业药师资格制度简况

世界上有许多国家对药学技术人员实行资格准入控制。如英国(1815年)、美国(1869年)、日本(1898年)等,并相继发布了"药房法"、"药事法"或"药剂师法",明确只有取得国家资格并注册的药师才能在相关岗位上执业,这已成为国际惯例。

各国对药师要求的共同特点是:①必须毕业于药学院校并获学士以上学位。②必须经过药学工作实践,具备一定工作资历和经验。③必须参加国家统一组织的资格考试取得合格成绩。④必须身体健康。⑤必须有良好职业道德,无犯罪行为和不良行为。⑥必须向有关部门注册登记,取得执业证明或许可。⑦必须参加继续教育,保持和提高业务水平。⑧必须每隔几年再注册,接受监督检查。⑨必须遵照有关药品管理法规执业。⑩药店、医院药房或其他医药部门必须配备药师才能开业。⑪药店经埋必须是药师。以日本和美国为例。

日本药师法规起源于 19 世纪。1847 年制定了《医务工作条例》,对医师调配药品做了规定(那时还没有专职药师)。1889 年制定了《医药条例》。1948 年制定了《药事法》,并经多次修改,现为十一章八十九条。其中对药师的职责、作用、资格要求等做了规定。1960 年 8 月日本颁布的《药剂师法》共五章三十三条。

美国于 1869 年实行药师资格制度,但政府没有统一要求,在 1904 年成立了一个"国家药事管理委员会协会"(简称 NABP)。该会成员是美国各州政府的药事管理委员会成员。MABP 负责制定州药房法标准,建立药师执照标准,组织药师考试、注册等工作。药房法由各州制定,其中对药师的职责、标准、考试等做出要求。

# 第二节　药师资格考试和注册

## 一、药师资格考试制度

为了加强对药学技术人员的职业准入控制,科学、公正、客观地评价和选拔人才,全面提高药学技术人员的素质,确保药品质量,保障人民用药的安全有效,根据《中华人民共和国药品管理法》、《中共中央、国务院关于卫生改革与发展的决定》及职业资格制度的有关内容,原国家医药管理局与人事部于 1994 年 3 月 15 日联合颁发了《执业药师资格制度暂行规定》,原国家中医药管理局与人事部于 1995 年 7 月 5 日联合颁发了《执业中药师资格制度暂行规定》,从此我国开始实施执业药师资格制度。1999 年国家药品监督管理局在对原规定进行修改的基础上,颁发了新的《执业药师资格制度暂行规定》,并相继出台了《执业药师资格考试实施办法》、《执业药师资格认定办法》等一系列规范性文件,修订的原则是:依法修订、统一管理、扩大范围、解决突出矛盾和逐步过渡的原则。使我国执业药师资格制度逐步趋于完善。

### (一) 资格考试的管理

执业药师资格实行全国统一报名、统一考试、统一发证、统一注册、统一管理五统一。在五统一的基础上,实行三个区别:即执业药师资格考试试卷分为药学类和中药学类;执业药师分药学类和中药学类分别注册;执业药师分类执业;而在考试方面实行统一大纲、统一命题、统一组织的考试制度。一般每年举行一次。国家医药管理局负责指导考试大纲的拟定、培训教材的编写和命题工作,统一规划并组织或授权组织考前培训等有关工作。培训工作必须按照与考试分开、自愿参加的原则进行。人事部负责审定考试科目、考试大纲和试题,会同国家医药管理局对考试进行检查、监督和指导,并组织和授权组织实施各项考务工作。具体考务工作由各省、自治区、直辖市人事(职改)部门会同药品监督管理部门组织实施。

修改后的暂行规定由人事部和国家药品监督管理局两部委共同发布;明确了执法主体;并且扩大了执业范围,由原药品生产、流通领域扩大到生产、经营、使用单位。

通过执业药师资格考试的合格或符合免试条件者,由各省、自治区、直辖市人事(职改)部门颁发人事部统一印制、人事部和国家药品监督管理局共印的中华人民共和国《执业药师资格证书》。该证书在全国范围内有效。

## （二）考试及免试的条件

1)《执业药师资格制度暂行规定》放宽了资格考试报考人员的条件。报考人员条件中的从事工作年限相对减少,标准由本科毕业后 4 年改为 3 年,大专毕业后 6 年改为 5 年,中专毕业后 10 年改为 7 年等。

《执业药师资格制度暂行规定》第九条规定:凡中华人民共和国公民和获准在我国境内就业的其他国籍的人员具备以下条件之一者,均可申请参加执业药师资格考试:①取得药学、中药学或相关专业中专学历,从事药学或中药学专业工作满 7 年。②取得药学、中药学或相关专业大专学历,从事药学或中药学专业工作满 5 年。③取得药学、中药学或相关专业大学本科学历,从事药学或中药学专业工作满 3 年。④取得药学、中药学或相关专业第二学士学位、研究生班毕业或取得硕士学位,从事药学或中药学专业工作满 1 年。⑤取得药学、中药学或相关专业博士学位。

2)按照国家有关规定评聘为高级专业技术职务,并具备下列条件之一者,可免试药学(或中药学)专业知识(一)、药学(或中药学)专业知识(二)两个科目,只参加药事管理与法规、综合知识与技能两个科目的考试。①中药学徒、药学或中药学专业中专毕业,连续从事药学或中药学专业工作满 20 年。②取得药学、中药学专业或相关专业大专以上学历,连续从事药学或中药学专业工作满 15 年。

## 二、药师注册制度

根据《执业药师资格制度暂行规定》,国家药品监督管理局 2000 年 4 月 14 日通过了《执业药师注册管理暂行办法》,总则中明确持有《执业药师资格证书》的人员只有进行注册取得《执业药师注册证》,方可以执业药师身份上岗执业。

执业药师注册制度是指对获得执业药师资格人员在执业活动前必须经过的准入控制,注册机构通过对申请注册者的资格审核,符合条件才予以注册,同意准入的制度。实行执业药师注册制度是对执业药师进行行政管理,加强监督调控的一种手段。并通过注册制度对药品生产、经营、使用单位的用人实行依法管理。

### （一）药师注册的管理

1)注册管理机构:执业药师资格实行注册制度。取得《执业药师资格证书》者,须按规定向所在省(区、市)药品监督管理局申请注册。执业药师按执业类别、执业范围、执业地区注册。经注册后,方可按照注册的执业类别、执业范围从事相应的执业活动。未经注册者,不得以执业药师身份执业。国家药品监督管理局为全国执业药师注册管理机构,各省、自治区、直辖市药品监督管理局为本辖区执业药师注册机构。

2)注册批准时限:《执业药师注册管理暂行办法》第十三条规定,执业药师注册机构在收到申请之日起 30 个工作日内,对符合条件者予以注册;对不符合条件者不予注册,同时书面通知申请人说明理由。即明确了注册批准时限。

3)增加复议和诉讼条款:执业药师注册机构每年将注册情况报国家药品监督管理局备案,并定期公告。国家药品监督管理局发现上报备案的执业药师中有不符合规定条件的,有权责令执业药师注册机构复查并予以改正。对不予注册或注销注册持有异议的当事人,可以依法申请行政复议或者向人民法院提起诉讼。

4）规范了注册管理。①注册机构办理注册,应加盖注册专用章。②注册后由国家药品监督管理局发给《执业药师注册证》及其副本。③执业药师变更执业地区、执业范围、执业单位的,必须办理变更手续。

5）解决了先有岗位才予以注册的问题。总则中明确持有《执业药师资格证书》的人员只有进行注册取得《执业药师注册证》,方可以执业药师身份上岗执业。解决了先有岗位才予以注册的问题。明确只要符合条件,在执业范围之内就可注册,没有岗位限制(即:考试—取得资格—注册—上岗)。

## (二) 药师注册的条件

### 1. 首次注册

药品生产、经营、使用单位的人员取得《执业药师资格证书》后即可向执业单位所在地区的执业药师注册机构申请办理注册手续。申请执业药师注册者,必须同时具备下列条件:①取得《执业药师资格证书》。②遵纪守法,遵守职业道德。③身体健康,能坚持在执业药师岗位工作。④经执业单位同意。

首次申请注册的人员,必须填写"执业药师首次注册申请表",并提交以下材料:①《执业药师资格证书》。②身份证明复印件。③近期一寸免冠正面半身照片5张。④县级(含)以上医院出具的本人6个月内的健康体检表。⑤执业单位证明。⑥执业单位合法开业的证明复印件。

### 2. 再次注册

执业药师注册有效期为3年。持证者须在有效期满前3个月到原执业药师注册机构申请办理再次注册手续。超过期限,不办理再次注册手续的人员,其《执业药师注册证》自动失效,并不能再以执业药师身份执业。再次注册者,还必须有参加继续教育的证明。申请再次注册者,必须填写"执业药师再次注册申请表"并提交以下材料:①《执业药师资格证书》和《执业药师注册证》。②执业单位考核材料。③《执业药师继续教育登记证书》。④县级(含)以上医院出具的本人6个月内的健康体检表。

### 3. 资格保留

凡取得《执业药师资格证书》,按规定完成继续教育学分,可保留执业药师资格。取得《执业药师资格证书》一年后申请注册的,还需同时提交载有本人参加继续教育记录的《执业药师继续教育登记证书》。

## (三) 不予注册与注册的注销

1）有下列情况之一者,不予注册:①不具有完全民事行为能力的。②因受刑事处罚,自刑罚执行完毕之日到申请注册之日不满2年的。③受过取消执业药师执业资格处分不满2年的。④国家规定不宜从事执业药师业务的其他情形的。

2）《执业药师资格制度暂行规定》第十七条规定,执业药师注册后如有下列情况之一的,由所在单位向注册机构办理注销注册手续:①死亡或被宣告失踪的。②受刑事处罚的。③被吊销《执业药师资格证书》的。④受开除行政处分的。⑤因健康或其他原因不能从事执业药师业务的。

凡注销注册的,由所在省(区、市)的注册机构向国家药品监督管理局备案,并由国家药品监督管理局定期公告。注销注册手续由执业药师所在单位在 30 个工作日内向注册机构申请办理,并填写"执业药师注销注册登记表"。执业药师注册机构经核实后办理注销注册,收回《执业药师注册证》。

### (四) 注册的变更

执业药师应按照执业类别、执业范围、执业地区注册。执业类别为药学类、中药学类;执业范围为药品生产、药品经营、药品使用;执业地区为省、自治区、直辖市。执业药师只能在一个执业药师注册机构注册,在一个执业单位按照注册的执业类别、执业范围执业。

执业药师在同一执业地区变更执业单位或执业范围的,必须到原执业药师注册机构办理变更注册手续。执业药师变更执业地区的,必须到原注册机构办理变更注册手续,并向新执业地区的执业药师注册机构重新申请注册。即《执业药师注册管理暂行办法》第十六条规定:执业药师在同一执业地区变更执业单位或范围的,必须到原执业药师注册机构办理变更注册手续,填写"执业药师变更注册登记表",并提交以下材料:①《执业药师资格证书》和《执业药师注册证》。②新执业单位合法开业的证明复印件。

执业药师变更执业地区的,必须到原执业药师注册机构办理变更注册手续,填写"执业药师变更注册登记表",并向新执业地区的执业药师注册机构重新申请注册。新的执业药师注册机构在办理执业注册手续时,应收回原《执业药师注册证》,并发给新的《执业药师注册证》。

# 第三节　药师执业规则

## 一、执业药师的权力

1)执业药师全权负责药品质量和药学服务质量管理工作。

2)执业药师有权审核、监督医师的处方。对配伍禁忌或超剂量的处方,以及危及用药安全、有效、合理的处方,有权拒绝调配。

3)在保证药品质量和疗效等同,并且在购药者要求或同意的情况下,执业药师有权以更经济的其他商品名的该种药品进行替换,但国家特殊管理的药品和处方药除外。

4)在患者生命安全存在危险的特殊情况下,执业药师有权紧急提供处方药品,但事后必须如实记录,并立即向执业药师管理机构报告说明情况。

5)在没有医疗机构的地方,或者说在没有执业医师时的紧急救灾、救护的情况下,执业药师有权提供处方药品。

6)执业药师有权根据医师的诊断和医嘱向长期服用某种处方药品的慢性病患者提供该种处方药品。

7)执业药师有权指导、监督和管理其技术助理的处方调配、销售或供应过程。对于不正确的处方药调配、销售或供应,执业药师有权给予纠正。

8)执业药师有权拒绝明显导致危害用药者生命健康、违反社会伦理道德的售药要求。

9)执业药师有权否定危及安全、有效、合理用药方案。

10）执业药师有权否定危及药品质量的购进品种、购进渠道、管理药品储存过程。

11）执业药师有权依法签署有关药学业务文件。

12）执业药师有权选择接受继续教育的选修、自修内容及其形式和时间。

## 二、执业药师的权利

1）任何组织和个人都应该尊重执业药师。执业药师人格尊严和人身安全受到保护。

2）执业药师有权备用执业所需的药学专业手册和相关法律手册,订阅执业所需的杂志。

3）执业药师可以并且应该依法组织自律性协会组织,参加协会组织的药学技术业务等活动,接受协会组织依法进行的自律性管理。

4）执业药师有权参加旨在提高药学专业、法律素质的各种形式的继续教育。

5）执业药师有权依法进行科学研究、新产品、新技术开发和学术交流。

6）执业药师有权争取并获得正当、合理的执业报酬。

7）执业药师有权向执业药师管理机构投诉侵害其权利的行为。

8）执业药师有权就执业药师管理机构对自己做出的处罚提出质疑,要求更正、或依法申请行政复议及行政诉讼。

9）对于技术精湛、行为高尚、贡献突出的执业药师应受到有关方面的表彰和奖励。

## 三、执业药师的义务

1）执业药师有义务履行自己的职责为病患者提供质量保证的药品和安全、有效、经济、合理的药学服务。

2）执业药师有义务遵守法律、职业道德和相应的技术和管理规范。

3）执业药师有义务拒绝违法的指令。抵制违法行为,维护病患者的健康利益和其他合法权益。

4）执业药师有义务及时了解与执业相关的法律变化,并积极参与相关法律、法规、规章的制定、修订过程。

5）执业药师有义务指导其技术助理和药学实习生的药学技术业务工作。

6）执业药师有义务向公众宣传医药保健及法律知识。

7）执业药师有义务不断提高自身的药学素质、法律和道德素质,不断增强全面履行职责和正确行使权利的能力。

## 四、执业药师的执业职责

1）执业药师应具有良好职业道德和业务素质,以提供合格药品、维护人民身体健康为基本准则。

2）凡各级药品生产、经营企业和药品流通部门,均应配备执业药师负责有关业务工作,执业药师必须对药品质量负责。

3）执业药师必须熟悉《药品管理法》等医药法规、条例、带头执行国家对药品生产、销售和流通环节的各种具体规定。

4）执业药师应不断更新知识、注意国内外医药信息的收集和整理,掌握最新的药学知识和先进的医药技术,以保持较高的专业水平。

5) 执业药师负责处方的审核、调配和药品的发放、保存处方档案;提供用药咨询与药品信息服务,指导合理用药,开展临床药学工作。

6) 一个执业药师只能在一个单位正式执业,并对其所分工的业务负责。

### 五、执业药师的道德准则

1) 掌握、使用现代社会最优、最进步的专业知识和技术为病人提供服务,是执业药师义不容辞的责任。执业药师的执业活动,只能在社会主义法律、法规、社会舆论和道德良心允许他这样做的情况下才能进行。

2) 执业药师的行为,要能为整体药学事业带来荣誉、发展和提高。

3) 执业药师对病人的责任是:以病人为本,一切执业活动围绕病人的健康展开,确保生产、销售、配发、使用的药品,是安全、有效、经济、合理的最优质药品;爱护病人、尊重病人的人格,保守有关病人的秘密;给消费者、病人、医务人员提供正确、合适的药品或与药品有关的信息。

4) 执业药师工作,只接受公正、公平、合理的职业报酬。

# 第四节　执业药师的继续教育

执业药师继续教育是针对取得执业药师资格的人员进行的有关法律法规、职业道德和专业知识与技能的继续教育。国家药品监督管理局 2000 年 8 月 4 日通过了《执业药师继续教育管理暂行办法》,2001 年 1 月 1 日起施行。

### 一、药师继续教育的组织与管理

1) 国家药品监督管理局负责全国执业药师继续教育工作,其职责是:①制定执业药师继续教育政策和管理办法。②制定执业药师继续教育规划。③指导、检查各省、自治区、直辖市执业药师继续教育工作。④审批执业药师培训中心。

2) 国家药品监督管理局执业药师考试管理中心(简称执业药师考试管理中心)负责组织实施全国执业药师继续教育的技术业务工作,其职责是:①制定执业药师继续教育年度计划并组织实施。②审批、公布并组织实施面向全国的执业药师继续教育项目,并对批准的项目进行指导、检查。③组织编写继续教育教材,开展多媒体教学和远程教育。④负责师资和有关管理人员培训。⑤开展信息交流及学术研讨等。⑥承担国家药品监督管理局交办的其他事项。

3) 省、自治区、直辖市药品监督管理局负责本辖区执业药师继续教育工作。其职责为:①制定本辖区执业药师继续教育规划并组织实施。②负责执业药师培训中心的初审及上报,并对批准的培训中心进行监督管理。③审批、公布并组织实施面向本辖区的执业药师继续教育项目,并对批准的项目进行指导、检查。④对面向全国的执业药师继续教育项目进行初审、上报。⑤负责执业药师继续教育学分登记的监督管理工作。

### 二、内容与形式

执业药师继续教育的内容要适应执业药师的实际需要,注重科学性、先进性、实用性和针对性。

1）执业药师继续教育实行项目制。执业药师继续教育项目包括培训、研修、学术讲座、学术会议、专题研讨会、专题调研和考察、撰写论文和专著以及单位组织的业务学习等。

执业药师继续教育项目分为指定、指导和自修三类。指定项目为国家有关政策法规和职业道德等，是执业药师的必修项目由执业药师考试管理中心负责立项、公布并组织实施，由执业药师培训中心承担培训任务。指导项目由药学或相关专业的新理论、新知识、新技术、新方法等，作为执业药师限定选修项目。指导项目分为两类：一类项目面向全国，由举办单位立项，省级药品监督管理局初审，执业药师考试管理中心审核批准并公布；二类项目面向本地区，由举办单位立项，省级药品监督管理局审核批准并公布，报执业药师考试管理中心备案。自修项目为执业药师自行选定的项目，如参加学术会议，专题考察、撰写论文、专著及单位组织的业务学习等。

2）执业药师继续教育以短期培训和业余学习为主，其形式和方法可根据实际灵活、多样，倡导运用现代科技手段开展培训。

### 三、学分登记

1）执业药师继续教育实行学分制。具有执业药师资格的人员每年参加继续教育获取的学分不得少于 25 学分，注册期 3 年内累计不少于 75 学分。其中指定和指导项目学习每年不得少于 10 学分，自修项目学习可累计获取学分。

2）执业药师继续教育实行登记制度。登记内容包括：项目名称、内容、形式、学时学分数、考核结果、日期、举办单位等。《执业药师继续教育登记证书》由国家药品监督管理局统一印制，由执业药师本人保存。具有执业药师资格人员参加继续教育指定和指导项目的学习并经考核合格后，由举办单位在登记证书上登记盖章确认。

## 第五节　法律责任

### 一、用人单位的责任

《执业药师资格制度暂行规定》第二十六条、第二十七条、第二十九条规定如下：

1）对未按规定配备执业药师的单位，应限期配备，逾期将追究单位负责人的责任。

2）对已在需由执业药师担任的岗位工作，但尚未通过执业药师资格考试的人员，要进行强化培训，限期达到要求。对经过培训仍不能通过执业药师资格考试者，必须调离岗位。

3）对执业药师违反本规定有关条款的，所在单位须如实上报，由药品监督管理部门根据情况给予处分。注册机构对执业药师所受处分，应及时记录在其《执业药师资格证书》中的备注《执业情况记录》栏内。

### 二、有关人员的责任

《执业药师资格制度暂行规定》第二十八条、第三十条规定如下：

1）对涂改、伪造或以虚假和不正当手段获取《执业药师资格证书》或《执业药师注册证》的人员，发证机构应收回证书，取消其执业药师资格，注销注册。并对直接责任者根据有关规定给予行政处分,直至送交有关部门追究法律责任。

2) 执业药师在执业期间违反《药品管理法》及其他法律法规构成犯罪的,由司法机关依法追究其刑事责任。

3) 对未按规定配备执业药师的单位,应限期配备,逾期将追究单位负责人的责任。

## 思 考 题

1. 简述执业药师的概念。
2. 简述参加执业药师资格考试人员的条件。
3. 简述执业药师执业规则。

（河南中医学院　张会萍）

# 第七章　护士管理法律制度

通过本章的学习,要求掌握护士执业规则,熟悉护士职责和护理工作的重要环节。了解护士执业考试和注册制度,以及护理工作中潜在的法津问题和相应的法津责任。

## 第一节　概　述

### 一、护士的概念

护士是指受过护理专业教育,掌握护理、病房管理的知识和技术,并具有一定预防工作能力的卫生人员。

护士这一概念不同于护理职称序列中的护士,而是作为一门职业的从业人员的统称。护士作为护理职业的从业人员,在医疗、预防、保健和康复工作中有着重要作用,1909 年中华护士会正式成立。1914 年第一届全国护士会议在上海召开,会上首次将 nurse 完整地译为中文"护士"。"护"即保护、养育、爱护、乳母之义;"士"是指从事此职业的人员必须有专门的学问和科学知识。这一创意得到了大会的通过。从此,护士作为一个职业的从业人员的统称一直沿用至今。1922 年,国际护士大会在日内瓦召开,正式接纳中华护士会为第十一个成员国。

### 二、护士、护理立法概况

护士、护理立法源于 20 世纪初。1903 年美国北卡罗莱纳、新泽西等州首先颁布了《护士执业法》,作为护士执业的法律规范。英国于 1919 年率先颁布了英国护理法。荷兰于 1921 年颁布了护理法,随后,芬兰、意大利、美国、加拿大、波兰等国也相继颁布了护理法。在亚洲,日本于 1948 年正式公布了护士法。我国香港特别行政区制定有《香港护士注册条例》。我国台湾地区在 1991 年 5 月之前护士执业的法律依据是《护理人员管理规则》,1991 年 5 月台湾颁布了《护理人员法》,1992 年 4 月公布了《护理人员法实施细则》。

为了促进护理事业的发展,提高医疗护理质量,保证护理向专业化的方向发展,许多国家纷纷颁布了适合本国政治、经济、文化及护理特点的护理法规。世界卫生组织 1984 年的调查报告显示,欧美 18 国、西太区 12 国、中东 20 国、东南亚 10 国及非洲 16 国,都已制定了相应的护理法规。并在近几年来都对本国的护理法进行了不断的完善,已形成了一整套与本国卫生管理体制相适应的专门法规。护理法成了指导护理实践及教育合法的纲领,对本国的护理管理走向法制化起到了重要的作用。值得借鉴的是,美国护士学会 1950 年通过了《护士守则》,并经 1976 年及 1985 年两次修订。《护士守则》全面地对护士提出了以下 11 项要求:

1)护士在提供服务时应尊重其个人的尊严及独特性,不受服务对象社会、经济地位、个人特征或健康问题的限制。

2)护士要捍卫病人的隐私权,并谨慎地保证那些具有保密性质的信息不被泄露。

3)由于任何人的不称职、不道德或非法行为危及健康服务及安全时,护士应挺身而出,捍卫服务对象及公众的利益。

4)护士对个人的护理判断及行为有义不容辞的责任。

5)护士必须胜任护理工作。

6)护士必须采用知情判断,并在邀请咨询、接受任务、或委托护理活动时,应根据个人的能力及资格,量力而行。

7)护士应为积累及发展护理专业的知识体系做出贡献。

8)护士要为实现实施及提高护理质量而奋斗。

9)护士要为护理专业创造一个有利于提高护理质量的就业环境而奋斗。

10)护士要为保持护理专业的完美而奋斗,不使公众受错误信息及宣传的蒙蔽。

11)护士应与其他卫生专业工作人员及公众一起为满足本地区及整个国家的公众健康需要而奋斗。

不仅各个主权国家重视有关护士、护理立法,有关护士国际组织也十分重视护士的道德规范建设和护士管理立法,以法律的形式对护理人员的资格、职责、范围、教育培训、实践服务等问题予以规定。在有关国际组织的推动下,世界范围内的护理工作得到了很快的发展。1947 年国际护士委员会发表了一系列有关护理立法的专著。1953 年世界卫生组织发表了第一份有关护理立法的研究报告。1953 年国际护士会制定了《护士伦理学国际法》,并分别于 1965 年和 1973 年再修订,并一直沿用至今。《护士伦理学国际法》明确护士的基本任务包括“增进健康,预防疾病,恢复健康和减轻痛苦”四个方面。指出“护理的需要是全人类性的。护理从本质上说就是尊重人的生命、尊严和权利。护理工作不受国籍、种族、信仰、肤色、年龄、政治或社会地位的影响。”并规定:

1)护士向个人、家庭及社会提供健康服务,并在服务过程中与有关的组织或团体合作。

2)护士和人民:护士的主要职责是向那些需要护理的人负责。护士在向病人提供护理时,要尊重个人的信仰、价值观及风俗习惯。护士要保守服务对象的个人秘密。在传播这些秘密时必须做出伦理学的判断。

3)护士与实践:护士必须为个人的护理行为负责,必须不断学习,做一个称职的护士。在任何具体情况下,护士都应尽可能保持高标准的护理。护士在接受或委派一项任务时,必须对自己的资格和能力做出判断。护士在从事专业活动时,必须时刻牢记自己的行为将影响职业的荣誉。

4)护士与社会:在发起并支持满足公众的卫生和社会需要的行动中,护士要和其他公民一起分担任务。

5)护士与合作者:护士在护理及其他方面,与合作者保持合作共事的关系。当护理工作受到合作者或某些人的威胁时,护士要采取适当的措施以保护个人。

6)护士与专业:在决定或执行某些理想的护理实践和护理教育的标准时,护士发挥重要的作用。在积累专业的核心知识方面,护士起着积极的作用。护士通过专业团体,参与建立及保持护理工作中公平的社会及经济方面的工作条件。

1968 年,国际护士会成立了护理立法委员会,并专门制定了世界护理法上划时代性的纲领性文件——《制定护理法规的指导大纲》,为各国的护理立法提供了系统而又权威性的指导。

在旧中国,原国民政府卫生署曾公布过《护士暂行规则》。新中国成立后,政府和有关部门十分重视护理队伍的稳定、护理人才的培养和护理质量的提高,卫生部先后发布了《医士、药剂士、助产士、护士、牙科技士暂行条例》《卫生技术人员职称及晋升条例》《关于加强护理工作的意见》,1982 年卫生部发布了《医院工作制度》和《医院工作人员职责》,其中规定了护理工作制度和各级各类护士的职责。1988 年卫生部制定了包括护士在内的《医务人员医德规范及其实施办法》等规章和文件。然而,多年来由于没有建立起严格的考试、注册及执业管理制度,大量未经正规专业培训的人员涌入护士队伍;护理教育萎缩,严重地损害了护理事业的基础;也使护理事故难以控制,护理队伍整体素质难以提高,医疗护理质量难以保证。有鉴于此,为了加强护士管理,提高护理质量,保障医疗和护理安全,保护护士的合法权益,卫生部于 1985 年开始起草《中华人民共和国护士法》,并以多种形式广泛征求意见及建议,对草案进行了多次的修改和完善。为了配合《医疗机构管理条例》的实施,尽快建立护理资格考核制度及护士执业许可制度,卫生部经反复论证,在原《中华人民共和国护士法(草案)》的基础上,于 1993 年 3 月 26 日发布了《中华人民共和国护士管理办法》,自 1994 年 1 月 1 日起施行。《中华人民共和国护士管理办法》是关于护理人员的资格、权利、责任和行为规范的法律与法规,明确了护理的概念、独立性、教育制度、教学内容、教师的资格、考试及注册制度、护士的执业及行政处分原则等,对护理工作有约束、监督和指导的作用。

## 三、护士、护理立法的意义

1. 使护理管理法制化,保障护理安全,提高护理质量

护理法的实施,保证了上岗护士的基本素质,使一切护理活动及行为均以法律为规范、做到有法可依、违法必究,将护理管理纳入到了法制化的轨道。从而保证了护理工作的稳定性及连续性,防止护理差错事故的发生,保证了护理工作的安全及护理质量的提高。

2. 促进护理教育及护理学科的发展

护理法集中最先进的法律思想及护理观念,为护理专业人才的培养和护理活动的开展制定了法制化的规范及标准。使护理工作中有时难以分辨的正确与错误,合法与非法等,在法律的规范下得到了统一。促进了护理专业向现代化、专业化、科学化、标准化的方向发展。

3. 促进护理人员不断学习和接受培训

护理法规定的护士资格、注册、执业范围等是神圣不可变更的。例如美国护理法规定合格护士的从业执照有效期仅为 1 年,护士要更换新的执照,必须每年参加护士的资格考试,或有参加继续教育的学分。这就以法律的手段促进护理人员不断的学习及更新知识,从而促进了护理专业的整体发展。

4. 明确了护士的基本权益,使护士的执业权利受到法律的保护

通过护理立法,护理人员的地位、作用和职责范围有了明确的法律依据,使护理人员在从事正常护理工作的权利、履行自己的法定职责等方面最大限度地受到法律的保护。从而增强了护理人员对护理专业崇高的使命感及安全感,使他们能发挥自己的最佳才能,尽心尽职地为公众服务。

5. 有利于维护病人及所有服务对象的正当权益

护理法向护理人员及公众展示了它的各项法律条款。对不合格或违反护理准则的行为,病人

有权依据这些条款追究护理人员的法律责任,从而最大限度地保护了病人及一切服务对象的合法权利。中外合资、合作医疗机构聘请外籍医师、护士,按照《中华人民共和国执业医师法》和《中华人民共和国护士管理办法》等有关规定办理。

## 四、护士、护理规范渊源

1）行政法规、规章:由国家行政机关制定的行政法规、规章。如卫生部制定的《中华人民共和国护士管理办法》,卫生部和国家中医药管理局制定了《医疗机构病历管理规定》属于国务院所属的部委办局制定的行政规章。

2）护理质量标准:由护理专业团体如中华护理学会根据护理法规、规章所制定的各种医疗护理规章制度及技术规范,护理质量标准清楚地限定了护士职责范围,对护士在进行护理时的要求明确了标准。规定护士在执业中能做什么,不能做什么,各种操作应该如何去做,其规范要求是什么等。

3）工作机构的有关要求、政策及制度:各级医疗机构一般都有对护理工作的详细而具体的规范要求和护理标准手册。护士应熟知自己工作单位的要求、政策及制度,并严格按照护理标准实施护理。

虽然专业团体的规范要求及工作机构的有关政策及制度不具有正规的法律权威,但这些条款是保证护士及公众合法权益的依据之一,具有一定的法律效应。因此,护理人员必须严格执行护理质量明确自己的法律责任。

# 第二节　护士执业考试和注册制度

## 一、护士执业考试

为了保证护理行业执业人员的业务水准,正确评价申请护士执业者是否具备护士执业所必需的专业知识和技能,加强护士行业的执业准入控制,从源头上保证护士队伍整体素质,我国实行护士执业考试制度。凡申请护士执业者必须通过卫生部统一执业考试,取得《中华人民共和国护士执业证书》。

申请参加护士执业考试必须具备两个基本条件:①专业要求,必须接受过护理专业教育。②学历要求,必须取得普通中等卫(护)校的毕业文凭或高等医学院校大专以上毕业文凭。

护士管理办法规定:获得普通中等卫生(护士)学校护理专业专科以上毕业文凭者,以及获得经省级以上卫生行政部门确认免考资格的普通中等卫生(护士)学校护理专业毕业文凭者,可以免于护士执业考试。

护士执业考试每年举行一次,实行全国统一组织、统一大纲、统一试题、统一评分标准。考试由国家医学考试中心具体组织实施,地、市以上卫生行政部门的医政部门承担本地区的考试实施工作。考试采用标准化考试模式,分中、西医两个专业。考试合格者,获得卫生部颁发的《中华人民共和国护士执业证书》。

## 二、护士执业注册

实行护士资格考试制度和护士执业许可制度是世界各国护士管理的成功经验。在我国,凡符合护士管理办法规定的免考条件者以及参加执业考试成绩合格,由省、自治区、直辖市卫生行政部门发给《中华人民共和国护士执业证书》,该证全国范围内有效。取得护士执业证书,即获得了在中国境内从事护士执业活动的基本资格。

1. 注册原则

我国实行护士执业许可制度。注册原则是:①只有经过依法注册者方可从事业务,未经护士执业注册者不得从事护士工作。②护理专业在校生或毕业生进业实习,以及连续 5 年以上未经注册者在注册前进行临床实践的,必须按卫生部有关规定,在护士的指导下进行。③境外人员申请在中华人民共和国境内从事工作的,必须依"办法"的规定,通过执业考试,取得《中华人民共和国护士执业证书》并办理注册。

2. 首次注册

护士管理办法规定,获得《中华人民共和国护士执业证书》者,方可申请护士执业注册。即取得了护士执业证书,仍不是法律意义上的护士,还必须向卫生行政部门申请执业注册,经审核合格,成为执业护士,才能开展执业活动。护士管理办法规定,护士执业注册的机关是执业所在地的县级卫生行政部门。

首次护士注册,必须填写《护士注册申请表》,缴纳注册费,并向注册机关缴验下列材料:《中华人民共和国护士执业证书》;身份证明;健康检查证明;省级卫生行政部门规定提交的其他证明。注册机关受理注册申请后,应当在 30 日内完成审核,审核合格的,予以注册;审核不合格的,应当书面通知申请者。

3. 再次注册

护士管理办法规定,护士注册的有效期为 2 年。护士连续注册,应在前一注册期满前 60 日按规定办理再次注册。但中断注册 5 年以上者,必须按省、自治区、直辖市卫生行政部门的规定参加临床实践 3 个月,并向注册机关提交有关证明,方可办理再次注册。

4. 不予注册

护士管理办法规定,有下列情形之一的,护士执业注册机关将不予注册:①服刑期间。②因健康原因不能或不宜执行护理业务。③违反护士管理办法被中止或取消注册。④因其他原因不宜从事护士工作的。

# 第三节　护士执业规则及职责

## 一、护士执业规则

护士管理办法规定,护士在执业过程中必须遵守如下规则:

1) 护士在执业中应当正确执行医嘱,观察病人的身心状态,对病人进行科学护理。遇紧急情况应及时通知医生并配合抢救,医生不在场时,护士应当采取力所能及的抢救措施。

2）护士有承担预防保健工作、宣传防病治病知识、进行康复指导、开展健康教育、提供卫生咨询的义务。

3）护士执业必须遵守职业道德和医疗护理工作的规章制度及技术规范。

4）护士在执业中得悉就医者的隐私，不得泄露，但法律另有规定的除外。

5）遇有自然灾害、传染病流行、突发重大伤亡事故及其他严重威胁人群生命健康的紧急情况，护士必须服从卫生行政部门的调遣，参加医疗救护和预防保健工作。

6）护理员只能在护士的指导下从事临床生活护理工作。

## 二、护士执业的重要环节

### 1. 正确处理及执行医嘱

医嘱是医师诊查患者后，根据患者的病情、诊断所下达的治疗和护理意见。医嘱是护士对病人实施治疗及护理的法律依据，完成医嘱是护理工作的重要部分，是与法律联系最为密切的护理工作内容。准确无误、及时地执行医嘱是最基本的责任。护士必须具备一定的专业水平，才能正确地理解和执行医嘱。严格遵守"三查七对"的护理操作规程，是防止医疗护理差错的最基本的手段。

在执行医嘱时，护士应熟知各项医疗护理常规、各种药物的作用、副作用及使用方法。当护士拿到医嘱，经仔细查核，确信无误时，就应准确及时地加以执行。随意篡改或无故不执行医嘱均属违法行为。如果护士对医嘱有疑问，应进行核查。护士如果发现医嘱有明显的错误时，有权拒绝执行。如果护士向医生指出了医嘱中的错误，医生仍执意要求护士执行时，应报告护士长或上级主管部门。如果护士明知医嘱有错误，但不提出质疑，或护士由于疏忽大意而忽视了医嘱中的错误，由此造成的严重后果，护士与医生共同承担法律责任。

为了保护病人和自己，护士在执行医嘱时还应注意以下几点：

1）如果病人对医嘱提出疑问，护士应核实医嘱的准确性。

2）如果病人病情发生变化，应及时通知医生，并根据自己的专业知识及临床经验判断与医生协商是否应暂停医嘱。

3）慎对口头医嘱。一般不执行口头或电话医嘱。即使在抢救或手术中，必须执行口头医嘱时，也应复述一遍无误后方可执行，在执行完医嘱后，应尽快记录医嘱的时间、内容、病人当时的情况等，并让医生及时补写书面医嘱。

4）慎重对待"必要时"等形式的医嘱。

5）对某些患者私自停药、少服、多服药等不遵从医嘱的行为，护士应及时监督、干预，以免造成严重后果。

6）不得越权代开"医嘱"。护士没有处方权，不应在未经许可的情况下擅自给药。如夜班护士在没有医嘱的情况下给病人服用安定、止痛剂、退热剂等，都属于违规行为。

### 2. 严格遵守值班制度，提高对危重病人的抢救效率

护理工作有很强的连续性，无论是白天还是夜晚，无论是节假日，护理工作的岗位上都实行24小时轮班制，护士按分级护理要求定期地巡视观察病人的病情。护士每天会面对各种各样的病人，这些病人的病情无时不在变化，需要认真的观察和处理，护士的及时观察和正确处理可使病人化险为夷。反之，马虎草率的态度可能使病人丧失抢救时机，造成不可挽回的损失。因此护士能

不能做到认真负责地工作,能不能为病人当好侦察兵,是对护士职业道德的检验。一个合格的护士必须对千变万化的病情保持着高度警惕,自觉地排除各种干扰,不为私事分心,保证工作的时候思想集中,精力充沛。在危重病人的抢救中,时间就是病人的生命,抢救设备日常要做好"四定"即定位置、定数量、定期检查维修、定专人保管,抢救设备一般不能外借或作它用。使抢救设备保持完好备用状态,以免延误病人抢救。

**3. 重视基础护理,严格执行无菌技术及消毒隔离技术**

生活护理是护理的基本内容,生活上的护理看上去十分简单,但也有其科学性和技术性,不仅需要护士具有爱心、同情心,还需要有强烈的责任心。如果不注意,可能发生病人坠床后损伤、烫伤、褥疮、跌倒等护理意外,护士对此应承担法律责任。按照等级护理要求加强对重点病人的护理,注意克服只重视技术操作不重视基础护理的思想,搞好病人的生活护理,在一个人完成工作有困难时可以请陪人帮助,但不可依赖陪人做护理,比如让陪人给病人点鼻液、点眼药、坐浴、换输液瓶、做冷热敷、喂鼻饲、吸痰等等,以免发生意外,按照轻重缓急的原则,对工作合理计划、妥善安排,做到有求必应,有条不紊。无菌技术和消毒隔离是控制医院内感染的重要手段,这项工作主要由护士承担。作为一名护士要忠实自己的职业道德规范,忠实于病人的健康利益。如对传染源的隔离,第一是要隔离传染源,这是切断传播途径保护易感患者的重要措施;要尊重患者,不歧视传染病人,以免造成不良的心理反应。同时护士自己应知晓传染源并注意职业防护。这里包含了传染病防治法、保护性医疗法、职业防护等多重法律关系。

**4. 认真书写护理文书,妥善保管医疗文件**

医疗文件是衡量医院管理水平和医护质量的重要依据,也是医疗事故鉴定中需要提供的医疗行为和医疗过程中的重要文书资料。从法律角度讲,病历资料已经不单纯是一般意义上的医疗文件,而是一种重要的证据材料。

完整的病案资料是具有重要法律作用的文件,而临床护理文件记录则是其中重要的组成部分。它包括体温单、护理记录、执行医嘱的记录、病人的监护记录、护理病历、护理计划等。病历中的护理文件除医嘱单是由医护共同完成外,体温单和护理记录均由护士独立完成。护理文件的书写要严谨,对护理行为及文件书写中可能产生的法律关系及法律后果要有预见性,注意处理治疗与护理的一致性,护理记录应与医疗记录相符。书写临床护理记录时,做到客观、真实、准确及时、完整,严禁涂改、伪造、隐匿、销毁或者抢夺病历资料。病历资料分为客观性病历资料和主观性病历资料两大类。患者可以复印或复制的病历资料属于客观病历。患者有权复印或复制其门诊病历、住院志、体温单、医嘱单……护理记录。护理记录具有重要的法律意义,当发现差错事故或者医疗纠纷时,都要将原始病案记录作为原资料加以判断,完整、可靠的护理记录可提供当时诊治的真实经过,是重要的法律证据或线索。

## 三、护士职责

卫生部颁布的《医院工作人员职责》对护理人员的职责作了详细的规定,这里仅就门诊部、急诊室、病房、手术室和供应室护士职责作一介绍。

**1. 门诊部护士职责**

1) 在门诊部护士长领导下进行工作。

2) 负责器械的消毒和开诊前的准备工作。

3）协助医师进行检诊,按医嘱给病员进行处置。

4）观察候诊病员的病情变化,对较重的病员应提前诊治或送急诊室处理。

5）负责诊疗室的整洁、安静,维持就诊秩序,做好卫生防病、计划生育宣传工作。

6）做好消毒工作,防止交叉感染。

7）认真执行各项规章制度和技术操作常规,严格查对制度,做好交接班,严防差错事故。

8）按照分工,负责领取、保管药品器材和其他物品。

2. 急诊室护士职责

1）在急诊室护士长领导下进行工作。

2）做好急诊病员的检诊工作,按病情决定优先就诊,有困难时请求医师决定。

3）急症病员来诊,应立即通知值班医师,在医师未到之前,遇特殊危急病员,可行必要的急救处置,随即向医师报告。

4）准备各项急救所需用品、器材、敷料,在急救过程中,应迅速而准确地协助医师进行抢救工作。

5）经常巡视观察室病员,了解病员病情、思想和饮食情况,及时完成治疗及护理工作,严密观察与记录留观病员的情况变化,发现异常及时报告。

6）认真执行各项规章制度和技术操作常规,做好查对和交接班工作,努力学习业务技术,不断提高分诊业务能力和抢救工作质量,严防差错事故。

7）护送危重病员及手术病员到病房或手术室。

3. 病房护士职责

1）在护士长领导和护师指导下进行工作。

2）认真执行各项护理制度和技术操作规程,正确执行医嘱,准确及时地完成各项护理工作,严格执行查对及交接班制度,防止差错、事故的发生。

3）做好基础护理和精神护理工作,经常巡视病房,密切观察病情变化,发现异常及时报告。

4）认真做好危重病人的抢救工作。

5）协助医师进行各种诊疗工作,负责采集各种检验标本。

6）参加护理教学和科研,指导护生和护理员、卫生员的工作。

7）定期组织病人学习,宣传卫生知识和住院规则,经常征求病人意见,改进护理工作,在出院前做好卫生保健宣传工作。

8）办理入院、出院、转科、转院手续及有关登记工作。

9）在护士长领导下,做好病房管理消毒隔离、物资药品材料请领、保管等工作。

4. 手术室护士职责

1）在护士长领导下担任器械或巡回护士等工作,并负责手术前的准备和手术后的整理工作。

2）认真执行各项规章制度和技术操作规程,督促检查参加手术人员的无菌操作,注意病人安全,严防差错事故。

3）搞好卫生清洁,保持手术室整洁、肃静,调节空气和保持室内适宜的温度。

4）负责手术后病员的包扎、保暖、护送和手术标本的保管和送检。

5）按分工做好器械、敷料的打包消毒和药品的保管,做好登记统计工作。

6）指导进修、实习护士和卫生员的工作。

5. 供应室护士职责

1）在护士长的领导下进行工作,负责医疗器械、敷料的清洗、包装、消毒、保管、登记和分发、回收工作,实行下收下送。

2）经常检查医疗器械质量,如有损坏及时修补、登记,并向护士长报告。

3）协助护士长请领各种医疗器械、敷料和药品,经常与临床科室联系,征求意见,改进工作。

4）认真执行各项规章制度和技术操作规程,积极开展技术革新,不断提高消毒供应工作质量,严防差错事故。

# 第四节　护士执业的权利及法律责任

## 一、护士执业权利

我国《宪法》、《民法通则》、《劳动法》等法规中规定了公民的生命、人格尊严、劳动休息及健康等一些权利,护士作为一个普通公民,依法享有相应的权利。护士管理办法规定,护士的劳动受全社会的尊重。护士依法履行职责的权利受法律保护,任何单位和个人不得侵犯。非法阻扰护士依法执业侵犯护士人身权利的,由护士所在单位提请公安机关予以治安行政处罚。情节严重触犯刑律的,由司法机关依法追究刑事责任。

## 二、护理工作中潜在的法律问题

1. 避免医疗事故的发生

《刑法》第 335 条规定:"医务人员由于严重不负责任,造成就诊人员死亡或严重损害就诊人身体健康的处 3 年以下有期徒刑或拘役。"护理行为是医疗工作的重要环节,随着护理学科的发展和高新技术的应用,护士服务领域不断拓宽,所涉及的法律问题广泛而复杂,因此,强化每位临床护士的法律意识已刻不容缓,使每位护理工作者积极学法、知法,提高防范差错事故的警觉性和责任感。在执行医嘱的时候,首先要了解医嘱的用途、目的,药物的作用、副作用、用法、用量,操作中认真观察病人的反应。有疑问时应立即停止操作,认真核对药物,尽快查明原因,对不清楚的问题必须向医生询问清楚方可实施。完成独立进行的护理活动时,应明确自己的职责范围、工作单位的政策及工作要求,超出自己职能范围或没有遵照规范要求,而对病人产生了伤害,护士负有不可推卸的法律责任。由于专业分工不断精细,护士应对一些护理辅助人员如护工、助理护士等的工作进行监督指导。担任带教老师时,应认真指导,审慎地对待每一项操作,保证病人的健康和安全。不擅自委派别人实施护理。

2. 慎重办理入院与出院

护士接收病人入院的惟一标准是病情的需要。护士没有任何权利将一个经济困难而生命垂危的病人拒之门外。当护士接待急需抢救的危重病人时,应以高度的责任心,全力以赴地创造各种抢救条件,配合医生及其他医务人员对病人进行救治。若护理人员拒绝、不积极参与或工作拖沓而使病人致残或死亡,可能被起诉,以渎职罪论处。

在病人出院时,护士一定要根据自己的职权范围,严格按照医院的规章制度办事。多数病人病情好转或痊愈后会根据医生的建议出院,但也有少数病人拒绝继续治疗而自动要求出院,对后者护士应做耐心的说服工作。如病人或其法定的监护人执意要求出院,应该让病人或其法定监护人在自动出院一栏上签字,同时做好护理记录。决不允许非法侵权扣留病人。

3. 如实担任遗嘱见证人

病人在死亡前常留下遗嘱,有时护士被作为遗嘱的见证人。护士作为遗嘱的见证人时应实事求是,必须明确以下程序:①应有2~3个见证人参与。②见证人必须听到或看到,并记录病人的遗嘱的内容。③见证人应当场签名,证实遗嘱是该病人的。

护士在作见证人时应注意到病人的遗嘱是在其完全清醒、有良好的判断及决策能力的情况下所立的。并对病人当时的身心情况等加以及时、详细准确的记录,以防以后发生争端时,对其法律价值做出合理公正的判断。护士如果是遗嘱的受惠者,应在病人立遗嘱时回避,且不能作为见证人,否则会产生法律及道德上的争端。

病人死亡后,护士应填写有关卡片,作好详细准确的记录,特别是病人的死亡时间,以防产生法律纠纷。如病人生前同意尸检,捐献自己的遗体或组织器官时,应有病人或家属签字的书面文件。如病人在紧急情况下住院,死亡时身旁无亲友时,其遗物应在至少两人在场的情况下加以清点、记录,并交病房负责人妥为保管。

4. 增强证据意识保护合法权利

医疗护理是一门高技术、高风险行业,最高人民法院司法解释《关于民事诉讼证据的若干规定》与国务院行政法规《医疗事故处理条例》相继生效实施。医疗机构面临的医疗风险形势严峻,对于医疗侵权诉讼,由于举证责任倒置,法庭要求由医方提供证据,证明自己无过错。护理工作的严谨性要求护理人员从法律角度审视日常工作,规范自己的行为,严格遵守各项操作规程及各项规章制度,做到有章必循。如护理过程中违反操作规程,工作失误,对病人就会造成伤害,将构成侵权和违法。在护理行为的各个环节,稍有疏忽,难免发生医疗纠纷。护士在服务病人的同时也要注意保护自己的合法权益。在护理行为的每一个细节,要留有保护自己的证据。抢救危重病人时,口头医嘱要复述,安瓿要保留,并督促医生及时完善医嘱。各种注射、输血、输液发生的事件,必须对实物封存,以便送验,用事实依据证明自己无过失。

5. 严格麻醉药品的管理

麻醉药品主要指鸦片、派替啶(度冷丁)及吗啡等药物。临床上限用于术后、晚期癌症及一些危重病人的对症治疗。这类药物应由专人锁于专柜内负责保管。护士只能凭医嘱领取及应用这些药物。但手术室及一些病房为及时用药方便病人可能常备有这类药物。如护士随意窃取、盗卖或自己使用这些药物,则会构成贩毒、吸毒罪。因此,护士在应用麻醉类药物时,应警惕不要以身试法。医院及管理者也应对这类药物加强管理,并对有关人员进行法制教育。

6. 依法保管公私财产

护理人员在工作中还接触各种医用品和设备,负责保管病房的被服、医疗及办公用品等,有些病人还将贵重物品交病房护士长保管。如护士利用职务之便,将这些物品据为己有,情节严重者,将触犯刑律。同时,救死扶伤是护理人员的神圣职责,应提倡奉献精神,更不应借工作之便谋取额外报酬。病人在病愈后,出于对护士优良服务的感激之情而赠送一些纪念物品,不属于贿赂范畴。但护士若主动向病人或家属示意并收取大额的不义之财,属于索贿、受贿行为。

7. 尊重患者,减少侵权纠纷

侵权指侵害了国家、集体、或者侵害了他人的财产及人身权利,包括生命权、隐私权、名誉权、知识产权等。医院里的病人,有时为了检查或治疗的需要,在一定的时间范围内,要限制其饮水、进食或活动范围,例如为了预防交叉感染,对病人实施隔离,限制病人的活动范围时,不属侵权,但护士必须向病人做好耐心细致的解释工作。要尊重患者的知情同意权,改善护患关系,减少医疗纠纷。

### 三、法律责任

护士应依法履行职责,违反法律法规的,将承担相应的法律责任。

1. 行政责任

护士管理办法规定,未经护士执行注册从事护士工作的,由卫生行政部门予以取缔。

非法取得《中华人民共和国护士执业证书》的,由卫生行政部门予以缴销。

护士执业违反医疗护理规章制度及技术规范的,以及违反护士管理办法与其他规定的,由卫生行政部门视情节予以警告、责令改正、中止注册直至取消其注册。

当事人对行政处理决定不服的,可以依照国家法律、法规的规定向卫生行政部门申请行政复议或者向人民法院提起行政诉讼。如对行政处理决定不履行又未在法定期限内申请复议或提起诉讼的,卫生行政部门可以申请人民法院强制执行。

2. 民事责任

护士在执业中,若发生医疗事故,则由医疗机构对发生的医疗事故根据等级给予一次性经济赔偿。赔偿项目分为11项:医疗费、误工费、住院伙食补助费、陪护费、残疾生活补助费、残疾用具费、丧葬费、被扶养人生活费、交通费、住宿费、精神损害抚慰金。

医疗机构进行赔偿后,有权向造成医疗事故的责任人进行追偿。

若护士在执业中侵犯了患者姓名权、名誉权、隐私权以及财产权等权利时,依法承担相应的民事责任。

3. 刑事责任

护士在执业中,若构成医疗事故罪、贩毒罪、盗窃罪等要承担相应的刑事责任。

### 思 考 题

1. 简述护士执业考试条件及注册程序。
2. 简述护士的执业规则。
3. 简述《国际护士伦理学国际法》主要内容。
4. 简述护理工作中潜在的法律问题。

(南京中医药大学　沈爱玲)

# 第八章 医疗机构药事管理法律制度

通过本章的学习,要求掌握医疗机构药事管理和医疗机构制剂管理,熟悉医疗机构药事管理组织和药学部门,了解违反医疗机构药事管理法律制度需承担的法律责任。

## 第一节 概　述

医疗机构药事管理是指医疗机构内以医院药学为基础,以临床药学为核心,促进临床科学、合理用药的药学技术服务和相关的药品管理工作。作为药品使用最集中的单位,医疗机构无疑在保证用药安全、有效、经济,保障人民用药安全以及药品的科学管理都承担着重要的责任并发挥着极其重要的作用。只要有药品使用的地方都会存在管理,只要存在管理都会涉及法律法规。随着医药科技的飞速发展,医疗机构的药事管理正在从单一向综合发展,医疗机构的工作模式也开始由单纯凭经验逐步向科学化、标准化、规范化管理迈进,医疗机构的药事管理工作也不断地向合法化发展。医疗机构药事管理的主要内容已经不仅仅是以药物为中心,开始转向以病人为中心,在法律规定的前提下更好地为病人服务。

医疗机构药事管理的内容非常丰富,主要包括药品供应与管理、药品调剂管理、医院制剂管理、医院药物质量控制、临床药学管理、药物信息与研究管理、药物经济学和对医疗机构的人员管理等。随着法制社会的发展,与医疗机构药事管理相关的法律法规也越来越健全,相关的法律有《药品管理法》、《医疗机构管理条例》、《医疗用毒性药品管理办法》、《麻醉药品管理办法》、《精神药品管理办法》、《医疗器械监督管理条例》、《医疗机构药事管理暂行规定》等,尤其在 2002 年 1 月 21 日,卫生部、国家中医药管理局联合制定印发了《医疗机构药事管理暂行规定》,以更加科学、规范的规定引导医疗机构的药事管理工作,保证了群众的用药安全,这样也使医疗机构的工作水平更上一个台阶。

## 第二节 医疗机构药事管理组织和药学部门

随着医药事业的发展,药学部(科)已经成为医院发展的重要技术职能部门。各医院根据其自身的特点都设有一定的医疗机构药品管理的组织机构,并配备相应的药学人员,负责全院的药品管理工作,担负药品的监督、检查医院执行国家各项药品法规的职能,为临床用药服务,确保临床用药的安全与合理。医疗机构的药学部不仅要承担医院众多的药品供应、管理和药学技术工作,而且还要面向医生和病人参与临床合理用药的指导工作,这就要求药学部的工作必须由原来的单纯供应型服务转向药品管理和科学技术服务,使医疗机构的用药水平得到提高和发展,发挥药学部在新时期下的新型服务功能。

## 一、医疗机构药事管理组织

医疗机构药事管理组织主要由医院的药学部或药学科及有关药品监督管理部门组成。不同的医院根据不同的医院规模、机构设置、人员编制、任务不同而有所区别,目前在我们国家没有一个统一的规定,一般而言都是在医院院长负责制下包括药事委员会,药学部(药剂科)等,在药学部下一般设有办公室,包括有办公室秘书、教学室、药品会计室等,在药学部下再根据不同的职能分工设有调剂室、制剂科、药品科、药品库房、药品质量检验室、临床药理研究室等。通常所说的药事管理组织主要是指药事管理委员会,它是医疗机构日常管理工作的重要组织。

根据最新出台的《医疗机构药事管理暂行规定》和《药品管理法》的相关规定,二级以上的医院应成立药事管理委员会,其他医疗机构可成立药事管理组。药事管理委员会(组)监督、指导本机构科学管理药品和合理用药。

1. 人员组成

药事管理委员会(组)设主任委员 1 名,副主任委员若干名。医疗机构医疗业务主管负责人任主任委员,药学部门负责人任副主任委员。每季度由药事管理委员会主任或组长支持召集会议一次,研究决定本单位医疗用药的重大问题,并保存完整的记录。通常情况下,主管院长担任药事委员会的主任或组长,副主任根据不同的医院规模有不同的人数组成,一般在 1~2 人,常务副主任由药剂科主任担任,而委员通常由药剂科和有关医疗科室负责人或有经验的医生或药剂人员组成。三级医院药事管理委员会委员由具有高级技术职务任职资格的药学、临床医学、医院感染管理和医疗行政管理等方面的专家组成。二级医院的药事管理委员会,可以根据情况由具有中级以上技术职务任职资格的上述人员组成。其他医疗机构的药事管理组,可以根据情况由具有初级以上技术职务任职资格的上述人员组成。

医疗机构药事管理委员会(组)应建立健全相应的工作制度,日常工作由药学部门负责。

2. 药事管理委员会(组)的职责

根据《医疗机构药事管理暂行规定》,医疗机构药事委员会的职责包括:

1)认真贯彻执行《药品管理法》。按照《药品管理法》等有关法律、法规制定本机构有关药事管理工作的规章制度并监督实施。

2)确定本机构用药目录和处方手册。

3)审核本机构拟购入药品的品种、规格、剂型等,审核申报配制新制剂及新药上市后临床观察的申请。

4)建立新药引进评审制度,制定本机构新药引进规则,建立评审专家库组成评委,负责对新药引进的评审工作。

5)定期分析本机构药物使用情况,组织专家评价本机构所用药物的临床疗效与安全性,提出淘汰药品品种意见。

6）组织检查毒、麻、精神及放射性等药品的使用和管理情况,发现问题及时纠正。

7）组织药学教育、培训和监督、指导本机构临床各科室合理用药。

## 二、药学部门

药学部门在医疗机构中是一个综合性的部门,它不仅承担着日常的管理工作,还承担着医疗机构中与药学相关的药学技术工作。医疗机构也应根据本机构的功能、任务、规模,按照精简高效的原则设置相应的药学部门。

药学部门是在医疗机构负责人领导下,按照《药品管理法》及相关法律、法规和本单位管理的规章制度,具体负责本机构的药事管理工作,负责组织管理本机构临床用药和各项药学技术服务。在日常的药事管理活动中,药学部门要建立以病人为中心的药学管理工作模式,开展以合理用药为核心的临床药学工作,参与临床疾病诊断、治疗,提供药学技术服务,提高医疗质量。

1. 药学部门的组成

一般而言药学部门包括药剂科以及药剂科以下所负责的办公室(包括有办公室秘书、教学室、药品会计室等)、调剂室、制剂科、药品科、药品库房、药品质量检验室、临床药理研究室等。

药剂科是这些部门中最重要的一个,它是在院长的直接领导下的医院药学科学技术职能部门,是代表医院对全院药品实施管理的综合科室,是在院长的直接领导下负责本院的药学行政和业务技术管理工作,按《药品管理法》及其《实施条例》,建立健全本院药品监督管理制度,监督检查本院各医疗科室合理使用药品的情况,管理医院中与药品有关的所有情况与事务,控制药品质量,确保药品供应并防止药品的滥用和浪费。药剂科必须根据医疗、科研的实际需要,及时准确地调配处方和制备制剂,保证患者安全、合理、有效、经济地用药,做好新药试验和药物利用度的评价工作,收集药品的不良反应,及时向卫生行政部门汇报并提出需要改进和淘汰品种的意见。在药剂科的主要负责下,调剂室、制剂科、药品科、药品库房、药品质量检验室、临床药理研究室等共同承担了医疗机构药学部门的药学工作,具体做到:

1）根据本院医疗和科研需要采购药品,做好药品保管、贮存和供应工作。

2）及时准确地调配处方,按临床需要制备制剂及加工炮制中药材。

3）加强药品质量管理,建立健全药品监督检验制度和药品质量控制系统,以保证临床用药安全有效。

4）做好用药的咨询与指导以及药学工作信息的收集整理,建立和维护药品数据库、药学网站。

5）根据临床需要,运用新技术,积极进行中、西药的新制剂新剂型研究。

6）参与临床药物治疗工作,结合临床开展药学服务。

7）开展科研工作,不断提高专业技术水平。

8）负责新药临床试验研究,做好新药评价工作。

9）承担医药院校学生的教学、实习及在职人员进修的任务。

10）开展药物不良反应的监测工作,协调临床遴选药物。

11）根据临床需求确定合理的药品结构,最大限度地保证用药的经济性和合理性。

12）制定医院药品经费预算,合理使用费用并取得适度的经济效益。

13）承担新药临床研究,认真进行药物评价工作,保证病人使用药物安全、合理、有效、经济。

除了药剂科主管医院日常的综合性工作以外,其他的医疗机构的药学部门则主要负责一些具体医疗机构药事管理的技术性工作,如调剂室负责门诊及住院病人处方及领单的调配分发,检查处方的配伍禁忌等;制剂室主要负责医院各种医院制剂的配制研究工作;药库主要负责药品的购进、保管、出库等方面的工作;检验室主要负责与药品有关的检验工作等。

2. 人员资格条件的要求

《药品管理法》第二十二条规定,医疗机构必须配备依法经过资格认定的药学技术人员,非药学技术人员不得直接从事药剂技术工作。在《医疗机构药事管理暂行规定》中规定,三级医院药学部门负责人应由具有药学专业或药学管理专业本科以上学历并具有本专业高级技术职务任职资格者担任;二级医院药学部门负责人应由具有药学专业或药学管理专业专科以上学历并具有本专业中级以上技术职务任职资格者担任;一级医院和其他医疗机构药学部门负责人应由具有药学专业中专以上学历并具有药师以上药学专业技术职务任职资格者担任。

3. 药学部门的硬件要求

《医疗机构药事管理暂行规定》医疗机构应配备和提供与药事工作部门承担的任务相适应的药学专业技术人员、仪器设备和工作条件,药学部门应建立健全药事工作相关的各项工作制度和技术操作规程,并且各项工作记录和检验记录(原始记录、检验依据、检验结论)必须完整,工作记录和检验报告书写清楚,并经复核签字后存档。对于药学部门来讲,制剂室是对硬件要求最高的部门,这在下面的医疗机构制剂管理一节中还将有介绍。

# 第三节　医疗机构药事管理

## 一、药品供应管理

根据《医疗机构药事管理暂行规定》,药学部门在药品的供应与管理过程中应当要掌握新药动态和市场信息,制定药品采购计划,加速周转,减少库存,保证药品供应。同时,做好药品成本核算和账务管理。目前医疗机构在药品采购时大部分采取的是药品的招标活动,具体形式有公开招标采购、议价采购或参加集中招标采购,对于药品的招标实行的是集中管理。药学部门在采购中要制定和规范药品采购工作程序,建立并执行药品进货检查验收制度,验明药品合格证明和其他标识;不符合规定要求的,不得购进和使用。药学部门对购入药品质量有疑义时,医疗机构可委托国家认定资格的药检部门进行抽检。

除此以外,《医疗机构药事管理暂行规定》中特别规定,经药事管理委员会审核批准,除核医学科可购售本专业所需的放射性药品外,其他科室不得从事药物配制或药品购售工作。

在药品的保管过程中,药学部门应制定和执行药品保管制度,定期对贮存药品质量进行抽检。药品仓库应具备冷藏、防冻、防潮、避光、通风、防火、防虫、防鼠等适宜的仓储条件,保证药品质量。化学药品、中成药和中药饮片应分别贮存、分类定位、整齐存放。易燃、易爆、强腐蚀性等危险性药品必须另设仓库,单独存放,并采取必要的安全措施。

对麻醉药品、精神药品、医疗用毒性药品、放射性药品必须按国家有关规定进行管理,并监督使用。药学部门还应当定期对库存药品进行养护,防止变质失效,发现有过期、失效、淘汰、霉烂、虫蛀、变质的药品则不得出库,并按有关规定及时处理。

## 二、药物临床应用管理

药物临床应用是使用药物进行预防、诊断和治疗疾病的医疗过程。医师和药学专业技术人员在药物临床应用时须遵循安全、有效、经济的原则。医师应尊重患者对应用药物进行预防、诊断和治疗的知情权。临床药学专业技术人员应参与临床药物治疗方案设计；对重点患者实施治疗药物监测，指导合理用药；收集药物安全性和疗效等信息，建立药学信息系统，提供用药咨询服务。目前的很多医疗机构在药物的临床应用中逐步从以药物为中心转向以病人为中心，并逐步建立了临床药师制度。在《医疗机构药事管理暂行规定》中规定，临床药师应由具有药学专业本科以上学历并按《预防医学、全科医学、药学、护理、其他卫生技术等专业技术资格考试暂行规定》和《临床医学、预防医学、全科医学、药学、护理、其他卫生技术等专业技术资格考试实施办法》有关规定取得中级以上药学专业技术资格的人员担任。其主要职责是：

1）深入临床了解药物应用情况，对药物临床应用提出改进意见。
2）参与查房和会诊，参加危重患者的救治和病案讨论，对药物治疗提出建议。
3）进行治疗药物监测，设计个体化给药方案。
4）指导护士做好药品请领、保管和正确使用工作。
5）协助临床医师做好新药上市后临床观察，收集、整理、分析、反馈药物安全信息。
6）提供有关药物咨询服务，宣传合理用药知识。
7）结合临床用药，开展药物评价和药物利用研究。

医务人员如发现可能与用药有关的严重不良反应，在做好观察与记录的同时，应及时报告本机构药学部门和医疗管理部门，并按规定上报药品监督管理部门和卫生行政部门。而药学部门的药学技术人员在日常配合医生做好临床用药外更应当做好药物的不良反应监测工作。

在药物临床应用过程中，药学专业技术人员发现处方或医嘱所列药品违反治疗原则的应当向医生指出并应拒绝调配；发现滥用药物或药物滥用者应及时报告本机构药学部门和医疗管理部门，并按规定上报卫生行政部门或其他有关部门。

另外，医疗机构开展新药临床研究必须严格执行国家卫生行政部门和国家药品监督管理部门的有关规定。未经批准，任何医疗机构和个人不得擅自进行新药临床研究。违反规定者，将依法严肃处理，所获数据不得作为新药审批和申报科技成果依据。

## 三、调剂管理

药品调剂工作是药学技术服务的重要组成部分。门诊药房实行大窗口或柜台式发药，住院药房实行单剂量配发药品。在调剂过程中，医疗机构的药学专业技术人员必须严格执行操作规程和医嘱、处方管理制度，认真审查和核对，确保发出药品的准确、无误。发出药品应注明患者姓名、用法、用量，并交待注意事项。对处方所列药品，不得擅自更改或者代用。对有配伍禁忌、超剂量的处方，药学专业技术人员应拒绝调配；必要时，经处方医师更正或者重新签字，方可调配。特别需要强调的是，由于药品的特殊性，药品质量的好坏，药品的真伪都将直接影响到患者的生命安全，因此药品在售出之前，医疗机构对药品的真伪承担法律责任，为了保证患者用药安全，药品一经发出以后，不得退换，这也是保护其他患者的利益。

此外，医疗机构要根据临床需要逐步建立全肠道外营养和肿瘤化疗药物等静脉液体配制中心（室），实行集中配制和供应。

## 四、临床制剂管理

临床制剂管理是医疗机构药事管理的重要组成部分,在《药品管理法》和《医疗机构药事管理暂行规定》等法律法规中都做出了明确的规定。医疗机构配制制剂,必须经所在地省、自治区、直辖市人民政府卫生行政部门审核同意,由省级药品监督管理部门批准,取得《医疗机构制剂许可证》后方可配制制剂。医疗机构配制的制剂,应当是本单位临床需要而市场上没有供应、取得省级药品监督管理部门批准文号的品种。医疗机构配制制剂,必须具备能够保证制剂质量的设施、管理制度、检验仪器和卫生条件。医疗机构应制定自配制剂质量标准,按照标准进行制剂原料和成品的质量检验。合格的,凭医师处方在本医疗机构使用,不得在市场销售。确属临床工作需要,经省级以上药品监督管理部门批准,方可在医疗机构之间调剂使用。医疗机构配制制剂所用的原料、辅料、包装材料必须符合药用标准。

关于本部分的内容将第四节医疗机构制剂管理中做详细介绍。

## 五、药学研究管理

药学研究管理也是医疗机构药事管理的重要一个方面,但在很多医院中,由于条件等因素的限制,这部分工作并没有完全开展起来。一般而言,有条件的医疗机构应支持药学专业技术人员结合临床实际工作需要按照有关规定开展药学研究工作。医疗机构药学研究工作的主要内容是:

1) 开展临床药学和临床药理研究。围绕合理用药、新药开发进行药效学、药物动力学、生物利用度以及药物安全性等研究;结合临床需要开展化学药品和中成药新制剂、新剂型的研究。

2) 运用药物经济学的理论与方法,对医疗机构药物资源利用状况和药品应用情况进行综合评估和研究,合理配置和使用卫生资源。

3) 开展医疗机构药事管理规范化、标准化的研究,完善各项管理制度,不断提高管理水平。

4) 开展药学伦理学教育和研究,不断提高医务人员的职业道德水准。

## 六、药学专业技术人员的培养管理

医疗机构负责对本单位药学专业技术人员进行日常管理和考核。各级卫生行政部门和医疗机构要重视临床药师的培养和使用,充分发挥其在临床药物治疗工作中的作用。医疗机构要制定药学专业技术人员培训计划,组织医疗机构药学专业技术人员,按规定参加规范化培训和继续教育,并将完成培训计划和取得规定的继续教育学分,作为考核和晋升高一级专业职务任职资格及聘任的条件之一。在《医疗机构药事管理暂行规定》中,药学专业技术人员有下列情形之一的,县级以上卫生行政部门应当给予表彰或者奖励:

1) 在执业活动中,医德高尚,在医院药学领域做出突出贡献的。

2) 对药学学科的发展和药学专业技术有重大突破的。

3) 长期在边远贫困地区、少数民族地区条件艰苦的基层单位努力工作,事迹突出的。

4) 卫生行政部门规定应当予以表彰或者奖励的其他情形的。

# 第四节 医疗机构制剂管理

医疗机构的制剂管理是指医疗机构根据临床需要进行自制制剂的生产与使用的管理。医疗机构制剂管理是医疗机构药事管理的重要组成部分,主要包括了从事医疗机构制剂技术工作的人员规定和医疗机构制剂许可证的审批、品种审批及使用管理等方面。

## 一、人员资格的规定

《药品管理法》第二十二条规定,医疗机构必须配备依法经过资格认定的药学技术人员。非药学技术人员不得直接从事药剂技术工作。该款所称"依法经过资格认定"是指国家正式大专院校毕业及经过国家有关部门考试合格后发给"执业药师"或专业技术职务证书的药学技术人员。依照该法规定,医疗机构应由药学技术人员直接从事药剂技术工作,甚至包括调剂、制剂、采购、分发、保管等。随着医疗机构功能作用的变化,药剂技术工作将由保证临床实践和为病人直接服务转变,如开展药学监护、临床治疗咨询、药物不良反应监测、药物经济学研究等,医疗机构药学技术人员的重要性将日加突出。非药学技术人员未经过药学专业知识系统学习和上岗培训,且不具备相应技术资格和执业资格,只能从事一些辅助工作,如财会、统计、划价、消毒、蒸馏等,不能直接从事药剂技术工作。在《医疗机构药事管理暂行规定》中也对药学技术人员做出了较为详细的规定。

## 二、审批规定

《药品管理法》第二十三条规定,医疗机构配制制剂,必须经所在地省、自治区、直辖市人民政府卫生行政部门审核同意,由省、自治区、直辖市人民政府药品监督管理部门批准,发给《医疗机构制剂许可证》。无《医疗机构制剂许可证》的,不得配制制剂。《医疗机构制剂许可证》应当标明有效期,到期重新审查发证。

医疗机构制剂是指医疗机构根据本单位临床和科研需要,依照规定的药品生产工艺规程配制的符合质量标准的药物制剂。配制制剂首先应当获得批准。根据该条规定,《医疗机构制剂许可证》的申请程序是:必须先经省级卫生行政部门审核同意,再报省级药品监督管理部门批准。药品监督管理部门是医疗机构配制制剂的审批部门和监督管理部门,有责任对持证单位进行经常的质量监督检查发现任何违反《药品管理法》的行为,有权依法责令整顿、停止配制制剂、吊销制剂批准文号或《医疗机构制剂许可证》。《医疗机构制剂许可证》是医疗机构配制制剂的资格证明,是对医疗机构药剂部门人员、设备、检验、规章制度的总结。没有该证照的,医疗机构不得配制制剂。随着国家的药品监督管理政策、药品市场的变化及医疗体制改革的发展,医疗机构配制制剂的条件将发生变化,因此要实行动态管理。在规定的有效期满后,重新审查发证。

## 三、硬件要求

《药品管理法》第二十四条规定,医疗机构配制制剂,必须具有能够保证制剂质量的设施、管理制度、检验仪器和卫生条件。

医疗机构配制制剂必须具备相应的硬件和软件才能充分保证所配制剂的质量。医疗机构配制的制剂有其特殊性,如使用量不定、规模小、贮存时间短、针对性强、临床必需等,是药品生产企业所无法代替的。但是,医疗机构配制制剂也是一种药品的生产过程,应当按药品生产企业进行管理,按 GMP 的要求进行规范。除此以外,医疗机构配制制剂还必须具备各种管理程序和管理制度。

### 四、使用规定

《药品管理法》第二十五条规定,医疗机构配制的制剂,应当是本单位临床需要而市场上没有供应的品种,并必须经所在地省、自治区、直辖市人民政府药品监督管理部门批准后方可配制。配制的制剂必须按照规定进行质量检验;合格的,凭医师处方在本医疗机构使用。特殊情况下,经国务院或者省、自治区、直辖市人民政府的药品监督管理部门批准,医疗机构配制的制剂可以在指定的医疗机构之间调剂使用。医疗机构配制的制剂,不得在市场销售。

医疗机构配制的制剂一般情况下是医疗机构在长期医疗实践中总结出来的经验方或协定处方,或处于保密或申请专利的制剂,它未按照有关审批办法的规定进行药理、药效、毒理、生物利用度等方面的实验,未按照规定的程序经专家审评后批准上市,没有完善的科学实验即规范的论证资料证明其安全性和有效性,一般是根据临床需要而配制,存在稳定性差、工艺不成熟及有效期短等特点,因此必须获得政府得批准,生产合格,并且只能在本医疗机构中根据医生的指导合理的使用,既明确了法律责任,又避免了因配制的制剂使用不当而引发的不必要纠纷。特殊情况下,有政府的批准医疗机构的制剂可以在不同的医疗机构之间调剂使用。另外,正是由于医疗机构制剂存在的上述特点,因此,医疗机构配制的制剂不得在市场上进行销售。

## 第五节 法律责任

法律责任是指因违法行为而应承担的法律上的责任。为规范医疗机构药事管理工作,保证用药安全、有效、经济,保障人民身体健康,我国在颁布了《中华人民共和国药品管理法》、《医疗机构管理条例》等法律法规的基础上,又相继出台了《医疗机构药事管理暂行规定》等一系列政府规章,以进一步明确医疗机构药事管理的定位,规范医疗机构药事管理工作,保证群众用药安全。

### 一、违反《药品管理法》有关规定的法律责任

医疗机构未取得《医疗机构制剂许可证》而生产药品、经营药品的,依法予以取缔,没收违法生产、销售的药品和违法所得,并处违法生产、销售的药品(包括已售出的和未售出的药品,下同)货值金额二倍以上五倍以下的罚款;构成犯罪的,依法追究刑事责任。

医疗机构生产、销售假药的,没收违法生产、销售的药品和违法所得,并处违法生产、销售药品货值金额二倍以上五倍以下的罚款;情节严重的,吊销《医疗机构制剂许可证》;构成犯罪的,依法追究刑事责任。

医疗机构生产、销售劣药的,没收违法生产、销售的药品和违法所得,并处违法生产、销售药品货值金额一倍以上三倍以下的罚款;情节严重的,吊销《医疗机构制剂许可证》;构成犯罪的,依法追究刑事责任。

医疗机构违反《药品管理法》第三十四条的规定,从无《药品生产许可证》、《药品经营许可证》的企业购进药品的,责令改正,没收违法购进的药品,并处违法购进药品货值金额二倍以上五倍以下的罚款;有违法所得的,没收违法所得;情节严重的,吊销医疗机构执业许可证书。

医疗机构伪造、变造、买卖、出租、出借《医疗机构制剂许可证》的,没收违法所得,并处违法所得一倍以上三倍以下的罚款;没有违法所得的,处2万元以上10万元以下的罚款;情节严重的,并吊销卖方、出租方、出借方的《医疗机构制剂许可证》;构成犯罪的,依法追究刑事责任。

医疗机构违反本法规定,提供虚假的证明、文件资料样品或者采取其他欺骗手段取得《医疗机构制剂许可证》的,吊销《医疗机构制剂许可证》,5年内不受理其申请,并处1万元以上3万元以下的罚款。

医疗机构将其配制的制剂在市场销售的,责令改正,没收违法销售的制剂,并处违法销售制剂货值金额一倍以上三倍以下的罚款;有违法所得的,没收违法所得。

医疗机构在药品购销中暗中给予、收受回扣或者其他利益的,由工商行政管理部门处1万元以上20万元以下的罚款,有违法所得的,予以没收;构成犯罪的,依法追究刑事责任。

医疗机构的负责人、药品采购人员、医师等有关人员收受药品生产企业、药品经营企业或者其代理人给予的财物或者其他利益的,由卫生行政部门或者本单位给予处分,没收违法所得;对违法行为情节严重的执业医师,由卫生行政部门吊销其执业证书;构成犯罪的,依法追究刑事责任。

医疗机构违反本法规定,给药品使用者造成损害的,依法承担赔偿责任。

## 二、违反《中华人民共和国药品管理法实施条例》相关规定的法律责任

未经批准,医疗机构擅自使用其他医疗机构配制的制剂的,依照《药品管理法》第八十条的规定给予处罚。

个人设置的门诊部、诊所等医疗机构向患者提供的药品超出规定的范围和品种的,依照《药品管理法》第七十三条的规定给予处罚。

医疗机构使用假药、劣药的,依照《药品管理法》第七十四条、第七十五条的规定给予处罚。

违反《药品管理法》第二十九条的规定,擅自进行临床试验的,对承担药物临床试验的机构,依照《药品管理法》第七十九条的规定给予处罚。

医疗机构不按照省、自治区、直辖市人民政府药品监督管理部门批准的标准配置制剂的,依照《药品管理法》第七十五条的规定给予处罚。

医疗机构配制的制剂,其包装、标签、说明书违反《药品管理法》及本条例规定的,依照《药品管理法》第八十六条的规定给予处罚。

医疗机构变更药品生产经营许可事项,应当办理变更登记手续而未办理的,由原发证部门给予警告,责令限期补办变更登记手续;逾期不补办的,宣布其《医疗机构制剂许可证》无效;仍从事药品生产经营活动的,依照《药品管理法》第七十三条的规定给予处罚。

医疗机构未违反《药品管理法》和本条例的有关规定,并有充分证据证明其不知道所销售或者使用的药品是假药、劣药的,应当没收其销售或者使用的假药、劣药和违法所得;但是,可以免除其他行政处罚。

### 三、违反《医疗用毒性药品管理办法》、《麻醉药品管理办法》以及《精神药品管理办法》有关规定的法律责任

医疗机构违反《医疗用毒性药品管理办法》的规定,擅自生产、收购、经营毒性药品,由县以上卫生行政部门没收其全部毒性药品,并处以警告或按非法所得的五至十倍罚款。情节严重、致人伤残或死亡,构成犯罪的,由司法机关依法追究其刑事责任。

根据《麻醉药品管理办法》第三十条,医疗机构违反规定,有下列行为之一者,可由当地卫生行政部门没收全部麻醉药品和非法收入,并视其情节轻重给予非法所得的金额五至十倍的罚款,停业整顿,吊销《制剂许可证》的处罚:①擅自生产麻醉药品或者改变生产计划,增加麻醉药品品种的。②擅自经营麻醉药品和罂粟壳的。③向未经批准的单位或者个人供应麻醉药品或者超限量供应的。④擅自配制和出售麻醉药品制剂的。⑤未经批准擅自进口、出口麻醉药品的。⑥擅自安排麻醉药品新药临床,不经批准就投产的。

《麻醉药品管理办法》第三十一条规定,对利用工作方便,为他人开具不符合规定的处方,或者为自己开具处方,骗取、滥用麻醉药品的直接责任人员,由其所在单位给予行政处分。

第三十三条规定,违反本办法的规定,制造、运输、贩卖麻醉药品和罂粟壳,构成犯罪的,由司法机关依法追究其刑事责任。

根据《精神药品管理办法》第二十二条,医疗机构违反规定,有下列行为之一的,由当地卫生行政部门没收全部精神药品和非法收入,并视情节轻重,给予非法所得金额五至十倍的罚款,停业整顿,吊销《制剂许可证》的处罚:①擅自生产精神药品或者改变生产计划,增加精神药品品种的。②擅自经营精神药品的。③擅自配制和出售精神药品制剂的。④将兽用精神药品供人使用的。⑤未经批准擅自进口、出口精神药品的。

第二十三条规定,对利用职务上的便利,为他人开具不符合规定的处方,或者为自己开具处方,骗取、滥用精神药品的直接责任人员,由其所在单位给予行政处分。

第二十四条规定,凡违反本办法的规定,制造、运输、贩卖精神药品,构成犯罪的,由司法机关依法追究其刑事责任。

### 四、违反《中华人民共和国中医药条例》有关规定的法律责任

根据该条例第三十二条,中医医疗机构违反规定,有下列情形之一的,由县级以上地方人民政府负责中医药管理的部门责令限期改正;逾期不改正的,责令停业整顿,直至由原审批机关吊销其医疗机构执业许可证、取消其城镇职工基本医疗保险定点医疗机构资格,并对负有责任的主管人员和其他直接责任人员依法给予纪律处分:①不符合中医医疗机构设置标准的。②获得城镇职工基本医疗保险定点医疗机构资格,未按照规定向参保人员提供基本医疗服务的。

第三十三条规定,未经批准擅自开办中医医疗机构或者未按照规定通过执业医师或者执业助理医师资格考试取得执业许可,从事中医医疗活动的,依照《中华人民共和国执业医师法》和《医疗机构管理条例》的有关规定给予处罚。

第三十七条规定,篡改经批准的中医医疗广告内容的,由原审批部门撤销广告批准文号,1年内不受理该中医医疗机构的广告审批申请。

负责中医药管理的部门撤销中医医疗广告批准文号后,应当自做出行政处理决定之日起5个

工作日内通知广告监督管理机关。广告监督管理机关应当自收到负责中医药管理的部门通知之日起 15 个工作日内,依照《中华人民共和国广告法》的有关规定查处。

## 五、违反《医疗器械监督管理条例》有关规定的法律责任

根据该条例第四十二条,医疗机构违反规定,使用无产品注册证书、无合格证明、过期、失效、淘汰的医疗器械的,或者从无《医疗器械生产企业许可证》《医疗器械经营企业许可证》的企业购进医疗器械的,由县级以上人民政府药品监督管理部门责令改正,给予警告,没收违法使用的产品和违法所得,违法所得 5 000 元以上的,并处违法所得 2 倍以上 5 倍以下的罚款;没有违法所得或者违法所得不足 5 000 元的,并处 5 000 元以上 2 万元以下的罚款;对主管人员和其他直接责任人员依法给予纪律处分;构成犯罪的,依法追究刑事责任。

根据条例第四十三条,医疗机构违反规定,重复使用一次性使用的医疗器械的,或者对应当销毁未进行销毁的,由县级以上人民政府药品监督管理部门责令改正,给予警告,可以处 5 000 元以上 3 万元以下的罚款;情节严重的,可以对医疗机构处 3 万元以上 5 万元以下的罚款,对主管人员和其他直接责任人员依法给予纪律处分;构成犯罪的,依法追究刑事责任。

根据条例第四十四条,违反本条例规定,承担医疗器械临床试用或者临床验证的医疗机构提供虚假报告的,由省级以上人民政府药品监督管理部门责令改正,给予警告,可以处 1 万元以上 3 万元以下罚款;情节严重的,撤销其临床试用或者临床验证资格,对主管人员和其他直接责任人员依法给予纪律处分;构成犯罪的,依法追究刑事责任。

### 思考题

1. 简述医疗机构药事管理的内容。
2. 简述医疗机构制剂管理的内容。
3. 简述医疗机构的药事管理组织和药学部门。

(南京中医药大学 田 侃)

# 第九章 医疗纠纷处理法律制度

**学习目标**

通过本章的学习,理解医疗损害责任和医疗事故的概念和法律特征,掌握医疗损害责任的分类和医疗事故的分级,熟悉医疗损害责任和医疗事故处理的方式和医疗过失的证明及举证责任倒置规则,了解医疗鉴定制度、医疗侵权的赔偿范围和赔偿标准及法律责任。

## 第一节 概 述

### 一、医疗损害处理立法

1987年6月29日国务院颁布了我国第一个处理医疗事故的专门法规《医疗事故处理办法》。1997年3月14日八届全国人大第5次会议修订通过的《中华人民共和国刑法》对发生严重医疗责任事故的医务人员做出了刑事处罚规定。1998年6月九届全国人大常委会第3次会议通过的《执业医师法》对造成医疗责任事故的医师做出了明确的行政处罚决定。

卫生部从1996年开始修订《医疗事故处理办法》。2000年6月讲《医疗事故处理办法(修订稿)》(送审稿)正式上报国务院审议。2002年4月1日起,《最高人民法院关于民事诉讼证据的若干规定》明确规定了医疗行为侵权纠纷赔偿适用举证责任倒置原则,该项规定称:"因医疗行为引起的侵权诉讼,由实施危险行为的人就其行为与损害结果之间不存在因果关系承担举证责任。"2002年2月20日国务院通过了新修订的《医疗事故处理条例》,该条例于2002年4月4日正式公布,并于2002年9月1日生效。

2002年8月,卫生部又分别颁布了《医疗机构病历管理规定》、《医疗事故技术鉴定办法》、《医疗事故分级标准(实行)》、《医疗事故争议中尸检机构及专业技术人员》、《中医、中西医结合病历书写基本规范(试行)》、《重大医疗过失和医疗事故报告制度的规定》、《医疗事故技术鉴定专家库专业组名目(试行)》等配套法规。

2009年12月26日,第十一届全国人民代表大会常务委员会第十二次会议通过并颁布了《中华人民共和国侵权责任法》(以下简称《侵权责任法》),该法自2010年7月1日开始实施。《侵权责任法》第54~64条全面规定了医疗损害责任制度,为医疗损害体制改革提供了法律依据。

### 二、三种不同类型的医疗损害责任

《侵权责任法》把医疗损害责任分为三种类型,即:医疗技术损害责任、医疗伦理损害责任和医疗产品损害责任。

## （一）医疗技术损害责任概述

### 1. 医疗技术损害责任的概念和特征

医疗技术损害责任，是医疗损害责任的基本类型之一，是指医疗机构及其医务人员在医疗活动中，违反医疗技术上的高度注意义务，具有违背当时的医疗水平的技术过失，造成患者人身损害的医疗损害责任。这一医疗损害责任的构成，必须具备医疗过失的要件，即违背当时医疗水平的疏忽和懈怠，造成患者人身损害，因而应当承担侵权责任。

医疗技术损害责任具有以下法律特征：

（1）医疗技术损害责任以具有医疗过失为前提：医疗技术损害责任以存在医疗过失为构成前提，如果医疗机构以及医务人员的医疗行为不存在过失，就不构成医疗技术损害责任。

（2）医疗技术损害责任的过失是医疗技术过失：医疗技术损害责任构成中所要具备的过失，是以违反当时的医疗水平所确定的医疗机构及其医务人员所应当承担的诊疗义务的疏忽或者懈怠。所谓与当时的医疗水平相应的诊疗义务就是医务人员的高度注意义务。

（3）医疗技术过失的认定方式主要是原告证明：医疗技术过失采取原告证明的方式。受害患者一方不仅要证明医疗违法行为、损害事实的存在以及因果关系要件的成立，还必须证明医疗机构及其医务人员具有医疗技术过失。只有在特殊情况下，在受害患者一方已经证明到一定程度或者在《侵权责任法》第58条规定的情况下，才可以推定医疗机构及其医务人员具有医疗技术过失。

（4）医疗技术损害责任的损害事实只包括受害患者的人身损害事实，不包括其他民事权益的损害。

### 2. 医疗技术损害责任的类型

（1）诊断过失损害责任：诊断过失损害责任是常见的医疗技术损害责任。最典型的诊断过失就是误诊。一般认为，只有当根本未进行一些基本的诊断程序或者在进一步的治疗过程中，未对初始的诊断发现并加以审查时，才能构成误诊，并导致赔偿责任。判断误诊的标准是，一个理性的医师在疾病诊断中，作出了不符合医疗时的医疗水平的对患者疾病的错误判断，而如果是一个理性的医师是不可能出现这样的错误，就是诊断过失。

（2）治疗过失损害责任：医疗机构及医务人员在治疗中，未遵守医疗规范、规章、规程，未尽高度注意义务，实施错误的治疗行为，造成患者人身损害的，即为医疗过失损害责任。例如，脊椎穿刺行为本身就具有一定的危险，只有当这种方式没有必要或者在施行过程中有错误，并且造成了患者的人身损害时，才能认定为治疗过失，构成治疗过失的医疗技术损害责任。

（3）护理过失损害责任：医护人员在护理中违反高度注意义务，造成患者人身损害，也构成医疗技术损害责任。

（4）感染传染损害责任：医疗机构承担的是治病救人的高尚职责，在医疗机构内部，必须管控感染，防止感染、传染。如果医疗机构以及医务人员未尽到高度注意义务，出现院内感染或者传染，造成患者感染新的疾病损害其生命健康的，应当承担医疗过失损害责任。

（5）孕检生产损害责任：在妇产科医疗机构中，由于孕检未能检出胎儿畸形，请求"错误出生"的医疗损害责任不断出现。这种医疗技术损害责任是指在妇产科医院中，对胎儿状况的检查存在医疗疏忽或者懈怠，应当发现胎儿畸形而未发现，直至胎儿出生后才发现畸形从而造成损害的医疗技术损害责任。

（6）组织过失损害责任：医疗机构在医疗组织中，违反医院管理规范，疏于履行及时救助义务，或者延误治疗时间等，构成组织过失损害责任。

**3. 医疗技术损害责任的性质**

对于医疗技术损害责任的性质，学者多有不同主张。主要观点有：①特殊侵权行为说，认为与其把医疗侵权的民事责任看做是违反合同的民事责任，毋宁看做是一种特殊的侵权责任。②限制选择请求权说，认为医患之间的医疗关系具有双重属性，原告同时取得基于违约和侵权两个并存的损害赔偿请求权，不能就该两项请求权选择，只能行使侵权损害赔偿请求权。③多种类型说，认为医疗侵权责任是一种综合性的责任，包括几种不同的民事责任。

杨立新先生认为，医疗关系的本来性质，是一种非典型的契约关系，即无名合同关系，是指医院与患者之间就患者疾患的诊察、治疗、护理等医疗活动形成的意思表示一致的民事法律关系。医院一方在医疗过程中因医务人员的过失损害患者的健康甚至造成死亡后果的，属于违约行为，应当承担违约责任，但同时该行为又是侵权行为，应当承担侵权责任。按照《合同法》第 122 条关于"因当事人一方的违约行为，侵害对方人身、财产权益的，受损害方有权选择照本法要求其承担违约责任或者依照其他法律要求其承担侵权责任"的规定，责任竞合应遵从有利于受害人进行选择的原则，选择权在受害患者及近亲属。人民法院审理医疗侵权赔偿责任案件，都是把它作为侵权案件处理的。但是，如果受害患者一方坚持选择违约责任请求赔偿，法院应当准许。

**4. 医疗技术损害责任的归责原则和构成要件**

《侵权责任法》明确规定，医疗技术损害责任适用过错责任原则确定侵权责任。据此，确定医疗机构承担侵权赔偿责任，应当具备侵权责任的一般构成要件，即违法行为、损害事实、因果关系和医疗过失。在证明责任上，实行一般的举证责任规则，即"谁主张，谁举证"，4 个要件均须由受害患者承担举证责任。

构成医疗技术损害责任，应当具备以下 4 个要件：

（1）医疗机构在医疗活动过程中的违法行为：医疗技术损害责任的行为主体，是医疗机构及医护人员。医疗技术损害责任的违法行为必须发生在医疗活动过程中，例如诊断、治疗、护理、管理等，都是发生医疗技术损害的违法行为的场合，否则不构成医疗侵权责任。行为的违法性，是指医疗机构违反了对患者的生命权、健康权、身体权不得侵害的法定义务，这种违法性是形式违法，而不是实质违法。

（2）医疗技术损害责任的损害事实是人身损害事实：医疗侵权责任构成中的损害事实，是医疗机构及其医护人员在医疗活动中，造成患者人身损害的事实。主要包括：受害人的生命权、健康权或者身体权受到侵害。其具体的表现形式，就是生命的丧失或者人身健康和身体的损害等。

（3）医疗技术损害责任的因果关系：构成医疗技术损害责任，医疗违法行为与患者人身损害后果之间必须具有因果关系。医疗机构只在有因果关系存在的情况下，才就其过失行为负赔偿之责。

（4）医疗技术过失：构成医疗技术损害责任，医疗机构必须具备医疗技术过失。这是对医疗机构违法性医疗行为中的主观因素的谴责，正因为医疗机构具有过失，才对其科以侵权责任，以示对医疗机构过失的法律谴责。如果医疗行为造成患者损害，医疗机构及医务人员没有过错，医疗机构就不承担医疗技术损害责任。

5. 医疗技术损害责任的责任形态

医务人员在执行职务中,由于违反技术规范等造成患者人身损害,构成医疗技术损害责任的,其直接责任人是医疗机构,而不是医务人员。医疗机构对医务人员造成的损害承担责任,受害患者一方应当直接向医疗机构请求赔偿。医疗机构承担了侵权责任之后,可以向有过错的医务人员追偿,要求他们赔偿自己因承担赔偿责任而造成的损失。

## (二) 医疗伦理损害责任

### 1. 医疗伦理损害责任的概念和特征

医疗伦理损害责任,是医疗损害责任的基本类型之一,是指医疗机构和医务人员违背医疗良知和医疗伦理的要求,违背医疗机构和医务人员的告知或者保密义务,具有医疗伦理过失,造成患者人身损害以及其他合法权益损害的医疗损害责任。医疗伦理损害责任的法律特征是:

(1) 医疗伦理损害责任以具有医疗过失为前提:医疗伦理损害责任也以具备医疗过失为构成前提,以此与医疗产品损害责任相区别。如果医疗机构以及医务人员没有过失,就不构成这种医疗损害责任。

(2) 医疗伦理损害责任的过失是医疗伦理过失:医疗伦理损害责任所要具备的过失是医疗伦理过失,以此与医疗技术损害责任相区别。医疗伦理过失与医疗技术过失不同,此时医疗机构及医务人员不是违反当时的医疗水平所确定的高度注意义务,而是违反医疗良知和医疗伦理,违反告知义务、保密义务等伦理性义务。

(3) 医疗伦理过失的认定方式是过错推定:医疗伦理过失与医疗技术过失的认定方式不同,认定医疗伦理过失不是采取证明的方式,而是采取推定的方式。只要受害患者一方已经证明了医疗违法行为、损害事实以及因果关系的要件之后,法官就可以直接推定医疗机构及医务人员具有医疗伦理过失。

(4) 构成医疗伦理损害责任不仅包括患者的人身损害而且包括其他民事权益损害:在医疗伦理损害责任构成中,不仅包括受害患者人身受损害事实,而且包括患者的其他民事权益受损害的事实,并且更主要的不是人身损害而是其他民事权益的损害,例如,知情权、自我决定权、隐私权等的损害是医疗伦理损害责任损害事实的常态。

### 2. 医疗伦理损害责任的类型

(1) 违反信息告知损害责任:违反信息告知损害责任,是指医疗机构未对患者充分告知或者说明其病情,未对患者提供及时有用的医疗建议的医疗损害责任。承担这种医疗损害责任的前提是医疗机构及医务人员违反的是医疗良知和医疗伦理,没有尽到对患者所负的告知义务、说明义务、建议义务等积极提供医疗信息的义务,侵害了患者的知情权。

(2) 违反患者同意损害责任:违反患者同意损害责任,是指医疗机构及医护人员违反其应当尊重患者自主决定意愿的义务,未经患者同意,即积极采取某种医疗措施或者消极停止继续治疗的医疗损害责任。这种医疗损害责任类型,违反的也是医疗良知和医疗伦理,不经患者同意,就采取积极行为或者消极行为,侵害患者的自我决定权。

(3) 违反保密义务损害责任:由于医患关系的特殊性,医生掌握着患者的患病情况、病史情况以及其他的个人重要信息,这些都是患者的重大隐私信息,医生及相关知情人员负有保密义务。《侵权责任法》第 62 条规定:"医疗机构及其医务人员应当对患者的隐私保密。泄露患者隐私或者未经患者同意公开其病历资料,造成患者损害的,应当承担侵权责任。"

(4) 违反管理规范损害责任:违反管理规范损害责任,是指医疗机构违反行政管理规范,造成受害患者的身份权等权利损害的医疗损害责任。在医疗过程中造成这种患者的损害,不能不认为构成医疗损害责任。这种侵权行为违反的是管理规范,造成的尽管不是人身损害事实,但违反了医疗良知和医疗伦理,使受害患者的身份权受到损害,同时,承担责任的也是医疗机构,认定为医疗损害责任是完全有道理的。

3. 医疗机构和医务人员告知义务的内容和形式

医疗机构告知义务是指医务人员在一般诊疗活动中应当向患者说明病情和医疗措施。需要实施手术、特殊检查、特殊治疗的,医务人员应当及时向患者说明医疗风险、替代医疗方案等情况,并取得其书面同意。不宜向患者说明的,医务人员应当向患者的近亲属说明,并取得其书面同意。具体的告知义务内容,一是医疗机构的医疗水平、设备、技术状况等;二是患者的病情以及医疗机构的检查、诊断方案;三是检查、诊断结果的告知义务,转医或转诊的告知义务。

《侵权责任法》第55条规定医务人员告知义务分为三种形式:一是一般告知义务,即医务人员在一般诊疗活动中应当向患者简要说明病情和医疗措施。二是特殊告知义务,即需要实施手术、特殊检查、特殊治疗的,医务人员应当及时向患者说明病情、医疗措施、医疗风险、替代医疗方案等情况,并取得其书面同意。三是不宜告知的须向患者近亲属告知。不宜向患者说明的,医务人员应当向患者的近亲属说明,并取得其书面同意。医务人员应当按照上述规定,履行告知义务。

4. 医疗伦理损害责任的归责原则与构成要件

(1) 违法行为:构成医疗伦理损害责任的违法行为,表现为违反法定义务。医疗机构和医务人员的告知或保密等义务是一种法定义务。行为人违反这些法定义务,其行为就具有违法性。

违反告知义务的类型是:第一,未履行告知义务。第二,未履行充分告知义务。第三,错误告知。第四,迟延履行告知义务。第五,履行了告知义务,但未经同意而实施医疗行为。

违反保密义务的损害事实是对患者的隐私权的损害;而抱错孩子的医疗伦理损害的损害事实则是违反医疗管理规范造成亲权关系的损害。能够证明医疗机构及医务人员违反了保密义务,或者其他义务,使患者的隐私利益、亲权利益等受到损害的,就能认定医疗机构及医务人员的行为因没有尽到保密义务等绝对义务而具有违法性。

(2) 损害事实:医疗伦理损害责任构成要件的损害事实主要表现为侵害了患者的知情权、自我决定权、隐私权和身份权等,由此造成患者现实权益损害、期待利益的损害以及其他间接性损害。

(3) 因果关系:医疗伦理损害责任构成中的因果关系主要表现为未尽到告知义务的行为与知情权、自我决定权、隐私权、身份权以及相关利益受到损害之间的引起与被引起的关系,前者为因,后者为果。对这种因果关系的证明,应当由受害患者一方承担举证责任。

(4) 医疗过失:医疗伦理损害责任构成的过失要件采用推定规则,即如果存在未尽到告知义务,即推定医疗机构和医务人员具有过失。

5. 医疗伦理损害责任的赔偿范围及规则

医务人员在执行职务中,造成患者人身损害或者其他损害,构成医疗伦理损害责任的,由医疗机构对医务人员造成的损害承担责任,受害患者一方应当直接向医疗机构请求赔偿。医疗机构承担了侵权责任之后,可以向有过错的医务人员追偿,要求他们赔偿自己因承担赔偿责任而造成的损失。

医疗伦理损害责任损害赔偿范围,与一般的医疗损害赔偿范围有明显区别。原因是,医疗伦理损害责任的损害事实主要不是人身损害事实(尽管也有人身损害事实),而是知情同意权、自我决定权、隐私权、身份权等民事权利的损害事实。因此,医疗伦理损害责任的赔偿,主要的方式应当是精神损害抚慰金的赔偿,当然也包括造成财产损失的赔偿。赔偿的规则是:第一,如果违反告知或者保密等义务造成患者人身损害,能够确定违反告知或者保密等义务的医疗行为与损害后果具有因果关系的,应当承担人身损害赔偿责任;第二,如果违反告知或者保密等义务,没有造成患者人身损害,仅仅是造成了知情同意权、自我决定权、隐私权、身份权等精神性民事权利损害的,则应当承担的赔偿责任是精神损害抚慰金赔偿,但这种赔偿通常是象征性的赔偿。

### (三) 医疗产品损害责任

#### 1. 医疗产品损害责任的概念和性质

《侵权责任法》第59条规定:"因药品、消毒药剂、医疗器械的缺陷,或者输入不合格的血液造成患者损害的,患者可以向生产者或者血液提供机构请求赔偿,也可以向医疗机构请求赔偿。患者向医疗机构请求赔偿的,医疗机构赔偿后,有权向负有责任的生产者或者血液提供机构追偿。"医疗产品损害责任,是指医疗机构在医疗过程中使用有缺陷的药品、消毒药剂、医疗器械以及血液及制品等医疗产品,因此造成患者人身损害,医疗机构或者医疗产品生产者、销售者应当承担的医疗损害赔偿责任。

医疗产品损害责任既是医疗损害责任,也是产品责任,是兼有两种性质的侵权行为类型,是医疗损害责任中的一个基本类型。由于医疗产品损害责任具有产品责任性质,因此,应当适用无过错责任原则,以更好地保护患者的合法权益。

在医疗产品损害责任纠纷中,受害患者作为医疗合同关系的当事人,其固有利益受到侵害,既构成加害给付责任,同时也构成产品责任。因此,具有医疗侵权责任和产品侵权责任的双重性质。

#### 2. 医疗产品损害责任的归责原则及责任构成

医疗产品损害责任是无过错责任。确定医疗产品侵权责任是无过错责任,无论其有没有过错,只要受害人能够证明医疗产品存在缺陷,即构成侵权责任。因而受害人不必证明医疗产品生产者的过错,减轻了权利人的诉讼负担,有利于保护受害人的权利。

在医疗产品损害责任中,对于医疗机构的责任应当适用何种归责原则比较复杂,在《侵权责任法》第59条中没有明确规定。多数学者认为,医疗机构直接使用医疗产品,应用于患者造成损害的,医疗机构当然是责任主体,应当承担过错责任,如果医疗机构不能指明缺陷医疗产品的生产者,也不能指明缺陷产品的供货者,或者医疗机构本身就是医疗产品生产者的,应当承担无过错责任。

医疗产品损害责任属于产品责任,适用无过错责任原则,其责任构成应当具备产品侵权责任的构成要件要求,须具备以下要件:

(1) 医疗产品须为有缺陷产品:构成医疗产品损害责任的首要条件,是医疗产品具有缺陷。医疗产品包括4种:一是药品;二是消毒药剂;三是医疗器械;四是血液及血液制品。

(2) 须有患者人身损害事实:构成医疗产品损害责任,须将医疗产品应用于患者,并由于医疗产品存在缺陷,造成了患者的人身损害。

(3) 须有因果关系:医疗产品损害责任中的因果关系,是指医疗产品的缺陷与受害人的损害事实之间存在的引起与被引起的关系,医疗产品缺陷是原因,损害事实是结果。确认医疗产品责任的因果关系,要由受害人证明。

3. 医疗产品损害责任归责原则

(1)责任主体是医疗机构和医疗产品的生产者、销售者:医疗产品损害责任的责任主体有三种:一是医疗机构。医疗机构直接使用医疗产品,应用于患者身上,造成损害的,医疗机构当然是责任主体,应当承担过错责任;如果医疗机构不能指明缺陷医疗产品的生产者,也不能指明缺陷产品的供货者的,应当承担无过错责任。二是医疗产品生产者,其制造了有缺陷的医疗产品,并且造成了患者的损害,应当承担责任。三是医疗产品的销售者,按照《侵权责任法》第41~43条和《产品质量法》的相关规定,销售者对于缺陷产品造成损害具有过失的,不论其是否为产品缺陷的生产者,都应当承担侵权责任;如果销售者不能指明缺陷产品的生产者也不能指明缺陷产品的供货者,则销售者应当承担无过错责任。

(2)根据最近规则受害患者可以选择请求医疗机构、生产者或者销售者承担责任:按照产品责任的最近规则,受害患者有权在上述三种侵权责任主体中,根据自己的利益,选择对自己最为有利的、法律关系"最近"的一个行使请求权。因此,受害患者有理由选择医疗机构作为索赔主体,请求其承担赔偿责任;也有理由选择医疗产品的生产者或者销售者作为索赔主体,请求其承担赔偿责任。医疗机构承担赔偿责任之后,有权向负有责任的生产者或者血液提供机构追偿。如果医疗机构自己有过错或者医疗产品就是医疗机构生产的,则应由医疗机构承担责任。

(3)实行最终规则准许首先承担责任的一方向缺陷产品生产者追偿:按照产品责任的最终规则,在有过失的医疗机构承担了赔偿责任之后,其取得对缺陷医疗产品生产者、销售者的追偿权。医疗机构可以向其请求承担因缺陷医疗产品造成损害的全部赔偿责任。这种赔偿请求权是全额的请求权,包括在诉讼过程中产生的损失。凡是缺陷医疗产品造成的损害,都有权请求生产者或者销售者赔偿,只有基于自己的过失造成患者损害的部分,才不能进行追偿。

(4)患者将医疗机构、生产者和销售者同时起诉的,应按照最终规则处理:在诉讼中,如果受害患者将医疗机构、生产者和销售者一并作为共同被告起诉的,法院在审理中,应当直接适用最终规则,确定缺陷的直接制造者承担侵权责任,不必先实行最近规则让医疗机构先承担责任再进行追偿。

# 第二节　医疗过失的证明及举证责任

## 一、医疗过失的概念和类型

### (一)医疗过失的概念和特征

医疗损害责任中的主观过错要件表现为医疗机构及医务人员在诊疗护理中存在过失,而不是故意。

医疗过失是指在医疗活动中,医务人员未能按照当时的医疗水平通常应当提供的医疗服务,或者按照医疗良知、医疗伦理应当给予的诚信、合理的医疗服务尽到高度注意义务,通常以违反医疗卫生管理法律、行政法规、部门规章、医疗规范或常规,或者未尽法定告知、保密义务等的医疗失职行为作为标准进行判断的主观心理状态以及医疗机构存在的对医务人员疏于选任、管理、教育的主观心理状态。简言之,医疗过失就是医疗机构及医务人员未尽必要注意义务的疏忽和懈怠。

医疗过失也是一种过失,与一般的过失概念相比较,医疗过失的法律特征是:

1. 医疗过失的主体是医疗机构和医务人员

医疗过失既表现在医疗机构身上,也表现在医务人员身上。医疗过失主要表现在医务人员身上,医务人员必须具有过失,才能够认定医疗过失。医务人员的医疗过失还必须体现在医疗机构身上,事实上,只要医务人员构成医疗过失,医疗机构就存在选任、管理和教育的过失。因此,医疗过失是一个过失,却体现在医疗机构和医务人员这两个不同主体的主观状态中。

2. 医疗过失是主观要件而不是客观要件

医疗过失是侵权责任构成中的主观要件,是医疗损害责任的主体,即医疗机构及医务人员在主观上的心理状态。因此,医疗过失的主要表现形式仍然是疏忽和懈怠,而不是客观行为。

3. 医疗过失的认定通常采用客观标准

认定医疗过失以客观标准进行,通常是以医疗卫生管理法律、行政法规、部门规章和诊疗护理规范、常规等关于医疗机构注意义务的规定为标准,或者以医疗机构及医务人员应尽的告知、保密等法定义务为标准,只要医方未履行或者违反这些义务,就被认为有过失。

4. 医疗过失违反高度注意义务的标准是当时的医疗水平或者违反医疗良知和医疗伦理

医疗机构及医务人员在医疗活动中承担高度注意义务。通常认为,高度注意义务是比善良管理人的注意更高的注意义务。确定医疗过失,应以实施医疗行为当时的医疗水平为标准,确定医疗机构和医务人员应当达到的注意义务,违反之,即认为存在医疗过失。在医疗伦理损害责任中,医疗过失则是违反告知、保密以及其他注意义务,其标准是医疗良知和医疗伦理。

## (二) 医疗过失的分类

医疗过失分为医疗技术过失和医疗伦理过失。

1. 医疗技术过失

医疗技术过失是指医疗机构及医务人员在从事病情的检验、诊断、治疗方法的选择,治疗措施的执行以及病情发展过程的追踪,术后照护等医疗行为中,不符合当时的医疗专业知识或技术水平的疏忽或者懈怠。确定这种医疗过失的适用当时的医疗水平标准,通常以医疗法律、法规、规章以及医疗诊断规范和常规的违反为客观标准。其表现形式是:

医疗技术过失=当时的医疗水平→高度注意义务→违反义务

2. 医疗伦理过失

医疗伦理过失,是指医疗机构及医护人员在从事各种医疗行为时,未对病患充分告知或者说明其病情,未对病患提供及时有用的医疗建议,未保守与病情有关的各种隐私、秘密,或未取得病患同意即采取某种医疗措施或停止继续治疗等,违反医疗职业良知或职业伦理上应遵守的告知、保密等法定义务的疏忽和懈怠。确定这种医疗过失,判断标准是医疗良知和医疗伦理,通常以违反法律、法规、规章、规范、常规规定的医务人员应当履行的告知、保密等法定义务为标准,违反之,即为有过失,因此,通常并不需要医疗过失的鉴定,法官即可依据已知的事实作出推定。其表现形式是:

医疗伦理过失;医疗职业良知和职业伦理→告知、保密等义务→未履行

## 二、医疗技术过失的证明及举证责任

### (一) 医疗技术过失的认定标准是当时的医疗水平

医疗技术过失就是:在当时的医疗水平下,医师在实施医疗行为时未尽高度的注意义务。认定医疗技术过失的注意义务,以当时的医疗水平为标准。《侵权责任法》第 57 条规定:"医务人员在诊疗活动中未尽到与当时的医疗水平相应的医疗义务,造成患者损害的,医疗机构应当承担赔偿责任。"

医疗水平是指已由医学水平加以解明的医学问题,基于医疗实践的普遍化并经由临床经验研究的积累,且由专家以其实际适用的水平加以确定的,已经成为一般普遍化的医疗可以实施的目标,并在临床可以作为论断医疗机构或医师责任基础的医疗时的医疗水平。确定医疗过失,应以医疗当时的医疗水平为标准,确定医疗机构和医务人员应当达到的高度注意义务。违反这样的注意义务,就是医疗过失。在具体判断医务人员注意义务是否违反时,还应当适当考虑不同地区、不同医疗机构资质、不同医务人员资质等因素。"当时的国家标准+差别"原则,能够解决标准和个性化的冲突。以医疗时的医疗水平为基本的判断基准,是合理的医师标准,并且在诊断和治疗时也是合理的,而不应是后来审判时的水平。

### (二) 原告应当证明的程度

在医疗技术损害责任诉讼中,由受害患者一方承担举证责任。其证明程度应如何界定,应当考虑医疗活动中患者不具备医疗专业知识、相较于医师和医疗机构处于资讯绝对不对称的劣势地位的基本特点,既不能使受害患者一方推卸证明责任,而使医疗机构陷入完全被动的诉讼地位,也不能完全不考虑现实情况,而使受害患者一方无力承受重大的诉讼压力,以至于完全不能证明而丧失胜诉机会。

因此,应当区分情况,采取以下两种不同方法:

**1. 受害患者一方能够证明医疗机构存在医疗过失**

在医疗技术损害责任纠纷诉讼中,可以由受害患者一方举出足够的证据,证明医疗机构具有医疗过失。这种证明的最好方法,就是受害患者一方申请医疗过错责任鉴定,确认医疗过失。如果原告提供这样的医疗过错责任鉴定,且经医疗机构质证,法官审查确信的,即可确认医疗过失,不存在举证责任缓和问题。

**2. 受害患者一方的证明符合表现证据规则**

表现证明规则,是指依据经验法则,有特定事实即发生特定典型结果。于出现该特定结果时,法官在不排除其他可能性的情形下,得推论有该特定事实的存在。

### (三) 原告举证责任缓和及可以推定医疗过失的具体情形

受害患者一方承担举证责任达到表现证据规则要求的,法官即可推定医疗机构存在医疗过失。实行举证责任缓和,可以将举证责任转由医疗机构承担。

按照《侵权责任法》第 58 条的规定,受害患者如果能够证明医疗机构存在法定的情形,即可推定存在医疗过失:第一,医疗机构及医务人员违反法律、行政法规、规章以及其他有关诊疗规范的规定的。在制定《侵权责任法》过程中,很多学者提出,违反法律、行政法规、规章以及其他有关诊疗规范的规定,其实就是有过失,因为证明医疗技术过失的标准之一,就是违反有关诊疗规范的规定。因此,具备本项规定的要求的,即为有技术过失,没有举证责任倒置的问题。第二,医疗机构及医务人员隐匿或者拒绝提供与纠纷有关的病历资料的。医疗机构及医务人员在发生医疗损害责任纠纷时,隐匿或者拒绝提供上述医学文书及有关资料的(主要就是病历),可以直接推定存在医疗技术过失,原告不必再举证证明。第三,医疗机构及医务人员伪造、篡改或者销毁病历资料的。前项规定的推定过错事由,是对医学文书及有关资料采取的消极行为,即隐匿或者拒绝提供,属于不作为。而本项规定的行为,是对医学文书及有关资料采取的积极行为,即伪造或者销毁。对此,同样应当推定有医疗技术过失。

(四)医疗机构的证明程度及医疗损害责任鉴定的举证承担

医疗机构的证明程度,应当是推翻医疗过失的有条件推定,证明自己没有过失。对于举证责任缓和的推定与法定的医疗过失推定,医疗机构都可以举证推翻医疗过失推定。能够证明自己没有过失的,即可否认医疗机构的过失,不构成医疗损害责任。不能证明者,医疗过失推定成立,构成医疗技术损害责任。

在医疗损害责任纠纷诉讼中,医疗过错责任的鉴定结论究竟应当是谁的举证范围,是一个重要的问题。对此,应当按照前述医疗过失举证责任的基本规则,谁负有举证责任,就由谁提供医疗过失的鉴定结论:①在一般情况下,应当是受害患者一方的举证责任范围。②如果受害患者一方的证明符合表现证据规则的要求以及具有法律规定的理由,符合医疗过失举证责任缓和要求,由医疗机构承担举证责任,证明自己没有过失的,医疗过错责任的鉴定结论则是医疗机构一方证明自己的医疗行为与受害人的人身损害后果之间没有因果关系,或者医疗机构的医疗行为不存在过失的证据。

### 三、医疗伦理过失的证明及举证责任

(一)医疗伦理过失的概念

医疗伦理过失,是指医疗机构或医护人员从事医疗行为时,违反医疗职业良知或职业伦理应遵守的告知、保密等法定义务的疏忽和懈怠。具体表现是未对病患充分告知或者说明其病情,未对病患提供及时有用的医疗建议,未保守与病情有关的各种隐私、秘密,或未取得病患同意就采取某种医疗措施或停止继续治疗,或者违反管理规范造成患者其他损害。事实上,医疗伦理过失就是医疗机构及医务人员未善尽告知、保密等法定义务的过失,这本身就构成医疗过失。

(二)医疗伦理过失的证明责任负担

医疗伦理过失的证明责任,实行推定过错,过错要件的举证责任倒置。如前所述,这种医疗过失的概念来源于法国医疗责任法的医疗伦理过错概念。

确定医疗伦理过失的判断标准采用医疗良知和医疗伦理,通常以违反法律、法规、规章规定的医务人员应当履行的告知义务为标准,违反之,即为有过失,因此,通常并不需要医疗过失的鉴定,法官即可推定。同样,医疗机构未履行保密等义务,也推定其有过失。

### (三) 医疗伦理过失的类型

前述未对病患充分告知或者说明其病情,未对病患提供及时有用的医疗建议,未保守与病情有关的各种隐私、秘密,或未取得病患同意就采取某种医疗措施或停止继续治疗等医疗伦理过失,分为医疗资讯上的过错和病患同意上的过错。根据我国的实际情况,可以分为:①违反资讯告知义务的伦理过失;②违反知情同意的伦理过失;③违反保密义务的伦理过失;④违反管理规范的伦理过失。这些不同的伦理过失在适用法律上可能有所区别,但在举证责任上没有原则区别。

### (四) 医疗伦理过失的过错推定和举证责任倒置

对医疗伦理过失的证明,实行过错推定。受害患者能够举出证据证明自己的损害和具有违法性的医疗行为之间因果关系成立,就推定受害人具有医疗伦理过失,直接实行过错推定。

法官推定过错的前提,就是原告已经证明了医疗机构的医疗违法行为要件和自己的损害事实要件,同时,还应当确认因果关系已经得到证明。在这个基础上,只要有违反上述法定义务的行为,法官即可推定医疗机构存在医疗伦理过失。

实行过错推定之后,医疗机构如果认为自己的医疗行为没有过失,实行完全的举证责任倒置规则,由医疗机构自己举证证明,举出自己已经履行法定义务,不具有医疗过失的证据。能够举证证明的,不构成侵权责任,不能举证证明的,过错推定成立,构成医疗损害责任。

因此,医疗伦理损害责任构成中的过错推定规则,重点在于医疗机构一方如何举证证明自己无过失。首先,原则上,任何证据方法均得作为证明医疗机构或者医务人员已善尽医疗资讯义务或者已取得病患同意的证明方法,不以书面文件为必要。其次,事实上,大多仍依据医疗专业科别、疾病或症状类型、医疗处置方法或手术种类的不同,将事先拟定印刷的制式说明书或同意书交由患者阅读或签署,作为医疗机构或医务人员已善尽义务的证明方法。再次,在有些情况下,这种方法尚不足以证明已善尽医疗资讯义务或已经取得病患同意,而必须依据个别病患的具体情况,伴随一些个人化的、可以理解的、充分的、适当的、有用的说明告知,始能免除损害赔偿责任医疗机构和医务人员能够证明自己依照医疗伦理和良知已经履行了告知义务,即可确认不存在医疗伦理过失。

## 第三节 医疗机构的免责事由和对患者和医疗机构的特别保护

### 一、医疗机构的免责事由

《侵权责任法》第60条规定了医疗机构免除责任的法定事由,即:"患者有损害,因下列情形之一的,医疗机构不承担赔偿责任:①患者或者其近亲属不配合医疗机构进行符合诊疗规范的诊疗;②医务人员在抢救生命垂危患者等紧急情况下已经尽到合理诊疗义务;③限于当时的医疗水平难以诊疗。""前款第一项情形中,医疗机构及其医疗医务人员也有过错的,应当承担相应的赔偿责任。"

## （一）法律规定的免责事由

与其他侵权责任一样，医疗事故赔偿责任也可以在一定的条件下免除。由于医疗活动和医疗事故的特殊性，医疗事故责任的免除事由与一般的侵权责任免除事由并不相同。《侵权责任法》规定了三项免责事由，符合这样的规定情形的，应当免除医疗机构的赔偿责任。

### 1. 患者或者其近亲属不配合医疗机构进行符合诊疗规范的诊疗

在诊疗护理过程中，医护人员对患者进行诊疗护理，必须得到患者及其家属的配合，否则会出现不利于治疗的后果。如果由于患者及其家属的原因而延误治疗，造成患者的人身损害后果，说明受害患者一方在主观上有过错。按照过错责任原则，如果损害后果完全是由于患者及其家属延误治疗造成的，证明对损害的发生医疗机构没有过错，应免除医疗机构的赔偿责任。

《侵权责任法》第 2 款是关于医疗机构主张适用"患者或者其近亲属不配合医疗机构进行必要的诊疗"作为免责事由的时候，如果受害患者主张医疗机构及其医务人员对于损害的发生也有过错的，应当依照《侵权责任法》第 26 条规定的过失相抵规则，进行过失相抵。具体方法是，根据双方的过错程度和原因力程度，确定医疗机构一方的赔偿责任。

### 2. 医务人员在抢救生命垂危的患者等紧急情况下已经尽到合理诊疗义务

在抢救生命垂危的患者等紧急情况下，必须采取紧急医学措施，都有可能造成不良后果。在这种情况下，由于紧急抢救措施是在危急情况下采取的，为了挽救患者生命，对紧急措施可能出现的不良后果不再考虑，两项衡量，抢救生命是第一位的，只要医务人员已经尽到合理诊疗义务的，即使造成不良后果，对患者的身体有一定的损害，也不认为构成医疗损害责任，因此，医疗机构不承担赔偿责任。例如，在抢救非典患者的生命时，其实都预料到大剂量注射激素类药物会有副作用，但舍此没有别的医疗措施可用，因此，对造成的后遗症等，医疗机构不承担责任。

### 3. 限于当时的医疗水平难以诊疗

在人类发展过程中，人类对于自己的认识是不断发展的，直至今天也不能完全认识自己。因此，医疗技术和医学水平总是有局限性的。正因为如此，限于当时的医疗水平难以诊疗的病症，医务人员无法治愈，就是正常的。《侵权责任法》一方面将当时的医疗水平作为确定医疗技术过失的标准，另一方面将限于当时的医疗水平难以诊疗的情形作为免责事由，在这个问题的两端作出了合理的规定。在当时的医疗水平条件下，医疗机构对所发生的不良医疗后果无法预料，或者已经预料到了但没有办法防免，因此而造成不良后果的，不构成医疗技术损害责任，医疗机构不承担赔偿责任。

## （二）按照原则性规定应当免责的事由

### 1. 不可抗力造成不良后果

不可抗力造成不良后果，是《医疗事故处理条例》规定的免责事由。对此，《侵权责任法》并没有规定。那么，究竟是《侵权责任法》不承认不可抗力是医疗损害责任的免责事由，还是在医疗损害责任中可以按照《侵权责任法》第 29 条规定的不可抗力的一般规则免除责任呢？

《侵权责任法》第 29 条规定的不可抗力的一般规则，是普遍适用的免责事由，具有普遍适用的效力。只要法律没有不得适用的明文规定，就是可以适用的。在医疗损害责任中，尽管医疗损害责任的免责事由的规定中没有规定不可抗力，但也没有明确规定禁止适用不可抗力规则。因此，在医疗损害责任中,如果因不可抗力造成不良后果的,应当依据《侵权责任法》第29条的规定免除责任或者减轻责任。例如,医务人员在手术过程中发生地震,造成患者死亡或者不良后果,当然可以免除责任。

确定适用不可抗力免责或者减轻责任的规则,应当是医疗机构在正常的医疗活动中造成患者的损害的直接原因是不可抗力,不是医疗过失所致,因而应当免责。如果不可抗力与医疗过失作为造成损害的共同原因的,则应当根据过错程度和原因力的分析,确定医疗机构减轻责任。

2. 医疗意外

《侵权责任法》没有规定医疗意外是免责事由。但是,既然构成医疗意外,那么就能够证明医疗机构没有过失。既然没有医疗过失,医疗机构当然就不承担侵权责任。因此,医疗意外即使没有明文规定为免责事由,但由于医疗损害责任实行过错责任原则,医疗意外没有过失,当然也就没有责任。

医疗意外是指因医务人员无法预料的原因造成的,或者根据实际情况无法避免的医疗损害后果。通常是在医疗活动中,由于患者病情异常或者患者体质特殊而发生医疗意外。医疗意外有两个主要特征:一是医务人员或医疗机构对损害结果的发生没有医疗过失,通常是由于病情特殊或者病员体质特殊引起的。二是损害后果的发生是医疗机构或务人员难以防范的。具备这两个特征的医疗损害后果,构成医疗意外。

## 二、《侵权责任法》对患者权利和医疗机构权益的特别保护

《侵权责任法》第61条、第63~64条规定的是对患者权利和医疗机构权益的特殊保护。

### (一) 医疗机构对医学文书资料的保管查询义务

《侵权责任法》第61条规定:"医疗机构及其医务人员应当按照规定填写并妥善保管住院志、医嘱单、检验报告、手术及麻醉记录、病理资料、护理记录、医疗费用等"。"患者要求查阅、复制前款规定的病历资料的,医疗机构应当提供。"该条针对的是医疗机构及医务人员对医疗文书和资料的不负责任的疏忽以及对此采取的恶意行为。

医学文书和资料要在医疗机构保管,有的医务人员甚至医疗机构把医学文书和资料当成是私有财产,随意处置,拒绝提供,甚至进行隐匿、伪造、销毁、篡改等,这是违法行为。本条规定,对于医学文书和资料,医疗机构以及医务人员负有依规填写、妥善保管和提供查询的义务。这一义务属于强制性义务,医务人员和医疗机构不得违反。

对违反该义务的后果,《侵权责任法》第58条在规定推定医疗过失的规定中明确规定,"隐匿或者拒绝提供与纠纷有关的病历资料"、"伪造、篡改或者销毁病历资料"的行为可以直接推定为医疗过失,其基础也在于本条规定的医务人员对医疗文书和资料负有的义务,这种推定过失就是违反该义务的法律后果。

### (二) 过度检查的防范与责任

《侵权责任法》第63条规定"医疗机构及其医务人员不得违反诊疗规范实施不必要的检查。"这针对的是医疗机构的防御性医疗行为作出的规定。

形成不必要检查的原因,在于司法实践采取的是全面医疗过错推定和因果关系推定规则。在

这样的情况下,医疗机构及医务人员为了保护自己,采取对患者进行不必要检查的措施,既用患者的钱为自己保存了诉讼证据以保护自己,同时又增加了医疗机构的收入。因此,这是在诉讼武器不平等的诉讼规则之下形成的防御性医疗行为。这样的防御性医疗行为对患者极为不利,是必须纠正的。《侵权责任法》作此规定,体现了人民性,是对广大患者的依法保护。

确定是否是不必要检查,关键在于衡量医疗诊断中的检查是否为必要。有必要者,不能认为是过度检查,无必要者,就是不必要检查。

### (三) 患者不得干扰医疗秩序和医务人员工作、生活的义务

《侵权责任法》第 64 条规定"医疗机构及其医务人员的合法权益受法律保护。干扰医疗秩序,妨害医务人员工作、生活的,应当依法承担法律责任",这针对的是部分患者的"医闹"行为。

当前,我国医疗领域中的"医闹"行为较为严重,发生损害,患者及其家属到医院闹事者比比皆是。到医院扰乱正常的医疗秩序,妨害医务人员工作、生活的,为数较多。本条规定警示患者遵守法律,保护好医疗机构和医务人员的合法权益,禁止"医闹"行为,违反者,应当依法承担法律责任。尽管没有规定应当承担什么样的法律责任,但本条含义明确,就是该负什么样的法律责任,就负什么样的法律责任,包括行政责任、民事责任或者刑事责任。

## 第四节 医疗事故处理法律制度

### 一、医疗事故的概念和法律特征

在《医疗事故处理条例》中,医疗事故是指医疗机构及其医务人员在医疗活动中,违反医疗卫生管理法律、行政法规、部门规章和诊疗护理规范、常规,过失造成患者损害的事故。这一概念包括以下含义:

### (一) 医疗事故是在医疗活动过程中发生的

既然是医疗事故,就必然要与医疗活动有关。诊疗护理是医疗活动的主要内容和形式。没有医疗活动内容的事故,不能称为医疗事故。所以,事故是不是在医疗活动中发生的,是区分医疗事故和其他事故的关键。有鉴于此,日常工作中,应严格禁止医务人员在非紧急情况下和不合法的执业场所实施医疗活动,否则将涉嫌非法行医。因此造成的人身伤害,就不能构成医疗事故,而是法律责任更重大的一般过失伤害。

### (二) 医疗事故是违法违规的过失

医疗活动充满风险,这个风险来自多方面。①来自医学发展本身的阶段性、局限性。人类目前还没有真正、全面地认识自己,在医学上仍存在很多"盲区"和"误区",所以,对许多疾病还处在不断探索过程中。②来自于医务人员对疾病的认识。由于医护人员技术水平不一,所以,采取医护措施的办法、时机、尺度等有异,自认医疗效果也就有可能不同。③来自于患者的疾病。疾病本身就是一种风险,诊疗护埋实质上是在化解风险,由于上述原因,所以,在化解风险的过程中又产

生了新的风险。医疗有风险是一个客观事实,但法律对这种风险性质有一个明确的界限,即合法的风险和非法的风险。所谓合法的风险,是指医疗管理法律、法规、规章和诊疗护理规范、常规允许的风险;非法的风险,则是指医疗管理法律、法规、规章和诊疗护理规范、常规不允许的风险。对合法的风险,医务人员不承担任何责任,实行责任豁免;对非法的风险,医务人员要承担相应的责任。甄别合法风险和非法风险的标准就是在医疗活动中是否存在过失,也就是在诊疗护理中是否违反医疗管理法律、法规、规章和诊疗护理规范常规。法律、法规、规章一般是由不同的立法机构制定的见诸文字的规范性文件,而诊疗的规范、常规既由卫生行政部门以及全国性行业协(学)会基于维护公民健康权利的原则,在总结以往科学技术成果的基础上,针对本行业的特点,制定出具有技术性、规定性、可操作性,医务人员在职业活动中必须严格遵守,认真执行的各种标准、规程、规范、制度、又包括医疗机构制定的本机构医务人员在进行医疗、护理、检验、以及诊断治疗及医用物品供应等各项工作应遵循的工作方法、步骤。

### (三) 医疗事故是有医疗机构及其医务人员直接造成的

国家对有权开展医疗活动的医疗机构和有权从事医疗活动的医务人员规定了严格的许可制度。"医疗事故"的主体必须是依法取得执业许可或执业资格的医疗机构及其工作人员。未取得《医疗机构执业许可证》的单位和组织,未取得执业医师或护士资格的人,他们只能是非法行医的主体。凡未经卫生行政部门批准而开展的医疗活动,都属非法行医。非法行医造成患者身体健康损害的,不属于医疗事故,而是一般的过失人身伤害。患者由于自己的过错造成的不良后果,也不能认定为医疗事故。

### (四) 医疗事故给病员造成了人身损害的严重后果

在医疗活动中,由于各种原因难免会出现一些不良后果,有些不良后果在不同程度上给患者的健康带来了影响、痛苦,有的甚至造成了人身损害。所以,为了保护患者利益医疗事故处理条例讲造成患者死亡、残废、组织器官损伤导致功能障碍以及明显的人身损害的其他后果的,定为医疗事故,并对造成医疗事故的责任人规定了明确的处罚。

应该强调的是,这里的严重后果只能是过失违法行为的后果,所谓过失是指行为人行为时的主观心理不是故意伤害患者,即行为人在行为时,决不希望或追求损害后果的发生,但由于自己的行为违法,造成了人身损害后果。过失行为和损害后果之间存在的因果关联是判定医疗事故成立的重要因素。在某些时候,虽然医务人员存在过失行为,甚至也确存在有损害结果,但该损害结果与过失行为之间并不存在因果关联,医疗事故因而也就不能成立。此外,因果关系的判定,还涉及追究医疗机构及医务人员的法律责任以及确定对患者的具体赔偿数额等重要问题。

## 二、医疗机构的等级和医疗事故的分级

医疗事故处理条例根据给患者身体健康造成的损害程度,将医疗事故分为四级:

一级医疗事故,是指造成患者死亡、重度残疾的医疗事故。

二级医疗事故,是指造成患者中度残疾、器官组织损伤导致严重功能障碍的医疗事故。

三级医疗事故,是指造成患者轻度残疾、器官组织损伤导致一般功能障碍的医疗事故。

四级医疗事故,是指造成患者明显人身损害的其他后果的医疗事故。

医疗事故的分级直接涉及患者的赔偿,涉及卫生行政部门对医疗事故行政处理和监督,也涉及各卫生行政部门之间的事故划分,因此,医疗事故的分级正确公平是公正处理医疗事故的关键之一。

除上述四级医疗事故外,患者对医疗过失造成的其他损害后果也提出了损害赔偿要求,在司法实践中,应用《侵权责任法》进行调整。

另外,《医疗事故分级标准(试行)》中,医疗事故从一级甲等共分十二个等级。

# 第五节 法律责任

## 一、行政责任

卫生行政部门接到医疗机构关于重大医疗过失行为的报告后未及时组织调查的;接到医疗侵权(医疗事故)争议的处理申请后,未在规定时间内审查或者移送上一级政府卫生行政部门处理的;未将应当进行医疗侵权鉴定的重大医疗过失行为或者医疗侵权争议移交医学会组织鉴定地;未依法逐级将当地发生的医疗争议以及依法对发生医疗侵权的医疗机构和医务人员的行政处理情况上报的以及未依法审核医疗侵权技术鉴定书,由上级卫生行政部门给予警告并责令限期改正,情节严重的,对负有责任的主管人员和其他直接责任人依法给予行政处分。

医疗机构发生医疗侵权的,由卫生行政部门根据医疗侵权的性质、等级和情节,给予警告。情节严重的,责令限期停业整顿直至由原发证部门吊销执业许可证。对负有责任的医务人员依法给予行政处分或纪律处分,对发生医疗侵权损害(医疗事故)的医务人员,卫生行政部门还可以责令暂停6个月以上1年以下职业活动,情节严重的,应吊销其执业证书。

如果医疗机构未如实告知患者病情、医疗措施和医疗风险;没有正当理由,拒绝为患者提供复印或者复制病历资料的;未按国务院卫生行政部门规定的要求书写和妥善保管病历资料的;未在规定时间内补记抢救工作病历内容的,未依法封存、保管和启封病历资料和实物的;未设置医疗服务质量监控部门或配备专(兼)职人员的;未制定有关医疗侵权损害或医疗事故防范和处理预案的;未在规定时间内向卫生行政部门报告重大过失医疗行为的;未依法向卫生行政部门报告医疗侵权损害以及未按规定进行尸检和保存、处理尸体的,卫生行政部门将责令其改正,情节严重的,对负有责任的主管人员和其他直接责任人员依法给予行政处分或纪律处分。

医疗机构或者其他有关机构,如应由其承担尸检任务又无正当理由而拒绝进行尸检的以及涂改、伪造、隐匿、销毁病历资料的,由卫生行政部门责令改正,给予警告,对负有责任的主管人员和直接责任人员给予行政处分或纪律处分,情节严重的,由原发证部门吊销执业许可证或资格证书。

## 二、刑事责任

卫生行政部门的工作人员在处理医疗侵权损害或医疗事故的过程中违反法律的规定,利用职务上便利收受他人财物或其他利益,滥用职权,玩忽职守,或发现违法行为不予查处,造成严重后果的,依照刑法关于受贿罪、滥用职权罪、玩忽职守罪或者其他有关罪的规定,依法追究刑事责任。

医疗机构发生情节严重的医疗事故的,对负有责任的医务人员依照刑法第335条关于医疗事故罪的规定,依法追究刑事责任。参加医疗事故鉴定的人员违反纪律的规定,接受申请鉴定双方或一方当事人的财物或其他利益,出具虚假医疗事故技术鉴定书,造成严重后果的,依照刑法关于受贿罪的规定,依法追究刑事责任。由于医疗事故处理条例和侵权责任法不分责任和技术侵权(事故),将使责任事故的确定为前提的刑法第335条的适用难以成立。

以医疗侵权为由,寻衅滋事,抢夺病历资料,扰乱医疗机构正常秩序和医疗侵权技术鉴定工作,依照刑法关于扰乱社会秩序罪的规定,依法追究刑事责任。非法行医,造成患者人身损害,不属于医疗侵权,触犯刑律的,依法追究刑事责任。

## 三、民事责任

医疗侵权中的民事责任通常是指医疗机构因发生医疗侵权应向患方承担民事赔偿责任。医患纠纷发生后,由于医患双方是平等的民事主体,因而,赔偿争议的解决完全可以通过自愿、平等协商,达成一致协议,并制作调解书。此外,双方如不愿意协商或协商不成,可以向卫生行政部门申请赔偿调解。对已经确定为侵权或医疗事故的,卫生行政部门应当遵循当事人自愿原则进行调解,如能达成协议,由卫生行政部门制作调解书,双方应履行;调解不成或经达成协议后一方反悔的,卫生行政部门不再调解。最后,当事人可以在协商不成或是调解不成时向人民法院提起民事诉讼,也可以直接向人民法院提起民事诉讼,这是解决医疗纠纷的最终途径,是最终的救济手段,是用司法程序解决医疗纠纷争议最具强制力的一种解决途径。

医疗损害侵权的损害后果,是对自然人生命健康权的侵害,生命健康权是公民的一项基本权利,也是享有其他一切权利的基础,对公民生命健康权的损害赔偿时针对损害公民健康权所造成的财产损失的赔偿,其实质是一种财产责任。侵权责任法分别就医疗技术损害责任、医疗伦理损害责任和医疗产品损害责任的归责原则作了规定,而卫生行政部门处理医疗纠纷时适用的《医疗事故处理条例》根据我国关于人身损害的民法原则提出了确定医疗事故赔偿具体数额的三个基本原则:

1. 医疗事故赔偿数额应当与具体案件的医疗事故等级向适应的原则

条例中关于医疗事故等级的划分,明确以医疗过失行为对患者人身造成的直接损害程度,合理划分在医疗事故的等级。因此,医疗事故的等级体现了患者人身遭受损害的实际程度,是对受害人人身致伤、致残及其轻重程度的客观评价。医疗事故具体赔偿数额与医疗事故等级相适应,体现了我国民法在民事赔偿上的实际赔偿原则。体现了赔偿的公平性和合理性。

2. 医疗事故赔偿数额,应当与医疗行为在医疗事故损害后果中的责任程度相适应的原则

医疗事故与医疗过失责任程度相适应的原则,是说在医疗方所承担的赔偿份额,应当与其过错行为对损害后果的作用相一致。体现了医疗事故赔偿适用的"过错原则",过错原则是医疗事故赔偿的一个基本原则。这就是明确医疗事故的赔偿责任,首先必须确定医疗行为本身是否有过错,有过错也不意味着承担全部责任,还要看过错行为对损害方损害结果所占的责任程度大小,有多大的责任就承担多大的赔偿责任。责任程度原则,使医疗事故直接损害的基本原则更加科学化、规范化。这样规定即符合法律的基本原则,也符合医学的基本原则,有利于医患双方的合法权益。一方面避免在确定为医疗事故后就判定医疗主体承担全部损害的责任,使医疗主体承受起超过其实际致害行为责任程度的赔偿义务,合法权益受到损害,另一方面也避免对医疗过失责任程度较小的损害后果,在鉴定中不能确定为医疗事故,使患方应当得到的补偿不能得到。因此,责任

程度原则是一个比较合理的赔偿适用原则。

3. 应客观考虑医疗事故损害后果与患者原有疾病状况之间的关系

这一原则要求确定医疗事故赔偿时,应当实事求是,客观地分析患者原有疾病状况对医疗事故损害后果的影响因素以及其与损害后果之间关系,免除医疗主体不应承担的赔偿成分,体现了法律的公平性以及责任方应承担责任份额时以事实为根据以法律为准绳的法治原则。

考虑患者原有疾病,主要应当注意以下几个方面:

1)患者原有疾病在发生发展过程中的必然趋势与医疗事故损害后果的关系。

2)患者原有疾病状况发展对现存损害后果的直接作用程度及过失行为之间关系。

3)患者原有疾病状况的基础条件在静止状态与其现有损害的关系,如果都是一个相当于 X 级的残疾者,而医疗事故导致其致残程度进一步严重,在确定具体赔偿数额时应当减除原有残疾损失的份额。

4)患者原有疾病状况的危险性及其与医疗主体实施医疗行为的必然联系和客观需求,患者因医疗行为的获益结果与损害结果的关系等。

根据《医疗事故处理条例》的规定,有包括医药费、误工费、住院伙食补助费、陪护费、残疾生活补助费、残疾用具费、丧葬费、被抚养人生活费、交通费、住宿费,精神损害抚慰金等 11 项医疗事故赔偿项目,并规定了具体的计算标准,参加医疗事故处理的患者近亲属所需要的交通费、误工费、住宿费,计算费用的人数不超过 2 人,造成患者死亡的,参加丧葬活动的患者的配偶和直系亲属所需交通费、误工费、住宿费,计算费用人数不超过 2 人,医疗事故的赔偿费用,实行一次性结算,由承担医疗事故责任的医疗机构支付。

## 思考题

1. 简述医疗损害责任的概念和法律特征。

2. 简述医疗损害责任的分类及各自的归责原则。

3. 简述医疗过失的证明及举证责任原则。

4. 简述《侵权责任法》规定的医疗机构免责的法定事由。

5. 简述《侵权责任法》对患者和医疗机构权益的特别保护。

6. 简述医疗事故的概念及分级。

(贵阳中医学院　陈　瑶)

# 第十章 母婴保健法律制度

通过本章的学习，掌握母婴保健法的概念，熟悉婚前保健和孕产期保健的法律规定，了解医疗保健机构和母婴保健工作管理的法律规定，以及违反母婴保健法的法律责任。

## 第一节 概 述

### 一、母婴保健法的概念

母婴保健法是调整保障母亲和婴儿健康、提高出生人口素质活动中产生的各种社会关系的法律规范的总和。1989 年，联合国通过了《儿童权利公约》目前已有 191 个国家批准了该公约。中国是参与起草并较早批准公约的国家。2002 年 5 月儿童问题特别联大召开，并通过了《适合儿童生长的世界》的决议，明确了在保健、教育、保护和艾滋病防治 4 个领域保护儿童权益、改善儿童生存条件的原则和目标。

在我国，保障妇女儿童的合法权益，保护妇女儿童的身心健康，一直受到党和政府的高度重视和关怀。我国在《宪法》和《婚姻法》、《妇女权益保障法》等法律中均规定了保护妇女儿童的专门条款。2001 年 9 月，卫生部制定了《贯彻〈中国儿童发展纲要（2001～2010 年）〉实施方案》，对 2010 年妇女、儿童卫生保健的主要目标，提高出生人口素质、孕产妇安全分娩、降低婴儿和 5 岁以下儿童死亡率、提高儿童营养水平、加强儿童卫生保健教育、改善生活环境、提高妇女健康水平等工作提出了具体目标要求，并为保障这些目标的落实，提出了策略和措施。

控制人口数量，提高人口素质，是我国的一项基本国策。人口素质，直接关系到民族的盛衰和国家的兴亡。国家在母婴保健方面做了大量的科研、服务和宣传教育工作，由于母婴保健工作没有相应的法律保障，加之经济落后和某些传统观念的影响，我国目前劣生的现象仍很严重。因此，以法律手段来保证优生，控制、减少劣生，提高出生人口质量是十分必要的。1994 年 10 月 27 日，八届全国人大常委会第 10 次会议通过了《中华人民共和国母婴保健法》，自 1995 年 6 月 1 日起施行。这是我国第一部保护妇女和儿童健康，提高出生人口素质的法律。2001 年 6 月 20 日国务院发布了《母婴保健法实施办法》。《母婴保健法》及有关法规、规章的颁布实施，对于提高人口素质，改善农村和边远贫困地区妇女儿童的健康状况，实现我国政府对国际社会的承诺，发展我国妇幼卫生事业，保障妇女儿童健康，促进家庭幸福、民族兴旺和社会进步发挥了积极作用。

## 二、母婴保健法的调整对象和工作方针

母婴保健法的调整对象既包括从事母婴保健服务活动和机构及其人员,也包括母婴保健服务的对象和当事人。从事计划生育技术服务的机构开展计划生育技术服务活动,依照《计划生育技术服务管理条例》的规定执行。

母婴保健工作以保障为中心,以保障生殖健康为目的,实行保健和临床相结合,面向群体、面向基层和预防为主的工作方针。

《母婴保健法》规定,国家发展母婴保健事业,提供必要条件和物质帮助,使母亲和婴儿获得医疗保健服务,国家对边远贫困地区母婴保健事业给予扶持。各级人民政府领导母婴保健工作,采取措施,对母婴保健工作进行领导和管理。

# 第二节　婚前保健和孕产期保健法律制度

## 一、婚前保健

### (一)婚前保健服务内容

婚前保健服务,是指对准备结婚的男女双方,在结婚登记前所进行的婚前医学检查、婚前卫生指导和婚前卫生咨询服务。

根据《母婴保健法》及实施办法的规定,医疗保健机构应当为公民提供婚前保健服务。对准备结婚的男女双方提供与结婚和生育有关的生殖健康知识,并根据需要提出医学指导意见。

1. 婚前卫生指导

婚前指导,是指对准备结婚的男女双方进行的以生殖健康为核心,与结婚和生育有关的保健知识的宣传教育。婚前卫生指导主要包括:①有关性卫生的保健和教育。②新婚避孕知识及计划生育指导。③受孕前的准备、环境和疾病对后代影响等孕前保健知识。④遗传病的基本知识。⑤影响婚育的有关疾病的基本知识。⑥其他生殖健康知识。

2. 婚前卫生咨询

婚前卫生咨询包括婚配、生育保健等问题的咨询。医师应当为服务对象提供科学的信息,对可能产生的后果进行指导,并提出适当的建议。

3. 婚前医学检查

医疗保健机构对准备结婚的男女双方可能患影响结婚和生育的疾病进行医学检查。婚前医学检查项目包括询问病史,体格检查,常规辅助检查和其他特殊检查。经婚前医学检查,医疗保健机构应当向接受婚前检查的当事人出具婚前医学检查证明,并应列明是否发现下列疾病:①在传染期内的法定传染病。②在发病期内的有关精神病。③不宜生育的严重遗传性疾病。④医学上认为不宜结婚的其他疾病。

### (二)婚前医学检查意见

经婚前医学检查,发现患有指定传染病在传染期内或者有关精神病在发病期内的,医师应当

提出医学意见。准备结婚的男女双方应当暂缓结婚,医疗保健机构应当为其治疗提供医疗服务。对诊断患医学上认为不宜生育的严重遗传疾病的,医师应当向男女双方说明情况,提出医学意见,经男女双方同意,采取长效避孕措施或者施行结扎手术后不生育的,可以结婚,但《婚姻法》规定禁止结婚的除外。

婚前医学检查由县级以上妇幼保健院或经设区的市级以上卫生行政部门指定的医疗机构承担,不宜生育的严重遗传性疾病的诊断由省级卫生行政部门指定的医疗保健机构负责。医疗保健机构对婚前医学检查不能确诊的,应当转诊,当事人也可以到卫生行政部门许可的医疗保健机构进行确诊。接受婚前医学检查人员对检查结果持有异议的,可以申请医学技术鉴定,取得医学鉴定证明。

2003年国务院颁布的《婚姻登记条例》对婚前检查未做规定,结婚登记时不再要求婚前医学检查证明,婚检与否,只是个人的自由选择,这是充分尊重个人隐私权的表现。所以,《婚姻登记条例》取消的只是"强制"而不是"婚检"本身。为了自己、配偶和下一代的健康和幸福,婚前医学检查不能轻易放弃,更不能不负责任地逃避。

## 二、孕产期保健

### (一) 孕产期保健服务内容

《母婴保健法》规定,医疗保健机构应当开展母婴保健指导、孕产妇保健、胎儿保健和新生儿保健,为孕龄妇女和孕产妇提供有关避孕、节孕、生育、不育和生殖健康的咨询和医疗保健服务。通过系列保健服务,为产妇提供科学育儿、合理营养和母乳喂养的指导,同时提供对婴儿进行体格检查和预防接种,逐步开展新生儿疾病筛查、婴儿多发病和常见病等医疗保健服务。

1. 母婴保健指导

母婴保健指导,是指对孕育健康后代以及严重遗传性疾病和碘缺乏病的发病原因、治疗和预防方法提供医学意见。

2. 孕产妇保健

孕产妇保健主要包括:①为孕产妇建立保健手册(卡),定期进行产前检查。②为孕产妇提供卫生、营养、心理等方面的医学指导和咨询。③对高危孕妇进行重点监护、随访和医疗保健服务。④为孕产妇提供安全分娩技术服务。⑤定期进行产后访视,直到产妇科学喂养婴儿。⑥提供避孕咨询指导和技术服务。⑦对产妇及其家属进行生殖健康教育和科学育儿知识教育。⑧其他孕产期保健服务。

3. 胎儿保健

胎儿保健,是指为胎儿生长发育提供监护,提供咨询和医学指导。

4. 新生儿保健

新生儿保健主要内容是:①按照国家有关规定开展新生儿先天性、遗传性代谢病筛查、诊断和检测。②对新生儿进行访视,建立儿童保健手册(卡),定期对其进行健康检查,提供有关预防疾病、合理用膳、促进智力发育等科学知识,做好婴儿多发病、常见病防治等医疗保健服务。③按照规定的程序和项目对婴儿进行预防接种。④推行母乳喂养。

## （二）医学指导和医学意见

医疗保健机构发现孕产妇有下列严重疾病或者接触物理、化学、生物等有毒、有害因素，可能危及孕妇生命安全或者可能严重影响孕妇健康和胎儿正常发育的，应当对孕妇进行医学指导：①严重的妊娠合并症或并发症。②严重精神性疾病。③国务院卫生行政部门规定的严重影响生育的其他疾病。医生发现或者怀疑患严重遗传性疾病的育龄夫妻，应当提出医学意见，对限于医疗技术条件难以确诊的，应当向当事人说明情况并向上级转诊；育龄夫妇根据医师的医学意见可以自愿采取避孕、节育、不孕等相应的医学措施。

## （三）产前诊断

产前诊断，是指对胎儿进行先天性缺陷和遗传性疾病的诊断。医疗机构发现孕妇有下列情形之一的，应当对其进行产前诊断：①羊水过多或过少。②胎儿发育异常或胎儿有可疑畸形。③孕早期接触过多可能导致胎儿先天缺陷的物质。④有遗传病家族史或曾经分娩过先天性严重缺陷的婴儿。⑤初产妇年龄超过 35 周岁的。

生育过严重遗传性疾病或严重缺陷患儿的，再次妊娠前，夫妇双方应当按照国家有关规定到医疗保健机构进行医学检查。医疗保健机构应当向当事人介绍有关遗传性疾病的知识，给予咨询指导。对确诊患有医学上认为不宜生育的严重遗传性疾病的，医师应当向当事人说明情况，并提出医学意见。

## （四）终止妊娠

经产前检查和产前诊断，医师发现胎儿有下列严重缺陷或者孕妇患有严重疾病和严重遗传性疾病的，应当向夫妻双方说明情况，并提出采取终止妊娠措施的医学意见：①无脑畸形、脑积水、脊柱裂、脑脊膜膨出等。②内脏膨出或内脏外翻。③四肢短小畸型。④其他严重的胎儿畸形。需施行终止妊娠的，应当经本人同意，并签署意见；本人无行为能力的，应当经其他监护人同意，并签署意见。根据民法通则规定，监护人包括：配偶、父母、成年子女、其他近亲属；关系密切的其他亲属、朋友愿意承担监护责任，经精神病人的所在单位或者住所地的居民委员会、村民委员会同意的也可以担任监护人。没有上述人可以担任监护人的，由精神病人的所在单位或者住所地的居民委员会、村民委员会或者民政部门担任监护人。依法实行终止妊娠或者结扎手术的，接受免费服务。

## （五）住院分娩

国家提倡住院分娩。医疗保健机构应当按照卫生部制定的技术操作规范，实施消毒接生和新生儿复苏工作，降低孕产妇及围产期发病率、病死率。没有条件住院分娩的，应当由经县级地方人民政府卫生行政部门许可并取得家庭接生员技术证书的人员接生。高危孕妇应当在医疗保健机构分娩。

## （六）新生儿出生医学证明

医疗保健机构和从事家庭接生的人员应当按照国务院卫生行政部门的规定，出具统一制发的新生儿出生医学证明。有产妇和婴儿死亡及新生儿出生缺陷的，应当向卫生行政部门报告。《出生医学证明》是新生儿申报户口的证明。

### (七) 严禁采用技术手段对胎儿进行性别鉴定

《母婴保健法》规定,严禁采用技术手段对胎儿进行性别鉴定。对怀疑胎儿可能为伴性遗传病,需要进行性别鉴定的,由省级卫生行政部门制定的医疗保健机构按照卫生部的规定进行鉴定。采用技术手段进行非医学需要的胎儿性别鉴定,进而进行非医学需要的选择性别的人工终止妊娠,会导致出生人口性别比例失调。据计划生育报表统计,我国目前出生性别比达到1:3。出生人口性别比长期偏高,将会产生一系列严重的社会、经济问题,如加剧婚姻市场的竞争,影响婚姻家庭关系,增加性犯罪的可能性,加重社会保障负担等,影响未来的社会稳定和发展。

为了落实《母婴保健法》和《人口与计划生育法》的规定,2002 年 11 月 29 日,卫生部、国家人口与计划生育委员会、国家药品监督管理局联合发布了《关于禁止非医学需要的胎儿性别鉴定和选择性别的人工终止妊娠的规定》,指出未经卫生行政部门或计划生育行政部门批准,任何机构和个人不得开展胎儿性别鉴定和人工终止妊娠手术;法律法规另有规定的除外。

1. 监督管理机构

县级以上人民政府计划生育、卫生和药品监督管理等行政部门,按照各自职责,对本行政区以内的胎儿性别鉴定和施行终止妊娠手术工作实施监督管理。

2. 医疗保健机构和技术人员的管理

市(地)级人民政府卫生行政部门负责初步审查实施医学需要的胎儿性别鉴定的医疗保健机构,报省、自治区、直辖市人民政府卫生行政部门批准,并通报同级人民政府计划生育行政部门。

县级以上人民政府卫生行政部门应当会同计划生育行政部门制定对人身妇女使用超声诊断仪和染色体检测进行胎儿性别鉴定的管理制度,明确规定对妊娠妇女使用超声诊断仪和染色体检测专用设备的技术人员的资格条件及操作要求。医疗保健和计划生育技术服务机构应制定相关管理制度,切实加强对有关人员的法制教育和职业道德教育。

承担实施终止妊娠手术的医务人员,应在手术前查验、登记受术者身份证,以及规定的医学诊断结果或相应的证明。

3. 实施医学需要的胎儿性别鉴定和非医学需要的妊娠终止手术的审批

实施医学需要的胎儿性别鉴定,应当由实施机构 3 人以上的专家组集体审核。经诊断,确需终止妊娠的,由实施机构为其出具医学诊断结果,并通报县级人民政府计划生育部门。

符合省、自治区、直辖市人口与计划生育条例规定生育条件,已领取生育服务证,拟实行中期以上(妊娠 14 周以上)非医学需要的终止妊娠手术的,必须经县级人民政府计划生育行政部门或所在乡(镇)人民政府、街道办事处计划生育工作机构批准,并取得相应的证明。

4. 终止妊娠药品的使用

终止妊娠的药品(不包括避孕药品),仅限于在获准施行终止妊娠手术医疗保健机构和计划生育技术服务机构使用。终止妊娠的药品,必须在医生指导和监护下使用。禁止药品零售企业销售终止妊娠药品。药品生产、批发企业不得将终止妊娠药品销售各位获得施行终止妊娠手术资格的机构和个人。

## 第三节　母婴保健机构的法律制度

### 一、医疗保健机构

医疗保健机构,是指依据《母婴保健法》开展母婴保健业务的各级妇幼保健机构以及其他开展母婴保健技术服务的机构。

《母婴保健法》规定,医疗保健机构依法开展婚前医学检查、遗传病诊断、产前诊断以及施行结扎手术和终止妊娠手术的,必须符合国务院卫生行政部门规定的条件和技术标准,并经县级以上地方人民政府卫生行政部门许可:

1)医疗保健机构开展婚前医学检查,应当具备以下条件:分别设置专用的男、女婚前医学检查室,配备常规检查和专科检查设备;设置婚前生殖健康宣传教育室;具有符合条件的进行男、女婚前医学检查的医师,并经设区的市级以上卫生行政部门许可,取得《母婴保健技术服务执业许可证》。

2)医疗保健机构和其他开展母婴保健技术服务的机构开展助产技术服务、结扎手术和中止妊娠手术,必须既经县级卫生行政部门许可,并取得相应的合格证书。

3)医疗保健机构开展遗传病诊断和产前诊断,不需经省级卫生行政部门许可,取得相应的合格证书。《母婴保健技术服务执业许可证》的有效期为3年,期满后继续开展母婴保健技术服务的,由原发证机关重新审核认可。

### 二、母婴保健工作人员

从事母婴保健工作的执业医师应当依照《母婴保健法》的规定取得相应的资格。在医疗保健机构从事母婴保健技术服务的人员以及从事家庭接生的人员,应当参加卫生行政部门组织的母婴保健法知识培训和业务培训,凡符合卫生行政部门规定的技术人员标准,经考核并取得卫生行政部门颁发的《母婴保健技术考核合格证》和《家庭接生技术合格证书》后方可从事母婴保健技术工作:①从事遗传病诊断和产前诊断的人员,必须经省级人民政府卫生行政部门许可。②从事婚前医学检查的人员,必须经设区的市级人民政府卫生行政部门许可。③从事助产技术服务、结扎手术和终止妊娠手术的人员以及从事家庭接生的人员,必须经县级人民政府卫生行政部门许可。以上各许可证的有效期为3年,期满后继续开展母婴保健技术服务的,由原发证机关重新审核认可。

## 第四节　母婴保健工作管理的法律规定

### 一、政府领导母婴保健工作

《母婴保健法》规定,国家发展母婴保健事业,提供必要条件和物质帮助,使母亲和儿童获得医疗保健服务;各级人民政府领导母婴保健工作。各级人民政府必须采取措施,加强对母婴保健工作的领导和管理,包括:

1. 投入人力和物力,进一步完善母婴保健三级网络

为母婴保健机构提供必须的医疗设施和交通工具,提供配套资金;积极发展母婴保健领域的教育和科学研究,培养一支思想素质好、技术水平高的专业队伍,同时注意对基层母婴保健工作的培训,以确保母亲和婴儿获得优质的保健服务。

2. 采取措施,创造良好的生存环境

采取积极措施,治理污染,保护环境,重点防治由环境因素所致的严重危害孕妇、胎儿、新生儿健康的地方性高发性疾病。

3. 认真执行母婴保健工作的许可制度,确保工作质量

政府有关部门在各自的职责范围内要配合卫生行政部门做好母婴保健工作,促进母婴保健事业的发展。

### 二、母婴保健工作管理机构及其职责

1. 国务院卫生行政部门及其职责

中华人民共和国卫生部主管全国母婴保健工作,并对母婴保健工作实施监督管理。其主要职责是:执行《母婴保健法》及其实施办法;制定《母婴保健法》配套规章及技术规范,并负责解释;按照分级分类指导原则制定全国母婴保健工作发展规划和实施步骤;组织推广母婴保健适宜技术并进行评价;对母婴保健工作进行监督管理。

2. 县级以上卫生行政部门及其职责

县级以上人民政府卫生行政部门管理本行政区域内的母婴保健工作,并实施监督。其主要职责是:按照国务院卫生行政部门规定的条件和技术标准,对婚前医学检查、遗传病诊断、产前结扎手术和终止妊娠手术单位进行审批和注册;对从事婚前医学检查、遗传病诊断、产前诊断、结扎手术和终止妊娠手术的人员以及从事家庭接生的人员进行考核,并颁发相应的证书;对《母婴保健法》及其实施办法的执行情况进行监督检查;依照《母婴保健法》及其实施办法进行行政处罚。

### 三、母婴保健监督员职责

县级以上地方行政人民政府卫生行政部门根据需要可以设立母婴保健监督员。母婴保健监督员从卫生行政部门和妇幼保健院中聘任,由省级卫生行政部门审核,同级卫生行政部门发证。其主要职责:监督检查《母婴保健法》及其实施办法的执行情况;对违反《母婴保健法》及其实施办法的单位和个人提出处罚意见;提出改进母婴保健工作的建议;完成卫生行政部门交给的其他监督检查任务。

## 第五节 产前诊断技术管理的法律规定

### 一、概述

产前诊断,是指对胎儿进行先天性缺陷和遗传性疾病的诊断,包括相应筛查。产前诊断技术项目包括遗传咨询、医学影像、生化免疫、细胞遗传和分子遗传等。

　　为保障母婴健康,提高出生人口素质,保证产前诊断技术的安全、有效,规范产前诊断技术的监督管理,依据《中华人民共和国母婴保健法》以及《中华人民共和国母婴保健法实施办法》,卫生部制定《产前诊断技术管理办法》,并自2003年5月1日起正式施行。该办法规定了由国家卫生部负责全国产前诊断技术应用的监督管理工作,确定了产前诊断技术的应用应当以医疗为目的,符合国家有关法律规定和伦理原则,由经资格认定的医务人员在经许可的医疗保健机构中进行,医疗保健机构和医务人员不得实施任何非医疗目的的产前诊断技术。

## 二、管理与审批

　　产前诊断技术应用实行分级管理。卫生部制定开展产前诊断技术医疗保健机构的基本条件和人员条件;颁布有关产前诊断的技术规范;指定国家级开展产前诊断技术的医疗保健机构;对全国产前诊断技术应用进行质量管理和信息管理;对全国产前诊断专业技术人员的培训进行规划。省、自治区、直辖市人民政府卫生行政部门(以下简称省级卫生行政部门)根据当地实际,因地制宜地规划、审批或组建本行政区域内开展产前诊断技术的医疗保健机构;对从事产前诊断技术的专业人员进行系统培训和资格认定;对产前诊断技术应用进行质量管理和信息管理。县级以上人民政府卫生行政部门负责本行政区域内产前诊断技术应用的日常监督管理。

　　从事产前诊断的卫生专业技术人员应符合以下所有条件:①从事临床工作的,应取得执业医师资格。②从事医技和辅助工作的,应取得相应卫生专业技术职称。③符合《从事产前诊断卫生专业技术人员的基本条件》。④经省级卫生行政部门批准,取得从事产前诊断的《母婴保健技术考核合格证书》。

　　申请开展产前诊断技术的医疗保健机构应符合下列所有条件:①设有妇产科诊疗科目。②具有与所开展技术相适应的卫生专业技术人员。③具有与所开展技术相适应的技术条件和设备。④设有医学伦理委员会。⑤符合《开展产前诊断技术医疗保健机构的基本条件》及相关技术规范。

　　申请开展产前诊断技术的医疗保健机构应当向所在地省级卫生行政部门提交下列文件:①医疗机构执业许可证副本。②开展产前诊断技术的母婴保健技术服务执业许可申请文件。③可行性报告。④拟开展产前诊断技术的人员配备、设备和技术条件情况。⑤开展产前诊断技术的规章制度。⑥省级以上卫生行政部门规定提交的其他材料。

　　申请开展产前诊断技术的医疗保健机构,必须明确提出拟开展的产前诊断具体技术项目。

　　申请开展产前诊断技术的医疗保健机构,由所属省、自治区、直辖市人民政府卫生行政部门审查批准。省、自治区、直辖市人民政府卫生行政部门收到相关规定的材料后,组织有关专家进行论证,并在收到专家论证报告后30个工作日内进行审核。经审核同意的,发给开展产前诊断技术的母婴保健技术服务执业许可证,注明开展产前诊断以及具体技术服务项目;经审核不同意的,书面通知申请单位。

　　开展产前诊断技术的《母婴保健技术服务执业许可证》每3年校验一次,校验由原审批机关办理。经校验合格的,可继续开展产前诊断技术;经校验不合格的,撤销其许可证书。

　　卫生部根据全国产前诊断技术发展需要,在经审批合格的开展产前诊断技术服务的医疗保健机构中,指定国家级开展产前诊断技术的医疗保健机构。省、自治区、直辖市人民政府卫生行政部门指定的医疗保健机构,协助卫生行政部门负责对本行政区域内产前诊断的组织管理工作。

　　从事产前诊断的人员不得在未许可开展产前诊断技术的医疗保健机构中从事相关工作。

## 三、实施

孕妇有下列情形之一的,经治医师应当建议其进行产前诊断:①羊水过多或者过少的。②胎儿发育异常或者胎儿有可疑畸形的。③孕早期时接触过可能导致胎儿先天缺陷的物质的。④有遗传病家族史或者曾经分娩过先天性严重缺陷婴儿的。⑤年龄超过35周岁的。

确定产前诊断重点疾病,应当符合下列条件:①疾病发生率较高。②疾病危害严重,社会、家庭和个人疾病负担大。③疾病缺乏有效的临床治疗方法。④诊断技术成熟、可靠、安全和有效。

对一般孕妇实施产前筛查以及应用产前诊断技术坚持知情选择。孕妇自行提出进行产前诊断的,经治医师可根据其情况提供医学咨询,由孕妇决定是否实施产前诊断技术。对于产前诊断技术及诊断结果,经治医师应本着科学、负责的态度,向孕妇或家属告知技术的安全性、有效性和风险性,使孕妇或家属理解技术可能存在的风险和结果的不确定性。在发现胎儿异常的情况下,经治医师必须将继续妊娠和终止妊娠可能出现的结果以及进一步处理意见,以书面形式明确告知孕妇,由孕妇夫妻双方自行选择处理方案,并签署知情同意书。若孕妇缺乏认知能力,由其近亲属代为选择。涉及伦理问题的,应当交医学伦理委员会讨论。

开展产前诊断技术的医疗保健机构对经产前诊断后终止妊娠娩出的胎儿,在征得其家属同意后,进行尸体病理学解剖及相关的遗传学检查。

开展产前诊断技术的医疗保健机构不得擅自进行胎儿的性别鉴定。对怀疑胎儿可能为伴性遗传病,需要进行性别鉴定的,由省、自治区、直辖市人民政府卫生行政部门指定的医疗保健机构按照有关规定进行鉴定。

当事人对产前诊断结果如有异议的,可以申请技术鉴定。

开展产前诊断技术的医疗保健机构应当建立健全技术档案管理和追踪观察制度。

## 四、处罚

未经批准擅自开展产前诊断技术的非医疗保健机构,按照《医疗机构管理条例》有关规定进行处罚。

医疗保健机构未取得产前诊断执业许可或超越许可范围,擅自从事产前诊断的,按照《中华人民共和国母婴保健法实施办法》有关规定处罚,由卫生行政部门给予警告,责令停止违法行为,没收违法所得;违法所得5 000元以上的,并处违法所得3倍以上5倍以下的罚款;违法所得不足5 000元的,并处5 000元以上2万元以下的罚款。情节严重的,依据《医疗机构管理条例》依法吊销医疗机构执业许可证。

对未取得产前诊断类母婴保健技术考核合格证书的个人,擅自从事产前诊断或超越许可范围的,由县级以上人民政府卫生行政部门给予警告或者责令暂停6个月以上1年以下执业活动;情节严重的,按照《中华人民共和国执业医师法》吊销其医师执业证书。构成犯罪的,依法追究刑事责任。

开展产前诊断技术的医疗保健机构擅自进行胎儿的性别鉴定,按照《中华人民共和国母婴保健法实施办法》其中的相关规定予以处罚。

# 第六节　法　律　责　任

## 一、行政责任

医疗保健机构或者人员未取得母婴保健技术许可,擅自从事婚前医学检查、遗传病诊断、产前诊断、终止妊娠手术和医学技术鉴定或者出具有关医学证明的,由卫生行政部门给予警告、责令停止违法行为,没收违法所得;违法所得 5 000 元以上的,并处违法所得 3 倍以上 5 倍以下的罚款;没收违法所得或者违法所得不足 5 000 元的,并处 5 000 元以上 2 万元以下的罚款。

从事母婴保健技术服务的人员出具有关虚假医学证明文件的,依法给予行政处分;有下列情形之一的,由原发证部门撤销相应的母婴保健技术执业资格或者医师执业证书:①因延误诊治,造成严重后果的。②给当事人身心健康造成严重后果的。③造成其他严重后果的。

违反《母婴保健法》规定进行胎儿性别鉴定的,由卫生行政部门给予警告、责令停止违法行为;对医疗保健机构直接负责的主管人员和其他直接责任人员,依法给予行政处罚。进行胎儿性别鉴定两次以上的或者以营利为目的进行胎儿性别鉴定的,由原发证机关撤销相应的母婴保健技术执业资格或者医师执业证书。

## 二、民事责任

母婴保健工作人员在诊疗护理过程中,因诊疗护理过失,造成病员死亡、残废、组织器官损伤导致功能障碍的,应根据医疗事故处理办法的有关规定,承担相应的民事责任。

## 三、刑事责任

取得相应合格证书的从事母婴保健工作人员由于严重不负责任,造成就诊人死亡或者严重损害就诊人身体健康的,依照《刑法》第 335 条医疗事故罪追究刑事责任。

未取得国家颁发的有关合格证书,包括取得合法行医资质而未取得《母婴保健法》规定的合格证书者和非法行医者,实施终止妊娠手术或者采取其他办法终止妊娠,致人死亡、残疾、丧失或者基本丧失劳动能力的,依照《刑法》第 336 条非法节育手术罪的有关规定追究刑事责任。

### 思考题

1. 简述母婴保健法的概念。
2. 简述婚前保健和孕产期保健的法律规定。
3. 简述医疗保健机构的概念。
4. 简述母婴保健工作管理的法律规定。
5. 简述违反母婴保健法的法律责任。

（贵阳中医学院　陈　瑶　李　娜　南京中医药大学　朱晓卓）

# 第十一章 血液管理法律制度

通过本章的学习,掌握我国无偿献血的法律规定,熟悉违反相关血液管理规定的法律责任,了解临床用血、血站管理和解血液制品管理的法律规定。

## 第一节 概 述

### 一、献血法的概念

献血法是调整保证临床用血需要和安全,保障献血者和用血者身体健康活动中产生的各种社会关系的法律规范的总称。

血液具有重要的生理意义,医疗临床用血在临床治疗上起着重要作用,现阶段人造血液不能广泛应用,价格昂贵,还不能取代血液,因此,医疗临床用血只能靠公民献血来解决,而且只能来自健康者的机体。公民献血制度的完善程度,充分体现了一个国家公民的道德水准、公民意识水平、文化知识程度和社会公德水平的高低。

### 二、我国献血立法

我国的无偿献血制度始于 20 世纪 70 年代后期,但由于历史原因发展缓慢。为了规范公民献血工作,1978 年,国务院批转了卫生部《关于加强输血工作的请示报告》,1996 年,国务院发布了《血液制品管理条例》,卫生部向机关颁发了《全国血站工作条例》、《关于加强输血工作管理的若干规定》、《采血机构和血液管理办法》以及《血站基本标准》等,一些省、自治区、直辖市也制定了地方性法规或规章。

1997 年 12 月 29 日,八届全国人大常委会第 29 次会议通过了《中华人民共和国献血法》,自1998 年 10 月 1 日起施行。1998 年 9 月,卫生部根据献血法发布了《血站管理办法(暂行)》、《医疗机构临床用血管理办法(试行)》、《临床输血技术规范》等规章。1999 年,卫生部、中国红十字会总会颁布了《全国无偿献血表彰奖励办法》。

《献血法》和配套法规的颁布实施,标志着我国血液管理进入到一个崭新的阶段。2002 年,卫生部开始按照 WHO 安全血液和血液制品四项方针,即国家血液工作的要点是要建立组织完善的、国家协调的输血服务机构;要从来自低风险人群的定期、自愿无偿的献血者采集血液;对所有采集血液进行输血传播性疾病检测、血液定型和配合性试验;血液在临床的合理使用,深入实施采供血

142

机构全面质量管理项目,加强血站实验室建设和临床用血管理,确保血液安全。

## 第二节　无偿献血的法律规定

为保证医疗临床用血需要和安全,保障献血者和用血者身体健康,发扬人道主义精神,促进社会主义物质文明和精神文明建设,制定了《中华人民共和国献血法》,明确了我国实行无偿献血制度。

### 一、无偿献血的对象

《献血法》规定,提倡18周岁至55周岁的健康公民自愿献血。提倡个人、家庭、亲友、单位及社会互助献血。鼓励国家工作人员、现役军人和高等学校在校学生率先献血,为树立社会新风尚做表率。

### 二、无偿献血工作的组织与管理

《献血法》规定,地方各级人民政府领导本行政区域内的献血工作,统一规划并负责组织、协调有关部门共同做好献血工作。县级以上各级人民政府卫生行政部门监督管理献血工作,各级卫生行政部门要严格执行政策法规,建立监督制约机制,加大实施力度,狠抓血源管理,杜绝医疗单位私自采血和血液采供中的买卖行为,并配合公安部门对扰乱供血秩序的非法采供血行为予以坚决打击。

各级红十字会依法参与、推动献血工作。各级人民政府采取措施广泛宣传献血的意义,普及献血的科学知识,开展预防和控制经血液途径传播的疾病的教育。

新闻媒介应当开展献血的社会公益性宣传,向群众广泛宣传无偿献血的意义,营造舆论声势,通过各种形式,动员社会各界力量,进一步加强和促进广大人民对无偿献血的认识,提高全中国人民的参与意识。

国家机关、军队、社会团体、企业事业组织、居民委员会、村民委员会,应当动员和组织本单位或者本居住区的适龄公民参加献血。

### 三、采血与供血

血站是采集、提供临床用血的机构,是不以营利为目的的公益性组织。设立血站向公民采集血液,必须经国务院卫生行政部门或者省、自治区、直辖市人民政府卫生行政部门批准。血站应当为献血者提供各种安全、卫生、便利的条件。血站的设立条件和管理办法由国务院卫生行政部门制定。

血站对献血者必须免费进行必要的健康检查。身体状况不符合献血条件的,血站应当向其说明情况,不得采集血液。献血者的身体健康条件由国务院卫生行政部门规定。血站对献血者每次采集血液量一般为200毫升,最多不得超过400毫升,两次采集间隔期不少于6个月。严格禁止血站违反前款规定对献血者超量、频繁采集血液。

血站采集血液必须严格遵守有关操作规程和制度,采血必须由具有采血资格的医务人员进行,一次性采血器材用后必须销毁,确保献血者的身体健康。

血站应当根据国务院卫生行政部门制定的标准,保证血液质量。血站对采集的血液必须进行检测;未经检测或者检测不合格的血液,不得向医疗机构提供。

# 第三节　临床用血的法律规定

## 一、临床用血实行无偿献血制度

根据目前我国血液管理工作的法律法规规定,将血液分为医疗临床用血和血液制品生产用血两部分分别进行管理。医疗临床用血根据献血法的规定,实行无偿献血制度。

血液是指用于临床的全血、成分血。无偿献血的血液必须用于临床,不得买卖。献血者无偿提供临床用血,这种行为是发扬人道主义精神、救死扶伤的高尚行为,而不是具有买卖关系的经济行为,在无偿献血的整个过程中,不允许任何单位和个人利用公民无偿捐献的血液牟取私利。在献血法实施后,随着科学合理用血、成分输血的推行,可能会有部分血液成分剩余,但是血站、医疗机构都不得将无偿献血的血液出售给单采血浆或者血液制品生产单位。

## 二、临床用血的包装、贮存、运输

临床用血的包装、贮存、运输,必须符合国家规定的卫生标准和要求。如血袋的包装未标明采血日期或有效期就将影响临床使用的疗效,严重者可能将直接导致患者死亡。所以对于临床用血的包装、贮存、运输等方面必须严格要求,以保证临床用血的质量以及输血者的身体安全。根据中华人民共和国卫生部发布的《采供血机构和血液管理办法》及《血站基本标准》对临床用血的包装、贮存做了明确规定,采供血机构采集血液必须使用有生产单位名称和批准文号的采血器材,发出的血液必须标有供血者姓名、血型、品种、采血日期、有效期、采供血机构的名称及其许可证号。新鲜冰冻血浆贮存温度-20℃以下,冰冻红细胞贮存温度-70℃以下,血小板贮存温度20~24℃。

## 三、临床用血的核查

医疗机构对临床用血必须进行核查,不得将不符合国家规定的血液用于临床。无偿献血应用于临床,以挽救患者的生命,从而维护其健康。建立医疗机构临床用血核查制度是确保用血者身体健康,是预防和控制经血液途径传播疾病的重要环节。根据献血法的相关规定,血液质量的检测是由血站来完成的,医疗机构对血站提供的血液不再进行检测,但必须进行核查,核查的主要内容应包括:

1) 确认病人的资料,包括病人姓名、住院号、病房病床号等,可通过询问病人或病人亲属的方式进行确认。确认病人的资料还包括核对病历、核对血型配型标签以及定血单,以确认血液(血液成分)的血型和病人是否相符。

2) 核查血液(血液成分)外包装上国家规定内容,核对血液的有效期限。

3) 核对后应在病人病历中记录输血日期、输血时间、输注的血液(血液成分)的单位数、输注的血液(血液成分)的编号,以备查对。

4）在病人病历上签字。

经过核查,如果有不符合上述内容要求的血液,医疗机构的医务人员是不能把该血液用于病人。

医疗机构临床用血应当制定用血计划,遵循合理、科学的原则,不得浪费和滥用血液。为了最大限度地发挥血液的功效,献血法建议根据国际上惯用的做法,即采取成分输血,也就是首先将采集的血液进行分离,分别贮存,然后针对不同患者的不同需要输入血液的不同成分。为了能够更加合理、科学地利用血液资源,国家鼓励医疗机构、科研单位深入研究新技术的开发和应用。

公民临床用血时必须交付用于血液的采集、贮存、分离、检验等费用,这主要是指公民临床需要用血的费用,是血液从采集到提供临床用血的一切消耗成本费用,由需要用血的人支付。该费用的制定由各地卫生行政部门和物价部门共同负责。无偿献血者临床需要用血时,则可以免交上述费用,主要是指已履行无偿献血义务公民本人临床需要用血时,不需要支付血液采集、贮存、分离、检验等费用,凭本人的"无偿献血证"在医疗机构用血,免交费用程序由各个地方根据实际情况具体规定。另外,献血法还规定了无偿献血者的配偶和直系亲属临床需要用血时,可以按照省、自治区、直辖市的规定免除或减少上述所规定的费用。

为了保障公民临床急救用血的需要,国家提倡并指导择期手术的患者自身储血,动员家庭、亲友、所在单位以及社会互助献血。所谓自身储血主要是针对可以择期手术的患者而言的,这种患者在手术前先将自己的血液提前抽取出贮存起来,待手术时将自己提前献出的血液再输回给自己,这样既有利于身体的恢复,又可以保证用血的安全。

另外,为了保证应急用血,医疗机构可以临时采集血液,其出发点必须是患者的生命健康,具体地说,医疗机构应急用血必须采血时应当符合下列情况:

1）边远地区的医疗机构和所在地无血站(或中心血库)。
2）危及病人生命体征,急需输血,而其他治疗措施所不能替代。
3）必须严格做好血液质量检测工作,确保血液质量。

如果因为没有遵守严格的操作规程和制度,造成患者的相应人身损害,医疗机构也应承担相应的责任。

## 第四节　血站管理的法律规定

### 一、概述

血站是指不以营利为目的采集、制备、贮存血液,并向临床提供血液的公益性卫生机构。

血液是指用于临床的全血、成分血。

血站管理以省、自治区、直辖市为区域,实行统一规划设置血站、统一管理采供血和统一管理临床用血的原则。县级以上人民政府卫生行政部门负责辖区内血站的监督管理工作。

### 二、设置审批

各省、自治区、直辖市人民政府卫生行政部门根据本行政区域人口、医疗资源、临床用血需要等实际情况和当地区域卫生发展规划,制定本行政区域血站设置规划。

血站设置:①血站分为血液中心、中心血站、基层血站或中心血库等,负责指定的服务区域的采供血工作。直辖市、省会市、自治区首府市设血液中心;设区的市设中心血站;县及县级市可以设基层血站或者中心血库。②血液中心或中心血站因采供血需要,经省、自治区、直辖市人民政府卫生行政部门批准,在辖区内可设血站分站或采血点(室),隶属于血液中心或中心血站。

血液中心的设置必须经国务院卫生行政部门批准,中心血站、基层血站或中心血库的设置必须经省、自治区、直辖市人民政府卫生行政部门批准。

设置血站,由筹建负责人申请;设置中心血库,由医疗机构法定代表人申请。设置血站应提交设置可行性研究报告,内容包括:申请单位名称、基本情况以及申请人姓名、年龄、简历、身份证号码;拟设血站的名称、规模、任务、功能、组织结构、资金来源等;拟设血站服务区域内的医疗卫生资源状况、医疗用血需求情况、机构运行的预测分析;拟设血站的选址和建筑设计平面图;拟设血站将开展的业务项目、技术设备条件和技术人员配置的资料;审批机关规定提交的其他材料。申请设置中心血库的,还应当提交《医疗机构执业许可证》。

人民政府卫生行政部门在接到设置申请后,应在 20 个工作日内进行初步审查,并将审查意见和申请人提交的文件逐级上报。由负责批准的人民政府卫生行政部门在受理设置申请后 30 个工作日内进行审核,审核合格的发给相应的设置批准书。由省、自治区、直辖市人民政府卫生行政部门批准设置的报国务院卫生行政部门备案。审核不合格的,将审核结果以书面形式通知申请人和当地人民政府卫生行政部门。

### 三、执业许可

血站执业以及中心血库开展采供血业务必须经执业验收及注册登记,并分别领取《血站执业许可证》或《中心血库采供血许可证》后方可进行。

《血站执业许可证》、《中心血库采供血许可证》由国务院卫生行政部门统一监制。血液中心的执业验收,由国务院卫生行政部门委托中国输血协会进行。

中心血站、基层血站或者中心血库的执业验收,由省级人民政府卫生行政部门委托本省输血协会进行。验收合格的出具合格证明,验收不合格的书面通知申请人。未经验收合格的血站不得执业。血站注册登记机关为批准其设置的人民政府卫生行政部门。

申请注册登记的,应向所在地人民政府卫生行政部门提出申请,并提交下列文件:相应的血站设置批准书或《医疗机构执业许可证》;血站或医疗机构的名称、地址、法定代表人姓名;血站执业验收合格证明;与其开展的业务相适应的资金来源和验资证明;执业用房的产权证明或使用证明;采供血计划报告书,包括采供血项目种类、采集和供应血液范围(服务半径、服务方式)、供应量(医疗机构的用血计划、项目、供应量)等;血站的规章制度;审批机关规定提交的其他材料。

人民政府卫生行政部门在接到注册登记申请 20 个工作日内签署意见,并逐级上报,由负责批准其设置的人民政府卫生行政部门在受理注册登记申请后 15 个工作日内进行审核。审核合格的,予以注册登记,发给《血站执业许可证》或《中心血库采供血许可证》;审核不合格的,将审核结果和不予批准的理由以书面形式通知申请人。

注册登记的内容:名称、地址、法定代表人或主要负责人;采血项目及采血范围;供血项目及供血范围;资金、设备和执业(业务)用房证明;许可日期和许可证号。《血站执业许可证》、《中心血库采供血许可证》注册登记的有效期为 3 年。血站和医疗机构在注册登记期满前 3 个月,提交血站规章制度的执行情况及血液质量情况的报告,办理再次注册登记。

血站或中心血库变更名称、地址、法定代表人或主要负责人,采血项目及采血范围,供血项目及供血范围等内容时,必须向当地人民政府卫生行政部门提出申请,由当地人民政府卫生行政部门逐级报原注册登记机关办理变更手续。

《血站执业许可证》、《中心血库采供血许可证》不得伪造、涂改、出卖、转让、出借。《血站执业许可证》、《中心血库采供血许可证》遗失的,应当向注册机关报告,并办理有关手续。

## 四、采供血管理

血站采供血必须严格遵守各项技术操作规程和制度。未取得采供血许可的单位和个人,不得开展采供血业务。血站必须按照注册登记的项目、内容、范围,开展采供血业务,并为献血者提供各种安全、卫生、便利的条件。

血站技术人员必须经输血业务知识技术考试,取得考试合格证书后方可上岗。

血站在采血前,必须按照国务院卫生行政部门制定的《献血者健康检查标准》,对献血者进行健康检查,健康检查不合格的,不得采集其血液。

血站应当按照国务院卫生行政部门的有关规定,采集献血者的血液,并在《无偿献血证》及献血档案中记录献血者的姓名、出生日期、血型、献血时间、地点、献血量、采血者签字,并加盖该血站采血专用章等。

严禁采集冒名顶替者的血液,严禁超量、频繁采集血液。

血站采集血液后,对献血者发给《无偿献血证》。《无偿献血证》由国务院卫生行政部门制作,任何单位和个人不得伪造、涂改、出卖、转让、出借。

血站必须严格按照《献血者健康检查标准》中的有关规定,对采集的血液进行检验,检验时必须使用有生产单位名称、生产批准文号和国家检定合格的诊断试剂,保证血液质量。检验项目不合格的,按照有关规定处理。

血站在采集检验标本、采集血液和成分血分离时,必须使用有生产单位名称、生产批准文号和有效期内的一次性注射器和采血器材,用后必须在血液管理监督员监督下按规定及时销毁并做记录,避免交叉感染。

血站应当根据医疗机构的用血计划,积极开展成分血制备,并指导临床成分血的应用。

血站不得单采原料血浆。

血站应当建立相应制度,改善技术条件和设备条件,向开展亲友、社会互助献血的医疗机构提供方便、及时、安全的服务。血源、采供血和检测的原始记录必须保存 10 年。血液检验(复检)的全血标本的保存期应当在全血有效期内;血清标本的保存期应在全血有效期满后半年。血液的包装、贮存、运输必须符合《血站基本标准》的要求。血液包装袋上必须标明:血站的名称及其许可证号;献血者的姓名(或条形码)、血型;血液品种;采血日期及时间;有效期及时间;血袋编号(或条形码);贮存条件。

血站应当保证发出的血液质量、品种、规格、数量无差错。未经检验或者检验不合格的血液,不得向医疗机构提供。

特殊血型需要从外省、自治区、直辖市调配血液的,由供需双方省级人民政府卫生行政部门协商后实施,实施中由需方血站对血液进行再次检验,保证血液质量。

血站应当制定重大灾害事故的应急采供血预案,并从血源、管理制度、技术能力和设备条件上保证预案的实施,满足应急用血的需要。

血站必须按照有关规定,认真填写采供血工作统计报表,及时准确上报。

血站必须严格执行《中华人民共和国传染病防治法》及其实施办法规定的疫情报告制度。

无偿献血的血液必须用于临床,不得买卖。血站必须严格执行国家有关临床用血收费的规定。

血站剩余成分血浆的处理,本省有血液制品生产单位的,由省人民政府卫生行政部门协调解决;省内没有血液制品生产单位的,由国务院卫生行政部门协调解决。

### 五、监督管理

县级以上人民政府卫生行政部门按照《献血法》的规定,负责对辖区内血站进行监督管理。省、自治区、直辖市以上人民政府卫生行政部门委托输血协会成立由卫生行政管理、血液管理、公共卫生等有关专家组成的血液质量管理委员会,接受同级人民政府卫生行政部门领导,对血站质量管理、血液质量进行检查和技术指导。

设区的市级以上人民政府卫生行政部门聘任血液管理监督员,执行同级人民政府卫生行政部门交付的监督管理任务。

省、自治区、直辖市以上人民政府卫生行政部门指定血液检定机构,按照《献血法》、《传染病防治法》对血站采集的血液质量进行监测,监测结果报同级人民政府卫生行政部门。

血站对省级血液检定机构出具的检定结果不服,可以向国家血液检定机构(卫生部临床检验中心)申请复检,国家血液检定机构出具的检定结果为最终结果。

血液管理监督员和血液检定机构有权对血站进行现场检查,无偿调阅有关资料,血站不得拒绝、隐匿或者隐瞒。血液管理监督员和血液检定机构工作人员在履行职责时应当出示证件。

## 第五节　血液制品使用与管理的法律规定

### 一、概述

血液制品是特指各种人血浆蛋白制品。由于血液制品是血液分离、加工、提炼的产物,直接用于人体,所以,对质量的要求与血液相似。

为了加强血液制品管理,预防和控制经血液途径传播的疾病,保证血液制品的质量,根据药品管理法和传染病防治法,国务院于 1996 年 12 月 30 日发布实施了《血液制品管理条例》,该条例适用于在中华人民共和国境内从事原料血浆的采集、供应以及血液制品的生产、经营活动。国务院卫生行政部门对全国的原料血浆的采集、供应和血液制品的生产、经营活动实施监督管理。县级以上地方各级人民政府卫生行政部门对本行政区域内的原料血浆的采集、供应和血液制品的生产、经营活动实施监督管理。

## 二、原料血浆的管理

国家实行单采血浆站统一规划、设置的制度。

国务院卫生行政部门根据核准的全国生产用原料血浆的需求,对单采血浆站的布局、数量和规模制定总体规划。省、自治区、直辖市人民政府卫生行政部门根据总体规划制定本行政区域内单采血浆站设置规划和采集血浆的区域规划,并报国务院卫生行政部门备案。

单采血浆站由血液制品生产单位设置或者由县级人民政府卫生行政部门设置,专门从事单采血浆活动,具有独立法人资格。其他任何单位和个人不得从事单采血浆活动。

设置单采血浆站,必须具备下列条件:①符合单采血浆站布局、数量、规模的规划。②具有与所采集原料血浆相适应的卫生专业技术人员。③具有与所采集原料血浆相适应的场所及卫生环境。④具有识别供血浆者的身份识别系统。⑤具有与所采集原料血浆相适应的单采血浆机械及其他设施。⑥具有对采集原料血浆进行质量检验的技术人员以及必要的仪器设备。

申请设置单采血浆站的,由县级人民政府卫生行政部门初审,经设区的市、自治州人民政府卫生行政部门或者省、自治区人民政府设立的派出机关的卫生行政机构审查同意,报省、自治区、直辖市人民政府卫生行政部门审批;经审查符合条件的,由省、自治区、直辖市人民政府卫生行政部门核发《单采血浆许可证》,并报国务院卫生行政部门备案。

单采血浆站只能对省、自治区、直辖市人民政府卫生行政部门划定区域内的供血浆者进行筛查和采集血浆。在一个采血浆区域内,只能设置一个单采血浆站。严禁单采血浆站采集非划定区域内的供血浆者和其他人员的血浆。

单采血浆站必须对供血浆者进行健康检查;检查合格的,由县级人民政府卫生行政部门核发《供血浆证》。《供血浆证》不得涂改、伪造、转让。

单采血浆站在采集血浆前,必须对供血浆者进行身份识别并核实其《供血浆证》,确认无误的,方可按照规定程序进行健康检查和血液化验;对检查、化验合格的,按照有关技术操作标准及程序采集血浆,并建立供血浆者健康检查及供血浆记录档案;对检查、化验不合格的,由单采血浆站收缴《供血浆证》,并由所在地县级人民政府卫生行政部门监督销毁。严禁采集无《供血浆证》者的血浆。

单采血浆站只能向一个与其签订质量责任书的血液制品生产单位供应原料血浆,严禁向其他任何单位供应原料血浆。单采血浆站必须使用单采血浆机械采集血浆,严禁手工操作采集血浆。采集的血浆必须按单人份冰冻保存,不得混浆。

严禁单采血浆站采集血液或者将所采集的原料血浆用于临床。单采血浆站必须使用有产品批准文号并经国家药品生物制品检定机构逐批检定合格的体外诊断试剂以及合格的一次性采血浆器材。采血浆器材等一次性消耗品使用后,必须按照国家有关规定予以销毁,并做记录。单采血浆站采集的原料血浆的包装、贮存、运输,必须符合国家规定的卫生标准和要求。

单采血浆站应当每半年向所在地的县级人民政府卫生行政部门报告有关原料血浆采集情况,同时抄报设区的市、自治州人民政府卫生行政部门或者省、自治区人民政府设立的派出机关的卫生行政机构及省、自治区、直辖市人民政府卫生行政部门。省、自治区、直辖市人民政府卫生行政部门应当每年向国务院卫生行政部门汇总报告本行政区域内原料血浆的采集情况。国家禁止出口原料血浆。

### 三、血液制品生产经营单位管理

新建、改建或者扩建血液制品生产单位,经国务院卫生行政部门根据总体规划进行立项审查同意后,由省、自治区、直辖市人民政府卫生行政部门依照药品管理法的规定审核批准。

血液制品生产单位必须达到国务院卫生行政部门制定的《药品生产质量管理规范》规定的标准,经国务院卫生行政部门审查合格,并依法向工商行政管理部门申领营业执照后,方可从事血液制品的生产活动。

血液制品生产单位生产国内已经生产的品种,必须依法向国务院卫生行政部门申请产品批准文号;国内尚未生产的品种,必须按照国家有关新药审批的程序和要求申报。严禁血液制品生产单位出让、出租、出借以及与他人共用《药品生产企业许可证》和产品批准文号。血液制品生产单位不得向无《单采血浆许可证》的单采血浆站或者未与其签订质量责任书的单采血浆站及其他任何单位收集原料血浆。

血液制品生产单位不得向其他任何单位供应原料血浆。血液制品生产单位在原料血浆投料生产前,必须使用有产品批准文号并经国家药品生物制品检定机构逐批检定合格的体外诊断试剂,对每一人份血浆进行全面复检,并做检测记录。

原料血浆经复检不合格的,不得投料生产,并必须在省级药品监督员监督下按照规定程序和方法予以销毁,并做记录。原料血浆经复检发现有经血液途径传播的疾病的,必须通知供应血浆的单位单采血浆站,并及时上报所在地省、自治区、直辖市人民政府卫生行政部门。

血液制品出厂前,必须经过质量检验;经检验不符合国家标准的,严禁出厂。开办血液制品经营单位,由省、自治区、直辖市人民政府卫生行政部门审核批准。血液制品经营单位应当具备与所经营的产品相适应的冷藏条件和熟悉所经营品种的业务人员。

血液制品生产经营单位生产、包装、贮存、运输、经营血液制品,应当符合国家规定的卫生标准和要求。

### 四、监督管理

县级以上地方各级人民政府卫生行政部门依照规定负责本行政区域内的采血浆站、供血浆者、原料血浆的采集及血液制品经营单位的监督管理。

省、自治区、直辖市人民政府卫生行政部门依照本条例的规定负责本行政区域内的血液制品生产单位的监督管理。

县级以上地方各级人民政府卫生行政部门的监督人员执行职务时,可以按照国家有关规定抽取样品和索取有关资料,有关单位不得拒绝和隐瞒。

省、自治区、直辖市人民政府卫生行政部门每年组织一次对本行政区域内单采血浆站的监督检查并进行年度注册。

设区的市、自治州人民政府卫生行政部门或者省、自治区人民政府设立的派出机关的卫生行政机构每半年对本行政区域内的单采血浆站进行一次检查。

国家药品生物制品检定机构及国务院卫生行政部门指定的省级药品检验机构,应当依照国家规定的标准和要求,对血液制品生产单位生产的产品定期进行检定。

国务院卫生行政部门负责全国进出口血液制品的审批及监督管理。

# 第六节　法 律 责 任

## 一、违反《中华人民共和国献血法》的法律责任

有下列行为之一的,由县级以上地方人民政府卫生行政部门予以取缔,没收违法所得,可以并处 10 万元以下的罚款;构成犯罪的,依法追究刑事责任:①非法采集血液的。②血站、医疗机构出售无偿献血的血液的。③非法组织他人出卖血液的。

血站违反有关操作规程和制度采集血液,由县级以上地方人民政府卫生行政部门责令改正;给献血者健康造成损害的,应当依法赔偿,对直接负责的主管人员和其他直接责任人员,依法给予行政处分;构成犯罪的,依法追究刑事责任。

临床用血的包装、贮存、运输,不符合国家规定的卫生标准和要求的,由县级以上地方人民政府卫生行政部门责令改正,给予警告,可以并处 1 万元以下的罚款。血站违反《献血法》的规定,向医疗机构提供不符合国家规定标准的血液的,由县级以上人民政府卫生行政部门责令改正;情节严重,造成经血液途径传播的疾病传播或者有传播严重危险的,限期整顿,对直接负责的主管人员和其他直接责任人员,依法给予行政处分;构成犯罪的,依法追究刑事责任。

医疗机构的医务人员违反《献血法》规定,将不符合国家规定标准的血液用于患者的,由县级以上地方人民政府卫生行政部门责令改正;给患者健康造成损害的,应当依法赔偿,对直接负责的主管人员和其他直接责任人员,依法给予行政处分;构成犯罪的,依法追究刑事责任。卫生行政部门及其工作人员在献血、用血的监督管理工作中,玩忽职守,造成严重后果,构成犯罪的,依法追究刑事责任;尚不构成犯罪的,依法给予行政处分。

## 二、违反《血站管理办法》的法律责任

非法组织他人出卖血液的,由县级以上人民政府卫生行政部门视情节轻重,处以 1 000 元至 10 万元的罚款;构成犯罪的,依法追究刑事责任。

冒用、借用、租用他人献血证件的,由县级以上地方人民政府卫生行政部门视情节轻重,予以警告、处以 100 元至 1 000 元的罚款。

未经批准,擅自设置和开办血站,非法采集、供应或倒卖血液的,由县级以上人民政府卫生行政部门予以取缔,没收擅自设置和开办血站的全部财产和非法所得,并处以 5 万元以上 10 万元以下的罚款。造成经血液途径传播疾病的传播或者有传播严重危险等危害,构成犯罪的,依法追究刑事责任。

对违反有关规定或者血液检定机构监测结果不合格的血站,由县级以上地方人民政府卫生行政部门视情节予以警告、责令改正,并可以责令限期整顿。

## 三、违反《血液制品管理条例》的法律责任

未取得省、自治区、直辖市人民政府卫生行政部门核发的《单采血浆许可证》,非法从事组织、采集、供应、倒卖原料血浆活动的,由县级以上地方人民政府卫生行政部门予以取缔,没收违法所

得和从事违法活动的器材、设备,并处违法所得 5 倍以上 10 倍以下的罚款,没有违法所得的,并处 5 万元以上 10 万元以下的罚款;造成经血液途径传播的疾病传播、人身伤害等危害,构成犯罪的,依法追究刑事责任。

单采血浆站有下列行为之一的,由县级以上地方人民政府卫生行政部门责令限期改正,处 5 万元以上 10 万元以下的罚款;有条例第八项所列行为的,或者有下列其他行为并且情节严重的,由省、自治区、直辖市人民政府卫生行政部门吊销《单采血浆许可证》,构成犯罪的,对负有直接责任的主管人员和其他直接责任人员依法追究刑事责任:①采集血浆前,未按照国务院卫生行政部门颁布的健康检查标准对供血浆者进行健康检查和血液化验的。②采集非划定区域内的供血浆者或者其他人员的血浆的,或者不对供血浆者进行身份识别,采集冒名顶替者、健康检查不合格者或者无《供血浆证》者的血浆的。③违反国务院卫生行政部门制定的血浆采集技术操作标准和程序,过频过量采集血浆的。④向医疗机构直接供应原料血浆或者擅自采集血液的。⑤未使用单采血浆机械进行血浆采集的。⑥未使用有产品批准文号并经国家药品生物制品检定机构逐批检定合格的体外诊断剂以及合格的一次性采血浆器材的。⑦未按照国家规定的卫生标准和要求包装、贮存、运输原料血浆的。⑧对国家规定检测项目检测结果呈阳性的血浆不清除,不及时上报的。⑨对污染的注射器、采血浆器材及不合格血浆等不经消毒处理,擅自倾倒,污染环境,造成社会危害的。⑩重复使用一次性采血浆器材的。⑪向与其签订质量责任书的血液制品生产单位以外的其他单位供应原料血浆的。

单采血浆站已知其采集的血浆检测结果呈阳性,仍向血液制品生产单位供应的,由省、自治区、直辖市人民政府卫生行政部门吊销《单采血浆许可证》,由县级以上地方人民政府卫生行政部门没收违法所得,并处 10 万元以上 30 万元以下的罚款;造成经血液途径传播的疾病传播、人身伤害等危害,构成犯罪的,对负有直接责任的主管人员和其他直接责任人员依法追究刑事责任。

涂改、伪造、转让《供血浆证》的,由县级人民政府卫生行政部门收缴《供血浆证》,没收违法所得,并处违法所得 3 倍以上 5 倍以下的罚款,没有违法所得的,并处 1 万元以下的罚款;构成犯罪的,依法追究刑事责任。

血液制品生产单位有下列行为之一的,由省级以上人民政府卫生行政部门依照药品管理法及其实施办法等有关规定,按照生产假药、劣药予以处罚;构成犯罪的,对负有直接责任的主管人员和其他直接责任人员依法追究刑事责任:①使用无《单采血浆许可证》的单采血浆站或者未与其签订质量责任书的单采血浆站及其他任何单位供应的原料血浆的,或者非法采集原料血浆的。②投料生产前未对原料血浆进行复检的,或者使用没有产品批准文号或者未经国家药品生物制品检定机构逐批检定合格的体外诊断试剂进行复检的,或者将检测不合格的原料血浆投入生产的。③擅自更改生产工艺和质量标准的,或者将检验不合格的产品出厂的。④与他人共用产品批准文号的。

血液制品生产单位擅自向其他单位出让、出租、出借以及与他人共用《药品生产企业许可证》、产品批准文号或者供应原料血浆的,由省级以上人民政府卫生行政部门没收违法所得,并处违法所得 5 倍以上 10 倍以下的罚款,没有违法所得的,并处 5 万元以上 10 万元以下的罚款。

血液制品生产经营单位生产、包装、贮存、运输、经营血液制品不符合国家规定的卫生标准和要求的,由省、自治区、直辖市人民政府卫生行政部门责令改正,可以处 1 万元以下的罚款。

在血液制品生产单位成品库待出厂的产品中,经抽检有一批次达不到国家规定的指标,经复检仍不合格的,由国务院卫生行政部门撤销该血液制品批准文号。

擅自进出口血液制品或者出口原料血浆的,由省级以上人民政府卫生行政部门没收所进出口的血液制品或者所出口的原料血浆和违法所得,并处所进出口的血液制品或者所出口的原料血浆总值3倍以上5倍以下的罚款。

血液制品检验人员虚报、瞒报、涂改、伪造检验报告及有关资料的,依法给予行政处分;构成犯罪的,依法追究刑事责任。

卫生行政部门工作人员滥用职权、玩忽职守、徇私舞弊、索贿受贿,构成犯罪的,依法追究刑事责任;尚不构成犯罪的,依法给予行政处分。

## 思考题

1. 简述献血法律制度的概念。
2. 简述无偿献血的概念。
3. 简述我国献血法的主体以及法定献血年龄的规定。
4. 简述违反我国献血法的法律责任。
5. 简述我国规定的每次采血量和采血时间间隔的规定。

(贵阳中医学院　陈　瑶　李　娜　南京中医药大学　朱晓卓)

# 第十二章 食品安全法律制度

通过本章的学习,要求掌握食品安全的概念、食品安全的法律规定、食品安全风险监测和评估、食品安全标准、食品生产经营、食品检验、食品进出口、食品安全事故处置,熟悉食品卫生监督管理的法律规定、保健食品的法律规定,了解违反食品安全法的法律责任。

## 第一节 概 述

### 一、食品安全法的概念

食品安全法是指调整保证各种供人食用或者饮用的成品和原料的安全,国家对其安全实施管理和监督,防止和消除食品污染以及食品中有害因素对人体的危害,预防和减少食源性疾病的发生,保证食品安全,保障公众身体健康和生命安全的活动中所产生的各种社会关系的法律规范的总和。

食品安全,指食品无毒、无害,符合应当有的营养要求,对人体健康不造成任何急性、亚急性或者慢性危害。

随着人们生活水平和富裕程度的提高,社会公众对于食品安全的关注度大大增强了。然而,近几年来,我国频繁发生食品安全事件,例如"红心鸭蛋事件"、"多宝鱼事件"以及多起严重的"问题奶粉事件"等,充分说明食品安全已经成为严重影响公众身体健康和生命安全的重要问题。层出不穷的食品安全事件屡屡引发社会公众对食品安全的心理恐慌,对国家和社会的稳定以及经济的良性发展造成巨大冲击。

1982 年 11 月 19 日,五届全国人大常委会第二十五次会议通过了《中华人民共和国食品卫生法(试行)》,这是我国第一部食品卫生法律。在食品卫生法试行的 12 年间,我国的社会经济状况发生了深刻变化,为了更加适应当前食品卫生领域的新情况,使法律条款与法学理论和执法实践相一致,1995 年 10 月 30 日,八届全国人大常委会第十六次会议通过了经过修订的《中华人民共和国食品卫生法》(以下简称《食品卫生法》),自公布之日起施行。2009 年 2 月 28 日第十一届全国人民代表大会常务委员会第七次会议通过《中华人民共和国食品安全法》,自 2009 年 6 月 1 日起施行,《中华人民共和国食品卫生法》同时废止。2009 年 7 月 8 日国务院第 73 次常务会议通过《中华人民共和国食品安全法实施条例》,自公布之日起施行。

"国以民为本,民以食为天",食品安全关系到国家和社会的稳定发展,关系到公民的生命健康权利,如何解决食品安全问题,保护公众身体健康和生命安全,已成为摆在世界各国政府面前的一项重要的战略任务。

## 二、食品安全法的适用范围

《食品安全法》明确规定,凡在中华人民共和国境内从事食品生产和加工(以下称食品生产),食品流通和餐饮服务(以下称食品经营);食品添加剂的生产经营;用于食品的包装材料、容器、洗涤剂、消毒剂和用于食品生产经营的工具、设备(以下称食品相关产品)的生产经营;食品生产经营者使用食品添加剂、食品相关产品;对食品、食品添加剂和食品相关产品的安全管理,都必须遵守食品安全法。

供食用的源于农业的初级产品(以下称食用农产品)的质量安全管理,遵守《中华人民共和国农产品质量安全法》的规定。但是,制定有关食用农产品的质量安全标准、公布食用农产品安全有关信息,应当遵守食品安全法的有关规定。

# 第二节　食品安全的法律规定

## 一、食品安全风险监测和评估

国家建立食品安全风险监测制度,对食源性疾病、食品污染以及食品中的有害因素进行监测。国务院卫生行政部门会同国务院有关部门制定、实施国家食品安全风险监测计划。省、自治区、直辖市人民政府卫生行政部门根据国家食品安全风险监测计划,结合本行政区域的具体情况,组织制定、实施本行政区域的食品安全风险监测方案。

国家建立食品安全风险评估制度,对食品、食品添加剂中生物性、化学性和物理性危害进行风险评估。国务院卫生行政部门负责组织食品安全风险评估工作,成立由医学、农业、食品、营养等方面的专家组成的食品安全风险评估专家委员会进行食品安全风险评估。

食品安全风险评估结果是制定、修订食品安全标准和对食品安全实施监督管理的科学依据。食品安全风险评估结果得出食品不安全结论的,国务院质量监督、工商行政管理和国家食品药品监督管理部门应当依据各自职责立即采取相应措施,确保该食品停止生产经营,并告知消费者停止食用;需要制定、修订相关食品安全国家标准的,国务院卫生行政部门应当立即制定、修订。

## 二、食品安全标准

食品安全标准应当包括下列内容:

(一)食品、食品相关产品中的致病性微生物、农药残留、兽药残留、重金属、污染物质以及其他危害人体健康物质的限量规定。

(二)食品添加剂的品种、使用范围、用量。

(三)专供婴幼儿和其他特定人群的主辅食品的营养成分要求。

(四)对与食品安全、营养有关的标签、标识、说明书的要求。

（五）食品生产经营过程的卫生要求。

（六）与食品安全有关的质量要求。

（七）食品检验方法与规程。

（八）其他需要制定为食品安全标准的内容。

食品安全标准是强制执行的标准。由国务院卫生行政部门负责制定、公布，国务院标准化行政部门提供国家标准编号。没有食品安全国家标准的，可以制定食品安全地方标准。省、自治区、直辖市人民政府卫生行政部门组织制定食品安全地方标准，应当参照执行食品安全法有关食品安全国家标准制定的规定，并报国务院卫生行政部门备案。企业生产的食品没有食品安全国家标准或者地方标准的，应当制定企业标准，作为组织生产的依据。国家鼓励食品生产企业制定严于食品安全国家标准或者地方标准的企业标准。企业标准应当报省级卫生行政部门备案，在本企业内部适用。

### 三、食品生产经营的法律规定

#### （一）食品生产经营应当符合食品安全标准，并符合下列要求

1）具有与生产经营的食品品种、数量相适应的食品原料处理和食品加工、包装、贮存等场所，保持该场所环境整洁，并与有毒、有害场所以及其他污染源保持规定的距离。

2）具有与生产经营的食品品种、数量相适应的生产经营设备或者设施，有相应的消毒、更衣、盥洗、采光、照明、通风、防腐、防尘、防蝇、防鼠、防虫、洗涤以及处理废水、存放垃圾和废弃物的设备或者设施。

3）有食品安全专业技术人员、管理人员和保证食品安全的规章制度。

4）具有合理的设备布局和工艺流程，防止待加工食品与直接入口食品、原料与成品交叉污染，避免食品接触有毒物、不洁物。

5）餐具、饮具和盛放直接入口食品的容器，使用前应当洗净、消毒；炊具、用具用后应当洗净、保持清洁。

6）贮存、运输和装卸食品的容器、工具和设备应当安全、无害，保持清洁，防止食品污染，并符合保证食品安全所需温度等特殊要求，不得将食品与有毒、有害物品一同运输。

7）直接入口的食品应当有小包装或者使用无毒、清洁的包装材料、餐具。

8）食品生产经营人员应当保持个人卫生，生产经营食品时，应当将手洗净，穿戴清洁的工作衣、帽；销售无包装的直接入口食品时，应当使用无毒、清洁的售货工具。

9）用水应当符合国家规定的生活饮用水卫生标准。

10）使用的洗涤剂、消毒剂应当对人体安全、无害。

11）法律、法规规定的其他要求。

#### （二）禁止生产经营下列食品

1）用非食品原料生产的食品或者添加食品添加剂以外的化学物质和其他可能危害人体健康物质的食品，或者用回收食品作为原料生产的食品。

2）致病性微生物、农药残留、兽药残留、重金属、污染物质以及其他危害人体健康的物质含量

超过食品安全标准限量的食品。

3）营养成分不符合食品安全标准的专供婴幼儿和其他特定人群的主辅食品。

4）腐败变质、油脂酸败、霉变生虫、污秽不洁、混有异物、掺假掺杂或者感官性状异常的食品。

5）病死、毒死或者死因不明的禽、畜、兽、水产动物肉类及其制品。

6）未经动物卫生监督机构检疫或者检疫不合格的肉类，或者未经检验或者检验不合格的肉类制品。

7）被包装材料、容器、运输工具等污染的食品。

8）超过保质期的食品。

9）无标签的预包装食品。

10）国家为防病等特殊需要明令禁止生产经营的食品。

11）其他不符合食品安全标准或者要求的食品。

### 四、集中交易市场、柜台出租和展销会食品安全管理

集中交易市场的开办者、柜台出租者和展销会举办者，应当审查入场食品经营者的许可证，明确入场食品经营者的食品安全管理责任，定期对入场食品经营者的经营环境和条件进行检查，发现食品经营者有违反法律规定的行为的，应当及时制止并立即报告所在地县级工商行政管理部门或者食品药品监督管理部门。

集中交易市场的开办者、柜台出租者和展销会举办者未履行上述规定义务，本市场发生食品安全事故的，应当承担连带责任。

### 五、食品包装及采购的规定

预包装食品的包装上应当有标签。标签应当标明下列事项：名称、规格、净含量、生产日期；成分或者配料表；生产者的名称、地址、联系方式；保质期；产品标准代号；贮存条件；所使用的食品添加剂在国家标准中的通用名称；生产许可证编号；法律、法规或者食品安全标准规定必须标明的其他事项。专供婴幼儿和其他特定人群的主辅食品，其标签还应当标明主要营养成分及其含量。

食品生产者采购食品原料、食品添加剂、食品相关产品，应当查验供货者的许可证和产品合格证明文件；对无法提供合格证明文件的食品原料，应当依照食品安全标准进行检验；不得采购或者使用不符合食品安全标准的食品原料、食品添加剂、食品相关产品。食品经营者采购食品，应当查验供货者的许可证和食品合格的证明文件。

## 第三节　食品安全许可的法律规定

### 一、食品生产经营的许可

国家对食品生产经营实行许可制度。从事食品生产、食品流通、餐饮服务，应当依法取得食品生产许可、食品流通许可、餐饮服务许可。

取得食品生产许可的食品生产者在其生产场所销售其生产的食品，不需要取得食品流通的许

可;取得餐饮服务许可的餐饮服务提供者在其餐饮服务场所出售其制作加工的食品,不需要取得食品生产和流通的许可;农民个人销售其自产的食用农产品,不需要取得食品流通的许可。

食品生产加工小作坊和食品摊贩从事食品生产经营活动,应当符合与其生产经营规模、条件相适应的食品安全要求,保证所生产经营的食品卫生、无毒、无害,有关部门应当对其加强监督管理,具体管理办法由省、自治区、直辖市人民代表大会常务委员会制定。

## 二、工程选址设计审查和验收

食品生产经营企业的新建、扩建、改建工程的选址和设计应当符合卫生要求,这是预防性监督的一项重要措施。卫生行政部门要对设计进行审查,对厂址进行审定,建设工程竣工时必须有食品卫生监督机构参加,经过验收合格,方能投入生产和经营。

## 三、从业人员健康检查

食品生产经营者应当建立并执行从业人员健康管理制度。患有痢疾、伤寒、病毒性肝炎等消化道传染病的人员以及患有活动性肺结核、化脓性或者渗出性皮肤病等有碍食品安全的疾病的人员,不得从事接触直接入口食品的工作。

食品生产经营人员每年应当进行健康检查,取得健康证明后方可参加工作。

## 四、进出口食品管理

进口的食品、食品添加剂以及食品相关产品应当符合我国食品安全国家标准。

进口的食品应当经出入境检验检疫机构检验合格后,海关凭出入境检验检疫机构签发的通关证明放行。进口尚无食品安全国家标准的食品,或者首次进口食品添加剂新品种、食品相关产品新品种,进口商应当向国务院卫生行政部门提出申请并提交相关的安全性评估材料。国务院卫生行政部门依照规定做出是否准予许可的决定,并及时制定相应的食品安全国家标准。

境外发生的食品安全事件可能对我国境内造成影响,或者在进口食品中发现严重食品安全问题的,国家出入境检验检疫部门应当及时采取风险预警或者控制措施,并向国务院卫生行政、农业行政、工商行政管理和国家食品药品监督管理部门通报,接到通报的部门应当及时采取相应措施。

向我国境内出口食品的出口商或者代理商应当向国家出入境检验检疫部门备案。向我国境内出口食品的境外食品生产企业应当经国家出入境检验检疫部门注册。

进口的预包装食品应当有中文标签、中文说明书。标签、说明书应当符合食品安全法以及我国其他有关法律、行政法规的规定和食品安全国家标准的要求,载明食品的原产地以及境内代理商的名称、地址、联系方式。预包装食品没有中文标签、中文说明书或者标签、说明书不符合规定的,不得进口。

出口的食品由出入境检验检疫机构进行监督、抽检,海关凭出入境检验检疫机构签发的通关证明放行。出口食品生产企业和出口食品原料种植、养殖场应当向国家出入境检验检疫部门备案。

## 五、食品添加剂的生产许可制度

食品添加剂,指为改善食品品质和色、香、味以及为防腐、保鲜和加工工艺的需要而加入食品中的人工合成或者天然物质。《食品添加剂生产监督管理规定》已经于2010年3月10日国家质量监督检验检疫总局局务会议审议通过,现予公布,自2010年6月1日起施行。国家对食品添加剂的生产实行许可制度。食品添加剂应当在技术上确有必要且经过风险评估证明安全可靠,方可列入允许使用的范围。国务院卫生行政部门应当根据技术必要性和食品安全风险评估结果,及时对食品添加剂的品种、使用范围、用量的标准进行修订。食品生产者应当依照食品安全标准关于食品添加剂的品种、使用范围、用量的规定使用食品添加剂;不得在食品生产中使用食品添加剂以外的化学物质和其他可能危害人体健康的物质。食品添加剂应当有标签、说明书和包装。

## 六、食品广告的审查

食品广告的内容应当真实合法,不得含有虚假、夸大的内容,不得涉及疾病预防、治疗功能。

食品安全监督管理部门或者承担食品检验职责的机构、食品行业协会、消费者协会不得以广告或者其他形式向消费者推荐食品。

社会团体或者其他组织、个人在虚假广告中向消费者推荐食品,使消费者的合法权益受到损害的,与食品生产经营者承担连带责任。

# 第四节 食品安全监督管理的法律规定

## 一、食品检验

食品检验由食品检验机构指定的检验人独立进行。

检验人应当依照有关法律、法规的规定,并依照食品安全标准和检验规范对食品进行检验,尊重科学,恪守职业道德,保证出具的检验数据和结论客观、公正,不得出具虚假的检验报告。食品检验实行食品检验机构与检验人负责制。食品检验报告应当加盖食品检验机构公章,并有检验人的签名或者盖章。食品检验机构和检验人对出具的食品检验报告负责。

食品安全监督管理部门对食品不得实施免检。

县级以上质量监督、工商行政管理、食品药品监督管理部门应当对食品进行定期或者不定期的抽样检验。进行抽样检验,应当购买抽取的样品,不收取检验费和其他任何费用。县级以上质量监督、工商行政管理、食品药品监督管理部门在执法工作中需要对食品进行检验的,应当委托符合《食品安全法》规定的食品检验机构进行,并支付相关费用。对检验结论有异议的,可以依法进行复检。

食品生产经营企业可以自行对所生产的食品进行检验,也可以委托符合法律规定的食品检验机构进行检验。

食品行业协会等组织、消费者需要委托食品检验机构对食品进行检验的,应当委托符合法律规定的食品检验机构进行。

## 二、食品安全事故应急预案

国务院组织制定国家食品安全事故应急预案。

县级以上地方人民政府应当根据有关法律、法规的规定和上级人民政府的食品安全事故应急预案以及本地区的实际情况,制定本行政区域的食品安全事故应急预案,并报上一级人民政府备案。食品生产经营企业应当制定食品安全事故处置方案,定期检查本企业各项食品安全防范措施的落实情况,及时消除食品安全事故隐患。发生食品安全事故的单位应当立即予以处置,防止事故扩大。事故发生单位和接收病人进行治疗的单位应当及时向事故发生地县级卫生行政部门报告。农业行政、质量监督、工商行政管理、食品药品监督管理部门在日常监督管理中发现食品安全事故,或者接到有关食品安全事故的举报,应当立即向卫生行政部门通报。发生重大食品安全事故的,接到报告的县级卫生行政部门应当按照规定向本级人民政府和上级人民政府卫生行政部门报告。县级人民政府和上级人民政府卫生行政部门应当按照规定上报。任何单位或者个人不得对食品安全事故隐瞒、谎报、缓报,不得毁灭有关证据。

### 三、食品安全事故处置

县级以上卫生行政部门接到食品安全事故的报告后,应当立即会同有关农业行政、质量监督、工商行政管理、食品药品监督管理部门进行调查处理,并采取下列措施,防止或者减轻社会危害。

(一) 开展应急救援工作,对因食品安全事故导致人身伤害的人员,卫生行政部门应当立即组织救治。

(二) 封存可能导致食品安全事故的食品及其原料,并立即进行检验;对确认属于被污染的食品及其原料,责令食品生产经营者依照食品安全法第五十三条的规定予以召回、停止经营并销毁。

(三) 封存被污染的食品用工具及用具,并责令进行清洗消毒。

(四) 做好信息发布工作,依法对食品安全事故及其处理情况进行发布,并对可能产生的危害加以解释、说明。

发生重大食品安全事故的,县级以上人民政府应当立即成立食品安全事故处置指挥机构,启动应急预案,依照规定进行处置。发生重大食品安全事故,设区的市级以上人民政府卫生行政部门应当立即会同有关部门进行事故责任调查,督促有关部门履行职责,向本级人民政府提出事故责任调查处理报告。重大食品安全事故涉及两个以上省、自治区、直辖市的,由国务院卫生行政部门依照规定组织事故责任调查。发生食品安全事故,县级以上疾病预防控制机构应当协助卫生行政部门和有关部门对事故现场进行卫生处理,并对与食品安全事故有关的因素开展流行病学调查。调查食品安全事故,除了查明事故单位的责任,还应当查明负有监督管理和认证职责的监督管理部门、认证机构的工作人员失职、渎职情况。

### 四、食品召回制度

国家建立食品召回制度。食品生产者发现其生产的食品不符合食品安全标准,应当立即停止生产,召回已经上市销售的食品,通知相关生产经营者和消费者,并记录召回和通知情况。食品经营者发现其经营的食品不符合食品安全标准,应当立即停止经营,通知相关生产经营者和消费者,并记录停止经营和通知情况。食品生产者应当对召回的食品采取补救、无害化处理、销毁等措施,并将食品召回和处理情况向县级以上质量监督部门报告。

食品生产经营者未依规定召回或者停止经营不符合食品安全标准的食品的,县级以上质量监督、工商行政管理、食品药品监督管理部门可以责令其召回或者停止经营。

## 五、食品安全监督管理部门及其职责

### (一) 食品安全监督管理部门

国务院设立食品安全委员会,其工作职责由国务院规定。

国务院卫生行政部门承担食品安全综合协调职责,负责食品安全风险评估、食品安全标准制定、食品安全信息公布、食品检验机构的资质认定条件和检验规范的制定,组织查处食品安全重大事故。

国务院质量监督、工商行政管理和国家食品药品监督管理部门依照法律规定和国务院规定的职责,分别对食品生产、食品流通、餐饮服务活动实施监督管理。

县级以上地方人民政府统一负责、领导、组织、协调本行政区域的食品安全监督管理工作,建立健全食品安全全程监督管理的工作机制;统一领导、指挥食品安全突发事件应对工作;完善、落实食品安全监督管理责任制,对食品安全监督管理部门进行评议、考核。

县级以上地方人民政府确定本级卫生行政、农业行政、质量监督、工商行政管理、食品药品监督管理部门的食品安全监督管理职责。有关部门在各自职责范围内负责本行政区域的食品安全监督管理工作。

上级人民政府所属部门在下级行政区域设置的机构应当在所在地人民政府的统一组织、协调下,依法做好食品安全监督管理工作。

县级以上卫生行政、农业行政、质量监督、工商行政管理、食品药品监督管理部门应当加强沟通、密切配合,按照各自职责分工,依法行使职权,承担责任。

### (二) 食品安全监督管理机构职责

县级以上质量监督、工商行政管理、食品药品监督管理部门履行各自食品安全监督管理职责,有权采取下列措施:

1) 进入生产经营场所实施现场检查。

2) 对生产经营的食品进行抽样检验。

3) 查阅、复制有关合同、票据、账簿以及其他有关资料。

4) 查封、扣押有证据证明不符合食品安全标准的食品,违法使用的食品原料、食品添加剂、食品相关产品以及用于违法生产经营或者被污染的工具、设备。

5) 查封违法从事食品生产经营活动的场所。

县级以上农业行政部门应当依照《中华人民共和国农产品质量安全法》规定的职责,对食用农产品进行监督管理。

县级以上质量监督、工商行政管理、食品药品监督管理部门对食品生产经营者进行监督检查,应当记录监督检查的情况和处理结果。监督检查记录经监督检查人员和食品生产经营者签字后归档。

县级以上质量监督、工商行政管理、食品药品监督管理部门应当建立食品生产经营者食品安全信用档案,记录许可颁发、日常监督检查结果、违法行为查处等情况;根据食品安全信用档案的记录,对有不良信用记录的食品生产经营者增加监督检查频次。

县级以上卫生行政、质量监督、工商行政管理、食品药品监督管理部门接到咨询、投诉、举报,对属于本部门职责的,应当受理,并及时进行答复、核实、处理;对不属于本部门职责的,应当书面通知并移交有权处理的部门处理。有权处理的部门应当及时处理,不得推诿;属于食品安全事故的,依法进行处置。

县级以上卫生行政、质量监督、工商行政管理、食品药品监督管理部门应当按照法定权限和程序履行食品安全监督管理职责;对生产经营者的同一违法行为,不得给予二次以上罚款的行政处罚;涉嫌犯罪的,应当依法向公安机关移送。

### 六、食品安全信息统一公布制度

国家建立食品安全信息统一公布制度。下列信息由国务院卫生行政部门统一公布:
1)国家食品安全总体情况。
2)食品安全风险评估信息和食品安全风险警示信息。
3)重大食品安全事故及其处理信息。
4)其他重要的食品安全信息和国务院确定的需要统一公布的信息。

## 第五节　保健食品的法律规定

保健食品系指表明具有特定保健功能的食品。即适宜于特定人群食用,具有调节机体功能,不以治疗疾病为目的的食品。国务院卫生行政部门(以下简称卫生部)对保健食品、保健食品说明书实行审批制度。为加强保健食品的监督管理,保证保健食品质量,卫生部于1996年根据《中华人民共和国食品卫生法》的有关规定,制定保健食品管理办法。

### 一、保健食品的审批

保健食品必须符合下列要求:
1)经必要的动物和人群功能试验,证明其具有明确、稳定的保健作用。
2)各种原料及其产品必须符合食品卫生要求,对人体不产生任何急性、亚急性或慢性危害。
3)配方的组成及用量必须具有科学依据,具有明确的功效成分。如在现有技术条件下不能明确功效成分,应确定与保健功能有关的主要原料名称。
4)标签、说明书及广告不得宣传疗效作用。

凡声称具有保健功能的食品必须经卫生部审查确认。研制者应向所在地的省级卫生行政部门提出申请。经初审同意后,报卫生部审批。卫生部对审查合格的保健食品发给《保健食品批准证书》,批准文号为"卫食健字( )第 号"。获得《保健食品批准证书》的食品准许使用卫生部规定的保健食品标志。

申请《保健食品批准证书》时,必须提交下列资料:①保健食品申请表。②保健食品的配方、生产工艺及质量标准。③毒理学安全性评价报告。④保健功能评价报告。⑤保健食品的功效成分名单,以及功效成分的定性和/或定量检验方法、稳定性试验报告;因在现有技术条件下,不能明确功效成分的,则必须提交食品中与保健功能相关的主要原料名单。⑥产品的样品及其卫生学检验报告。⑦标签及说明书(送审样)。⑧国内外有关资料。⑨根据有关规定或产品特性应提交的其他材料。卫生部和省级卫生行政部门应分别成立评审委员会承担技术评审工作,委员会应由食品卫生、营养、毒理医学及其他相关专业的专家组成。

由两个或两个以上合作者共同申请同一保健食品时,《保健食品批准证书》共同署名,但证书只发给所有合作者共同确定的负责者。申请时,除提交本办法所列各项资料外,还应提交由所有合作者签章的负责者推荐书。

《保健食品批准证书》持有者可凭此证书转让技术或与他方共同合作生产。转让时,应与受让方共同向卫生部申领《保健食品批准证书》副本。申领时,应持《保健食品批准证书》,并提供有效的技术转让合同书。《保健食品批准证书》副本发放给受让方,受让方无权再进行技术转让。已由国家有关部门批准生产经营的药品,不得申请《保健食品批准证书》。

进口保健食品时,进口商或代理人必须向卫生部提出申请。申请时,除提供所需的材料外,还要提供出产国(地区)或国际组织的有关标准以及生产、销售国(地区)有关卫生机构出具的允许生产或销售的证明。

卫生部对审查合格的进口保健食品发放《进口保健食品批准证书》,取得《进口保健食品批准证书》的产品必须在包装上标注批准文号和卫生部规定的保健食品标志。口岸进口食品卫生监督检验机构凭《进口保健食品批准证书》进行检验,合格后放行。

## 二、保健食品的生产经营

在生产保健食品前,食品生产企业必须向所在地的省级卫生行政部门提出申请,经省级卫生行政部门审查同意并在申请者的卫生许可证上加注"某某保健食品"的许可项目后方可进行生产。

申请生产保健食品时,必须提交下列资料:①有直接管辖权的卫生行政部门发放的有效食品生产经营卫生许可证。②《保健食品批准证书》正本或副本。③生产企业制定的保健食品企业标准、生产企业卫生规范及制定说明。④技术转让或合作生产的,应提交与《保健食品批准证书》的持有者签订的技术转让或合作生产的有效合同书。⑤生产条件、生产技术人员、质量保证体系的情况介绍。⑥三批产品的质量与卫生检验报告。

保健食品生产者必须按照批准的内容组织生产,不得改变产品的配方、生产工艺、企业产品质量标准以及产品名称、标签、说明书等。

保健食品的生产过程、生产条件必须符合相应的食品生产企业卫生或其他有关卫生要求。选用的工艺应能保持产品的功效成分的稳定性。加工过程中功效成分不损失,不破坏,不转化和不产生有害的中间体。应采用定型包装。直接与保健食品接触的包装材料或容器必须符合有关卫生标准或卫生要求。包装材料或容器及其包装方式应有利于保持保健食品功效成分的稳定。

保健食品经营者采购保健食品时,必须索取卫生部发放的《保健食品批准证书》复印件和产品检验合格证。采购进口保健食品应索取《进口保健食品批准证书》复印件及口岸进口食品卫生监督检验机构的检验合格证。

## 三、保健食品标签、说明书及广告宣传

保健食品标签和说明书必须符合国家有关标准和要求,并标明下列内容:①保健作用和适宜人群。②食用方式和适宜的食用量。③贮藏方式。④功效成分有名称及含量;因在现有技术条件

下,不能明确功效成分的,则必须标明与保健功能有关的原料名称。⑤保健食品批准文号。⑥保健食品标志。⑦有关标准或要求所规定的其他标签内容。

保健食品标识与产品说明书的所有标识内容必须符合以下基本原则:保健食品的名称应当准确、科学,不得使用人名、地名、代号及夸大或容易误解的名称,不得使用产品中非主要功效成分的名称。保健食品的标签、说明书和广告内容必须真实,符合其产品质量要求。不得有暗示可使疾病痊愈的宣传,严禁利用封建迷信进行保健食品的宣传。未经卫生部审查批准的食品,不得以保健食品名义进行宣传。保健食品名称、保健作用、功效成分、适宜人群和保健食品批准文号必须与卫生部颁发的《保健食品批准证书》所载明的内容相一致。应科学、通俗易懂,应与产品的质量要求相符,不得以误导性的文字、图形、符号描述或暗示某一保健食品或保健食品的某一性质与另一产品的相似或相同。不得以虚假、夸张或欺骗性的文字、图形、符号描述或暗示保健食品的保健作用,也不得描述或暗示保健食品具有治疗疾病的功用。保健食品标识与产品说明书的标示方式必须符合以下基本原则:保健食品标识不得与包装容器分开,所附的产品说明书应置于产品外包装内。各项标识内容应按本办法的规定标示于相应的版面内,当有一个信息版面不够时,可标于第二个信息版面。保健食品标识和产品说明书的文字、图形、符号必须清晰、醒目、直观,易于辨认和识读。背景和底色应采用对比色。保健食品标识和产品说明书的文字、图形、符号必须牢固、持久,不得在流通和食用过程中变得模糊甚至脱落。必须以规范的汉字为主要文字,可以同时使用汉语拼音、少数民族文字或外文,但必须与汉字内容有直接的对应关系,并书写正确。所使用的汉语拼音或外国文字不得大于相应的汉字。计量单位必须采用国家法定的计量单位。

## 四、保健食品的监督管理

根据《食品卫生法》以及卫生部有关规章和标准,各级卫生行政部门应加强对保健食品监督、监测及管理。卫生部对已经批准生产的保健食品可以组织监督抽查,并向社会公布抽查结果。卫生部可根据以下情况确定对已经批准的保健食品进行重新审查:①科学发展后,对原来审批的保健食品的功能有认识上的改变。②产品的配方、生产工艺以及保健功能受到可能有改变的质疑。③保健食品监督监测工作需要。经审查不合格者或不接受重新审查者,由卫生部撤销其《保健食品批准证书》。合格者,原证书仍然有效。保健食品生产经营者的一般卫生监督管理,按照《食品卫生法》及有关规定执行。保健食品标准和功能评价方法由卫生部制定并批准颁布。保健食品的功能评价和检测、安全性毒理学评价由卫生部认定的检验机构承担。

# 第六节 法律责任

## 一、行政责任

违反《食品安全法》规定,事故单位在发生食品安全事故后未进行处置、报告的,由有关主管部门按照各自职责分工,责令改正,给予警告;毁灭有关证据的,责令停产停业,并处 2000 元以上 10 万元以下罚款;造成严重后果的,由原发证部门吊销许可证。

违反《食品安全法》规定,有下列情形之一的,依法给予处罚:

1）进口不符合我国食品安全国家标准的食品。

2）进口尚无食品安全国家标准的食品,或者首次进口食品添加剂新品种、食品相关产品新品种,未经过安全性评估。

3）出口商未遵守食品安全法的规定出口食品。

进口商未建立并遵守食品进口和销售记录制度的,依法给予处罚。

集中交易市场的开办者、柜台出租者、展销会的举办者允许未取得许可的食品经营者进入市场销售食品,或者未履行检查、报告等义务的,由有关主管部门按照各自职责分工,处 2000 元以上 5 万元以下罚款;造成严重后果的,责令停业,由原发证部门吊销许可证。

未按照要求进行食品运输的,由有关主管部门按照各自职责分工,责令改正,给予警告;拒不改正的,责令停产停业,并处 2000 元以上 5 万元以下罚款;情节严重的,由原发证部门吊销许可证。

被吊销食品生产、流通或者餐饮服务许可证的单位,其直接负责的主管人员自处罚决定作出之日起 5 年内不得从事食品生产经营管理工作。

食品生产经营者聘用不得从事食品生产经营管理工作的人员从事管理工作的,由原发证部门吊销许可证。

食品检验机构、食品检验人员出具虚假检验报告的,由授予其资质的主管部门或者机构撤销该检验机构的检验资格;依法对检验机构直接负责的主管人员和食品检验人员给予撤职或者开除的处分。

受到刑事处罚或者开除处分的食品检验机构人员,自刑罚执行完毕或者处分决定作出之日起 10 年内不得从事食品检验工作。食品检验机构聘用不得从事食品检验工作人员的,由授予其资质的主管部门或者机构撤销该检验机构的检验资格。

在广告中对食品质量作虚假宣传,欺骗消费者的,依照《中华人民共和国广告法》的规定给予处罚。

违反《食品安全法》规定,食品安全监督管理部门或者承担食品检验职责的机构、食品行业协会、消费者协会以广告或者其他形式向消费者推荐食品的,由有关主管部门没收违法所得,依法对直接负责的主管人员和其他直接责任人员给予记大过、降级或者撤职的处分。

违反《食品安全法》规定,县级以上地方人民政府在食品安全监督管理中未履行职责,本行政区域出现重大食品安全事故、造成严重社会影响的,依法对直接负责的主管人员和其他直接责任人员给予记大过、降级、撤职或者开除的处分。

违反《食品安全法》规定,县级以上卫生行政、农业行政、质量监督、工商行政管理、食品药品监督管理部门或者其他有关行政部门不履行《食品安全法》规定的职责或者滥用职权、玩忽职守、徇私舞弊的,依法对直接负责的主管人员和其他直接责任人员给予记大过或者降级的处分;造成严重后果的,给予撤职或者开除的处分;其主要负责人应当引咎辞职。

## 二、民事责任

违反《食品安全法》的规定造成人身、财产或者其他损害的,依法承担赔偿责任。

生产不符合食品安全标准的食品或者销售明知是不符合食品安全标准的食品,消费者除要求赔偿损失外,还可以向生产者或者销售者要求支付价款十倍的赔偿金。

违反《食品安全法》规定,应当承担民事赔偿责任和缴纳罚款、罚金,其财产不足以同时支付时,先承担民事赔偿责任。

## 三、刑事责任

违反《食品安全法》规定,构成犯罪的,依法追究刑事责任。依此规定,我国《刑法》在破坏社会主义市场经济秩序罪类罪名中主要规定了两个具体罪名。

一是生产、销售不符合卫生标准的食品罪。《刑法》第 143 条规定,生产、销售不符合卫生标准的食品,足以造成严重食物中毒事故或者其他严重食源性疾病的,处 3 年以下有期徒刑或者拘役,并处或者单处销售金额 50%以上二倍以下罚金;对人体健康造成严重危害的,处 3 年以上 7 年以下有期徒刑,并处销售金额 50%以上二倍以下罚金;后果特别严重的,处 7 年以上有期徒刑或者无期徒刑,并处销售金额 50%以上二倍以下罚金或者没收财产。

二是生产、销售有毒、有害食品罪。《刑法》第 144 条规定,在生产、销售的食品中掺入有毒、有害的非食品原料的,或者销售明知掺有毒、有害的非食品原料的食品的,处 5 年以下有期徒刑或者拘役,并处或者单处销售金额 50%以上二倍以下罚金;严重食物中毒事故或者其他严重食源性疾患,对人体健康造成严重危害的,处 5 年以上 10 年以下有期徒刑,并处销售金额 50%以上二倍以下罚金;致人死亡或者对人体健康造成特别严重危害的,处 10 年以上有期徒刑、无期徒刑或者死刑,并处销售金额 50%以上二倍以下罚金或者没收财产。

### 思 考 题

1. 简述食品安全标准的内容。
2. 简述有关法律规定对食品广告的要求。
3. 简述食品安全监督管理机构职责。
4. 简述发生食品安全事故处置时应采取的控制措施有哪些。

(南京医科大学　李　歆　黔南民族医学高等专科学校　史君榕)

# 第十三章 药品管理法律制度

通过本章的学习,要求理解药品生产、经营的法津规定,掌握药品管理监督和不良反应监测的法津规定,了解违反药品管理法的法津责任。

## 第一节 药品管理法律制度概述

### 一、药品与药品管理法

药品是用于预防、治疗、诊断人的疾病,有目的地调节人的生理功能并规定有适应证、用法和用量的物质。包括中药材、中药饮片、中成药、化学原料及其制剂、抗生素、生化药品、放射性药品、血清疫苗、血液制品和诊断药品等。药品作为一种商品,具有一般商品的共同属性。但是由于药品直接关系到每一个人的生命健康和社会共同利益,它又是一种特殊的商品。主要表现在:

1)药品作用的双重性。药品的作用和功能在于预防和治疗疾病,维护人体健康,使病体恢复到圆满状态,并进一步提高人的抵抗疾病的能力。但是,多数药品在不同程度上具有毒副作用,因而对人体具有一定的侵袭性。加之人体生理功能的复杂性和差异性,同一药品用于不同人体,其治疗效果可能出现差异,甚至在特异质人体中出现正常情况下不会出现的副作用。因此,必须加强药品的监督管理,使之管理有方,用之得当,尽可能地发挥药品治病救人、保护健康的功能,降低其可能带来潜在危害。

2)药品使用的专门性。由于药品直接作用于人体,其使用必须慎重,对于非处方药尤为如此。在通常情况下,人们只有通过医生的检查、诊断,并在医生的指导下合理使用药品,有的甚至要在医护人员的监护下服用,才能达到防病治病和保护健康的目的。同时,药品的用途具有专门性,即用于预防和治疗疾病,而一般情况不能用于非医疗途径。

3)药品质量的严格性。由于药品直接关系到疾病治疗的效果,关系到患者的身体健康和生命安危。因此,药品必须符合质量标准要求。为此,国家制定了一系列的法律法规和技术标准,加强对药品质量的监督管理。

4)药品鉴定的科学性。药品具有很强的专业性和技术性,对于药品的质量和疗效,一般消费者很难识别。必须由专门的技术人员和专门的机构,依照法定的标准和技术方法,才能做出鉴定或评价。

药品的特殊性要求国家必须强化对药品的监督管理,尤其是要加强对药品管理立法,使药品监督和管理走上法制化轨道。药品管理法是调整药品监督管理,确保药品质量,增进药品疗效,保障用药安全,维护人体健康活动中产生的各种社会关系的法律规范总和。具体而言,药品管理法的调整内容涉及药品研制、生产、流通、使用和监管的各个环节,包括药品生产企业的管理、药品经营企业的管理、医疗单位药剂的管理、药品的管理、特殊药品的管理、药品包装的管理、药品价格和广告的管理、药品的进出口管理以及药品监督等。

### 二、我国的药品管理立法

党和政府十分重视药品的法律管理,并先后制定了一系列的药品管理法律法规,为我国药品管理走上法制化轨道奠定了制度基础。早在 1950 年 11 月,为配合禁止鸦片烟毒工作和解决旧中国遗留的伪劣假冒药品充斥市场的情况,经当时的政务院批准,卫生部颁布《麻醉药品管理暂行办法》,这是我国药品管理的第一个行政法规。1963 年经国务院批准,卫生部、化工部、商业部联合发布了我国药品管理的第一个综合性法规《关于加强药政管理的若干规定(草案)》,对药品的生产、经营、使用和进出口管理起到了重要作用。

随着社会主义经济建设的发展和人民生活水平的提高,为加强药品监督管理,保证药品质量,增进药品疗效,保障人民用药安全,维护人民身体健康,1984 年 9 月 10 日第六届全国人大常委会第七次会议通过的《中华人民共和国药品管理法》。这是建国以来我国第一部药品管理法律,它把党和国家有关药品监督管理的方针政策和原则用国家法律的形式确定下来,将药品质量与安全置于国家和人民群众的严格监督之下,为人民群众合理有效地用药提供了法律保证。随着我国政治、经济和社会生活的发展的变化,在药品管理方面出现了许多新情况和新问题,也发生了一些新的违法犯罪行为,原来的《药品管理法》中的有些规定难以适应现实的需要。因此,2001 年 2 月 28 日,第九届全国人大常委会第 20 次会议对《药品管理法》进行了重大的修改,并于 2001 年 12 月 1 日施行。

为了保证《药品管理法》的有效实施,国务院先后制定和颁布了《中华人民共和国药品管理法实施办法》、《麻醉药品和精神药品管理条例》、《医疗用毒性药品管理办法》、《放射性药品管理办法》等行政法规。卫生部、原国家医药管理局、国家中医药管理局、食品与药品监督管理局等部门还颁布了《新药审批办法》、《药品生产质量管理规范》、《医院制剂管理办法》、《进口药品管理办法》、《生物制剂药品管理办法》等诸多部门规章。同时,各省、自治区、直辖市也相应制定了一系列有关药品管理的地方性法规和规章,从而形成了比较完备的药品监督管理法律体系,使药品监督管理有法可依。

## 第二节　药品管理的法律规定

### 一、新药的管理与审批程序

新药是指未曾在我国境内上市销售的药品,新药对于诊疗疾病起着重要作用,新药代表医药科研的发展水平,当今生物制药的迅猛发展,人类基因图的绘制完成,不仅使不治之症迎刃而解或充满希望,而且促使诊疗方法进行全方位的变革。同时,鉴于历史上一些国家在使用化学药品中发生的一系列危害人类健康造成致残、致死、致畸等严重恶果的药害事件,迫使各国政府对新药的审批都采取慎重的态度并以立法的形式进行严格管理。

新药的管理在药品管理中占有十分重要的地位,为了加强对新药的管理,在1985年《药品管理法》颁布实施之后,为了充实《药品管理法》对新药管理的规定以及适应形势发展的需要,1985年7月卫生部又发布了《关于新药保护及技术转让的规定》。通过以上法律、法规形成了具有中国特色的新药管理制度。

## (一) 新药临床研究的管理

研制新药,必须按照国务院药品监督管理部门的规定如实报送研制办法,质量指标、药理及毒理试验结果及有关资料和样品,经国务院药品监督管理部门批准后,方可进行临床试验。

新药的临床研究,按照新药分类,分为临床试验(第一、二、三类新药)和临床验证(第四、五类新药)。临床试验一般分为三期进行,一期临床试验,研究人体对新药的耐受程度并通过药代动力学研究提出新药安全有效的给药方案。一期临床病例可在10至30例之间;二期临床试验是在有对照组的条件下,详细考察新药的疗效、适应证和不良反应,然后在较大的范围内对新药进行临床试验和评价。病例一般不得少于300例;三期临床试验,是指经国务院药品监督管理部门批准试产后,在使用中继续观察扩大试用后的疗效和副作用。临床验证主要是指考察新药的疗效和毒、副反应与原药品进行对比验证。病例一般不应少于100例。

完成临床试验并通过审批的新药,由国务院药品监督管理部门批准,发给"新药证书"。

## (二) 新药的生产管理

生产新药或已有国家标准的药品的,必须经国务院药品监督管理部门批准,并发给药品批准文号。没有药品批准文号的新药一律不得生产,但是,生产没有实施批准文号管理的中药材和中药饮片除外。实施批准文号管理的中药材、中药饮片品种目录由国务院药品监督管理部门会同国务院中医药管理部门制定。药品生产企业在取得药品批准文号后,方可生产该药品。

## (三) 新药的技术管理

新药是科技成果的结晶。加强对新药科技成果的法律保护,有利于提高药品研制的水平,保护新药权利人的合法权益。只有充分维护新药创制人的合法权益,才能促进新药的研制和生产,卫生部1987年颁布《关于新药保护及技术转让的规定》是个良好的开端,但有待进一步完善。特别是新药科技成果的权属和如何尽快将新药转化为生产力等,亟待法律规范。

## 二、药品审评

对药品进行评审,包括通过临床用药评定新药,对老药进行再评价,淘汰危害严重、疗效不确切或不合理的组方是药品管理的重要内容。针对药品审评委员会成立多年来在实际运行中存在的弊端,新的《药品管理法》取消了成立药品审评委员会的规定,由国务院药品监督管理部门组织药学、医学和其他技术人员,对新药进行审评,对已经批准生产的药品进行再评价。同时,取消了省级药品监督管理部门对药品审评及再评价的决策权限,采取了集中统一管理的方式,由国家药品监督管理部门统一行使药品评审的权力。

通过新药评定和药品再评价,对于疗效肯定、临床应用广泛的药品或者疗效较好或有一定疗效而临床需要的药品应当积极组织生产和科研改进;对于疗效不确、不良反应大或者其他原因危害人民健康的药品,应当撤销其批准文号,已被撤销批准文号的药品,不得继续生产和销售;已经生产的,由当地药品监督管理部门监督销毁或者处理。通过药品审评淘汰不合格药品,保障人民用药安全。

### 三、药品的进出口管理

#### 1. 进口药品管理

药品进口,必须经国务院药品监督管理部门组织审查,经审查确认符合质量标准,安全有效的,方可批准进口,并发给进口药品注册证书。禁止进口疗效不明确、不良反应大或者其他原因危害人体健康的药品。医疗单位临床急需或者个人自用进口的少量药品,按照国家有关规定办理进口手续。

国务院药品监督管理部门对下列药品在销售前或者进口时,指定药品检验机构进行检验;检验不合格的,不得销售或者进口:一是国务院药品监督管理部门规定的生物制品;二是首次在中国销售的药品;三是国务院规定的其他药品。

药品必须从允许药品进口的口岸进口,并由进口药品的企业向口岸所在地药品监督管理部门登记备案。海关凭药品监督管理部门出具的《进口药品通关单》放行。无《进口药品通关单》的,海关不得放行。药品通关时,由口岸所在地药品监督管理部门通知药品检验机构按照国务院药品监督管理部门的规定进行抽查检验。检验不合格的不得进口。

#### 2. 出口药品管理

为保证出口药品的质量,规范药品出口,凡我国制造销售的药品,经省级药品监督管理部门审查批准后,并办理相关手续才能出口。未经批准不得组织药品出口。对国内供应不足的药品,国务院有权限制或者禁止出口。进口、出口麻醉药品和国家规定范围的精神药品,必须持有国务院药品监督管理部门发给的《进口准许证》、《出口准许证》。

### 四、禁止生产、销售假药与劣药

#### (一) 假药品和劣药的范围

假药,是指药品所含成分与国家药品标准规定的成分不符,以及以非药品冒充药品或者以他种药品冒充此种药品的。有下列情形之一的为假药或视为假药:①药品所含成分与国家药品标准的成分不符。②以非药品冒充药品或者以他种药品冒充此种药品的。③国务院药品监督管理部门规定禁止使用的。④依照本法必须批准而未经批准生产、进口,或者依照本法必须检验而未经检验即销售的。⑤变质的。⑥被污染的。⑦使用依照本法必须取得批准文号而未取得批准文号的原料药生产的。⑧所标明的适应证或者功能主治超出规定范围的。

劣药,是指药品成分含量不符合国家药品标准规定的药品。药品成分含量不符合国家药品标准的情形,虽不像药品所含成分与国家药品标准规定的成分不符那样危害严重,但它也同样会给使用者带来不安全的隐患。同样可能造成病患者贻误治疗时机,甚至危及病患者的生命安全的严重后果。因此,对劣药也要予以禁止。同时,有下列情形的药品,按劣药论处:①未标明有效期或者更改有效期的。②不注明或者更改生产批号的。③超过有效期的。④直接接触药品的包装材料和容器未经批准的。⑤擅自添加着色剂、防腐剂、香料、矫味剂及辅料的。⑥其他不符合药品标准规定的。

### (二) 防止生产、销售假药、劣药的对策

长期以来,生产、销售假药、劣药的行为屡禁不绝,严重地危害了人民群众的身体健康,严重破坏国家的医药管理秩序。为规范医药市场,防止假药、劣药的生产与流通,应从以下几个方面着手:

(1) 加强医疗体制的改革:近年来,医疗体制的改革取得了一定的进展,如医疗保险制度的建立、医疗机构属性的转变,医疗单位实行医、药收支两条线管理,药品采购制度的建立等,使得假药、劣药的市场空间越来越小,生产、销售假药、劣药的利润也就越来越少。

(2) 建立信用认证制度:诚实信用是市场经济的基本原则。要彻底禁止制售假药、劣药必须建立全国或地区的信用认证制度。国家根据参与市场活动的主体的市场行为给它界定为一定的信用级别,全国联网,随时可查。企业根据国家所提供的信用档案决定是否与某企业进行经济交往。生产、销售假药、劣药的企业一经查处即降低其信用级别。使得制售假药、劣药的企业失去市场交易的资格。

(3) 加大对违法行为的处罚和制裁:无论是行政处罚还是刑事处罚要处罚到制售假药、劣药的单位和个人丧失制售假药、劣药的能力。如加大经济处罚的数额,规定制售假药、劣药的个人多少年不得从事药品生产、销售工作等。

## 五、中药的管理

药品管理法分散规定了中药的管理制度。如第三条第二款规定:"国家保护野生药材资源,鼓励培育中药材。"中药饮片的炮制,必须符合《中华人民共和国药典》或者省、自治区、直辖市药品监督管理部门制定的炮制规范的规定。城乡集市贸易市场可以出售中药材。销售地道中药材,必须标明产地。发运中药材必须有包装。在每件包装上必须说明品名、产地、日期、调出单位,并附有质量合格的标志,对国内供应不足的中药材、中成药,国务院药品监督管理行政部门有权限制或者禁止出口。我国的中草药历史悠久,在世界享有盛誉。加强中药的法制管理可以合理利用有限的中药药源,鼓励培植中药材,推广培植和配制中药的技术,加强中西药的融通与合作。

## 六、生物制品和血液制品管理制度

生物制品是指用微生物、微生物代谢产物、动物毒素、人或动物的血液或组织等经适当方法加工制成,作为预防、治疗、诊断特定传染病或其他有关疾病的免疫制剂。

血液制品是指将人的血液自供者采出后,用适当方法将其不同成分单个分离制成的各种制剂。

为了加强对生物制品和血液制品的管理,国家卫生部分别制定了《生物制品规程》、《生物制品新制品管理方法》、《生物制品研究所工作条例》(试行)、《关于加强生物制品和血液制品管理的规定》(试行)、《开展整顿生物制品、血液制品的实施办法》等。其主要内容为:

（一）生产单位必须具备的条件

1）有适合所生产品种的工艺要求,合乎微生物操作的实验室,灭菌操作条件及保障安全的生产车间、辅助车间、冷藏设施及相应配套的设备等。

2）有受过严格训练的主管技师以上的专业技术人员和熟练的技术操作人员。

3）有科学管理的职能机构。

4）有健全的检定机构。

5）制品质量必须符合《生物制品规程》之要求,具备上述条件的单位由国务院药品监督管理部门或者省级药品监督管理部门会同工商行政管理总局或省级工商行政管理部门审批,发给营业执照。领有营业执照或经批准生产的单位的产品须按上述管理权限审批,发给批准文号。

（二）严格质量检测

生物制品和血液制品生产单位的检定机构对本单位制品负责质量检验,并填写制品质量合格证。

国务院药品生物制品检定所是执行国家对制品质量进行检查、检验和鉴定的专业机构,有权对生物制品和血液制品生产、使用单位的制品质量进行检查了解、抽样检验以及调阅制检记录,并有权对违反规定的行为和质劣产品据情处理。

进口的生物制品和血液制品列为法定检验,生物制品由国务院药品生物制品检定所检验,血液制品经进口口岸药检所检验或委托有关单位检验,合格者方准进口。

生物制品和血液制品是防疫、医疗、战备、救灾的重要物资,必须加强生产和使用的管理。现行的规章还很不完善,应加强这方面的立法,保障社会的需要,制裁不法行为。

## 七、药品价格和广告的管理

（一）药品价格的管理

依法实行政府定价,政府指导价的药品,政府价格主管部门应当依照《中华人民共和国价格法》规定的定价原则,依据社会平均成本、市场供求状况和社会承受能力合理制定和调整价格,做到质价相符,消除虚高价格,保护用药者的正当利益。药品的生产企业,经营企业和医疗机构必须执行政府定价、政府指导价,不得以任何形式擅自提高价格。药品生产企业应当依法向政府价格主管部门如实提供药品的生产经营成本,不得拒报、虚报、瞒报。

依法实行市场调节价的药品,药品的生产企业、经营企业和医疗机构应当按照公平,合理和诚实信用,质价相符的原则制定价格,为用药者提供价格合理的药品。

药品的生产企业,经营企业和医疗机构应当遵守国务院价格主管部门关于药价管理的规定,制定和标明药品零售价格,禁止暴利和损害用药者利益的价格欺诈行为。

药品的生产企业,经营企业和医疗机构应当依法向政府价格主管部门提供其药品的实际购销价格和购销数量等资料。

医疗机构应当向患者提供所有药品的价格清单;医疗保险定点医疗机构还应当按照规定的办法如实公布其常用药品的价格,加强合理用药的管理。

（二）药品广告的管理

1. 药品广告的审批

药品是一种不同于一般商品的特殊商品。每一种药品都有自己特定的功能主治和特定的使用对象，药品广告的内容对指导合理用药、安全用药起着至关重要的作用。所以，对其广告内容的审核发布和监督管理较之其他产品更为严格。一方面《广告法》明确规定药品广告必须经过药品主管部门的审核批准后才能发布。另一方面，《药品管理法》作为专门的法律，进一步规定药品广告须经省级药品监督管理部门批准，并发给药品广告批准文号，未取得药品广告批准文号的，不得发布。

2. 非处方药广告的特殊管理

同时，药品管理法对处方药和非处方药的广告提出了不同的要求。非处方药经过药品监督管理部门的审批，取得药品广告批准文号后，可以在大众媒介进行广告宣传；而对处方药，则禁止在大众媒体进行广告宣传，也不能以任何形式进行以大众为对象的广告宣传。处方药可以在国务院卫生行政部门和国务院药品监督管理部门共同指定的医学、药学专业刊物上介绍。其原因在于，对药品的正确选择合理使用是一个专业性、技术性很强的问题，患者很难通过广告对这些药品进行深入的了解和准确的判断，在对药品一知半解的情况下使用药品，很难达到用药目的，甚至可能产生与用药目的相反的严重后果。所以药品管理法禁止处方药进行广告宣传，只允许在经过国家卫生行政部门和国家药品监督管理部门共同指定的医药专业刊物上介绍。

3. 药品广告内容的管理

药品广告的内容是否真实，对正确指导患者合理用药、安全用药十分重要，与患者的生命安全和身体健康关系极大。因此，药品广告的内容必须真实、准确、合法，不允许有欺骗、夸大情况，必须以国家药品监督管理局批准的药品说明书为准。

任何药品都有特定的适应病症，有特定的主治功能，世上没有包治百病的药品，由于影响治疗疾病的因素很多，如论断、病程、体质等差异，同一种药治疗同一种病可能得到不同的结果，所以，没有一种药品可以保证对某种病有100%的疗效。因此，药品广告不得含有不科学的表示功效的断言或者保证。

国家机关、医药科研单位、学术机构或者专家、学者、医师具有非常高公众信誉度和较大的影响力和号召力，患者的现身说法对患者或者消费者也具有较强说服力和吸引力。因此，法律禁止药品生产经营企业利用国家机关、医药科研单位、学术机构或者专家、学者、医师、患者的名义和形象作证明，宣传产品。

# 第三节　药品监督的法律规定

## 一、药品监督管理机构及其管理职责

（一）药品监督管理的机构

根据1998年国务院机构改革方案,由新组建的国家药品监督管理局(现为国家食品药品监督管理局)主管全国药品监督管理工作,从而将原国家医药管理局行使的药品生产、流通监管职能,卫生部的药政、药检职能,国家中医药管理局中药生产流通监管职能,统一交国家药品监督管理局行使,国务院有关部门在各自的职责范围内负责与药品有关的监督管理工作,以加强对药品的监督管理,提高行政效率,减轻企业负担,保证药品质量。

省、自治区、直辖市人民政府药品监督管理部门负责本行政区域内的药品监督管理工作。省、自治区、直辖市人民政府有关部门在各自的职责范围内负责与药品有关的监督管理工作。

### (二) 药品监督管理机构的职责

药品监督管理部门主管药品监管工作的主要职责包括:对开办药品生产、经营企业进行审批、发放许可证;拟订、修订 GLP、GCP 并监督实施;制定并监督实施 GMP 和 GSP;审批新药、仿制药、进口药,并分别发放新药证书、生产批准文号、进口药品注册证;审批医疗机构的制剂室并发放许可证;审批医疗机构制剂的品种;对直接接触药品的包装材料实施监督管理;负责药品广告的审批并发放批准文号;负责对药品质量的监督检查,发布药品质量公告;对可能危害人体健康的药品可依法采取行政强制控制措施;对违犯药品管理法有关规定的行为依法实施行政处罚等。具体而言包括:

1. 审批

审批是药品监督的重要职权,它可以从源头防止假药、劣药的生产、经营。药品监督管理部门的审批权限包括开办药品生产、经营企业的许可审批、新药、仿制药、进口药的审批、医疗机构的制剂室的审批、医疗机构制剂的品种的审批、药品广告批准文号的审批等。

2. 检查

1) 药品监督管理部门有权按照法律、行政法规的规定对报经其审批的药品研制和药品的生产、经营以及医疗机构使用药品的事项进行监督检查,有关单位和个人不得拒绝和隐瞒。药品监督管理部门在进行以上内容的监督检查时,必须出示证明文件,以证明自己的合法身份以及合法的权限。同时,在监督检查过程中获知的被检查人在药品研制、生产、经营及使用中的一些如临床资料等技术秘密和业务秘密,药品监督管理人员有保密的义务。

2) 药品监督管理部门根据监督检查的需要,可以对药品质量进行抽查检验。抽查检验应当按照规定抽样,并不得收取任何费用。国务院和省级人民政府药品监督管理部门应当定期公告药品质量抽查检验的结果,公告不当的,必须在原公告范围内予以更正。

3) 药品监督管理部门应当按照规定,依据《药品生产质量管理规范》、《药品经营质量管理规范》,对经其认证合格的药品生产企业、药品经营企业进行认证后的跟踪检查,对药品生产企业、药品经营企业贯彻实施 GMP、GSP 的情况实施动态的监督管理。

3. 采取强制措施并做出行政处理决定

1) 药品监督管理部门对有证据证明可能危害人体健康的药品及其有关材料可以采取查封、扣押的行政强制措施,并在 7 日内做出行政处理决定,药品需要检验的,必须自检验报告书发出之日起 15 日内做出行政处理决定。

2) 对已确认发生严重不良反应的药品,国务院或者省级人民政府的药品监督管理部门可以采取停止生产、销售、使用的紧急控制措施,并应当在 5 日内组织鉴定,自鉴定结论做出之日起 15 日内依法做出行政处理决定。

## 二、药品检验机构及其职责

药品检验机构是执行国家对药品监督检验的法定专业机构。药品管理法规定,药品监督管理部门设置或者确定的药品检验机构,承担依法实施药品审批和药品质量监督检查所需的药品检验工作。包括药品审批时的药品检验、药品质量监督检查过程中的药品检验,如对药品监督管理部门抽查药品质量的检验,对生物制品、首次在中国销售的药品和国务院规定的其他药品在销售前或进口时进行的检验。

药品检验机构的主要职责是依法实施药品审批和药品质量监督检查所需的药品检验工作,如其参与或者变相参与药品生产经营活动,既影响其依法履行职责,更容易导致变相运用手中权力,谋取部门利益。其结果既会损害政府的威信,影响执法的公正权威,就会对广大消费者的利益造成侵害。因此,药品管理法规定,药品检验机构和确定的专业从事药品检验的机构不得参与药品生产经营活动,不得以其名义推荐或者监制、监销药品。

# 第四节　药品不良反应监测的法律规定

## 一、药品不良反应的概念

药品不良反应是指合格药品在正常用法用量下出现的与用药目的无关的或意外的有害反应。主要表现为:

1) 对人体有害的副作用:是治疗剂量的药物所产生的某些与防治目的无关的作用。如阿托品通常被用于解除肠胃痉挛而引起口干等。因为,这种作用是在治疗剂量下同时出现的,所以其副作用常常是难以避免的。

2) 毒性反应:虽然也是常规使用剂量,但由于使用者的年龄、体质状况而造成相对药物剂量过大或用药时间过长引起的反应。这类反应对人体危害较大。临床常见的毒性反应有:①中枢神经反应。如头痛、眩晕、失眠、耳鸣、耳聋等。②造血系统反应。如再生障碍性贫血、颗粒血细胞减少等。③肝肾损害。如肝大、肝痛、肝肾功能减退、黄疸、血尿、蛋白尿等。④心血管系统反应。如血压下降或升高、心动过速或过缓、心律失常等。

3) 过敏反应:也称变态反应,只有特异质的病人才能出现,与药物剂量无关。临床常见的过敏反应有:全身性反应、皮肤反应等。

4) 其他不良反应:由于长期使用抗菌药物而出现的菌群失调,二重感染,某些药物产生的依赖性、致突变、致畸、致癌及其他不良反应等。

由于药品的不良反应可能影响人们的用药安全和用药效果,从而损害人们的身体健康。对此,国家必须加强药品的安全监管,建立和规范药品不良反应报告和监测制度,以保障公众用药安全。

## 二、药品不良反应报告制度

药品不良反应报告制度是及时发现、调查、分析、评价、处理药品不良反应的制度保障,目的是为了及时防止药品损害事件的发生,以更科学地指导合理用药,保障上市药品的安全有效。药品不良反应报告制度是国际上通行的科学、规范的制度,多数国家都已进入法制化程序。我国 1985 年 7 月 1 日实施的《药品管理法》第四十八条规定:"药品生产企业、药品经营企业和医疗单位,应当经常考察本单位所生产、经营、使用的药品的质量、疗效和不良反应。医疗单位发现药品中毒事故必须及时向当地卫生行政部门报告。"国家药品监督管理局和卫生部还在 1999 年 11 月联合发布了《药品不良反应监测管理办法(试行)》。在新的《药品管理法》修订颁布后,国家食品药品监督管理局于 2004 年 3 月 4 日颁布了《药品不良反应报告和监测管理办法》,从而把药品不良反应监测工作列为药品生产、经营、使用单位和监督管理部门的法定义务,并进入了实质性操作阶段。目前,我国已经初步建立了药品不良反应报告和监测体系。

1. 药品不良反应的报告主体

药品不良反应报告制度的实施主体是药品生产企业、经营企业、医疗机构和药品不良反应监测中心,报告药品不良反应是上述单位的法定义务。因此,药品生产、经营企业和医疗卫生机构必须指定专(兼)职人员负责本单位生产、经营、使用药品的不良反应报告和监测工作,发现可能与用药有关的不良反应详细记录、调查、分析、评价、处理,并填写《药品不良反应/事件报告表》,每季度集中向所在地的省、自治区、直辖市药品不良反应监测中心报告,其中新的或严重的药品不良反应于发现之日起 15 日内报告,死亡病例必须及时报告。其中,新的药品不良反应是指药品说明书中未载明的不良反应。药品严重不良反应是指因服用药品引起以下损害情形之一的反应:引起死亡;致癌、致畸、致出生缺陷;对生命有危险并能够导致人体永久的或显著的伤残;对器官功能产生永久损伤;导致住院或住院时间延长。

省、自治区、直辖市药品不良反应监测中心,应每季度向国家药品不良反应监测中心报告所收集的一般不良反应报告;国家药品不良反应监测中心应每半年向国家食品药品监督管理局和卫生部报告药品不良反应监测统计资料,其中新的或严重的不良反应报告和群体不良反应报告资料应分析评价后及时报告。

2. 新药不良反应的报告

新药监测期内的药品应向所在地的省、自治区、直辖市药品不良反应监测中心报告该药品发生的所有不良反应,且每年汇总报告一次;新药监测期已满的药品,报告该药品引起的新的和严重的不良反应,其中,在首次药品批准证明文件有效期届满当年汇总报告一次,以后每 5 年汇总报告一次。

3. 进口药品不良反应的报告

进口药品自首次获准进口之日起 5 年内,报告该进口药品发生的所有不良反应;满 5 年的,报告该进口药品发生的新的和严重的不良反应。此外,对进口药品发生的不良反应还应进行年度汇总报告,进口药品自首次获准进口之日起 5 年内,每年汇总报告一次;满 5 年的,每 5 年汇总报告一次。进口药品在其他国家和地区发生新的或严重的不良反应,代理经营该进口药品的单位应于不良反应发现之日起一个月内报告国家药品不良反应监测中心。

4. 群体不良反应的报告

药品生产、经营企业和医疗卫生机构发现群体不良反应,应立即向所在地的省、自治区、直辖市(食品)药品监督管理局、卫生厅(局)以及药品不良反应监测中心报告。省、自治区、直辖市(食品)药品监督管理局应立即会同同级卫生厅(局)组织调查核实,并向国家食品药品监督管理局、卫生部和国家药品不良反应监测中心报告。

## 三、药品不良反应的评价与控制

1. 药品不良反应评价与控制的处理程序

药品生产、经营企业和医疗卫生机构应经常对本单位生产、经营、使用的药品所发生的不良反应及时向所在地的省、自治区、直辖市药品不良反应监测中心报告,并应采取有效措施减少和防止药品不良反应的重复发生。

对收集到的药品不良反应报告,省、自治区、直辖市药品不良反应监测中心应及时进行核实,做出客观、科学、全面的分析,提出关联性评价意见,并将分析评价意见上报国家药品不良反应监测中心,由国家药品不良反应监测中心做进一步的分析评价。根据分析评价结果,国家食品药品监督管理局可以相应的控制措施。

2. 对药品不良反应的控制措施

药品生产、经营企业和医疗卫生机构应经常对本单位生产、经营、使用的药品所发生的不良反应进行分析、评价,并应采取有效措施减少和防止药品不良反应的重复发生。

根据国家药品不良反应监测中心对药品不良反应的分析评价结果,国家食品药品监督管理局可以采取责令修改药品说明书,暂停生产、销售和使用的措施;对不良反应大或者其他原因危害人体健康的药品,应当撤销该药品批准证明文件,并予以公布。

对已确认发生严重不良反应的药品,国务院或省、自治区、直辖市人民政府的药品监督管理部门可以采取停止生产、销售和使用的紧急控制措施。一方面是为了有效防止该药品使用范围继续扩大而可能导致使用该药品后发生严重不良反应人群的增多;另一方面是药品监督管理部门在采取紧急控制措施期间,可以迅速组织有关专家对此进行鉴定,以利进一步做出行政处理决定。根据具体情况,可以采取以下行政处理决定:①经过权衡利弊,以最大可能保证用药者安全为前提,在可控的条件下继续使用该药品,如采取修改说明书、调整用法用量、增加注意事项和给以特别警示等措施后时即可撤销对该药品的紧急控制措施。②经过鉴定后认为继续使用该药品不能保证用药者安全的,或者有其他更安全的同类药品可以取代的,可依照《药品管理法》第四十二条的规定,由国务院药品监督管理部门撤销该药品的批准文号或者进口药品注册证书;已经生产或进口的,由当地药品监督管理部门监督销毁或处理。采取紧急控制措施应当由国务院药品监督管理部门制定相应的程序和办法。按照法定要求,药品监督管理部门在采取紧急控制措施后 5 日内(含法定节假日)组织鉴定,即在 5 日内必须进入鉴定程序,自做出鉴定结论起 15 日(含法定节假日)内依法做出行政处理决定。

## 四、药品不良反应监测管理机构的职责

1. 国家食品药品监督管理局的职责

国家食品药品监督管理局负责全国药品不良反应监测管理工作,并履行以下主要职责:会同卫生部制定药品不良反应报告的管理规章和政策,并监督实施;通报全国药品不良反应报告和监测情况;组织检查药品生产、经营企业的药品不良反应报告和监测工作的开展情况,并会同卫生部组织检查医疗卫生机构的药品不良反应报告和监测工作的开展情况;对突发、群发、影响较大并造成严重后果的药品不良反应组织调查、确认和处理;对已确认发生严重不良反应的药品,国家食品

药品监督管理局可以采取紧急控制措施,并依法做出行政处理决定。

2. 省级食品药品监督管理局的职责

省、自治区、直辖市(食品)药品监督管理局负责本行政区域内药品不良反应监测管理工作,并履行以下主要职责:根据本办法会同同级卫生主管部门制定本行政区域内药品不良反应报告及管理规定,并监督实施;会同同级卫生主管部门组织本行政区域内药品不良反应报告和监测的宣传、教育、培训工作;组织检查本行政区域内药品生产、经营企业的药品不良反应报告和监测工作的开展情况,并会同同级卫生主管部门组织检查本行政区域内医疗卫生机构的药品不良反应报告和监测工作的开展情况;对本行政区域内发生的药品严重不良反应组织调查、确认和处理;对在本行政区域内已确认发生严重不良反应的药品,省、自治区、直辖市(食品)药品监督管理局可以采取紧急控制措施,并依法做出行政处理决定。

3. 各级药品不良反应监测中心的职责

国家药品不良反应监测中心承办全国药品不良反应监测技术工作,在国家食品药品监督管理局的领导下履行以下主要职责:承担全国药品不良反应报告资料的收集、评价、反馈和上报工作;对省、自治区、直辖市药品不良反应监测中心进行技术指导;承办国家药品不良反应信息资料库和监测网络的建设及维护工作;组织药品不良反应宣传、教育、培训和药品不良反应信息刊物的编辑、出版工作;参与药品不良反应监测的国际交流;组织药品不良反应监测方法的研究。

省、自治区、直辖市药品不良反应监测中心在省、自治区、直辖市(食品)药品监督管理局的领导下承办本行政区域内药品不良反应报告资料的收集、核实、评价、反馈、上报及其他有关工作。

同时,国务院卫生主管部门和地方各级卫生主管部门在职责范围内,依法对已确认的药品不良反应采取相关的紧急措施。

# 第五节 法律责任

药品管理法律关系涉及的法律主体有药品生产企业、药品经营企业、医疗机构、药品检验机构、国家药品监督管理部门等。这些法律主体在从事与药品管理有关的法律行为时,如果违反《药品管理法》的有关规定都将承担相应的法律责任。根据承担法律责任性质的不同有行政法律责任,民事法律责任,刑事法律责任;根据实施违反《药品管理法》行为的主体不同可以分为药品生产企业的法律责任,药品经营企业的法律责任,医疗机构的法律责任,药品检验机构的法律责任,国家药品监督管理部门的法律责任。设定法律责任的目的在于规范与药品管理有关的法律主体的行为,制裁违法的法律主体,保障广大人民的用药安全、有效,维护正常的药品管理秩序。

## 一、药品生产企业违反《药品管理法》的法律责任

1) 药品生产企业未取得《药品生产许可证》生产药品的,依法予以取缔,没收违法生产的药品,并处违法生产货值金额二倍以上五倍以下的罚款;构成犯罪的,依照《刑法》第141条追究刑事责任。

2) 生产假药的,没收违法生产的药品,并处违法生产药品货值金额二倍以上五倍以下的罚款;有药品批准证明文件的予以撤销,并责令停产,停业整顿;情节严重的,吊销《药品生产许可证》;构

成犯罪的,依法追究刑事责任。

3)生产劣药的,没收违法生产的药品,并处违法生产药品货值金额一倍以上三倍以下的罚款;情节严重的,责令停产,停业整顿,或者撤销药品批准证明文件,吊销《药品生产许可证》;构成犯罪的,依照《刑法》第142条追究刑事责任。

4)从事生产假药及生产劣药情节严重的企业或者其他单位,其直接负责的主管人员和其他直接责任人员十年内不得从事药品生产经营活动。

5)药品生产企业未按照规定实施《药品生产质量管理规范》,给予警告,责令限期改正,逾期不改正的,责令停产,停业整顿,并处5 000元以上2万元以下的罚款;情节严重的,吊销《药品生产许可证》。

6)药品生产企业违反《药品管理法》第三十四条的规定,从无《药品生产许可证》、《药品经营许可证》的企业购进药品的,责令改正,没收违法购进的药品,并处违法购进药品的货值金额二倍以上五倍以下的罚款,有违法所得的,没收违法所得,情节严重的,吊销《药品生产许可证》。

7)进口获得药品进口注册证书的药品,未按照《药品管理法》规定向允许药品进口的口岸所在地药品监督管理部门登记备案的,给予警告,责令限期改正。逾期不改正的,撤销进口药品注册证书。

8)伪造、变造、买卖、出租、出借许可证或者药品批准证明文件的,没收违法所得,并处违法所得一倍以上三倍以下的罚款;没有违法所得的,处2万元以上10万元以下的罚款,情节严重的,并吊销卖方、出租方、出借方的《药品生产许可证》或者撤销药品批准证明文件;构成犯罪的,依法追究刑事责任。

9)违反《药品管理法》规定,提供虚假的证明、文件资料、样品或者采取其他欺骗手段取得《药品生产许可证》或者药品批准证明文件的,吊销《药品生产许可证》或者撤销药品批准证明文件,5年内不受理其申请,并处1万元以上3万元以下的罚款。

10)药品标识不符合《药品管理法》第五十四条规定的,除依法应当按照假药,劣药论处的外,责令改正,给予警告;情节严重的,撤销该药品的批准证明文件。

11)药品生产企业在药品购销中暗中给予、收受回扣或者其他利益的,药品的生产企业或者其代理人给予使用其药品的医疗机构的负责人、药品采购人员、医师等有关人员的财物或者其他利益的,由工商行政管理部门处1万元以上20万元以下的罚款,有违法所得的,予以没收;情节严重的,由工商行政管理部门吊销药品生产企业的营业执照,并通知药品监督管理部门,由药品监督管理部门吊销其《药品生产许可证》;构成犯罪的,依法追究刑事责任。

12)药品生产企业的负责人,采购人员等有关人员在药品购销中收受其他生产企业、经营企业或者其代理人给予的财物或者其他利益的,依法给予处分,没收违法所得;构成犯罪的,依法追究刑事责任。

13)违反《药品管理法》第五十五条,第五十六条,第五十七条关于药品价格管理的规定的,依照《价格法》的规定处罚。

14)违反《药品管理法》有关药品广告的管理规定的,依照《广告法》的规定处罚,并由发给广告批准文号的药品监督管理部门撤销广告批准文号,一年内不受理该品种的广告审批申请;构成犯罪的,依法追究刑事责任。

15)药品生产企业违反《药品管理法》规定,给药品使用者造成损害的,依法承担赔偿责任。

## 二、药品经营企业违反《药品管理法》的法律责任

1) 未取得《药品经营许可证》经营药品的,依法予以取缔,没收违法销售的药品和违法所得,并处违法销售的药品货值金额二倍以上五倍以下的罚款,构成犯罪的,依法追究刑事责任。

2) 销售假药的,没收违法销售的药品和违法所得,并处违法销售药品货值金额二倍以上五倍以下的罚款;有药品批准证明文件的予以撤销,并责令停业整顿,情节严重的,吊销《药品经营许可证》;构成犯罪的,依法追究刑事责任。

3) 销售劣药的,没收违法销售的药品和违法所得,并处违法销售药品货值金额一倍以上三倍以下的罚款,情节严重的,责令停业整顿或者撤销药品批准证明文件夹,吊销《药品经营许可证》;构成犯罪的,依法追究刑事责任。

4) 从事销售假药,劣药情节严重的企业或者其他单位,其直接负责的主管人员和其他直接责任人员十年内不得从事药品生产,经营活动。

5) 药品的经营企业未按照规定实施《药品经营质量管理规范》,给予警告,责令限期改正,逾期不改正的,责令停业整顿,并处 5 000 元以上 2 万元以下的罚款;情节严重的,吊销《药品经营许可证》。

6) 药品的经营企业违反《药品管理法》第三十四条的规定,从无《药品生产许可证》、《药品经营许可证》的企业购进药品的,责令改正,没收违法购进的药品,并处违法购进药品货值金额二倍以上五倍以下的罚款;有违法所得的,没收违法所得,情节严重的,吊销《药品经营许可证》。

7) 进口已获得药品进口注册证书的药品,未按照《药品管理法》规定向允许药品进口的口岸所在地的药品监督管理部门登记备案的,给予警告,责令限期改正,逾期不改正的,撤销进口药品注册证书。

8) 伪造、变造、买卖、出租、出借许可证或者药品批准证明文件的,没收违法所得,并处违法所得一倍以上三倍以下的罚款;没有违法所得的,处 2 万元以上 10 万元以下的罚款,情节严重的,并吊销卖方、出租方、出借方的《药品经营许可证》或者撤销药品批准证明文件;构成犯罪的,依法追究刑事责任。

9) 违反《药品管理法》规定,提供虚假的证明、文件资料、样品或者采取其他欺骗手段取得《药品经营许可证》或者药品批准证明文件的,吊销《药品经营许可证》或者撤销药品批准证明文件,五年内不受理其申请,并处 1 万元以上 3 万元以下的罚款。

10) 药品经营企业违反《药品管理法》第十八条,第十九条规定的,责令改正,给予警告;情节严重的,吊销《药品经营许可证》。

11) 药品的经营企业在药品购销中暗中给予、收受回扣或者其他利益的,药品的经营企业或者其代理人给予使用其药品的医疗机构的负责人,药品采购人员、医师等有关人员以财物或者其他利益的,由工商行政管理部门处 1 万元以上 20 万元以下的罚款;有违法所得的,予以没收,情节严重的,由工商行政管理部门吊销药品经营企业的营业执照,并通知药品监督管理部门,由药品监督管理部门吊销其《药品经营许可证》;构成犯罪的,依法追究刑事责任。

12) 药品经营企业的负责人、采购人员等有关人员在药品购销中收受其他生产企业、经营企业或者其代理人给予的财物或者其他利益的,依法给予处分,没收违法所得;构成犯罪的,依法追究刑事责任。

13）违反《药品管理法》第 55 条、56 条、57 条关于药品价格管理的规定的,依照《价格法》的规定处罚。

14）违反《药品管理法》有关药品广告的管理规定的,依照《广告法》的规定处罚,并由发给广告批准文号的药品监督管理部门撤销广告批准文号,1 年内不受理该品种的广告审批申请;构成犯罪的,依法追究刑事责任。

15）药品的经营企业违反《药品管理法》规定,给药品使用者造成损害的,依法承担赔偿责任。

### 三、医疗机构违反《药品管理法》的法律责任

1）未取得《医疗机构制剂许可证》生产、经营药品的,依法予以取缔,没收违法生产、销售的药品和违法所得,并处违法生产、销售的药品货值金额二倍以上五倍以下的罚款,构成犯罪的,依法追究刑事责任。

2）生产、销售假药的,没收违法生产、销售的药品和违法所得,并处违法生产、销售药品货值金额二倍以上五倍以下的罚款;有药品批准证明文件的予以撤销,并责令停产,停业整顿,情节严重的,吊销《医疗机构制剂许可证》;构成犯罪的,依法追究刑事责任。

3）生产,销售劣药的,没收违法生产、销售的药品和违法所得,并处违法生产、销售药品货值金额一倍以上三倍以下的罚款;情节严重的,责令停产、停业整顿或者撤销药品批准证明文件,吊销《医疗机构制剂许可证》;构成犯罪的,依法追究刑事责任。

4）从事生产、销售假药、劣药情节严重的医疗机构,其直接负责的主管人员和其他直接责任人员十年内不得从事药品生产,经营活动。

5）药物临床试验机构未按规定实施药物临床试验质量管理规范的,给予警告,责令限期改正;逾期不改正的,责令停业整顿,并处 5 000 元以上 2 万元以下的罚款;情节严重的,吊销药物临床试验机构的资格。

6）医疗机构违反《药品管理法》第三十四条的规定,从无《药品生产许可证》、《药品经营许可证》的企业购进药品的,责令改正,没收违法购进的药品,并处违法购进药品货值金额二倍以上五倍以下的罚款;有违法所得的,没收违法所得;情节严重的,吊销医疗机构执业许可证书。

7）进口已获得药品进口注册证书的药品,未按照《药品管理法》的规定向允许药品进口的口岸所在地的药品监督管理部门登记备案的,给予警告,责令限期改正;逾期不改正的,撤销进口药品注册证书。

8）伪造、变造、买卖、出租、出借许可证或者药品批准证明文件的。没收违法所得,并处违法所得一倍以上三倍以下的罚款;没有违法所得的,处 2 万元以上 10 万元以下的罚款;情节严重的,并吊销卖方、出租方,出借方的《医疗机构制剂许可证》或者撤销药品批准证明文件;构成犯罪的,依法追究刑事责任。

9）违反《药品管理法》规定,提供虚假的证明、文件资料、样品或者采取其他欺骗手段取得《医疗机构制剂许可证》或者药品批准证明文件的,吊销《医疗机构制剂许可证》或者撤销药品批准证明文件,五年内不受理其申请,并处 1 万元以上 3 万元以下的罚款。

10）医疗机构将其配制的制剂在市场销售的,责令改正,没收违法销售的制剂,并处违法销售制剂货值金额一倍以上三倍以下的罚款;有违法所得的,没收违法所得。

11）医疗机构在药品销售中暗中给予、收受回扣或者其他利益的。由工商行政管理部门处 1

万元以上 20 万元以下的罚款,有违法所得的,予以没收;构成犯罪的,依法追究刑事责任。

12) 医疗机构的负责人、药品采购人员、医师和有关人员收受药品生产企业、药品经营企业或者其代理人给予的财物或者其他利益的,由卫生行政部门或者本单位给予处分,没收违法所得;对违法行为情节严重的执业医师,由卫生行政部门吊销其执业证书;构成犯罪的,依法追究刑事责任。

### 四、药品运输、保管、仓储者违反《药品管理法》的法律责任

知道或者应当知道属于假劣药品而为其提供运输、保管、仓储等便利条件的,没收全部运输、保管、仓储的收入,并处违法收入百分之五十以上三倍以下的罚款;构成犯罪的依法追究刑事责任。

### 五、药物非临床安全性评价机构违反《药品管理法》的法律责任

药物非临床安全性评价机构未按照规定实施药物非临床研究质量管理规范,给予警告,责令限期改正;逾期不改正的,责令停业整顿,并处 5 000 元以上 2 万元以下的罚款;情节严重的,吊销其许可证。

### 六、药品检验机构违反《药品管理法》的法律责任

药品检验机构出具虚假检验报告,构成犯罪的,依法追究刑事责任;不构成犯罪的,责令改正,给予警告,对单位并处 3 万元以上 5 万元以下的罚款;对直接负责的主管人员和其他直接责任人员依法给予降级、撤职、开除的处分,并处 3 万元以下的罚款;有违法所得的,没收违法所得;情节严重的,撤销其检验资格。药品检验机构出具的检验结果不实,造成损失的,应当承担相应的赔偿责任。

### 七、药品监督管理部门违反《药品管理法》的法律责任

(1) 药品监督管理部门对药品广告不依法履行审查职责,批准发布的广告有虚假或者其他违反法律、行政法规的内容的,对直接负责的主管人员和其他责任人员依法给予行政处分,构成犯罪的,依法追究的刑事责任。

(2) 药品监督管理部门违反《药品管理法》规定,有下列行为之一的,由其上级主管机关或者监察机关责令收回违法发给的证书,撤销药品批准证明文件,对直接负责的主管人员和其他直接责任人员依法给予行政处分,构成犯罪的,依法追究刑事责任。

1) 对不符合《药品生产质量管理规范》、《药品经营质量管理规范》的企业发给符合有关规范的认证证书的,或者对取得认证证书的企业未按照规定履行跟踪检查的职责,对不符合认证条件的企业未依法责令改正或者撤销其认证证书的。

2) 对不符合法定条件的单位发给《药品生产许可证》、《药品经营许可证》或者《医疗机构制剂许可证》的。

3) 对不符合进口条件的药品发给进口药品注册证书的。

4) 对不具备临床试验条件或者生产条件而批准进行临床试验,发给新药证书,发给药品批准文号的。

（3）药品监督管理部门或者其设置的药品检验机构或者其确定的专业从事药品检验的机构参与药品生产经营活动的,由其上级机关或者监察机关责令改正,有违法收入的予以没收;情节严重的,对直接负责的主管人员和其他直接责任人员,依法给予行政处分。

药品监督管理部门或者其设置的药品检验机构或者其确定的专业从事药品检验的机构的工作人员参与药品生产经营活动的,依法给予行政处分。

（4）药品监督管理部门或者其设置、确定的药品检验机构在药品监督检验中违法收取检验费用的,由政府有关部门责令退还,对直接负责的主管人员和其他直接责任人员,依法给予行政处分。对违法收取检验费用情节严重的药品检验机构,撤销其检验资格。

（5）已取得《药品生产许可证》《药品经营许可证》的企业生产、销售假药、劣药的,除依法追究该企业的法律责任外,对有失职,渎职行为的药品监督管理部门直接负责的主管人员和其他直接责任人员,依法给予行政处分;构成犯罪的,依法追究刑事责任。

（6）药品监督管理部门对下级药品监督管理部门违反《药品管理法》的行政行为,责令限期改正,逾期不改正的,有权予以改变或者撤销。

## 思 考 题

1. 简述假药、劣药的定义。
2. 试分析目前我国药品监督管理体制的特点。
3. 简述我国药品管理法对药品的定义。
4. 简述我国药品不良反应的监测管理。

（江西中医学院　陈绍辉　严桂平）

# 第十四章 特殊药品管理的法律制度

通过本章的学习,要求掌握麻醉药品、精神药品、医用毒性药品、放射性药品、戒毒药品的概念和其法津规定,了解相应的法津责任。

## 第一节 麻醉药品与精神药品管理的法律制度

### 一、麻醉药品、精神药品的定义

#### (一) 麻醉药品的定义

麻醉药品是指连续使用后易产生身体依赖性,能成瘾癖的药品。

麻醉药品连续使用后所产生身体依赖性的特征是:①强迫性地要求连续用药,并且不择手段地去搞到药。②由于耐受性,又加大剂量的趋势。③停药后有戒断症状,即精神烦躁不安、失眠、疼痛加剧、肌肉震颤,呕吐、腹泻、散瞳、流涕、流泪、出汗等。④对用药者本人和社会均易产生危害。

为严格对麻醉药品的管理,国家对麻醉药品的种植、生产、供应、运输和使用等环节实行法制化管理,以保证医疗、教学和科研的安全使用,维护人民身心健康,保证社会的正常秩序。国务院于 1987 年发布了《麻醉药品管理办法》,对麻醉药品从原植物的种植到使用等环节都做了明确的规定。

#### (二) 精神药品的定义

精神药品是指作用于中枢神经系统,能使之兴奋或抑制,连续使用能产生精神依赖性的药品。

长期使用精神药品后产生的药物依赖性叫精神依赖。其特征是:为追求该药产生的欣快感,有一种连续使用某种药物要求(非强迫性);没有加大剂量的趋势或这种趋势很小;停药后不出现戒断症状或很少;所引起的危害主要是用药者本人。

### 二、麻醉药品、精神药品的种类范围

我国法律进行管制的麻醉药品和精神药品是指列入麻醉药品目录、精神药品目录的药品和其他物质。麻醉药品包括:阿片类、可卡因类、大麻类、合成麻醉药类及国家药品监督管理局制定的其他类易成瘾癖的药品,药用植物及其制剂。精神类药品分为第一类精神药品如:氯胺酮、乙芬

胺、去氧麻黄碱等和第二类精神药品如:咖啡因等等。

## 三、麻醉药品、精神药品的管制

### (一) 麻醉药品的管制

#### 1. 国际麻醉药品的管制

1909 年在上海召开了上海万国禁烟会议,1912 年在荷兰海牙缔结了《海牙禁止阿片公约》,1931 年在日内瓦缔结《限制麻醉药品制造、运输公约》,在上述公约基础上,1961 年 3 月 20 日在纽约签订了《1961 年麻醉品单一公约》,共 51 条,于 1975 年 8 月 8 日生效。《1961 年麻醉品单一公约》是目前有关麻醉品管制最主要的国际公约,世界上多数国家已是它的缔约国,我国于 1985 年宣布加入此公约。其后,国际社会一致呼吁制定一项新的国际公约,将贩毒明确列为国际型的犯罪,从而加强各国对此类犯罪制裁和在这方面的合作。在此情形下,经过联合国和各国政府历时四年的努力,于 1988 年 12 月 19 日以协商一致获得通过《禁止非法贩运麻醉药品和精神药品公约》。

#### 2. 我国对麻醉药品的管制

100 多年来,帝国主义通过大量倾销阿片,残酷掠夺我国的财富并严重毒害人民的健康。新中国成立前我国吸食鸦片、吗啡、海洛因的人数高达 2000 万人。新中国成立后,为了保护人民身心健康,中央人民政府政务院于 1950 年 2 月发布了"关于严禁鸦片烟毒的通令",严禁吸食、贩卖、种植和私存鸦片、吗啡、海洛因等各种毒品,违者严处。

20 世纪 80 年代初,我国派员出席联合国麻醉药品会议;组织考查组赴联合国国际中心考察,于 1985 年加入《1961 年麻醉品单一公约》。根据《中华人民共和国药品管理法》第 39 条规定,结合国内管理麻醉药品的经验,国务院于 1987 年 11 月 28 日,颁布了《麻醉药品管理办法》。

国家药品监督管理局于 1999 年 1 月 1 日发布了《罂粟壳管理暂行规定》,4 月 9 日又发布了《关于加强盐酸二氢埃托啡管理工作的通知》。2000 年 2 月 2 日发布了《关于印发医疗机构麻醉药品、一类精神药品供应管理办法》,为进一步规范麻醉药品的管理起到了积极作用。

### (二) 精神药品的管制

在国际上,精神药品的滥用十分突出和严重。经过努力,1971 年联合国在维也纳签订了《1971 年精神药物公约》,以便加强对精神药物的国家管制。我国于 1985 年宣布加入这一公约。

我国 1982 年国务院发出通知对吗啡、哌替啶、安纳咖、咖啡因等麻醉和限制性药品要严加管理,1983 年,卫生部规定对精神药品进出口由卫生部核发许可证制度;1985 年卫生部拟订了《精神药品管理条例》。根据《中华人民共和国药品管理法》规定,国务院于 1988 年 11 月 15 日颁发了《精神药品管理办法》,自发布之日施行。

2005 年 7 月 26 日国务院第 100 次常务会议通过《麻醉药品和精神药品管理条例》,2005 年 8 月 3 日国务院令第 442 号公布,自 2005 年 11 月 1 日起施行。对规范管理麻醉药品和精神类药品起到重要作用。

### 四、麻醉药品、精神药品特殊监督管理

#### (一)麻醉药品、精神药品的种植、实验研究

国家根据麻醉药品和精神药品的医疗、国家储备和企业生产所需原料的需要确定需求总量,对麻醉药品药用原植物的种植、麻醉药品和精神药品的生产实行总量控制。

国务院药品监督管理部门根据麻醉药品和精神药品的需求总量制定年度生产计划。国务院药品监督管理部门和国务院农业主管部门根据麻醉药品年度生产计划,制定麻醉药品药用原植物年度种植计划。

麻醉药品药用原植物种植企业应当根据年度种植计划,种植麻醉药品药用原植物。麻醉药品药用原植物种植企业应当向国务院药品监督管理部门和国务院农业主管部门定期报告种植情况。麻醉药品药用原植物种植企业由国务院药品监督管理部门和国务院农业主管部门共同确定,其他单位和个人不得种植麻醉药品药用原植物。

开展麻醉药品和精神药品实验研究活动应当具备下列条件,并经国务院药品监督管理部门批准:

1)以医疗、科学研究或者教学为目的。

2)有保证实验所需麻醉药品和精神药品安全的措施和管理制度。

3)单位及其工作人员2年内没有违反有关禁毒的法律、行政法规规定的行为。

麻醉药品和第一类精神药品的临床试验,不得以健康人为受试对象。

#### (二)麻醉药品、精神药品的生产

国家对麻醉药品和精神药品实行定点生产制度。国务院药品监督管理部门应当根据麻醉药品和精神药品的需求总量,确定麻醉药品和精神药品定点生产企业的数量和布局,并根据年度需求总量对数量和布局进行调整、公布。

麻醉药品和精神药品的定点生产企业应当具备下列条件:

1)有药品生产许可证。

2)有麻醉药品和精神药品实验研究批准文件。

3)有符合规定的麻醉药品和精神药品生产设施、储存条件和相应的安全管理设施。

4)有通过网络实施企业安全生产管理和向药品监督管理部门报告生产信息的能力。

5)有保证麻醉药品和精神药品安全生产的管理制度。

6)有与麻醉药品和精神药品安全生产要求相适应的管理水平和经营规模。

7)麻醉药品和精神药品生产管理、质量管理部门的人员应当熟悉麻醉药品和精神药品管理以及有关禁毒的法律、行政法规。

8)没有生产、销售假药、劣药或者违反有关禁毒的法律、行政法规规定的行为。

9)符合国务院药品监督管理部门公布的麻醉药品和精神药品定点生产企业数量和布局的要求。

从事麻醉药品、第一类精神药品生产以及第二类精神药品原料药生产的企业,应当经所在地省、自治区、直辖市人民政府药品监督管理部门初步审查,由国务院药品监督管理部门批准;从事

第二类精神药品制剂生产的企业,应当经所在地省、自治区、直辖市人民政府药品监督管理部门批准。定点生产企业生产麻醉药品和精神药品,应当依照药品管理法的规定取得药品批准文号。

国务院药品监督管理部门应当组织医学、药学、社会学、伦理学和禁毒等方面的专家成立专家组,由专家组对申请首次上市的麻醉药品和精神药品的社会危害性和被滥用的可能性进行评价,并提出是否批准的建议。

未取得药品批准文号的,不得生产麻醉药品和精神药品。

发生重大突发事件,定点生产企业无法正常生产或者不能保证供应麻醉药品和精神药品时,国务院药品监督管理部门可以决定其他药品生产企业生产麻醉药品和精神药品。

### (三) 麻醉药品、精神药品的经营

国家对麻醉药品和精神药品实行定点经营制度。

国务院药品监督管理部门应当根据麻醉药品和第一类精神药品的需求总量,确定麻醉药品和第一类精神药品的定点批发企业布局,并应当根据年度需求总量对布局进行调整、公布。

药品经营企业不得经营麻醉药品原料药和第一类精神药品原料药。但是,供医疗、科学研究、教学使用的小包装的上述药品可以由国务院药品监督管理部门规定的药品批发企业经营。

麻醉药品和精神药品定点批发企业除应当具备药品管理法第十五条规定的药品经营企业的开办条件外,还应当具备下列条件:

1) 有符合《麻醉药品和精神药品管理条例》规定的麻醉药品和精神药品储存条件。
2) 有通过网络实施企业安全管理和向药品监督管理部门报告经营信息的能力。
3) 单位及其工作人员2年内没有违反有关禁毒的法律、行政法规规定的行为。
4) 符合国务院药品监督管理部门公布的定点批发企业布局。

麻醉药品和第一类精神药品的定点批发企业,还应当具有保证供应责任区域内医疗机构所需麻醉药品和第一类精神药品的能力,并具有保证麻醉药品和第一类精神药品安全经营的管理制度。

跨省、自治区、直辖市从事麻醉药品和第一类精神药品批发业务的企业(以下称全国性批发企业),应当经国务院药品监督管理部门批准;在本省、自治区、直辖市行政区域内从事麻醉药品和第一类精神药品批发业务的企业(以下称区域性批发企业),应当经所在地省、自治区、直辖市人民政府药品监督管理部门批准。专门从事第二类精神药品批发业务的企业,应当经所在地省、自治区、直辖市人民政府药品监督管理部门批准。全国性批发企业和区域性批发企业可以从事第二类精神药品批发业务。

全国性批发企业可以向区域性批发企业,或者经批准可以向取得麻醉药品和第一类精神药品使用资格的医疗机构以及依照《麻醉药品和精神药品管理条例》规定批准的其他单位销售麻醉药品和第一类精神药品。全国性批发企业向取得麻醉药品和第一类精神药品使用资格的医疗机构销售麻醉药品和第一类精神药品,应当经医疗机构所在地省、自治区、直辖市人民政府药品监督管理部门批准。

区域性批发企业可以向本省、自治区、直辖市行政区域内取得麻醉药品和第一类精神药品使用资格的医疗机构销售麻醉药品和第一类精神药品;由于特殊地理位置的原因,需要就近向其他省、自治区、直辖市行政区域内取得麻醉药品和第一类精神药品使用资格的医疗机构销售的,应当

经国务院药品监督管理部门批准。

省、自治区、直辖市人民政府药品监督管理部门在批准区域性批发企业时,应当明确其所承担供药责任的区域。区域性批发企业之间因医疗急需、运输困难等特殊情况需要调剂麻醉药品和第一类精神药品的,应当在调剂后2日内将调剂情况分别报所在地省、自治区、直辖市人民政府药品监督管理部门备案。

麻醉药品和第一类精神药品不得零售。

第二类精神药品零售企业应当凭执业医师出具的处方,按规定剂量销售第二类精神药品,并将处方保存2年备查;禁止超剂量或者无处方销售第二类精神药品;不得向未成年人销售第二类精神药品。

麻醉药品和精神药品实行政府定价,在制定出厂和批发价格的基础上,逐步实行全国统一零售价格。具体办法由国务院价格主管部门制定。

(四) 麻醉药品、精神药品的使用

药品生产企业需要以麻醉药品和第一类精神药品为原料生产普通药品的,应当向所在地省、自治区、直辖市人民政府药品监督管理部门报送年度需求计划,由省、自治区、直辖市人民政府药品监督管理部门汇总报国务院药品监督管理部门批准后,向定点生产企业购买。

药品生产企业需要以第二类精神药品为原料生产普通药品的,应当将年度需求计划报所在地省、自治区、直辖市人民政府药品监督管理部门,并向定点批发企业或者定点生产企业购买。

食品、食品添加剂、化妆品、油漆等非药品生产企业需要使用咖啡因作为原料的,应当经所在地省、自治区、直辖市人民政府药品监督管理部门批准,向定点批发企业或者定点生产企业购买。

科学研究、教学单位需要使用麻醉药品和精神药品开展实验、教学活动的,应当经所在地省、自治区、直辖市人民政府药品监督管理部门批准,向定点批发企业或者定点生产企业购买。

需要使用麻醉药品和精神药品的标准品、对照品的,应当经所在地省、自治区、直辖市人民政府药品监督管理部门批准,向国务院药品监督管理部门批准的单位购买。

医疗机构需要使用麻醉药品和第一类精神药品的,应当经所在地设区的市级人民政府卫生主管部门批准,取得麻醉药品、第一类精神药品购用印鉴卡(以下称印鉴卡)。医疗机构应当凭印鉴卡向本省、自治区、直辖市行政区域内的定点批发企业购买麻醉药品和第一类精神药品。

具有麻醉药品和第一类精神药品处方资格的执业医师,根据临床应用指导原则,对确需使用麻醉药品或者第一类精神药品的患者,应当满足其合理用药需求。在医疗机构就诊的癌症疼痛患者和其他危重患者得不到麻醉药品或者第一类精神药品时,患者或者其亲属可以向执业医师提出申请。具有麻醉药品和第一类精神药品处方资格的执业医师认为要求合理的,应当及时为患者提供所需麻醉药品或者第一类精神药品。

执业医师应当使用专用处方。使用麻醉药品和精神药品必须在病历上记载,并与处方记载的内容相一致,每张处方只限于一名患者的用药。使用麻醉药品必须用麻醉药品专用处方(淡红色处方)开具,处方右上角分别标注"麻","精一",第二类精神药品处方的印刷用纸为白色,处方右上角标注"精二"。

麻醉药品、第一类精神注射剂处方为一次用量,麻醉药品控(缓)释制剂处方一次不超过七日用量,其他剂型的麻醉药品处方一次不超过三日用量;第二类精神药品处方一次不超过七日用量。

医疗机构应当对麻醉药品和精神药品处方进行专册登记,加强管理。麻醉药品处方至少保存3年,精神药品处方至少保存2年。

医疗机构抢救病人急需麻醉药品和第一类精神药品而本医疗机构无法提供时,可以从其他医疗机构或者定点批发企业紧急借用;抢救工作结束后,应当及时将借用情况报所在地设区的市级药品监督管理部门和卫生主管部门备案。

对临床需要而市场无供应的麻醉药品和精神药品,持有医疗机构制剂许可证和印鉴卡的医疗机构需要配制制剂的,应当经所在地省、自治区、直辖市人民政府药品监督管理部门批准。医疗机构配制的麻醉药品和精神药品制剂只能在本医疗机构使用,不得对外销售。

因治疗疾病需要,个人凭医疗机构出具的医疗诊断书、本人身份证明,可以携带单张处方最大用量以内的麻醉药品和第一类精神药品;携带麻醉药品和第一类精神药品出入境的,由海关根据自用、合理的原则放行。

医务人员为了医疗需要携带少量麻醉药品和精神药品出入境的,应当持有省级以上人民政府药品监督管理部门发放的携带麻醉药品和精神药品证明。海关凭携带麻醉药品和精神药品证明放行。

医疗机构、戒毒机构以开展戒毒治疗为目的,可以使用美沙酮或者国家确定的其他用于戒毒治疗的麻醉药品和精神药品。具体管理办法由国务院药品监督管理部门、国务院公安部门和国务院卫生主管部门制定。

（五）麻醉药品、精神药品的储存

麻醉药品药用原植物种植企业、定点生产企业、全国性批发企业和区域性批发企业以及国家设立的麻醉药品储存单位,应当设置储存麻醉药品和第一类精神药品的专库。该专库应当符合下列要求:

1）安装专用防盗门,实行双人双锁管理。

2）具有相应的防火设施。

3）具有监控设施和报警装置,报警装置应当与公安机关报警系统联网。

全国性批发企业经国务院药品监督管理部门批准设立的药品储存点应当符合前款的规定。

麻醉药品定点生产企业应当将麻醉药品原料药和制剂分别存放。

麻醉药品和第一类精神药品的使用单位应当设立专库或者专柜储存麻醉药品和第一类精神药品。专库应当设有防盗设施并安装报警装置;专柜应当使用保险柜。专库和专柜应当实行双人双锁管理。

麻醉药品药用原植物种植企业、定点生产企业、全国性批发企业和区域性批发企业、国家设立的麻醉药品储存单位以及麻醉药品和第一类精神药品的使用单位,应当配备专人负责管理工作,并建立储存麻醉药品和第一类精神药品的专用账册。药品入库双人验收,出库双人复核,做到账物相符。专用账册的保存期限应当自药品有效期期满之日起不少于5年。

第二类精神药品经营企业应当在药品库房中设立独立的专库或者专柜储存第二类精神药品,并建立专用账册,实行专人管理。专用账册的保存期限应当自药品有效期期满之日起不少于5年。

（六）麻醉药品、精神药品的运输

托运、承运和自行运输麻醉药品和精神药品的,应当采取安全保障措施,防止麻醉药品和精神药品在运输过程中被盗、被抢、丢失。

通过铁路运输麻醉药品和第一类精神药品的,应当使用集装箱或者铁路行李车运输,具体办法由国务院药品监督管理部门会同国务院铁路主管部门制定。没有铁路需要通过公路或者水路运输麻醉药品和第一类精神药品的,应当由专人负责押运。

托运或者自行运输麻醉药品和第一类精神药品的单位,应当向所在地省、自治区、直辖市人民政府药品监督管理部门申请领取运输证明。运输证明有效期为 1 年。

运输证明应当由专人保管,不得涂改、转让、转借。

托运人办理麻醉药品和第一类精神药品运输手续,应当将运输证明副本交付承运人。承运人应当查验、收存运输证明副本,并检查货物包装。没有运输证明或者货物包装不符合规定的,承运人不得承运。承运人在运输过程中应当携带运输证明副本,以备查验。

邮寄麻醉药品和精神药品,寄件人应当提交所在地省、自治区、直辖市人民政府药品监督管理部门出具的准予邮寄证明。邮政营业机构应当查验、收存准予邮寄证明;没有准予邮寄证明的,邮政营业机构不得收寄。

定点生产企业、全国性批发企业和区域性批发企业之间运输麻醉药品、第一类精神药品,发货人在发货前应当向所在地省、自治区、直辖市人民政府药品监督管理部门报送本次运输的相关信息。属于跨省、自治区、直辖市运输的,收到信息的药品监督管理部门应当向收货人所在地的同级药品监督管理部门通报;属于在本省、自治区、直辖市行政区域内运输的,收到信息的药品监督管理部门应当向收货人所在地设区的市级药品监督管理部门通报。

## 第二节　医疗用毒性药品管理的法律制度

### 一、医疗用毒性药品的定义

医疗用毒性药品(以下简称毒性药品),是指毒性剧烈、治疗剂量与中毒剂量相近,使用不当会致人中毒或死亡的药品。

药品作用于机体时,当剂量达到一定值才能出现有效作用,这时的剂量叫最小有效量。一般临床应用的治疗量叫常用量。随着剂量的增加,治疗作用可转化为毒性作用,引起机体中毒的剂量叫中毒量。最低的中毒量叫最小中毒量。严重中毒以致引起死亡的剂量叫致死量。

对毒性药品实行特殊管理,是我国的一贯政策。早在 1964 年 4 月 20 日,卫生部、商业部、化工部就发布过《管理毒药、限制性剧药暂行规定》;同年 12 月 7 日卫生部、商业部又发布了《管理毒性中药的暂行办法》;1979 年 6 月 30 日,卫生部和国家医药管理总局又联合发布了《医疗用毒药、限制性剧药管理规定》。

《中华人民共和国药品管理法》施行后,在以往行政规章的基础上,国务院于 1988 年 12 月 27 日制定和发布了《医疗用毒性药品管理办法》,对进一步加强医疗用毒性药品的监督管理做出了全面而详尽的明确规定。

## 二、医疗用毒性药品的特殊监督管理

### (一) 医疗用毒性药品的生产

毒性药品年度生产、收购、供应和配制计划,由省、自治区、直辖市医药管理部门根据医疗需要制定,经省、自治区、直辖市卫生行政部门审核后,由医药管理部门下达给指定的毒性药品生产、收购、供应单位,并抄报卫生部、国家医药管理局和国家中医药管理局。生产单位不得擅自改变生产计划自行销售。

药厂必须由医药专业人员负责生产、配制和质量检验,并建立严格的管理制度,严防与其他药品混杂。每次配料,必须经2人以上复核无误,并详细记录每次生产所用原料和成品数,经手人要签字备查。所有工具、容器要处理干净,以防污染其他药品。标示量要准确无误,包装容器要有毒药标志。

凡加工炮制毒性中药,必须按照《中华人民共和国药典》,或者省、自治区、直辖市药品监督管理部门制定的《炮制规范》的规定进行。

生产毒性药品及其制剂,必须严格执行生产工艺操作规程,在本单位药品检验人员的监督下准确投料,并建立完整的生产记录,保存五年备查。在生产毒性药品过程中产生的废弃物必须妥善处理,不得污染环境。

### (二) 医疗用毒性药品的销售

毒性药品的收购、经营,由各级医药管理部门指定的药品经营单位负责;配方用药由国营药店、医疗单位负责。其他任何单位或者个人均不得从事毒性药品的收购、经营和配方业务。

### (三) 医疗用毒性药品的使用

医疗单位供应和调配毒性药品,凭医生签名的正式处方。国营药店供应和调配毒性药品,凭盖有医生所在的医疗单位公章的正式处方。每次处方剂量不得超过2日极量。

调配中药处方时,必须认真负责、计量准确。按医嘱注明要求,并由配方人员及中药师以上技术职称的复核人员签名盖章后方可发出。对处方未注明"生用"的毒性中药,应当付炮制品。如发现处方有疑问时,须经原处方医生重新审定后再进行调配处方一次有效,发药后处方保存2年备查。

科研和教学单位所需的毒性药品,必须持单位的证明信,经所在地的县以上药品监督管理部门批准后,供应部门方能发售。群众自配民间单、秘、验方需用毒性中药,购买时要持有本单位或者城市街道办事处、乡(镇)人民政府的证明信,供应部门方可发售,每次购用量不得超过2日极量。

### (四) 医疗用毒性药品的保管

收购、经营、加工、使用毒性药品的单位必须建立健全保管、验收、领发、核对等制度,严防收假、发错、与其他药品混杂。做到划定仓间或仓位,专柜加锁并由专人保管。防止因发生被盗、配方发错等原因引起严重的不良后果。

医疗用毒性药品的包装容器上必须印有规定的毒药标志,在运输毒性药品的过程中,应当采取有效措施,防止发生意外。

## 第三节　放射药品和戒毒药品管理的法律制度

### 一、定义

　　戒毒药品系指控制并消除滥用阿片类药物的急剧戒断症状与体征的戒毒治疗药品和能减轻消除稽延性症状的戒毒治疗辅助药品。为了规范戒毒药品的管理,1999 年 6 月 26 日国家药品监督管理局颁布了《戒毒药品管理办法》。

　　放射性药品系指凡用于诊断、治疗、缓解疾病或身体失常的恢复,改正和变更人体有机功能并能提示出人体解剖形态的含有放射性核素或标记化合物的物质,亦指在分子内或制剂内含有放射性核素的药品。放射性药品与其他特殊药品的不同之处就在于其含有的放射性核素能放射出 α、β 和 γ 射线。

　　我国临床核医学使用放射性药品进行诊断和治疗始于 20 世纪 50 年代后期,1965 年由中国药典委员会首次制定了 2 种放射性药品标准。随着核技术在医学领域的发展,出现了核医学科,对放射性药品的需求亦增加。1974 年卫生部药政管理局将放射性药品纳入药政管理轨道并将放射性药品列为部管药品,1975 年颁发了《中华人民共和国卫生部放射性药品标准》。1985 年 12 月又制定了国家放射性药品标准。《中华人民共和国药品管理法》颁发后,放射药品被法定为特殊管理的药品。卫生部按照《药品管理法》的有关规定,于 1985 年 12 月会同核工业部发出通知,对放射性药品生产,经营单位进行检查、验收和核发《放射性药品生产经营许可证》,并颁发了检查验收细则作为依据。1987 年卫生部又着手组织对医疗单位的核医学科室进行整顿,对使用单位发放《放射性核素使用许可登记证》并规定定期复审换发使用许可证。使用单位须持证才能购买使用放射性药品。这样国家对放射性药品的生产经营、使用单位都实行了全面的监督和管理,不仅进一步保证了放射性药品的生产经营、使用单位都实行了全面的监督和管理,不仅进一步保证了放射性药品的质量,保障了群众用药的安全有效,而且促进了我国核医学科和医用放射性核素的发展。

### 二、放射药品和戒毒药品的监督管理

#### (一) 放射药品的监督管理

　　1. 放射性药品的标准管理

　　放射性药品是一类特殊药品,它释放出的射线具有穿透性,当其通过人体时,可与组织发生电离作用,因此对它的质量要求比一般药品更需严加监督检查。以保证达到诊断与治疗的目的又不使正常组织受到损害。所谓放射性药品标准管理即指药检机构根据国家制定的标准对药品质量进行监督检查。放射性药品的监督检查可以概括为三个方面:①物理检查(查性状、放射性纯度及强度)。②化学检查(包括 pH、放射化学纯度、载体含量等)。③生物检查(要求无菌、无热原、进行生物学特殊实验)。

　　2. 放射性药品的保管制度

　　放射性药品应由专人负责保管。收到放射性药品时,应认真核对名称、出厂日期、放射性浓度、总体积、总强度、容器号、溶液的酸碱度及物理性状等,注意液体放射性药品有否破损、渗漏,注

意发生器是否已做细菌培养、热原检查。做好放射性药品使用登记。贮存放射性药品容器应贴好标签。建立放射性药品使用登记表册,在使用时认真按账册项目要求逐项填写,并做永久性保存。放射性药品应放在铅罐内,置于贮源室的贮源柜内,平时有专人负责保管,严防丢失。常用放射药品应按不同品种分类放置在通风橱贮源槽内,标志要鲜明,以防发生差错。发现放射性药品丢失时,应立即追查去向,并报告上级机关。放射性药品用于病人前,应对其品种和用量进行严格的核对,特别是在同一时间给几个病人服药时,应仔细核对病人姓名及给药剂量。

## (二) 戒毒药品的监督管理

戒毒药品监督系指按照《戒毒药品管理办法》的规定,为加强对戒毒药品的管理,保证戒毒药品质量,对非法滥用麻醉药品和精神药品者实施有效治疗的监察督导。

国家对戒毒药品的研究、生产、供应、使用和宣传实行严格监督,并禁止利用电视、广播、报纸、杂志等大众传播媒介进行广告宣传。

1. 戒毒药品的生产

生产戒毒药品必须由国家药品监督管理局指定的已取得《药品 GMP 证书》的药品生产企业进行生产。

多个单位联合研制戒毒新药发给联合署名的新药证书。但每个品种只能由持有《药品生产许可证》并取得药品 GMP 证书的一家生产单位生产。

2. 戒毒药品的供应

省级药品监督管理部门应于每年十月底之前将辖区内下一年度戒毒用美沙酮需用计划,审核汇总后报国家药品监督管理局。国家药品监督管理局综合平衡后,将使用及供应计划一并下达。临时需要的少量品种可由戒毒机构直接向所在地省级药品监督管理部门提出申请,经审查同意后报国家药品监督管理局审核批准,经批准后由指定单位供给。

除另有规定外,戒毒机构应按有关规定向药品经营单位购买戒毒药品。

3. 戒毒药品的使用

我国现阶段戒毒模式为:生理(药物脱毒)→心理(心理康复)→社会(社会帮教)。

除另有规定外,戒毒治疗药品按处方药管理,戒毒治疗辅助药品按非处方药管理。

医生应根据阿片类成瘾者戒毒临床使用指导原则合理使用戒毒药品,严禁滥用。戒毒用美沙酮处方要留存两年备查。戒毒医疗机构购买戒毒用美沙酮只准在本单位使用,不得转售。

戒毒医疗机构自行配制戒毒药品须制定制备规程和质量标准,并考察其安全性和有效性,经所在地省级药品监督管理部门批准后,方可使用。自行配制的戒毒药品只能在本机构内自用,不得进入市场。

国家鼓励发展传统医药,发挥其在戒毒与康复治疗中的作用。

4. 戒毒药品的进口

进口戒毒药品除有特殊规定外,由申请进口单位按《进口药品管理办法》规定,将资料直接报送国家药品监督管理局审批同意后,在指定的戒毒机构进行临床试验。戒毒药品的进口检验由中国药品生物制品检定所负责。

5. 戒毒药品的研制、临床研究和审批

戒毒药品须通过"同意立项研究"、"同意临床研究"和"同意生产"三个环节,方可上市流通。

# 第四节 法律责任

## 一、行政责任

### (一) 行政处分

药品监督管理部门、卫生主管部门违反《麻醉药品和精神药品管理条例》的规定,有下列情形之一的,由其上级行政机关或者监察机关责令改正;情节严重的,对直接负责的主管人员和其他直接责任人员依法给予行政处分;构成犯罪的,依法追究刑事责任:

1) 对不符合条件的申请人准予行政许可或者超越法定职权作出准予行政许可决定的。

2) 未到场监督销毁过期、损坏的麻醉药品和精神药品的。

3) 未依法履行监督检查职责,应当发现而未发现违法行为、发现违法行为不及时查处,或者未依照《麻醉药品和精神药品管理条例》规定的程序实施监督检查的。

4) 违反《麻醉药品和精神药品管理条例》规定的其他失职、渎职行为。

### (二) 行政处罚

1. 违反《麻醉药品和精神药品管理条例》规定的行政处罚

麻醉药品药用原植物种植企业违反《麻醉药品和精神药品管理条例》的规定,有下列情形之一的,由药品监督管理部门责令限期改正,给予警告;逾期不改正的,处 5 万元以上 10 万元以下的罚款;情节严重的,取消其种植资格:①未依照麻醉药品药用原植物年度种植计划进行种植的;②未依照规定报告种植情况的;③未依照规定储存麻醉药品的。

定点生产企业违反《麻醉药品和精神药品管理条例》的规定,有下列情形之一的,由药品监督管理部门责令限期改正,给予警告,并没收违法所得和违法销售的药品;逾期不改正的,责令停产,并处 5 万元以上 10 万元以下的罚款;情节严重的,取消其定点生产资格:①未按照麻醉药品和精神药品年度生产计划安排生产的;②未依照规定向药品监督管理部门报告生产情况的;③未依照规定储存麻醉药品和精神药品,或者未依照规定建立、保存专用账册的;④未依照规定销售麻醉药品和精神药品的;⑤未依照规定销毁麻醉药品和精神药品的。

定点批发企业违反《麻醉药品和精神药品管理条例》的规定销售麻醉药品和精神药品,或者违反《麻醉药品和精神药品管理条例》的规定经营麻醉药品原料药和第一类精神药品原料药的,由药品监督管理部门责令限期改正,给予警告,并没收违法所得和违法销售的药品;逾期不改正的,责令停业,并处违法销售药品货值金额 2 倍以上 5 倍以下的罚款;情节严重的,取消其定点批发资格。

定点批发企业违反《麻醉药品和精神药品管理条例》的规定,有下列情形之一的,由药品监督管理部门责令限期改正,给予警告;逾期不改正的,责令停业,并处 2 万元以上 5 万元以下的罚款;情节严重的,取消其定点批发资格:①未依照规定购进麻醉药品和第一类精神药品的;②未保证供药责任区域内的麻醉药品和第一类精神药品的供应的;③未对医疗机构履行送货义务的;④未依照规定报告麻醉药品和精神药品的进货、销售、库存数量以及流向的;⑤未依照规定储存麻醉药品和精神药品,或者未依照规定建立、保存专用账册的;⑥未依照规定销毁麻醉药品和精神药品的;

⑦区域性批发企业之间违反《麻醉药品和精神药品管理条例》的规定调剂麻醉药品和第一类精神药品,或者因特殊情况调剂麻醉药品和第一类精神药品后未依照规定备案的。

第二类精神药品零售企业违反《麻醉药品和精神药品管理条例》的规定储存、销售或者销毁第二类精神药品的,由药品监督管理部门责令限期改正,给予警告,并没收违法所得和违法销售的药品;逾期不改正的,责令停业,并处5000元以上2万元以下的罚款;情节严重的,取消其第二类精神药品零售资格。

《麻醉药品和精神药品管理条例》第三十四条、第三十五条规定的单位违反《麻醉药品和精神药品管理条例》的规定,购买麻醉药品和精神药品的,由药品监督管理部门没收违法购买的麻醉药品和精神药品,责令限期改正,给予警告;逾期不改正的,责令停产或者停止相关活动,并处2万元以上5万元以下的罚款。

取得印鉴卡的医疗机构违反《麻醉药品和精神药品管理条例》的规定,有下列情形之一的,由设区的市级人民政府卫生主管部门责令限期改正,给予警告;逾期不改正的,处5000元以上1万元以下的罚款;情节严重的,吊销其印鉴卡;对直接负责的主管人员和其他直接责任人员,依法给予降级、撤职、开除的处分:①未依照规定购买、储存麻醉药品和第一类精神药品的;②未依照规定保存麻醉药品和精神药品专用处方,或者未依照规定进行处方专册登记的;③未依照规定报告麻醉药品和精神药品的进货、库存、使用数量的;④紧急借用麻醉药品和第一类精神药品后未备案的;⑤未依照规定销毁麻醉药品和精神药品的。

具有麻醉药品和第一类精神药品处方资格的执业医师,违反《麻醉药品和精神药品管理条例》的规定开具麻醉药品和第一类精神药品处方,或者未按照临床应用指导原则的要求使用麻醉药品和第一类精神药品的,由其所在医疗机构取消其麻醉药品和第一类精神药品处方资格;造成严重后果的,由原发证部门吊销其执业证书。执业医师未按照临床应用指导原则的要求使用第二类精神药品或者未使用专用处方开具第二类精神药品,造成严重后果的,由原发证部门吊销其执业证书。

未取得麻醉药品和第一类精神药品处方资格的执业医师擅自开具麻醉药品和第一类精神药品处方,由县级以上人民政府卫生主管部门给予警告,暂停其执业活动;造成严重后果的,吊销其执业证书;构成犯罪的,依法追究刑事责任。

处方的调配人、核对人违反《麻醉药品和精神药品管理条例》的规定未对麻醉药品和第一类精神药品处方进行核对,造成严重后果的,由原发证部门吊销其执业证书。

违反《麻醉药品和精神药品管理条例》的规定运输麻醉药品和精神药品的,由药品监督管理部门和运输管理部门依照各自职责,责令改正,给予警告,处2万元以上5万元以下的罚款。

收寄麻醉药品、精神药品的邮政营业机构未依照《麻醉药品和精神药品管理条例》的规定办理邮寄手续的,由邮政主管部门责令改正,给予警告;造成麻醉药品、精神药品邮件丢失的,依照邮政法律、行政法规的规定处理。

提供虚假材料、隐瞒有关情况,或者采取其他欺骗手段取得麻醉药品和精神药品的实验研究、生产、经营、使用资格的,由原审批部门撤销其已取得的资格,5年内不得提出有关麻醉药品和精神药品的申请;情节严重的,处1万元以上3万元以下的罚款,有药品生产许可证、药品经营许可证、医疗机构执业许可证的,依法吊销其许可证明文件。

药品研究单位在普通药品的实验研究和研制过程中,产生《麻醉药品和精神药品管理条例》规定管制的麻醉药品和精神药品,未依照《麻醉药品和精神药品管理条例》的规定报告的,由药品监督管理部门责令改正,给予警告,没收违法药品;拒不改正的,责令停止实验研究和研制活动。

药物临床试验机构以健康人为麻醉药品和第一类精神药品临床试验的受试对象的,由药品监督管理部门责令停止违法行为,给予警告;情节严重的,取消其药物临床试验机构的资格;构成犯罪的,依法追究刑事责任。对受试对象造成损害的,药物临床试验机构依法承担治疗和赔偿责任。

定点生产企业、定点批发企业和第二类精神药品零售企业生产、销售假劣麻醉药品和精神药品的,由药品监督管理部门取消其定点生产资格、定点批发资格或者第二类精神药品零售资格,并依照药品管理法的有关规定予以处罚。

定点生产企业、定点批发企业和其他单位使用现金进行麻醉药品和精神药品交易的,由药品监督管理部门责令改正,给予警告,没收违法交易的药品,并处 5 万元以上 10 万元以下的罚款。

发生麻醉药品和精神药品被盗、被抢、丢失案件的单位,违反《麻醉药品和精神药品管理条例》的规定未采取必要的控制措施或者未依照《麻醉药品和精神药品管理条例》的规定报告的,由药品监督管理部门和卫生主管部门依照各自职责,责令改正,给予警告;情节严重的,处 5000 元以上 1 万元以下的罚款;有上级主管部门的,由其上级主管部门对直接负责的主管人员和其他直接责任人员,依法给予降级、撤职的处分。

依法取得麻醉药品药用原植物种植或者麻醉药品和精神药品实验研究、生产、经营、使用、运输等资格的单位,倒卖、转让、出租、出借、涂改其麻醉药品和精神药品许可证明文件的,由原审批部门吊销相应许可证明文件,没收违法所得;情节严重的,处违法所得 2 倍以上 5 倍以下的罚款;没有违法所得的,处 2 万元以上 5 万元以下的罚款;构成犯罪的,依法追究刑事责任。

违反《麻醉药品和精神药品管理条例》的规定,致使麻醉药品和精神药品流入非法渠道造成危害,构成犯罪的,依法追究刑事责任;尚不构成犯罪的,由县级以上公安机关处 5 万元以上 10 万元以下的罚款;有违法所得的,没收违法所得;情节严重的,处违法所得 2 倍以上 5 倍以下的罚款;由原发证部门吊销其药品生产、经营和使用许可证明文件。

2. 违反《麻黄素管理办法》规定的行政处罚

对有下列情形之一的单位,所在地省级药品监督管理部门可以根据情节处以警告,并处 1000 元以下的罚款:①麻黄素生产经营企业名称变更没有上报备案。②麻黄素生产企业自用麻黄素没有办理购用证明。③购销麻黄素活动中使用现金。④没有及时按要求上报有关麻黄素生产经营统计数据。⑤医疗单位不按规定使用麻黄素单方制剂。⑥麻黄素生产企业自营出口麻黄素时没有及时将有关材料报所在地省级药品监督管理部门备案。⑦没有在购用证明(含出口购用证明)有效期满后十五日内将购用证明(含出口购用证明)退回原发证单位。

对有下列情形之一的单位,所在地省级药品监督管理部门可以根据情节处以警告,并处以 5000 元以上 2 万元以下的罚款:①擅自扩大麻黄素生产能力或增加生产计划。②不凭内、外销购用证明销售麻黄素。③麻黄素生产企业自行销售给麻黄素使用单位。④麻黄素单方制剂生产经营企业不按规定销售。⑤购用麻黄素的单位自行销售或相互调剂。⑥麻黄素出口企业擅自出口转内销。⑦转让麻黄素购用证明和出口购用证明者。

对因管理不善,使麻黄素直接流入非法渠道的麻黄素生产经营企业和使用单位,由企业或单位所在地省级药品监督管理部门进行查处,视情节处以 1 万元以上 3 万元以下罚款,并追究直接责任人和企业主要领导者责任。

对未经批准从事麻黄素生产经营活动的单位,未经批准以技术转让、联营、设分厂、委托加工和兼并等原因异地从事麻黄素生产经营活动的,由所在地省级药品监督管理部门视情节处以1万元以上3万元以下罚款,追究直接责任人和单位领导者责任,并配合工商、公安等部门予以取缔。

3. 违反《医疗用毒性药品管理办法》规定的行政处罚

对违反《医疗用毒性药品管理办法》的规定,擅自生产、收购、经营毒性药品的单位或者个人,由县级以上卫生行政部门没收其全部毒性药品,并处以警告或按非法所得的5~10倍罚款。

4. 违反《戒毒药品管理办法》规定的行政处罚

对违反《戒毒药品管理办法》规定的单位或者个人,由县级以上药品监督管理部门按照《药品管理法》和有关行政法规的规定处罚。构成犯罪的由司法机关依法追究其刑事责任。

## 二、刑事责任

1. 违反《麻醉药品和精神药品管理条例》规定的刑事责任

违反《麻醉药品和精神药品管理条例》的规定,致使麻醉药品和精神药品流入非法渠道造成危害,构成犯罪的,依法追究刑事责任。

按照《中华人民共和国刑法》第171条,对"制造、贩卖、运输鸦片、海洛因、吗啡或者其他毒品的,处五年以下有期徒刑或者拘役,可以并处罚金。一贯或者大量制造、贩卖、运输毒品的,处五年以上有期徒刑,可以并处罚金。"

2. 违反《医疗用毒性药品管理办法》规定的刑事责任

对违反《医疗用毒性药品管理办法》规定,擅自生产、收购、经营毒性药品的单位和个人或医生非法超量使用,使病人致伤残或死亡的,要由司法机关追究供药者的刑事责任。

按规定毒性药品每次处方量为两日极量。遇有毒性药品中毒的病人,在处理时应查明病人的中毒原因,如处方符合规定,则可能由于病人个体差异造成,也可能是饮片中毒性成分超量所致,所以,在决定处理时务必查明原因。

3. 违反《戒毒药品管理办法》规定的刑事责任

对违反《戒毒药品管理办法》规定的单位或个人,构成犯罪的,由司法机关依照法律追究其刑事责任。

## 思考题

1. 简述特殊药品的概念。
2. 简述我国对特殊药品的管理。
3. 简述违反对特殊药品的管理的法律责任。

(贵阳中医学院　李　娜　铜仁职业技术学院　王　群)

# 第十五章 传染病防治法律制度

通过本章的学习,要求理解传染病防治法的概念,掌握传染病的分类管理、传染病的报告人制度以及报告时限、传染病的紧急控制措施以及疫区封锁,熟悉传染病的预防措施,了解传染病监督的法律规定,违反传染病防治法的法律规定,以及几种常见传染病的法律规定,尤其是艾滋病监管的法律规定。

## 第一节 概 述

### 一、传染病防治法的概念

传染病是指由病原性细菌、病毒、立克次体和原虫等引起的,能在人与人、动物与动物或人与动物之间相互传播的一类疾病。由于这类疾病具有传染性、流行性和反复性等特点,因而发病率高,对人民的身体健康危害极大。

传染病防治法是调整预防、控制和消除传染病的发生与流行,保障人体健康活动中产生的各种社会关系的法律规范的总称。

为了加强传染病的管理,预防、控制和消除传染病的发生和流行,保障人体健康,1989 年 2 月 21 日,七届全国人大常委会第六次会议通过并颁布了《中华人民共和国传染病防治法》(以下简称为《传染病防治法》),同年 9 月 1 日起施行。1991 年 12 月 6 日经国务院批准,卫生部发布了《中华人民共和国传染病防治法实施办法》。2003 年的非典型肺炎在我国的暴发流行,使我国的传染病防治的法律接受了一次巨大的挑战,为了进一步完善现有的法律制度,以适应目前的传染病防治中出现的新情况,2004 年 8 月 28 日第十届全国人民代表大会常务委员会第十一次会议修订《中华人民共和国传染病防治法》,并于同年 12 月 1 日起施行。

传染病防治法及其实施办法的颁布实施,系统地确立了我国对传染病的预防、疫情报告与公布、控制和监督的法律制度,标志着我国传染病防治工作开始全面走上法制化轨道。

### 二、法定传染病的分类

根据传染病的危害程度和我国的实际情况,传染病防治法将全国发病率较高、流行面较大、危害较严重的 37 种急慢性传染病定为法定管理的传染病,并根据其对人类的危害程度及传播方式和速度的不同,分为甲、乙、丙三类,实行分类管理。分类管理既有利于把有限的卫生资源合理配置、有效投入,也有利于突出重点,争取最大效益。

1. 甲类传染病

甲类传染病为强制管理类传染病,包括鼠疫和霍乱。对此类传染病病人、病原携带者的隔离、治疗方式、对可疑染疫人的留验以及对疫点、疫区的处理,均可强制执行。

2. 乙类传染病

乙类传染病是指:传染性非典型肺炎、艾滋病、病毒性肝炎、脊髓灰质炎、人感染高致病性禽流感、麻疹、流行性出血热、狂犬病、流行性乙型脑炎、登革热、炭疽、细菌性和阿米巴性痢疾、肺结核、伤寒和副伤寒、流行性脑脊髓膜炎、百日咳、白喉、新生儿破伤风、猩红热、布鲁菌病、淋病、梅毒、钩端螺旋体病、血吸虫病、疟疾。

《传染病防治法》同时规定,对乙类传染病中传染性非典型肺炎、炭疽中的肺炭疽和人感染高致病性禽流感,采取甲类传染病的预防、控制措施。其他乙类传染病和突发原因不明的传染病需要采取甲类传染病的预防、控制措施的,由国务院卫生行政部门及时报经国务院批准后予以公布、实施。

3. 丙类传染病

丙类传染病是指:流行性感冒、流行性腮腺炎、风疹、急性出血性结膜炎、麻风病、流行性和地方性斑疹伤寒、黑热病、包虫病、丝虫病,除霍乱、细菌性和阿米巴性痢疾、伤寒和副伤寒以外的感染性腹泻病。

上述规定以外的其他传染病,根据其暴发、流行情况和危害程度,需要列入乙类、丙类传染病的,由国务院卫生行政部门决定并予以公布。省、自治区、直辖市人民政府对本行政区域内常见、多发的其他地方性传染病,可以根据情况决定按照乙类或者丙类传染病管理并予以公布,报国务院卫生行政部门备案。

# 第二节　传染病预防和控制的法律规定

## 一、传染病防控的主管部门及其职责

根据传染病法的规定,各级人民政府领导传染病防治工作。县级以上人民政府制定传染病防治规划并组织实施,建立健全传染病防治的疾病预防控制、医疗救治和监督管理体系。

国务院卫生行政部门主管全国传染病防治及其监督管理工作。县级以上地方人民政府卫生行政部门负责本行政区域内的传染病防治及其监督管理工作。县级以上人民政府其他部门在各自的职责范围内负责传染病防治工作。

各级疾病预防控制机构承担传染病监测、预测、流行病学调查、疫情报告以及其他预防、控制工作。医疗机构承担与医疗救治有关的传染病防治工作和责任区域内的传染病预防工作。城市社区和农村基层医疗机构在疾病预防控制机构的指导下,承担城市社区、农村基层相应的传染病防治工作。

各级疾病预防控制机构作为防控传染病的最重要的机构,根据传染病防治法的规定,其具体职责如下：①实施传染病预防控制规划、计划和方案。②收集、分析和报告传染病监测信息，预测传染病的发生、流行趋势。③开展对传染病疫情和突发公共卫生事件的流行病学调查、现场处理及其效果评价。④开展传染病实验室检测、诊断、病原学鉴定。⑤实施免疫规划，负责预防性生物制品的使用管理。⑥开展健康教育、咨询，普及传染病防治知识。⑦指导、培训下级疾病预防控制机构及其工作人员开展传染病监测工作。⑧开展传染病防治应用性研究和卫生评价，提供技术咨询。

国家、省级疾病预防控制机构负责对传染病发生、流行以及分布进行监测，对重大传染病流行趋势进行预测，提出预防控制对策，参与并指导对暴发的疫情进行调查处理，开展传染病病原学鉴定，建立检测质量控制体系，开展应用性研究和卫生评价。

设区的市和县级疾病预防控制机构负责传染病预防控制规划、方案的落实，组织实施免疫、消毒、控制病媒生物的危害，普及传染病防治知识，负责本地区疫情和突发公共卫生事件的监测、报告，开展流行病学调查和常见病原微生物检测。

## 二、传染病防控的对象

根据传染病法的规定，在中华人民共和国领域内的一切单位和个人，必须接受疾病预防控制机构、医疗机构有关传染病的调查、检验、采集样本、隔离治疗等预防、控制措施，如实提供有关情况。疾病预防控制机构、医疗机构不得泄露涉及个人隐私的有关信息、资料。

## 三、传染病的预防

传染病预防是传染病防治管理工作中一项极其重要的实施手段，是传染病防治法的重要内容，是贯彻国家对传染病实行"预防为主"原则的集中体现，主要有：

### 1. 加强卫生宣传教育，培训防治技能

普及传染病预防知识，提高自我保健和防病能力，养成良好的卫生习惯，是预防传染病发生和传播的重要措施。传染病防治法将其作为一项法定的义务予以确定，要求各级政府应当组织有关部门，开展传染病预防知识和防治措施的卫生健康教育。卫生、教育、宣传等部门应当分工协作，承担具体的实施工作，全体公民有接受卫生健康教育的义务。传染病防治法同时规定，新闻媒体应当无偿开展传染病防治和公共卫生教育的公益宣传，各级各类学校应当对学生进行健康知识和传染病预防知识的教育。

而医学院校应当加强预防医学教育和科学研究，对在校学生以及其他与传染病防治相关人员进行预防医学教育和培训，为传染病防治工作提供技术支持。疾病预防控制机构、医疗机构也应定期对其工作人员进行传染病防治知识、技能的培训。

### 2. 消除各种传染病传播媒介

各级人民政府组织开展群众性卫生活动，进行预防传染病的健康教育，倡导文明健康的生活方式，提高公众对传染病的防治意识和应对能力，加强环境卫生建设，消除鼠害和蚊、蝇等病媒生物的危害。各级人民政府农业、水利、林业行政部门按照职责分工负责指导和组织消除农田、湖区、河流、牧场、林区的鼠害与血吸虫危害，以及其他传播传染病的动物和病媒生物的危害。铁路、交通、民用航空行政部门负责组织消除交通工具以及相关场所的鼠害和蚊、蝇等病媒生物的危害。

### 3. 改善公共卫生设施，保护水源

地方各级人民政府应当有计划地建设和改造公共卫生设施，改善饮用水卫生条件，对污水、污

物、粪便进行无害化处置。

4. 实行有计划的预防接种制度

国家实行有计划的预防接种制度。国务院卫生行政部门和省、自治区、直辖市人民政府卫生行政部门,根据传染病预防、控制的需要,制定传染病预防接种规划并组织实施。用于预防接种的疫苗必须符合国家质量标准。

国家对儿童实行预防接种证制度。国家免疫规划项目的预防接种实行免费。医疗机构、疾病预防控制机构与儿童的监护人应当相互配合,保证儿童及时接受预防接种。

5. 建立传染病监测制度

国务院卫生行政部门制定国家传染病监测规划和方案。省、自治区、直辖市人民政府卫生行政部门根据国家传染病监测规划和方案,制定本行政区域的传染病监测计划和工作方案。各级疾病预防控制机构对传染病的发生、流行以及影响其发生、流行的因素,进行监测;对国外发生、国内尚未发生的传染病或者国内新发生的传染病,进行监测。

6. 建立传染病预警制度,制定防控预案

国务院卫生行政部门和省、自治区、直辖市人民政府根据传染病发生、流行趋势的预测,及时发出传染病预警,根据情况予以公布。

县级以上地方人民政府应当制定传染病预防、控制预案,报上一级人民政府备案。传染病预防、控制预案应当包括以下主要内容:

1)传染病预防控制指挥部的组成和相关部门的职责。

2)传染病的监测、信息收集、分析、报告、通报制度。

3)疾病预防控制机构、医疗机构在发生传染病疫情时的任务与职责。

4)传染病暴发、流行情况的分级以及相应的应急工作方案。

5)传染病预防、疫点疫区现场控制,应急设施、设备、救治药品和医疗器械以及其他物资和技术的储备与调用。

地方人民政府和疾病预防控制机构接到国务院卫生行政部门或者省、自治区、直辖市人民政府发出的传染病预警后,应当按照传染病预防、控制预案,采取相应的预防、控制措施。

7. 防止医院及实验室感染

医疗机构必须严格执行国务院卫生行政部门规定的管理制度、操作规范,防止传染病的医源性感染和医院感染。医疗机构应当确定专门的部门或者人员,承担传染病疫情报告、本单位的传染病预防、控制以及责任区域内的传染病预防工作;承担医疗活动中与医院感染有关的危险因素监测、安全防护、消毒、隔离和医疗废物处置工作。疾病预防控制机构应当指定专门人员负责对医疗机构内传染病预防工作进行指导、考核,开展流行病学调查。

疾病预防控制机构、医疗机构的实验室和从事病原微生物实验的单位,应当符合国家规定的条件和技术标准,建立严格的监督管理制度,对传染病病原体样本按照规定的措施实行严格监督管理,严防传染病病原体的实验室感染和病原微生物的扩散。

8. 严格执行各项医疗和卫生制度

(1)健康检查制度:从事饮水、饮食、美容、保育等易使传染病扩散工作的从业人员,必须按照国家有关规定取得健康合格证后方可上岗。传染病病人、病原携带者和疑似传染病病人,在治愈前或者在排除传染病嫌疑前,不得从事法律、行政法规和国务院卫生行政部门规定禁止从事的易使该传染病扩散的工作。

（2）国家建立传染病菌种、毒种库：对传染病菌种、毒种和传染病检测样本的采集、保藏、携带、运输和使用实行分类管理,建立健全严格的管理制度。对可能导致甲类传染病传播的以及国务院卫生行政部门规定的菌种、毒种和传染病检测样本,确需采集、保藏、携带、运输和使用的,必须经省级以上人民政府卫生行政部门批准。

传染病防治法实施办法对传染病的菌（毒）种分为以下三类,并据此分别实行严格的保藏、携带、运输和供应等方面的管理。

一类：鼠疫耶尔森氏菌、霍乱弧菌、天花病毒、艾滋病病毒。

二类：布氏菌、炭疽菌、麻风杆菌、肝炎病毒、狂犬病毒、出血热病毒、登革热病毒、斑疹伤寒立克次体。

三类：脑膜炎双球菌、链球菌、淋病双球菌、结核杆菌、百日咳嗜血杆菌、白喉棒状杆菌、沙门菌、志贺菌、破伤风梭状杆菌、钩端螺旋体、梅毒螺旋体、乙型脑炎病毒、脊髓灰质炎病毒、流感病毒、流行性腮腺炎病毒、麻疹病毒、风疹病毒。

（3）消毒管理制度：对被传染病病原体污染的污水、污物、场所和物品,有关单位和个人必须在疾病预防控制机构的指导下或者按照其提出的卫生要求,进行严格消毒处理,拒绝消毒处理的,由当地卫生行政部门或者疾病预防控制机构进行强制消毒处理。

（4）消毒产品和饮用水的卫生管理：用于传染病防治的消毒产品、饮用水供水单位供应的饮用水和涉及饮用水卫生安全的产品,应当符合国家卫生标准和卫生规范。饮用水供水单位从事生产或者供应活动,应当依法取得卫生许可证。

生产用于传染病防治的消毒产品的单位和生产用于传染病防治的消毒产品,应当经省级以上人民政府卫生行政部门审批。具体办法由国务院制定。

9. 控制传染源,切断传播途径

对被传染病病原体污染的污水、污物、场所和物品,有关单位和个人必须在疾病预防控制机构的指导下或者按照其提出的卫生要求,进行严格消毒处理;拒绝消毒处理的,由当地卫生行政部门或者疾病预防控制机构进行强制消毒处理。

采供血机构、生物制品生产单位必须严格执行国家有关规定,保证血液、血液制品的质量。禁止非法采集血液或者组织他人出卖血液。疾病预防控制机构、医疗机构使用血液和血液制品,必须遵守国家有关规定,防止因输入血液、使用血液制品引起经血液传播疾病的发生。

10. 加强对人畜共患传染病的预防管理和自然疫源地的建设项目审批

县级以上人民政府农业、林业行政部门以及其他有关部门,依据各自的职责负责与人畜共患传染病有关的动物传染病的防治管理工作。与人畜共患传染病有关的野生动物、家畜家禽,经检疫合格后,方可出售、运输。

在国家确认的自然疫源地计划兴建水利、交通、旅游、能源等大型建设项目的,应当事先由省级以上疾病预防控制机构对施工环境进行卫生调查。建设单位应当根据疾病预防控制机构的意见,采取必要的传染病预防、控制措施。施工期间,建设单位应当设专人负责工地上的卫生防疫工作。工程竣工后,疾病预防控制机构应当对可能发生的传染病进行监测。

11. 做好专业人员的防护和医疗保健

除计划免疫外,对从事传染病预防、医疗、科研、教学的人员,现场处理疫情的人员,以及在生产、工作中接触传染病病原体的其他人员,有关单位应根据国家规定,采取有效的防护和医疗保健措施。

## 四、疫情报告

1. 法定责任报告人、义务报告人

疾病预防控制机构、医疗机构和采供血机构及其执行职务的人员和个体医生为责任报告人,当发现传染病疫情或者发现其他传染病暴发、流行以及突发原因不明的传染病时,应当遵循疫情报告属地管理原则,按照国务院规定的或者国务院卫生行政部门规定的内容、程序、方式和时限报告。

城乡居民、机关团体、车站、码头、机场、饭店职工及其他人员为义务报告人,发现传染病病人或者疑似传染病病人时,应当及时向附近的疾病预防控制机构或者医疗机构报告。

2. 报告程序及要求

责任报告人在发现传染病病人、病原携带者、疑似传染病病人时,应依法认真填写疫情报告卡,向疾病预防控制机构报告疫情,并另做疫情登记备查。在报告疫情的同时还应尽快采取传染病防治措施,控制疫情传播。

责任报告人发现甲类传染病和乙类传染病中的艾滋病、肺炭疽的病人、病原携带者、疑似传染病病人时,城镇于6小时内,农村于12小时内,以最快通讯方式向发病地的疾病预防控制机构报告,并同时报出传染病报告卡。

责任报告人发现乙类传染病病人、病原携带者和疑似传染病病人时,城镇于12小时内,农村于24小时内向发病地的疾病预防控制机构报出传染病报告卡。

责任报告人在丙类传染病监测区内发现丙类传染病病人时,应当在24小时内向发病地的疾病预防控制机构报出传染病报告卡。

传染病暴发、流行时,责任报告人应当以最快的通讯方式向当地疾病预防控制机构报告疫情。接到疫情报告的疾病预防控制机构应以最快通讯方式报告上级疾病预防控制机构和当地卫生行政部门,卫生行政部门接到报告后,应当立即报告当地政府。省级政府卫生行政部门接到发现甲类传染病和发生传染病暴发、流行的报告后,应当于6小时内报告国务院卫生行政部门。

港口、机场、铁路疾病预防控制机构以及国境卫生检疫机关发现甲类传染病病人、病原携带者、疑似传染病病人时,应当按照国家有关规定立即向国境口岸所在地的疾病预防控制机构或者所在地县级以上地方人民政府卫生行政部门报告并互相通报。

疾病预防控制机构应当主动收集、分析、调查、核实传染病疫情信息。接到甲类、乙类传染病疫情报告或者发现传染病暴发、流行时,应当立即报告当地卫生行政部门,由当地卫生行政部门立即报告当地人民政府,同时报告上级卫生行政部门和国务院卫生行政部门。

3. 传染病疫情信息公布制度

国务院卫生行政部门定期公布全国传染病疫情信息。省、自治区、直辖市人民政府卫生行政部门定期公布本行政区域的传染病疫情信息。传染病暴发、流行时,国务院卫生行政部门负责向社会公布传染病疫情信息,并可以授权省、自治区、直辖市人民政府卫生行政部门向社会公布本行政区域的传染病疫情信息。

公布传染病疫情信息应当及时、准确。负有传染病疫情报告职责的人民政府有关部门、疾病预防控制机构、医疗机构、采供血机构及其工作人员,不得隐瞒、谎报、缓报传染病疫情。

4. 传染病疫情信息通报

国务院卫生行政部门应当及时向国务院其他有关部门和各省、自治区、直辖市人民政府卫生行政部门通报全国传染病疫情以及监测、预警的相关信息。毗邻的以及相关的地方人民政府卫生行政部门,应当及时互相通报本行政区域的传染病疫情以及监测、预警的相关信息。县级以上人民政府有关部门发现传染病疫情时,应当及时向同级人民政府卫生行政部门通报。中国人民解放军卫生主管部门发现传染病疫情时,应当向国务院卫生行政部门通报。

动物防疫机构和疾病预防控制机构,应当及时互相通报动物间和人间发生的人畜共患传染病疫情以及相关信息。

## 五、控制措施

传染病的控制是指在传染病发生或暴发流行时,政府及有关部门为了防止传染病扩散和蔓延而采取的控制措施。对传染病疫情的处理由疾病预防控制机构和医疗机构实行分级分工管理。

### (一) 一般措施

国家和社会应当关心、帮助传染病病人、病原携带者和疑似传染病病人,使其得到及时救治。任何单位和个人不得歧视传染病病人、病原携带者和疑似传染病病人。

1. 医疗机构的措施

医疗机构发现甲类传染病时,应当及时采取下列措施:

1) 对病人、病原携带者,予以隔离治疗,隔离期限根据医学检查结果确定。

2) 对疑似病人,确诊前在指定场所单独隔离治疗。

3) 对医疗机构内的病人、病原携带者、疑似病人的密切接触者,在指定场所进行医学观察和采取其他必要的预防措施。

拒绝隔离治疗或者隔离期未满擅自脱离隔离治疗的,可以由公安机关协助医疗机构采取强制隔离治疗措施。

医疗机构发现乙类或者丙类传染病病人,应当根据病情采取必要的治疗和控制传播措施。

医疗机构对本单位内被传染病病原体污染的场所、物品以及医疗废物,必须依照法律、法规的规定实施消毒和无害化处置。

2. 疾病预防控制机构的措施

疾病预防控制机构发现传染病疫情或者接到传染病疫情报告时,应当及时采取下列措施:

1) 对传染病疫情进行流行病学调查,根据调查情况提出划定疫点、疫区的建议,对被污染的场所进行卫生处理,对密切接触者,在指定场所进行医学观察和采取其他必要的预防措施,并向卫生行政部门提出疫情控制方案。

2) 传染病暴发、流行时,对疫点、疫区进行卫生处理,向卫生行政部门提出疫情控制方案,并按照卫生行政部门的要求采取措施。

3) 指导下级疾病预防控制机构实施传染病预防、控制措施,组织、指导有关单位对传染病疫情的处理。

3. 交通卫生检疫

发生甲类传染病时,为了防止该传染病通过交通工具及其乘运的人员、物资传播,可以实施交通卫生检疫。具体办法由国务院制定。

4. 隔离措施

对已经发生甲类传染病病例的场所或者该场所内的特定区域的人员,所在地的县级以上地方人民政府可以实施隔离措施,并同时向上一级人民政府报告;接到报告的上级人民政府应当即时做出是否批准的决定。上级人民政府做出不予批准决定的,实施隔离措施的人民政府应当立即解除隔离措施。

在隔离期间,实施隔离措施的人民政府应当对被隔离人员提供生活保障;被隔离人员有工作单位的,所在单位不得停止支付其隔离期间的工作报酬。

隔离措施的解除,由原决定机关决定并宣布。

5. 传染病病人的尸体和物品处理

患甲类传染病、炭疽死亡的,应当将尸体立即进行卫生处理,就近火化。患其他传染病死亡的,必要时,应当将尸体进行卫生处理后火化或者按照规定深埋。

为了查找传染病病因,医疗机构在必要时可以按照国务院卫生行政部门的规定,对传染病病人尸体或者疑似传染病病人尸体进行解剖查验,并应当告知死者家属。

发生传染病疫情时,疾病预防控制机构和省级以上人民政府卫生行政部门指派的其他与传染病有关的专业技术机构,可以进入传染病疫点、疫区进行调查、采集样本、技术分析和检验。

疫区中被传染病病原体污染或者可能被传染病病原体污染的物品,经消毒可以使用的,应当在当地疾病预防控制机构的指导下,进行消毒处理后,方可使用、出售和运输。

6. 药品、医疗器械的运输流通

传染病暴发、流行时,药品和医疗器械生产、供应单位应当及时生产、供应防治传染病的药品和医疗器械。铁路、交通、民用航空经营单位必须优先运送处理传染病疫情的人员以及防治传染病的药品和医疗器械。县级以上人民政府有关部门应当做好组织协调工作。

7. 人员、物资等的征调

传染病暴发、流行时,根据传染病疫情控制的需要,国务院有权在全国范围或者跨省、自治区、直辖市范围内,县级以上地方人民政府有权在本行政区域内紧急调集人员或者调用储备物资,临时征用房屋、交通工具以及相关设施、设备。

紧急调集人员的,应当按照规定给予合理报酬。临时征用房屋、交通工具以及相关设施、设备的,应当依法给予补偿;能返还的,应当及时返还。

### (二) 紧急措施

传染病暴发、流行时,县级以上地方人民政府应当立即组织力量,按照预防、控制预案进行防治,切断传染病的传播途径,必要时,报经上一级人民政府决定,可以采取下列紧急措施并予以公告:①限制或者停止集市、影剧院演出或者其他人群聚集的活动。②停工、停业、停课。③封闭或者封存被传染病病原体污染的公共饮用水源、食品以及相关物品。④控制或者扑杀染疫野生动物、家畜家禽。⑤封闭可能造成传染病扩散的场所。

上级人民政府接到下级人民政府关于采取前款所列紧急措施的报告时,应当即时做出决定。紧急措施的解除,由原决定机关决定并宣布。

（三）疫区封锁

疫区是指传染病在人群中暴发、流行，其病原体向周围播散时所能波及的地区。甲类、乙类传染病暴发、流行时，县级以上地方人民政府报经上一级人民政府决定，可以宣布本行政区域部分或者全部为疫区；国务院可以决定并宣布跨省、自治区、直辖市的疫区。县级以上地方人民政府可以在疫区内采取本法第四十二条规定的紧急措施，并可以对出入疫区的人员、物资和交通工具实施卫生检疫。

省、自治区、直辖市人民政府可以决定对本行政区域内的甲类传染病疫区实施封锁；但是，封锁大、中城市的疫区或者封锁跨省、自治区、直辖市的疫区，以及封锁疫区导致中断干线交通或者封锁国境的，由国务院决定。

疫区封锁的解除，由原决定机关决定并宣布。

## 六、医疗救治

县级以上人民政府应当加强和完善传染病医疗救治服务网络的建设，指定具备传染病救治条件和能力的医疗机构承担传染病救治任务，或者根据传染病救治需要设置传染病医院。

医疗机构的基本标准、建筑设计和服务流程，应当符合预防传染病医院感染的要求。医疗机构应当按照规定对使用的医疗器械进行消毒；对按照规定一次使用的医疗器具，应当在使用后予以销毁。医疗机构应当按照国务院卫生行政部门规定的传染病诊断标准和治疗要求，采取相应措施，提高传染病医疗救治能力。

医疗机构应当对传染病病人或者疑似传染病病人提供医疗救护、现场救援和接诊治疗，书写病历记录以及其他有关资料，并妥善保管。

医疗机构应当实行传染病预检、分诊制度；对传染病病人、疑似传染病病人，应当引导至相对隔离的分诊点进行初诊。医疗机构不具备相应救治能力的，应当将患者及其病历记录复印件一并转至具备相应救治能力的医疗机构。

# 第三节　传染病监督和保障措施的法律规定

## 一、传染病的监督

（一）检查职责

县级以上人民政府卫生行政部门对传染病防治工作履行下列监督检查职责：

1）对下级人民政府卫生行政部门履行本法规定的传染病防治职责进行监督检查。

2）对疾病预防控制机构、医疗机构的传染病防治工作进行监督检查。

3）对采供血机构的采供血活动进行监督检查。

4）对用于传染病防治的消毒产品及其生产单位进行监督检查，并对饮用水供水单位从事生产或者供应活动以及涉及饮用水卫生安全的产品进行监督检查。

5）对传染病菌种、毒种和传染病检测样本的采集、保藏、携带、运输、使用进行监督检查。

6）对公共场所和有关单位的卫生条件和传染病预防、控制措施进行监督检查。

省级以上人民政府卫生行政部门负责组织对传染病防治重大事项的处理。

县级以上人民政府卫生行政部门在履行监督检查职责时，有权进入被检查单位和传染病疫情发生现场调查取证，查阅或者复制有关的资料和采集样本。被检查单位应当予以配合，不得拒绝、阻挠。

县级以上地方人民政府卫生行政部门在履行监督检查职责时，发现被传染病病原体污染的公共饮用水源、食品以及相关物品，如不及时采取控制措施可能导致传染病传播、流行的，可以采取封闭公共饮用水源、封存食品以及相关物品或者暂停销售的临时控制措施，并予以检验或者进行消毒。经检验，属于被污染的食品，应当予以销毁；对未被污染的食品或者经消毒后可以使用的物品，应当解除控制措施。

## （二）执法的监督

卫生行政部门工作人员依法执行职务时，应当不少于两人，并出示执法证件，填写卫生执法文书。卫生执法文书经核对无误后，应当由卫生执法人员和当事人签名。当事人拒绝签名的，卫生执法人员应当注明情况。

卫生行政部门应当依法建立健全内部监督制度，对其工作人员依据法定职权和程序履行职责的情况进行监督。上级卫生行政部门发现下级卫生行政部门不及时处理职责范围内的事项或者不履行职责的，应当责令纠正或者直接予以处理。

卫生行政部门及其工作人员履行职责，应当自觉接受社会和公民的监督。单位和个人有权向上级人民政府及其卫生行政部门举报违反本法的行为。接到举报的有关人民政府或者其卫生行政部门，应当及时调查处理。

卫生行政部门以及其他有关部门、疾病预防控制机构和医疗机构因违法实施行政管理或者预防、控制措施，侵犯单位和个人合法权益的，有关单位和个人可以依法申请行政复议或者提起诉讼。

## 二、传染病的保障措施

国家将传染病防治工作纳入国民经济和社会发展计划，县级以上地方人民政府将传染病防治工作纳入本行政区域的国民经济和社会发展计划。县级以上地方人民政府按照本级政府职责负责本行政区域内传染病预防、控制、监督工作的日常经费。

### 1. 财政保障

国务院卫生行政部门会同国务院有关部门，根据传染病流行趋势，确定全国传染病预防、控制、救治、监测、预测、预警、监督检查等项目。中央财政对困难地区实施重大传染病防治项目给予补助。省、自治区、直辖市人民政府根据本行政区域内传染病流行趋势，在国务院卫生行政部门确定的项目范围内，确定传染病预防、控制、监督等项目，并保障项目的实施经费。

国家加强基层传染病防治体系建设，扶持贫困地区和少数民族地区的传染病防治工作。地方各级人民政府应当保障城市社区、农村基层传染病预防工作的经费。

国家对患有特定传染病的困难人群实行医疗救助，减免医疗费用。具体办法由国务院卫生行政部门会同国务院财政部门等部门制定。

2. 物资储备保障

县级以上人民政府负责储备防治传染病的药品、医疗器械和其他物资,以备调用。

3. 人员保护

对从事传染病预防、医疗、科研、教学、现场处理疫情的人员,以及在生产、工作中接触传染病病原体的其他人员,有关单位应当按照国家规定,采取有效的卫生防护措施和医疗保健措施,并给予适当的津贴。

# 第四节 法律责任

违反传染病防治法的单位和个人,将依法承担行政责任、刑事责任以及民事责任。

## 一、行政责任

1) 地方各级人民政府未依照规定履行报告职责,或者隐瞒、谎报、缓报传染病疫情,或者在传染病暴发、流行时,未及时组织救治、采取控制措施的,由上级人民政府责令改正,通报批评;造成传染病传播、流行或者其他严重后果的,对负有责任的主管人员,依法给予行政处分。

2) 县级以上人民政府卫生行政部门违反规定,有下列情形之一的,由本级人民政府、上级人民政府卫生行政部门责令改正,通报批评;造成传染病传播、流行或者其他严重后果的,对负有责任的主管人员和其他直接责任人员,依法给予行政处分:①未依法履行传染病疫情通报、报告或者公布职责,或者隐瞒、谎报、缓报传染病疫情的。②发生或者可能发生传染病传播时未及时采取预防、控制措施的。③未依法履行监督检查职责,或者发现违法行为不及时查处的。④未及时调查、处理单位和个人对下级卫生行政部门不履行传染病防治职责的举报的。⑤违反本法的其他失职、渎职行为。

3) 县级以上人民政府有关部门未依照规定履行传染病防治和保障职责的,由本级人民政府或者上级人民政府有关部门责令改正,通报批评;造成传染病传播、流行或者其他严重后果的,对负有责任的主管人员和其他直接责任人员,依法给予行政处分。

4) 疾病预防控制机构违反本法规定,有下列情形之一的,由县级以上人民政府卫生行政部门责令限期改正,通报批评,给予警告;对负有责任的主管人员和其他直接责任人员,依法给予降级、撤职、开除的处分,并可以依法吊销有关责任人员的执业证书:①未依法履行传染病监测职责的。②未依法履行传染病疫情报告、通报职责,或者隐瞒、谎报、缓报传染病疫情的。③未主动收集传染病疫情信息,或者对传染病疫情信息和疫情报告未及时进行分析、调查、核实的。④发现传染病疫情时,未依据职责及时采取法律规定的措施的。⑤故意泄露传染病病人、病原携带者、疑似传染病病人、密切接触者涉及个人隐私的有关信息、资料的。

5) 医疗机构违反规定,有下列情形之一的,由县级以上人民政府卫生行政部门责令改正,通报批评,给予警告;造成传染病传播、流行或者其他严重后果的,对负有责任的主管人员和其他直接责任人员,依法给予降级、撤职、开除的处分,并可以依法吊销有关责任人员的执业证书:①未按照规定承担本单位的传染病预防、控制工作、医院感染控制任务和责任区域内的传染病预防工作的。②未按照规定报告传染病疫情,或者隐瞒、谎报、缓报传染病疫情的。③发现传染病疫情时,未按照规定对传染病病人、疑似传染病病人提供医疗救护、现场救援、接诊、转诊的,或者拒绝接受转诊的。④未按照规定对本单位内被传染病病原体污染的场所、物品以及医疗废物实施消毒或者无害化处置的。⑤未按照规定对医疗器械进行消毒,或者对按照规定一次使用的医疗器具未予销毁,再次使用的。⑥在医疗救治过程中未按照规定保管医学记录资料的。⑦故意泄露传染病病人、病原携带者、疑似传染病病人、密切接触者涉及个人隐私的有关信息、资料的。

6)采供血机构未按照规定报告传染病疫情,或者隐瞒、谎报、缓报传染病疫情,或者未执行国家有关规定,导致因输入血液引起经血液传播疾病发生的,由县级以上人民政府卫生行政部门责令改正,通报批评,给予警告;造成传染病传播、流行或者其他严重后果的,对负有责任的主管人员和其他直接责任人员,依法给予降级、撤职、开除的处分,并可以依法吊销采供血机构的执业许可证。

非法采集血液或者组织他人出卖血液的,由县级以上人民政府卫生行政部门予以取缔,没收违法所得,可以并处 10 万元以下的罚款。

7)国境卫生检疫机关、动物防疫机构未依法履行传染病疫情通报职责的,由有关部门在各自职责范围内责令改正,通报批评;造成传染病传播、流行或者其他严重后果的,对负有责任的主管人员和其他直接责任人员,依法给予降级、撤职、开除的处分。

8)铁路、交通、民用航空经营单位未依照规定优先运送处理传染病疫情的人员以及防治传染病的药品和医疗器械的,由有关部门责令限期改正,给予警告;造成严重后果的,对负有责任的主管人员和其他直接责任人员,依法给予降级、撤职、开除的处分。

9)违反规定,有下列情形之一,导致或者可能导致传染病传播、流行的,由县级以上人民政府卫生行政部门责令限期改正,没收违法所得,可以并处 5 万元以下的罚款;已取得许可证的,原发证部门可以依法暂扣或者吊销许可证:①饮用水供水单位供应的饮用水不符合国家卫生标准和卫生规范的。②涉及饮用水卫生安全的产品不符合国家卫生标准和卫生规范的。③用于传染病防治的消毒产品不符合国家卫生标准和卫生规范的。④出售、运输疫区中被传染病病原体污染或者可能被传染病病原体污染的物品,未进行消毒处理的。⑤生物制品生产单位生产的血液制品不符合国家质量标准的。

10)违反规定,有下列情形之一的,由县级以上地方人民政府卫生行政部门责令改正,通报批评,给予警告,已取得许可证的,可以依法暂扣或者吊销许可证;造成传染病传播、流行以及其他严重后果的,对负有责任的主管人员和其他直接责任人员,依法给予降级、撤职、开除的处分,并可以依法吊销有关责任人员的执业证书:①疾病预防控制机构、医疗机构和从事病原微生物实验的单位,不符合国家规定的条件和技术标准,对传染病病原体样本未按照规定进行严格管理,造成实验室感染和病原微生物扩散的。②违反国家有关规定,采集、保藏、携带、运输和使用传染病菌种、毒种和传染病检测样本的。③疾病预防控制机构、医疗机构未执行国家有关规定,导致因输入血液、使用血液制品引起经血液传播疾病发生的。

11)未经检疫出售、运输与人畜共患传染病有关的野生动物、家畜家禽的,由县级以上地方人民政府畜牧兽医行政部门责令停止违法行为,并依法给予行政处罚。

12)在国家确认的自然疫源地兴建水利、交通、旅游、能源等大型建设项目,未经卫生调查进行施工的,或者未按照疾病预防控制机构的意见采取必要的传染病预防、控制措施的,由县级以上人民政府卫生行政部门责令限期改止,给予警告,处 5 000 元以上 3 万元以下的罚款;逾期不改正的,处 3 万元以上 10 万元以下的罚款,并可以提请有关人民政府依据职责权限,责令停建、关闭。

## 二、刑事责任

传染病防治法规定,违反传染病防治法,情节严重,构成犯罪的,依法追究刑事责任。主要有:

1)违反传染病防治法的规定,有下列情形之一,引起甲类传染病传播或者有传播严重危险的,处 3 年以下有期徒刑或者拘役;后果特别严重的,处 3 年以上 7 年以下有期徒刑:①供水单位供应的饮用水不符合国家规定的卫生标准的。②拒绝按照卫生行政机构提出的卫生要求,对传染病病原体污染的污水、污物、粪便进行消毒处理的。③准许或者纵容传染病病人、病原携带者和疑似传染病病人从事国务院卫生行政部门规定禁止从事的易使传染病扩散的工作的。④拒绝执行卫生监督机构依照传染病防治法提出的预防、控制措施的。单位犯前款罪的,对单位判处罚金,并对其直接负责的主管人员和其他直接负责人员依照上述规定处罚。

2)从事实验、保藏、携带、运输传染病菌种、毒种的人员,违反国务院卫生行政部门的有关规定,造成传染病菌种、毒种扩散,后果严重的,处 3 年以下有期徒刑或者拘役;后果特别严重的,处 3 年以上 7 年以下有期徒刑。

3)违反国境卫生检疫规定,引起检疫传染病传播或者有传播严重危险的,处 3 年以下有期徒刑或者拘役,并处或者单处罚金。单位犯前款罪的,对单位判处罚金,并对其直接负责的主管人员和其他直接责任人员,依照前款的规定处罚。

4)明知自己患有梅毒、淋病等严重性病卖淫、嫖娼的,处 5 年以下有期徒刑、拘役或者管制,并处罚金。

## 三、民事责任

单位和个人违反规定,导致传染病传播、流行,给他人人身、财产造成损害的,应当依法承担民事责任。

# 第五节 艾滋病防治的法律规定

## 一、概述

### (一)艾滋病的传播和流行

艾滋病(AIDS)即获得性免疫缺陷综合征,其致病病原是人类免疫缺陷病毒(HIV),该病主要通过血液、性和母婴进行传播。自 1981 年在美国发现第一个艾滋病病例以来,这种传染病以其不可抵挡之势,在世界各地蔓延,1985 年 6 月,我国发现第一例艾滋病患者。

近年来,全国艾滋病疫情、发病和死亡都呈现明显上升趋势,至 2003 年我国现有艾滋病感染者和病人已达到 84 万人,其中艾滋病患者约 8 万例,主要集中在农村。目前中国艾滋病流行形势首先表现为艾滋病流行波及范围广,全国低流行与局部地区和特定人群中的高流行并存,疫情上升趋势明显,其次表现为面临艾滋病发病死亡高峰,三则表现为疫情从具有高危行为的人群向一般人群扩散。

### （二）艾滋病防治立法

随着艾滋病迅速在我国的传播,导致了由此产生的社会问题日益严重如劳动力人口的下降引发经济衰退、艾滋病患者报复社会现象日益严重等等,这些问题已经引起了世界各国的重视,我国政府也采取了一系列的措施预防和控制艾滋病。

1988 年 1 月 14 日,卫生部、外交部、公安部、国家教委、国家旅游局、中国民航、外国专家局联合发布了《艾滋病监测管理的若干规定》,为我国预防艾滋病从国外传入或者在我国发生和流行,保障人体健康提供了法律保证。近年来为了防治艾滋病,我国各地先后颁布实施了各类艾滋病性病防治条例或办法,同时我国政府还先后制定过数个国家级的防治艾滋病规划,即《全国预防艾滋病规划(1988～1991 年)》、《中华人民共和国艾滋病预防和控制中期规划(1990～1992 年)》、《中国预防和控制艾滋病中长期规划(1998～2010 年)》、《中国遏制与防治艾滋病行动计划(2001～2005 年)》等。

2004 年,云南省人民政府颁布了我国第一部艾滋病防治的地方规章《云南省艾滋病防治办法》,同年,江苏省人大颁布了我国第一部艾滋病防治的地方性法规《江苏省艾滋病防治条例》,目前我国正在研究起草防治艾滋病的专门立法的工作。

## 二、艾滋病监测管理

1. 监测管理的对象

艾滋病病人;艾滋病病毒感染者;疑似艾滋病病人及与艾滋病病人、艾滋病病毒感染者有密切接触者;被艾滋病病毒污染或可能造成艾滋病传播的血液和血液制品、毒株、生物组织、动物及其他物品,都是监测管理的对象。

2. 艾滋病监测管理机构

各级卫生行政部门主管辖区内的艾滋病监测管理工作。公安、外事、海关、旅游、教育、航空、铁路、交通等有关部门及企业、事业单位和群众团体,应协助卫生行政部门采取措施,防止艾滋病传播。

3. 艾滋病监测管理内容

省、自治区、直辖市卫生行政部门应当组织开展艾滋病监测工作。监测工作的主要内容是:①疫情收集、整理、分析。②重点人群的血清学检查。③流行病学因素调查、分析。

4. 艾滋病病人和感染者的处理

卫生、医疗和保健机构发现艾滋病病人时,应立即采取隔离措施,并送其到卫生行政部门指定的医疗单位治疗。卫生、医疗和保健机构发现艾滋病病毒感染者,疑似艾滋病病人及与艾滋病病人、艾滋病病毒感染者有密切接触者时,应当根据预防的需要,对其实施以下部分或全部措施:①留验。②限制活动范围。③医学观察。④定期或不定期访视。

外国人在中国居留期间,如被发现属艾滋病病人、艾滋病病毒感染者,当地卫生行政部门可提请公安部门令其立即出境。

艾滋病病人或艾滋病病毒感染者的尸体必须就地火化。对艾滋病病人或感染者的分泌物、排泄物及其所接触过可能造成污染的用品和环境,疾病预防控制机构应监督指导有关单位或个人进行消毒,必要时由疾病预防控制机构实施消毒。禁止艾滋病病毒感染者献人体组织、器官、血液和精液。

### 三、艾滋病患者合法权益的保护

艾滋病患者的合法权益应当保护,在《苏州市艾滋病、性病预防控制办法》中首次明确规定艾滋病人及其家属享有哪些权利、承担哪些义务。《苏州市艾滋病、性病预防控制办法》规定:"艾滋病病毒感染者和艾滋病病人及其家属不得受任何歧视,依法享有公民应有的工作、学习、享受医疗保健和参加社会活动的权利;不得剥夺其子女入托、入学、就业的权利。不能将病人的姓名、地址及有关情况做公布和传播。应对上述人群予以关爱,必要时提供医疗救援。"同时,该办法也规定了艾滋病人应当承担的责任和义务。如艾滋病人应认真听从医务人员的医学指导,服从疾病控制的管理。而在《江苏省艾滋病防治条例》中也明确规定艾滋病患者享有结婚的权利。

在保护艾滋病患者的合法权益的同时,也应当保护其他社会人群的合法权益。应当在不伤害其他社会人群的前提下尊重并宽容,因此对于艾滋病患者及病毒携带者必须履行其相应的社会义务。为此,必须分清以下几个界限:

1)宽容与纵容的界限。宽容是为了保障他们的基本人权,也是为了防止艾滋病的传播。对极少数患者的违法犯罪行为,不仅不能宽容,还应当强行制止,否则无异于纵容犯罪。确立具体的伦理规范,应当考虑宽容而不纵容,争取最佳效果。

2)防护与排斥的界限。防护是防止那些与艾滋病患者密切接触的人被传染。然而,由于社会歧视的存在,这些防护措施常常被艾滋病患者和高危人群误认为排斥和歧视,所以,在防护活动中,必须耐心地宣传、教育,以消除负面效应。

3)隔离与孤立的界限。隔离是将健康人群与传染病危险隔离,防止疾病传播,也给患者提供更安全、更有利的治疗环境。隔离当然需要一定的封闭、管制和强制性。但不能因此就认为这是孤立患者。实际上,这是出于防控的需要,也是患者向社会应尽的义务和责任,绝不是孤立患者。

### 四、职业暴露的防护

艾滋病病毒职业暴露是指医务人员从事诊疗、护理等工作过程中意外被艾滋病病毒感染者或者艾滋病病人的血液、体液污染了皮肤或者黏膜,或者被含有艾滋病病毒的血液、体液污染了的针头及其他锐器刺破皮肤,有可能被艾滋病病毒感染的情况。

医学试验证明:医务人员在被艾滋病病毒污染的针具刺伤后,发生病毒感染的几率为 0.33%,黏膜表面暴露(如眼角膜接触了携带艾滋病病毒的血液等)感染的几率为 0.09%。尽管目前我国已累计报告艾滋病病毒职业暴露者近百名,经暴露后急救处理和暴露后评估用药预防,尚无感染病例发生,但在国外,因艾滋病病毒职业暴露而感染的病例早已存在。据美国疾病预防与控制中心对 1981~1992 年全美国暴露于艾滋病病毒的约 5 万名医务人员进行统计,其中 32 人属于职业暴露而感染,其概率为 6.4/万。截至 1997 年底,美国已有 54 名医务人员被确定因职业暴露感染艾滋病病毒,另有 132 名医务人员也有可能因职业关系而感染,只是没能拿到足够的证据。

对可能经常面对艾滋病病毒的医务人员和实验人员而言,他们的工作对于控制艾滋病在全世界范围内的蔓延是十分必要的,但由于工作的特性,使其面临的艾滋病病毒职业暴露的风险也是巨大的。为了保护他们的合法权益,2003 年 4 月,中国疾病预防控制中心下发了《全国艾滋病检测技术规范》,对艾滋病检测实验室的安全操作和防护进一步做出了详细要求。同年,卫生部办公厅下发了《关于做好艾滋病病毒职业暴露防护工作的通知》通知要求,各地卫生厅(局)参照《卫生部关于印发〈医务人员艾滋病病毒职业暴露防护工作指导原则（试行）〉的通知》和《中国疾病预防控制中心关于下拨艾滋病病毒职业暴露防护用药的通知》，设置药品储备库。已设置药品储备库的省份，立即检查应急药品的储备情况，完善更换机制，确保供给，避免浪费。各地应将公安、司法等有关工作人员艾滋病病毒职业暴露所需的抗病毒药物统一纳入药物储备计划。为了应对突发的职业暴露事件，各地卫生行政部门要协调公安、司法等有关部门，研究制定艾滋病病毒职业暴露应急预案，对突发事件进行及时有效的处理，保证工作人员的安全。

### 五、违反艾滋病监测管理的法律规定

有下列行为之一的单位或个人，由卫生行政部门给予 50 元以上 3 000 元以下罚款，并强制采取预防、治疗和消毒措施：

1）隐瞒病情不申报，逃避查验的。

2）已知系艾滋病病人或感染者，有传播艾滋病行为的。

3）瞒报携带被艾滋病病毒污染或可能造成艾滋病传播的血液和血液制品、毒株、生物组织、动物及其他物品入境的。

4）拒绝执行为预防和控制艾滋病流行所采取的各项措施的。

对违反规定，引起艾滋病传播，或者有引起艾滋病传播严重危险的，由司法机关依法追究刑事责任。

## 第六节　几种常见传染病防治的法律规定

### 一、结核病防治

结核病是由结核杆菌引起的慢性感染性疾病，目前，仍然是威胁人类健康的主要疾病之一。结核病也属于我国重点防治的传染性疾病。

为预防、控制结核病的传染与流行，保障人体健康，根据《中华人民共和国传染病防治法》的有关规定，卫生部于 1991 年 9 月 12 日正式颁布实施了《结核病防治管理办法》，对结核病的防治机构、预防接种、调查与报告、治疗以及控制传染等做了规定。

1. 机构

国务院卫生行政部门设卫生部结核病控制中心与分中心；省、自治区、直辖市及所辖市（地）、县卫生行政部门设省、市（地）、县结核病防治机构，或指定医疗预防保健机构承担结核病防治机构的职责。上述机构应当加强结核病防治技术的研究，提高防治工作的质量。

2. 预防接种

国家实行有计划的卡介苗接种制度。各级卫生行政部门负责制定本地区卡介苗接种工作规划、目标，并组织实施。卡介苗接种必须按照计划免疫程序进行。

3. 调查与报告

结核病防治机构和指定的医疗预防保健机构，应当按规定进行结核病疫情和传染源的调查，有关地区和单位应当积极配合当地结核病防治机构或指定的医疗预防保健机构的流行病学调查

工作,组织集体结核病检查,查明传染源,并采取有效措施控制疫情蔓延。

4. 治疗

医疗预防保健机构对收治的肺结核病人,应当按《全国结核病防治工作手册》和《肺结核病诊疗规程》实施诊断、治疗和管理。不能按工作手册和诊疗规程实施诊断、治疗和管理的,必须将肺结核病人及时转至当地结核病防治机构或指定的医疗预防保健机构。

5. 控制传染

结核病防治机构或指定的医疗预防保健机构,对下列从业人员中患有传染性肺结核病的,应当按规定通知其单位和当地卫生监督管理机构。

1) 食品、药品、化妆品从业人员。

2)《公共场所卫生管理条例》规定范围内的从业人员。

3) 教育、托幼单位的从业人员。

4) 国务院卫生行政部门规定的其他从业人员。

结核病防治机构或指定的医疗预防保健机构,对下列人员应当按规定进行预防性结核病体检:①新参加工作、参军、入学的人员。②本办法第三十条规定的从业人员。③接触粉尘和有害气体的厂矿企业职工。④排菌期肺结核病人的家属及其密切接触者。⑤国务院卫生行政部门规定的其他人员。

结核病防治机构、医疗预防保健机构和结核病病人,必须按照疾病预防控制机构规定的卫生要求对结核菌污染的污水、带有结核病菌的排泄物和痰液进行消毒或卫生处理。

## 二、性病防治

性病是通过性行为传播的感染性疾病,其病原体除螺旋体、细菌外,还包括病毒、衣原体、真菌、原虫和昆虫等。1975 年,WHO 决定以"性传播疾病(STD)"一词取代"性病(VD)"一词。我国明确规定,性病包括:艾滋病、淋病、梅毒、软下疳、性病性淋巴肉芽肿、非淋菌性尿道炎、尖锐湿疣、生殖器疱疹。

预防、控制和消除性病的发生与蔓延,保护人体健康,根据《中华人民共和国传染病防治法》的有关规定,1991 年 8 月 12 日,卫生部制定了《性病防治管理办法》,明确了国家对性病防治实行"预防为主、防治结合、综合治理"的方针,各级卫生行政部门应在各级人民政府的领导下,开展性病防治工作。

1. 性病防治机构

县以上卫生行政部门根据工作需要可设性病防治机构,并健全疫情报告监测网络。性病防治机构是指县以上皮肤病性病防治院、所、站或卫生行政部门指定承担皮肤病性病防治机构职责的医疗预防保健机构。

2. 性病的预防

性病防治机构要利用多种形式宣传性病的危害、传播方式和防治知识,严格执行各项管理制度和技术操作规程,防止性病的医源性感染,推广使用一次性用品和注射器。各级医疗预防保健机构在发现孕妇患有性病时,应当给予积极治疗。各级医疗预防保健机构要建立新生儿 1%硝酸银点眼制度。

3. 性病的治疗

凡性病患者或疑似患有性病的,应当及时到性病防治机构进行诊断治疗,并如实提供染病及有关情况,并遵照医嘱进行定期检查彻底治疗。性病防治机构要积极协助配合公安、司法部门对查禁的卖淫、嫖娼人员,进行性病检查。性病防治机构和从事性病诊断治疗业务的个体医生在诊治性病患者时,必须采取保护性医疗措施,严格为患者保守秘密。

4. 性病的疫情报告

性病防治机构和从事性病防治诊断治疗业务的个体医生发现艾滋病、淋病和梅毒及疑似病人时,必须按规定向所在地疾病预防控制机构报告。从事性病防治、卫生防疫、传染病管理监督的人员,不得隐瞒、谎报或者授意他人隐瞒、谎报疫情。

## 三、传染性非典型肺炎防治管理

传染性非典型性肺炎是由一种冠状病毒及其变异株新病原体引起的急性呼吸系统感染疾病,传染性很强,病情进展迅速,预后不良。世界卫生组织(WHO)将其定为"重症急性呼吸道综合征"(severe acute respiratory syndrome, SARS)。

2002 年 11 月广州出现首例传染性非典型性肺炎病人以来,疫情相继在包括首都北京在内的一些城市和地区蔓延并波及到世界数十个国家和地区。为了有效预防和控制传染性非典型肺炎(严重急性呼吸综合征)的发生与流行,保障公众的身体健康和生命安全,根据《中华人民共和国传染病防治法》和《突发公共卫生事件应急条例》的规定,卫生部于 2003 年 5 月 12 日正式颁布实施了《传染性非典型肺炎防治管理办法》,将传染性非典型性肺炎列入《中华人民共和国传染病防治法》法定传染病进行管理,确定了传染性非典型肺炎防治工作坚持预防为主,防治结合,分级负责,依靠科学,依法管理的原则,为科学、规范地防控传染性非典型肺炎提供了法律依据。

1. 防治管理的机构

卫生部对全国传染性非典型肺炎的疾病防治工作实施统一监督管理。县级以上地方卫生行政部门对本行政区域传染性非典型肺炎的疾病防治工作实施监督管理。各级疾病预防控制机构按照专业分工,承担责任范围内的传染性非典型肺炎监测管理工作;各级各类医疗机构承担责任范围内的传染性非典型肺炎防治管理任务。

2. 疫情报告、通报和公布

任何单位和个人发现传染性非典型肺炎病人或者疑似传染性非典型肺炎病人时,都应当及时向当地疾病预防控制机构报告。医疗机构及其医务人员、疾病预防控制机构的工作人员发现非典型肺炎病人或者疑似病人,必须立即向当地疾病预防控制机构报告。疾病预防控制机构发现疫情或者接到疫情报告,应当立即报告上级疾病预防控制机构和当地卫生行政部门。卫生行政部门接到报告后应当立即报告本级人民政府,同时报告上级卫生行政部门和国务院卫生行政部门。

卫生部根据传染性非典型肺炎疫情情况,及时向国务院有关部门和各省、自治区、直辖市卫生行政部门以及军队卫生主管部门通报。

卫生部及时、如实向社会公布疫情;省、自治区、直辖市卫生行政部门及时、如实公布本行政区域的疫情。

任何单位和个人对传染性非典型肺炎疫情,不得隐瞒、缓报、谎报或者授意他人隐瞒、缓报、谎报。

3. 预防与控制

疾病预防控制机构、医疗机构、从事传染性非典型肺炎科学研究机构,必须严格执行有关管理制度、操作规程,防止医源性感染、医院内感染、实验室感染和致病性微生物的扩散。对从事传染性非典型肺炎预防控制、医疗救治、科学研究的人员,所在单位应当根据有关规定,采取有效的防护措施和医疗保健措施。

疾病预防控制机构发现传染性非典型肺炎疫情或者接到疫情报告时,应当立即采取以下控制措施:

1) 及时到达现场,调查登记病人或者疑似病人的密切接触者。

2) 对密切接触者按照有关规定进行流行病学调查,并根据情况采取集中隔离或者分散隔离的方法进行医学观察。

3) 对医疗机构外被病人或者疑似病人污染的场所、物品进行卫生处理。

传染性非典型肺炎病人死亡后,尸体立即消毒、就地火化。医疗机构、疾病预防控制机构必要时可以对尸体进行解剖查验。

4. 医疗救治

各级各类医疗机构应当设立预防保健组织或者人员,承担本单位和责任地段的传染病预防、控制和疫情管理工作。

县级以上地方卫生行政部门应当指定专门的医疗机构负责收治病人或者疑似病人;指定专门机构和车辆负责转运工作,并建立安全的转诊制度。收治病人或者疑似病人的医疗机构应当符合卫生行政部门规定的隔离、消毒条件,配备必要的救治设备;对病人和疑似病人应当分开隔离治疗;采取有效措施,避免交叉感染。

县级以上地方卫生行政部门应当指定医疗机构设立发热门诊和隔离观察室,负责收治可疑发热病人,实行首诊负责制。发现病人或者疑似病人时,应当采取应急控制措施,并及时报告当地疾病预防控制机构。乡(镇)卫生院应当根据县级以上卫生行政部门的要求设立发热病人隔离观察室,发现可疑发热病人时,及时通知县级医疗机构派专门技术人员诊断或者转诊。

5. 监督管理

卫生部对全国传染性非典型肺炎防治工作进行督察、指导。省、自治区、直辖市卫生行政部门对本行政区域的传染性非典型肺炎防治工作进行督察、指导。

6. 违反传染性非典型肺炎防治规定的法律责任

县级以上地方卫生行政部门有下列行为之一的,由上级卫生行政部门责令改正,通报批评,给予警告,对其主要负责人由有关部门依法给予降级或者撤职的行政处分;造成传染性非典型肺炎传播、流行或者对社会公众健康造成其他严重危害后果的,依法给予开除的行政处分;构成犯罪的,依法追究刑事责任:

1) 未按照规定履行报告职责,隐瞒、缓报、谎报或授意他人隐瞒、缓报、谎报疫情的。

2) 在防治工作中玩忽职守、失职、渎职的。

3) 对上级卫生行政部门的督察、指导不予配合,或者采取其他方式阻碍、干涉的。

疾病预防控制机构和医疗机构及其人员有下列行为之一的,由县级以上卫生行政部门责令改正,通报批评,给予警告;情节严重的,依法吊销医疗机构执业许可证,并由有关部门对主要负责人给予降级或者撤职的行政处分;对有关医疗卫生人员,由其所在单位或者上级机关给予纪律处分,并由县级以上卫生行政部门依法吊销执业证书;造成传染性非典型肺炎传播、流行或者对社会公众健康造成其他严重危害后果,构成犯罪的,依法追究刑事责任:

    1) 未依法履行疫情报告职责,隐瞒、缓报或者谎报的。

    2) 拒绝服从卫生行政部门调遣的。

    3) 未按照规定及时采取预防控制措施的。

    4) 拒绝接诊病人或者疑似病人的。

    5) 未按照规定履行监测职责的。

    有关单位和人员有下列行为之一的,由县级以上卫生行政部门责令改正,可以处 5 000 元以下罚款,情节较严重的,可以处 5 000 元以上 2 万元以下的罚款;对主管人员和直接责任人员,由所在单位或有关部门给予行政处分;构成犯罪的,依法追究刑事责任:

    1) 对传染性非典型肺炎病原体污染的污水、污物、粪便不按规定进行消毒处理的。

    2) 造成传染性非典型肺炎的医源性感染、医院内感染、实验室感染或者致病性微生物扩散的。

    3) 生产、经营、使用消毒产品、隔离防护用品等不符合规定与标准,可能造成传染病的传播、扩散或者造成传染病的传播、扩散的。

    4) 拒绝、阻碍或者不配合现场调查、资料收集、采样检验以及监督检查的。

    5) 拒绝执行疾病预防控制机构提出的预防、控制措施的。

    6) 病人或者疑似病人故意传播传染性非典型肺炎,造成他人感染的。

## 思 考 题

1. 简述传染病防治法和传染病的概念。

2. 简述法定传染病的分类管理的规定。

3. 简述传染病的预防措施。

4. 简述传染病的报告制度。

5. 简述传染病的控制措施包括紧急措施和疫区封锁。

6. 简述违反传染病防治法的法律责任。

7. 简述传染性非典型肺炎防治的相关法律规定。

8. 简述艾滋病患者的权益保护。

(南京中医药大学 田 侃 朱晓卓)

# 第十六章 国境卫生检疫法律制度

通过本章的学习,要求掌握国境卫生检疫的对象,熟悉检疫传染病人的管理措施和国境口岸突发公共卫生事件出入境检验检疫应急处理,了解卫生监督和卫生处理的相关措施,国境卫生检疫机关及职责,以及违反国境卫生检疫法要承担的法律责任。

## 第一节 概　述

### 一、国境卫生检疫法的产生和发展

国际上最早的卫生检疫法是在 14 世纪制定的。1374 年欧洲受到黑死病的疯狂侵袭,意大利首当其冲受到侵害。1374 年,意大利的威尼斯首先对来往的商船实施检疫,对入境的船只实施在港外锚地等候 40 天的行政措施后,这种海港卫生检疫制度就被欧洲各国所仿效。纷纷在国境口岸设立检疫机构,并相应制定了本国的检疫管理法规。

我国国境卫生检疫诞生于 1873 年。新中国成立后,在 1950 年 11 月 27 日由原政务院颁布了《进出口船舶船员旅客行李检查暂行通则》、《进出口列车车员旅客行李检查暂行通则》,同年 12 月卫生部下发了《交通检疫标志旗帜及服装暂行规则》等。

1957 年 12 月 23 日,全国人民代表大会常务委员第八十八次会议通过,前毛泽东主席签署主席令,颁布了《中华人民共和国国境卫生检疫条例》。本条例共八条,将鼠疫、霍乱、黄热病、天花、斑疹伤寒和回归热列为检疫传染病。这是我国建国以来第一部卫生检疫法律。1958 年 3 月 25 日,经国务院批准,由卫生部发布了《中华人民共和国国境卫生检疫条例实施规则》,该规则共十章一百二十五条,对卫生检疫的各项工作均做了具体的规定。卫生检疫工作从此有法可依,有章可循。它是在总结我国卫生检疫立法经验的基础上制定的,符合我国当时卫生检疫的实际情况,科学性与实践性都比较强,对防止传染病的传入和传出,保障我国人民的身体健康起到了极大的作用。

为了适应新形势,促进对外贸易,繁荣我国经济,1986 年 12 月 2 日,第六届全国人民代表大会常务委员会第十八次会议通过颁布了《中华人民共和国国境卫生检疫法》,于 1987 年 5 月 1 日正式施行。该法规定了检疫机关的职责、检疫的对象、主要工作内容及疫情通报等。规定的检疫传染病除鼠疫、霍乱、黄热病外,还包括了国务院指定的其他传染病。监测传染病由卫生部确定和公布。对发生疫情时的紧急措施和处理程序也做了规定。

对入出境人员和船舶、飞机、车辆、物品检疫查验、临时检疫、国际间传染病监测、卫生监督和法律责任等也做了明确的规定。卫生检疫法的制定与施行，使我国国境卫生检疫法规进一步得到完善。

1987 年，卫生部发布了《传染病监测健康检查暂行办法》，1988 年、1989 年分别颁布了《进口废旧物品卫生检疫管理规定》、《入境出境集装箱卫生管理规定》。以上这些办法和规定，成了以后制定实施细则的很好的素材。1989 年 2 月 10 日，经国务院批准，卫生部于 3 月 6 日发布了《中华人民共和国国境卫生检疫法实施细则》，共为十二章一百一十四条。

## 二、国境卫生检疫法律制度

### 1. 国境卫生检疫法的概念

国境卫生检疫法是调整防止传染病从国外传入或者由国内传出，实施检疫查验、传染病监测和卫生监督等活动中产生的各种社会关系的法律规范的总和。

国境卫生检疫是指由国境卫生检疫机关在我国国境口岸，对入境、出境的人员、交通工具、运输设备以及可能传播传染病的行李、货物、邮包等物品实施传染病险疫、监测和卫生监督的行政执法活动。

国境卫生检疫可分为海港检疫、航空检疫和陆地边境检疫。

国境卫生检疫具有以下特征：①对内是行政执法活动，对外是维护卫生主权的国家行为。②主体是法律授权的国境卫生检疫机关。③是以医学等自然科学为主要手段的执法行为。④是以防止传染病传人传出，保护人体健康为目的的执法活动。

### 2. 国境卫生检疫的对象

国际卫生检疫对象也称检疫范围。《国境卫生检疫法》第 4 条规定："入境、出境人员、交通工具、运输设备以及可能传播检疫传染病的行李、货物、邮包等物品，都应当接受检疫，经国境卫生检疫机关许可，方准入境或者出境。"依据这一法律规定，国家卫生检疫的对象应包括那些入出国境的人员、交通工具、运输设备以及可能传播检疫传染病的行李、货物、邮包等物品。

(1) 入境、出境人员：入境、出境人员是指入出我国国境的人员。一切入境和出境的人员，包括交通员工、旅客、外交人员、劳务人员、留学生、遣送人员、边民、团体等都应接受卫生检疫。根据《国际卫生条例》规定，对具有外交身份的人员不享有卫生检疫豁免权。

(2) 交通工具和运输设备：交通工具是指船舶、航空器、列车和其他车辆。运输设备是指货物集装箱。随着国际交往的发展，交通工具和运输设备有可能成为疾病在国际间传播的媒介，所以对交通工具及货物集装箱均要实施检疫和卫生处理。

(3) 行李、邮包：行李是指入境、出境人员携带的物品。邮包是指入、出境的邮件。根据《国际卫生条例》的规定，邮件包括：适用于检疫传染病各项规定的纺织品、旧衣服以及使用过或不干净的被褥；传染性物品；来自霍乱疫区的食品；其传入或栖居能成为人类疫病媒介作用的活昆虫和其他动物。

(4) 货物：货物是指由国内运出或国外运进的一切生产资料和生活资料，以及废旧物品（包括旧衣物、旧包装物料、旧棉絮类、废纸类、旧轮胎等）、血液及其制品、人体组织、微生物、生物制品等。

## 第二节 国境卫生检疫机关及职责

### 一、国务院国境卫生检疫行政部门及其职责

国家质量监督检验检疫总局是国务院主管国境卫生检疫的行政部门,是我国卫生行政执法主体之一。我国出入境检验检疫机构实行垂直管理,负责对出入境人员、运输工具、行李、货物等进行疾病检查与处理等。国家质量监督检验检疫总局主要的执法职责是:

1) 研究拟定有关出入境卫生检疫、动植物检疫及进出口商品检验法律、法规和政策规定的实施细则、办法及工作规程,督促检查出入境检验检疫机构贯彻执行。

2) 组织实施出入境检验检疫、鉴定和监督管理;负责国家实行进口许可制度的民用商品入境验证管理;组织进出口商品检验检疫的前期监督和后续管理。

3) 组织实施出入境卫生检疫、传染病监测和卫生监督;组织实施出入境动植物检疫和监督管理;负责进出口食品卫生、质量的检验、监督和管理工作。

4) 组织实施进出口商品法定检验;组织管理进出口商品鉴定和外商投资财产鉴定;审查批准法定检验商品的免验和组织办理复验。

5) 组织对进出口食品及其生产单位的卫生注册登记及对外注册管理;管理出入境检验检疫标志、进口安全质量许可、出口质量许可并负责监督检查;管理和组织实施与进出口有关的质量认证认可工作。

6) 负责涉外检验检疫和鉴定机构(含中外合资、合作的检验、鉴定机构)的审核认可并依法进行监督。

7) 负责商品普惠制原产地证和一般原产地证的签证管理。

8) 负责管理出入境检验检疫业务的统计工作和国外疫情的收集、分析、整理,提供信息指导和咨询服务。

9) 拟定出入境检验检疫科技发展规划;组织有关科研和技术引进工作;收集和提供检验检疫技术情报。

10) 开展有关的国际合作与技术交流,按规定承担技术性贸易壁垒和检疫协议实施工作,执行有关协议。

### 二、国境卫生检疫机关及其职责

国境卫生检疫机关,是指在国境口岸设立的,代表国家在国境口岸行使检疫主权,依法实施传染病检疫、监测和卫生监督以及对进口食品进行卫生监督检验等活动的卫生执法机构。

根据《国境卫生检疫法》的规定,国境卫生检疫机关的职责是:①严格执行《国境卫生检疫法》及其实施细则和国家制定的有关卫生法规。②收集、整理、报告国际和国境口岸传染病的发生、流行和终息情况。③对国境口岸的卫生状况实施卫生监督,对入出境的交通工具、人员、集装箱、尸体、骸骨以及可能传播检疫传染病的行李、货物、邮件等实施检疫查验、传染病监测、卫生监督和卫生处理。④对入出境的微生物、生物制品、人体组织、血液及其制品等特殊物品以及能传播人类传

染病的动物实施卫生检疫。⑤对入出境人员进行预防接种、健康检查、医疗服务、国际旅行健康咨询和卫生宣传。⑥签发卫生检疫证件。⑦进行流行病学调查研究,开展科学实验。⑧执行国务院出入境检验部门制定的其他工作。

### 三、国境卫生检疫人员及其职责

国境卫生检疫人员,是指由国家出入境检验检疫主管部门任命或经其他法定程序任职于国家或国境口岸的国境卫生检疫机关,从事国境卫生检疫管理或国境卫生检疫查验工作的人员。它包括直接从事国境卫生检疫工作的组织者、领导和执行人员,也包括间接从事国境卫生检疫工作的人员,如人事、财务、后勤等部门的人员。国境卫生检疫人员在执行各项卫生检疫任务时,代表国家行使国境卫生检疫主权,代表国境卫生检疫机关行使国境卫生检疫行政权,其职务行为受到法律保护。

1. 检疫医师

检疫医师是国境口岸卫生检疫机关;具体执行国境卫生检疫法的行政执法人员;其主要职权有:

1)查验权。检疫医师有权查验由入境检疫船舶的船长签字或者有船医附签的航海健康申请书、船员名单、旅客名单、载货申报单、航海日志;查验入境航空器机长或者其授权的代理人提交的总申报单、旅客名单、货物舱单;查验其他有关检疫证件。

2)询问权。检疫医师有权对有关卫生状况、人员健康进行询问。受入境检疫的船舶船长、船医、航空器、列车或者其授权的代理人,以及列车长或者其他车辆负责人、入境旅客。受检者均必须如实回答。

3)签证权。查验完毕后,对没有染疫的入境出境的船舶、航空器、列车或者其他车辆,检疫医师应当立即签发入境出境检疫证。如入境检疫有受到卫生处理或者限制的事项,应当在入境检疫证上签注,并按照签注事项办理。在规定的卫生处理完毕以后,再发给入境检疫证。对出境检疫的船舶、航空器、列车或者其他车辆,如果因卫生处理不能按原定时间启航起飞和运行的,应及时通知港务监督机关、航空站等。

2. 国境口岸卫生监督员

国境口岸卫生监督员是国境口岸卫生检疫机关设置的实施卫生监督任务的执法人员。国境口岸卫生监督员由各地卫生检疫机关推荐,各有关省、自治区、直辖市出入境检验检疫主管部门审核,国务院出入境检验检疫主管部门委任,并发给证件。其职责是:①对国境口岸和停留在国境口岸的入境、出境交通工具进行卫生监督和卫生宣传。②在消毒、除鼠、除虫等卫生处理方面进行技术指导。③对造成传染病传播、啮齿动物和病媒昆虫扩散、食物中毒、食物污染等事故进行调查,并提出控制措施。

卫生检疫机关工作人员、国境口岸卫生监督员在执行任务时,应当穿着检疫制服,佩戴检疫标志;卫生检疫机关的交通工具在执行任务期间,应当悬挂检疫旗帜。

# 第三节　卫生检疫的法律规定

## 一、入出境检疫的类型

检疫在国际上统称为"卫生检疫",在我国则定名为"国境卫生检疫"。按不同的分类标准,可以把我国国境卫生检疫分为若干类别,根据入境、出境的方向,可以分为入境检疫和出境检疫;依据实施检疫的国境口岸的地理位置,又可分为海港检疫、航空检疫和陆地边境检疫;按工作性质,可以分为常规检疫和特殊检疫,其中特殊检疫的形式主要有,非口岸检疫,临时检疫,随船、随机、随车检疫,赴国外检疫等。我国的国境卫生检疫的主要任务是依据《中华人民共和国国境卫生检疫法》及其《实施细则》,在我国各国境口岸实施检疫查验、传染病监测、卫生处理、隔离留验和检疫检验。

### 1. 入境检疫

入境的交通工具和人员,必须在最先到达的国境口岸的指定地点接受检疫,除引航员外,未经国境检疫机关许可,任何人不准上下交通工具,不准装卸行李、货物、邮包等物品。这里所说的指定地点包括检疫锚地;允许航空器降落的停机坪、航空站;国际列车到达国境后第一个火车站的站台;江河口岸边境的通道口。

国境卫生检疫法规定,在交通工具及人员抵达国境前,交通工具的代理人或者有关管理机关(如港务监督机关、实施检疫的航空站、车站),应尽早向卫生检疫机关通知下列事项:交通工具名称、国籍、型号、可供识别的标志;预定到达的日期和时间;始发站,目的地;交通工具工作人员和旅客人数;货物种类等。受入境检疫的交通工具,如在行程中,发现检疫传染病、疑似检疫传染病,或者有人非因意外伤害死亡而死因不明的,交通工具的负责人必须立即向最先到达实施检疫口岸的卫生检疫机关报告。

受入境检疫的交通工具抵达锚地、航空站、车站、关口后,其负责人应向检疫医师提交健康申报书,工作人员和旅客名单、载货申报单以及其他有关检疫证件。对未染有检疫传染病或者已实施卫生检疫的交通工具,由检疫医师签发入境检疫证。

### 2. 非口岸检疫

来自国外的船舶、航空器因故停泊降落在中国境内非口岸地点时,船舶、航空器的负责人应当立即向就近的国境卫生检疫机关或者当地卫生行政部门报告。除紧急情况外,未经国境卫生检疫机关或者当地卫生行政部门许可,任何人不准上下船舶、航空器,不准装卸货物、行李、邮包等物品。

### 3. 电讯检疫

为了简化检疫手续,减少船舶非生产停泊时间,我国参照国际惯例,于1979年公布了《国际航行船舶试行电讯卫生检疫规定》,对于享受电讯卫生检疫权利的国际航行船舶提出了具体要求。凡国际航行的中外船舶申请电讯检疫,可以向卫生检疫机关提出,经检疫机关进行卫生检查并认为合格后,发给卫生证书。船舶卫生证书自签发之日起12个月内有效。

### 4. 临时检疫

在国境口岸发现检疫传染病、疑似检疫传染病,或者有人非因意外伤害而死亡并死因不明的,国境口岸有关单位和交通工具负责人,应当立即向国境卫生检疫机关报告,并申请临时检疫。

5. 出境检疫

出境的交通工具和人员,必须在最后离开的国境口岸接受检疫。检疫医师对未染有检疫传染病或者已实施卫生处理的交通工具,签发出境检疫证。

6. 边境接壤地区的来往检疫

中华人民共和国边防机关与邻国边防机关之间在边境地区的往来,居住在两国边境接壤地区的居民在边境指定地区临时往来,双方的交通工具和人员的入境、出境检疫,依照双方协议办理,没有协议的,依照中国政府的有关规定办理。

在国内或者国外检疫传染病大流行的时候,国务院卫生行政部门应当立即报请国务院决定采取下列检疫措施的一部或者全部:①下令封锁陆地边境、国界江河的有关区域。②指定某些物品必须经过消毒、除虫,方准由国外运进或者由国内运出。③禁止某些物品由国外运进或者由国内运出。④指定第一入境港口、降落机场。对来自国外疫区的船舶、航空器,除因遇险或者其他特殊原因外,没有经第一入境港口、机场检疫的,不准进入其他港口和机场。

## 二、入出境检疫的管理

### (一) 海港检疫

船舶的入境检疫,必须在港口的检疫锚地或者经卫生检疫机关同意的指定地点实施。检疫锚地由港务监督机关和卫生检疫机关会商确定,报国务院交通和卫生行政部门备案。

船舶代理应当在受入境检疫的船舶到达以前,尽早向卫生检疫机关通知下列事项:船名、国籍、预定到达检疫锚地的日期和时间;发航港、最后寄港;船员和旅客人数;货物种类等。港务监督机关应当将船舶确定到达检疫锚地的日期和时间尽早通知卫生检疫机关。

受入境检疫的船舶,在航行中,发现检疫传染病、疑似检疫传染病,或者有人非因意外伤害而死亡并死因不明的,船长必须立即向实施检疫港口的卫生检疫机关报告下列事项:船名、国籍、预定到达检疫锚地的日期和时间;发航港、最后寄港;船员和旅客人数;货物种类;病名或者主要症状、患者人数、死亡人数;船上有无船医。

受入境检疫的船舶,必须按照下列规定悬挂检疫信号等候查验,在卫生检疫机关发给入境检疫证前,不得降下检疫信号。悬挂检疫信号的船舶,除引航员和经卫生检疫机关许可的人员外,其他人员不准上船,不准装卸行李、货物、邮包等物品,其他船舶不准靠近;船上的人员,除因船舶遇险外,未经卫生检疫机关许可,不准离船;引船员不得将船引离检疫锚地。

申请电讯检疫的船舶,首先向卫生检疫机关申请卫生检查,合格者发给卫生许可证书。该证书自签发之日起12个月内可以申请电讯检疫。持有效卫生证书的船舶在入境前24小时,应当向卫生检疫机关报告下列事项:船名、国籍、预定到达检疫锚地的日期和时间;发航港、最后寄港;船员和旅客人数及健康状况;货物种类;船舶卫生证书的签发日期和编号、除鼠证书或者免予除鼠证书的签发日期和签发港,以及其他卫生证件。

船舶实施入境查验完毕以后,对没有染疫的船舶,检疫医师应当立即签发入境检疫证;如果该船有受卫生处理或者限制的事项,应当在入境检疫证上签注,并按照签注事项办理。对染疫船舶、染疫嫌疑船舶,除通知港务监督机关外,对该船舶还应当发给卫生处理通知书,该船舶上的引航员和经卫生检疫机关许可上船的人员应当视同员工接受有关卫生处理,在卫生处理完毕以后,再发给入境检疫证。船舶领到卫生检疫机关签发的入境检疫证后,可以降下检疫信号。

船舶代理应当在受出境检疫的船舶启航以前,尽早向卫生检疫机关通知下列事项:船名、国籍、预定开航的日期和时间;目的港、最初寄港;船员名单和旅客名单;货物种类。港务监督机关应当将船舶确定开航的日期和时间尽早通知卫生检疫机关。船舶的入境、出境检疫在同一港口实施时,如果船员、旅客没有变动,可以免报船员名单和旅客名单;有变动的,报变动船员、旅客名单。

受出境检疫的船舶,船长应当向卫生检疫机关出示除鼠证书或者免予除鼠证书和其他有关检疫证件。检疫医师可以向船长、船医提出有关船员、旅客健康情况和船上卫生情况的询问,船长、船医对上述询问应当如实回答。对船舶实施出境检疫完毕以后,检疫医师应当按照检疫结果立即签发出境检疫证,如果因卫生处理不能按原定时间启航,应当及时通知港务监督机关。对船舶实施出境检疫完毕以后,除引航员和经卫生检疫机关许可的人员外,其他人员不准上船,不准装卸行李、货物、邮包等物品。如果违反上述规定,该船舶必须重新实施出境检疫。

### (二) 航空检疫

实施卫生检疫机场的航空站,应当在受入境检疫的航空器到达以前,尽早向卫生检疫机关通知下列事项:航空器的国籍、机型、号码、识别标志、预定到达时间;出发站、经停站;机组和旅客人数。

受入境检疫的航空器,如果在飞行中发现检疫传染病、疑似检疫传染病,或者有人非因意外伤害而死亡且死因不明时,机长应当立即通知到达机场的航空站,向卫生检疫机关报告下列事项:航空器的国籍、机型、号码、识别标志、预定到达时间;出发站、经停站;机组和旅客人数;病名或者主要症状、患病人数、死亡人数。

对入境航空器查验完毕以后,根据查验结果,对没有染疫的航空器,检疫医师应当签发入境检疫证;如果该航空器有受卫生处理或者限制的事项,应当在入境检疫证上签注,由机长或者其授权的代理人负责执行;对染疫或者有染疫嫌疑的航空器,除通知航空站外,对该航空器应当发给卫生处理通知单,在规定的卫生处理完毕以后,再发给入境检疫证。

实施卫生检疫机场的航空站,应当在受出境检疫的航空器起飞以前,尽早向卫生检疫机关提交总申报单、货物仓单和其他有关检疫证件,并通知下列事项:航空器的国籍、机型、号码、识别标志、预定起飞时间;经停站、目的站;机组和旅客人数。

对出境航空器查验完毕以后,如果没有染疫,检疫医师应当签发出境检疫证或者在必要的卫生处理完毕以后,再发给出境检疫证;如果该航空器因卫生处理不能按原定时间起飞,应当及时通知航空站。

### (三) 陆地边境检疫

实施卫生检疫的车站,应当在受入境检疫的列车到达之前,尽早向卫生检疫机关通知下列事项:列车的车次、预定到达的时间;始发站;列车编组情况。

实施卫生检疫的车站,应当在受出境检疫列车发车以前,尽早向卫生检疫机关通知下列事项:列车的车次;预定发车的时间;终到站;列车编组情况。

应当受入境、出境检疫的列车和其他车辆,如果在行程中发现检疫传染病、疑似检疫传染病,或者有人非因意外伤害而死亡并死因不明的,列车或者其他车辆到达车站、关口时,列车或者其他车辆负责人应当向卫生检疫机关报告。受入境、出境检疫的列车,在查验中发现检疫传染病或者疑似检疫传染病,或者因受卫生处理不能按原定时间发车,卫生检疫机关应当及时通知车站的站长。如果列车在原停车地点不宜实施卫生处理,站长可以选择站内其他地点实施卫生处理。在处理完毕之前,未经卫生检疫机关许可,任何人不准上下列车,不准装卸行李、货物、邮包等物品。为了保证入境直通列车的正常运输,卫生检疫机关可以派员随车实施检疫,列车长应当提供方便。对列车或者其他车辆实施入境、出境检疫完毕后,检疫医师应当根据检疫结果分别签发入境、出境检疫证,或者在必要的卫生处理完毕后,再分别签发入境、出境检疫证。

受入境、出境检疫的列车以及其他车辆,载有来自疫区、有染疫或者染疫嫌疑或者夹带能传播传染病的病媒昆虫和啮齿动物的货物,应当接受卫生检查和必要的卫生处理。

## 三、检疫传染病人的管理

### 1. 就地诊验

这是指受检疫人员在卫生检疫机关指定的期间,到就近的卫生检疫机关或其他医疗卫生单位接受诊察和检验,或者卫生检疫机关、其他医疗卫生单位到该人员的居留地,对其进行诊察和检验。

卫生检疫机关对接受就地诊验的人员,应当发给就地诊验记录簿,必要的时候,可以在该人员出具履行就地诊验的保证书以后,再发给其就地诊验记录簿。受就地诊验的人员应当携带就地诊验记录簿,按照卫生检疫机关指定的期间、地点,接受医学检查;如果就地诊验的结果没有染疫,就地诊验期满的时候,受就地诊验的人员应当将就地诊验记录簿退还卫生检疫机关。

卫生检疫机关应当将受就地诊验的人员的情况,用最快的方法通知就地诊验人员的旅行停留地的卫生检疫机关或者其他医疗卫生单位。卫生检疫机关、医疗卫生单位遇有受就地诊验的人员请求医学检查时,应当视同急诊给予医学检查,并将检查结果在就地诊验记录簿上签注。如果发现其患有检疫传染病或者监测传染病、疑似检疫传染病或者疑似监测传染病时,应当立即采取必要的卫生措施,将其就地诊验记录簿收回存查,并且报告当地卫生防疫机构和签发就地诊验记录簿的卫生检疫机关。

### 2. 留验

这是指将染疫嫌疑人收留在指定的处所进行诊察和检验。这里的染疫嫌疑人员是指接触过检疫传染病的感染环境,并且可能传播检疫传染病的人。

留验期限根据各种检疫传染病的潜伏期予以确定。按照规定,对染有鼠疫、黄热病嫌疑人的留验期限为6天,对染有霍乱嫌疑人的留验期限为5天。

受留验的人员必须在卫生检疫机关指定的场所接受留验。但有下列情况之一者,经卫生检疫机关同意,可在船上留验:①船长请求船员在船上留验的。②旅客请求在船上留验,经船长同意,并且船上有船医和医疗、消毒设备的。留验人员未经卫生检疫机关许可,不准离开留验场所或上岸。

### 3. 隔离

这是指将染疫人收留在指定的处所,限制其活动并进行治疗,直到消除传染病传播的危险。这里的染疫人是指正在患检疫传染病的人,或者经卫生检疫机关初步诊断,认为已经感染检疫传染病或者已经处于检疫传染病潜伏期的人。

隔离期限根据医学检查结果确定。受留验的人员在留验期间如果出现检疫传染病的症状,卫生检疫机关应当立即对该人员实施隔离,对与其接触的其他受留验的人员,应当实施必要的卫生处理,并且从卫生处理完毕时起,重新计算留验时间。

# 第四节　传染病监测的法律规定

## 一、传染病监测病种的确定

### 1. 法定传染病的种类

目前,我国国境卫生检疫涉及的传染病基本包括下列五类:第一类是国境卫生检疫法规定的检疫传染病:鼠疫、霍乱、黄热病。第二类是世界卫生组织要求各国进行监测的传染病:流行性感冒、疟疾、脊髓灰质炎、斑疹伤寒、回归热。第三类是外国人入出境管理法实施细则和国境卫生检疫法实施细则规定的禁止患艾滋病(含艾滋病病毒感染者)、性病、开放性肺结核、麻风病、精神病(非传染病)的外国人入境的疾病。第四类是传染病防治法规定的除上述传染病以外的传染病,如登革热、病毒性肝炎、伤寒、副伤寒、猩红热,以及除霍乱、痢疾、伤寒和副伤寒以外的感染性腹泻等。第五类是军团热、拉萨热、埃博拉—马尔堡病病毒等。

### 2. 传染病监测病种

传染病监测病种由国务院卫生行政部门确定和公布,主要包括三类:①世界上已经消灭或基本消灭的病种,防止其死灰复燃。②新近发现的一些烈性传染病。③对我国构成传人性威胁且危害严重的传染病。

## 二、传染病监测的内容

传染病监测的内容有:①首发病例的个案调查。②暴发流行的流行病学的调查。③传染源调查和追踪。④国境口岸内监测传染病的回顾性调查。⑤病原体的分离、鉴定,人群、有关动物血清学调查以及流行病学调查。⑥有关动物、病媒昆虫、食品、饮用水和环境因素的调查。⑦消毒、除鼠、除虫的效果观察及评价。⑧国境口岸以及国内外监测传染病疫情的收集、整理、分析和传递。⑨对监测对象开展健康检查和对监测传染病病人、疑似病人、密切接触人员的管理。

卫生检疫机关应当阻止所发现的患有艾滋病、性病、麻风病、精神病、开放性肺结核病的外国人入境。

## 三、传染病监测的方法

国境卫生检疫机关对入出境人员实施传染病监测,并采取必要的预防、控制措施。主要方法是:①申报制度。入境人员填写并申报健康申明卡,出示某种有效的传染病预防接种证、健康证明或其他证件。②和有关部门配合,在口岸内设立监测点。③物理检查与血清学检验结合进行健康检查。在境外居住 3 个月以上的回国中国公民和来华留学、工作、定居 1 年以上的外籍入境人员实施健康检查,并检测包括艾滋病、性病在内的血清学指标。④进行科学研究,探求快速灵敏物检测诊断方法,逐渐建立"关口监测"和"境内监测"相结合的方式。⑤对来自检疫传染病或监测传染病疫区的人员实行管理。⑥对患有禁止入境的疾病的外国人监护其离境。

对患有监测传染病的人、来自国外监测传染病流行区的人或与监测传染病人密切接触的人,国境卫生检疫机关根据流行病学和医学检查结果,发给就诊方便卡。实施留验或者采取其他预防、控制措施,并及时通知当地卫生行政部门。各地医疗单位对持有就诊方便卡的人员,应当优先诊治。卫生检疫机关、医疗卫生单位遇到持有就诊方便卡的人员请求医学检查时,应当视同急诊给予医学检查;如果发现其患检疫传染病或者监测传染病,疑似检疫传染病或者疑似监测传染病,应当立即实施必要的卫生措施,并且将情况报告当地卫生防疫机构和签发就诊方便卡的卫生检疫机关。

根据《中华人民共和国国境卫生检疫法》及其他有关规定,下列人员应接受卫生检疫机关传染病监测体检:中国籍出境1年以上(含1年)的各类人员;国境口岸内和出入境交通工具上的食品、饮用水从业人员;在境外居住3个月以上的归国人员;来华居住1年以上(含1年)的外籍人员;中国籍出入境交通员工;所去国家和地区有要求的;双边有协议的;其他要求传染病监测体检的人员。

凡申请出境居住1年以上的中国籍人员,必须持有卫生检疫机关签发的健康证明。中国公民出境、入境管理机关凭卫生检疫机关签发的健康证明办理出境手续;在境外居住1年以上的中国籍人员,入境时必须向卫生检疫机关申报健康情况,并在入境后1个月内到就近的卫生检疫机关或者县级以上的医院进行健康检查。公安机关凭健康证明办理有关手续。健康证明的副本应当寄送到原入境口岸的卫生检疫机关备案;国际通行交通工具上的中国籍员工,应当持有卫生检疫机关或者县级以上医院出具的健康证明。

卫生检疫机关在国境口岸内设立传染病监测点时,有关单位应当给予协助提供方便。

# 第五节　卫生监督和卫生处理的法律规定

## 一、卫生监督

卫生监督是指国境卫生检疫机关根据卫生法规和卫生标准,对国境口岸和停泊在国境口岸的交通工具进行的卫生检查、卫生鉴定、卫生评价和采样检验等活动。

1. 国境口岸的卫生监督

国境口岸是国际通航的港口、机场、车站、陆地边境和国境江河的关口。它是一个公共场所,要特别注意环境的整洁和空气的清新,必须具备污水、垃圾、粪便无害化的处理系统。对国境口岸的卫生要求是:

1)国境口岸和国境口岸内涉外的宾馆、生活服务单位以及候船、候车、候机厅(室)应当有健全的卫生制度和必要的卫生设施,并保持室内外环境整洁,通风良好。

2)国境口岸有关部门应当采取切实可行的措施,控制啮齿动物、病媒昆虫,使其数量降低到不足为害的程度。仓库、货场必须具有防鼠设施。

3)国境口岸的垃圾、废物、污水、粪便必须进行无害化处理,保持国境口岸环境整洁卫生。

2. 交通工具的卫生监督

交通工具不仅能因运送病人引起疾病传播,还可能携带病媒昆虫和鼠类,直接危害人类的健康。因此,对交通工具的卫生要求是:

1) 交通工具上的宿舱、车厢必须保持清洁卫生,通风良好。

2) 交通工具上必须备有足够的消毒、除鼠、除虫药物及器械,并备有防鼠装置。

3) 交通工具上的货舱、行李舱、货车车厢在装货前或卸货后应当进行彻底清扫,有毒物品和食品不得混装,防止污染。

4) 对不符合卫生要求的入境、出境交通工具,必须接受卫生检疫机关的督导立即进行改进。

3. 饮用水、食品及从业人员的卫生监督

1) 对食品、饮用水及从业人员的卫生要求是:国境口岸和交通工具上的食品、饮用水必须符合有关的卫生标准。

2) 国境口岸内的涉外宾馆,以及向入境、出境的交通工具提供饮食服务的部门,营业前必须向卫生检疫机关申请卫生许可证。

3) 国境口岸内涉外的宾馆和入境、出境交通工具上的食品、饮用水从业人员应当持有卫生检疫机关签发的健康证明书。

国境口岸有关单位和交通工具负责人应当遵守《国境卫生检疫法》和本细则及有关卫生法规的规定;接受卫生监督员的监督和检查,并为其工作提供方便;按照卫生监督员的建议,对国境口岸和交通工具的卫生状况及时采取改进措施。

## 二、卫生处理

卫生处理是指卫生检疫机关实施的隔离、留验和就地诊验等医学措施,以及消毒、除鼠、除虫等卫生措施。

1. 对交通工具的卫生处理

入境、出境的交通工具,有下列情形之一的,应当由卫生检疫机关实施消毒、除鼠、除虫或其他卫生处理:①来自检疫传染病疫区的。②被检疫传染病污染的。③发现有与人类健康有关的啮齿动物或者病媒昆虫,超过国家卫生标准的。

卫生检疫机关对已在到达本口岸前的其他口岸实施卫生处理的交通工具不再重复实施卫生处理。但是,如果在原实施卫生处理的口岸或者该交通工具上,发生流行病学上有重要意义的事件,需要进一步实施卫生处理的,或者在到达本口岸前的其他口岸实施的卫生处理没有实际效果的,仍需实施卫生处理。

如果外国交通工具的负责人拒绝接受卫生处理,除有特殊情况外,准许该交通工具在国境卫生检疫机关的监督下,立即离开中华人民共和国国境。

2. 对废旧物品的卫生处理

卫生检疫机关对入境、出境的废旧物品和曾行驶于境外港口的废旧交通工具,根据污染程度,分别实施消毒、除鼠、除虫,对污染严重的,实施销毁。

3. 对尸体、骸骨的卫生处理

入境、出境的尸体、骸骨托运人或者代理人应当申请卫生检疫,并出示死亡证明或者其他有关证件,对不符合卫生要求的,必须接受卫生检疫机关实施的卫生处理。对因患检疫传染病而死亡的病人尸体,必须就近火化,不准移运。

4. 对其他物品的卫生处理

对染疫人、染疫嫌疑人的行李、使用过的物品、占用过的部位等要实施除鼠、除虫、消毒;对污染或者有污染嫌疑的饮用水、食品以及人的排泄物、垃圾、废水、废物等实施消毒;对来自霍乱疫区的水产品、水果、蔬菜、饮料以及装有这些制品的邮包,必要时可以实施卫生处理。

# 第六节　国境口岸突发公共卫生事件出入境检验检疫应急处理

## 一、概念

国境口岸突发公共卫生事件,是指突然发生,造成或可能造成出、入境人员和国境口岸公众健康严重损害的重大传染病疫情、群体性不明原因疾病、重大食物中毒以及其他严重影响公众健康的事件,包括:①发生鼠疫、霍乱、黄热病、肺炭疽、传染性非典型肺炎病例的。②乙类、丙类传染病较大规模的暴发、流行或多人死亡的。③发生罕见的或者国家已宣布消除的传染病等疫情的。④传染病菌种、毒种丢失的。⑤发生临床表现相似的但致病原因不明且有蔓延趋势或可能有蔓延趋势的群体性疾病的。⑥中毒人数 10 人以上或者中毒死亡的。⑦国内外发生突发事件,可能危及国境口岸的。

为有效预防、及时缓解、控制和消除突发公共卫生事件的危害,保障出入境人员和国境口岸公众身体健康,维护国境口岸正常的社会秩序,2003 年 11 月 7 日,国家质量监督检验检疫总局依据《中华人民共和国国境卫生检疫法》及其实施细则和《突发公共卫生事件应急条例》,发布了《国境口岸突发公共卫生事件出入境检验检疫应急处理规定》对国境口岸突发公共卫生事件出入境检验检疫应急处理的组织管理、应急准备,报告与通报、应急处理和法律责任等做出了规定。

## 二、组织管理

国家质检总局统一协调、管理国境口岸突发事件出入境检验检疫应急指挥体系,并履行下列职责:①研究制定国境口岸突发事件出入境检验检疫应急处理方案。②指挥和协调检验检疫机构做好国境口岸突发事件出入境检验检疫应急处理工作,组织调动本系统的技术力量和相关资源。③检查督导检验检疫机构有关应急工作的落实情况,督察各项应急处理措施落实到位。④协调与国家相关行政主管部门的关系,建立必要的应急协调联系机制。⑤收集、整理、分析和上报有关情报信息和事态变化情况,为国家决策提供处置意见和建议;向各级检验检疫机构传达、部署上级机关有关各项命令。⑥鼓励、支持和统一协调开展国境口岸突发事件出入境检验检疫监测、预警、反应处理等相关技术的国际交流与合作。

## 三、应急准备

国家质检总局按照《突发公共卫生事件应急条例》的要求,制定全国国境口岸突发事件出入境检验检疫应急预案。各级检验检疫机构根据国境口岸突发事件出入境检验检疫应急预案的要求,保证应急处理人员、设施、设备、防治药品和器械等资源的配备、储备,提高应对突发事件的处理能力。

## 四、应急处理

突发事件发生后,发生地检验检疫机构经上一级机构批准,对突发事件:现场采取下列紧急控制措施:①对现场进行临时控制,限制人员出入;对疑为人畜共患的重要疾病疫情,禁止病人或者疑似病人与易感动物接触。②对现场有关人员进行医学观察,临时隔离留验。③对出入境交通工具、货物、集装箱、行李、邮包等采取限制措施,禁止移运。④封存可能导致突发事件发生或者蔓延的设备、材料、物品。⑤实施紧急卫生处理措施。

检验检疫机构应当组织专家对突发事件进行流行病学调查、现场监测、现场勘验,确定危害程度,初步判断突发事件的类型,提出启动国境口岸突发事件出入境检验检疫应急预案的建议。根据突发事件应急处理的需要,国境口岸突发事件出入境检验检疫应急处理指挥体系有权调集出入境检验检疫人员、储备物资、交通工具以及相关设施、设备;必要时,国家质检总局可以依照《国境卫生检疫法》第6条的规定,提请国务院下令封锁有关的国境或者采取其他紧急措施。

出入境交通工具上发现传染病病人、疑似传染病病人,其负责人应当以最快的方式向当地口岸检验检疫机构报告,检验检疫机构接到报告后,应当立即组织有关人员采取相应的卫生检疫处置措施。对出入境交通工具上的传染病病人密切接触者,应当依法予以留验和医学观察;或依照卫生检疫法律、行政法规的规定,采取控制措施。

# 第七节　法律责任

## 一、行政责任

国境卫生检疫法及其实施细则规定,对违反规定,有下列行为之一的单位或个人,国境卫生检疫机关可以根据情节轻重,给予警告或者罚款:

1)应当接受入境检疫的船舶,不悬挂检疫信号的。

2)入境、出境的交通工具,在入境检疫之前或者在出境检疫之后,擅自上下人员,装卸行李、货物、邮包等物品的。

3)拒绝接受检疫或者抵制卫生监督,拒不接受卫生处理的。

4)伪造或者涂改检疫单、证,不如实申报疫情的。

5)瞒报携带禁止进口的微生物、人体组织、生物制品、血液及其制品或者其他可能引起传染病传播的动物和物品的。

6)未经检疫的入境、出境交通工具擅自离开检疫地点,逃避检验的。

7)隐瞒疫情或者伪造情节的。

8)未经卫生检疫机关实施卫生处理,擅自排放压舱水,移下垃圾、污物等控制物品的。

9)未经卫生检疫机关实施卫生处理,擅自移运尸体、骸骨的。

10)废旧物品,废旧交通工具,未向卫生检疫机关申报,未经卫生检疫机关实施卫生处理和签发卫生检疫证书而擅自入境、出境或者使用、拆卸的。

11）未经卫生检疫机关检查，从交通工具上移下传染病病人，造成传染病传播危险的。

卫生检疫机关在收取罚款时，必须出具正式的罚款收据；罚款全部上交国库。

当事人对国境卫生检疫机关给予的罚款决定不服的，在接到通知之日起15日内，可以向当地人民法院起诉。逾期不起诉又不履行的，国境卫生检疫机关可向人民法院申请强制执行。

国境卫生检疫机关工作人员，未对入境、出境的交通工具和人员及时进行检疫，违法失职的，给予行政处分。

## 二、刑事责任

《刑法》第332条规定，违反国境卫生检疫规定，引起检疫传染病传播或者有引起检疫传染病传播严重危险的，处3年以下有期徒刑或拘役，并处或单处罚金。单位犯罪的，对单位判处罚金，并对其直接负责的主管人员和其他直接责任人员，依照上述规定处罚。

国境卫生检疫机关工作人员违法失职，情节严重构成犯罪的，依法追究刑事责任。

### 思考题

1. 简述国境卫生检疫、国境卫生检疫法的概念。
2. 简述国境卫生检疫的对象。
3. 简述对检疫传染病人的管理措施。
4. 简述传染病监测的内容和方法。
5. 简述卫生监督和卫生处理。
6. 简述国境口岸突发公共卫生事件的应急处理。
7. 简述违反国境卫生检疫法要承担怎样的法律责任。

（贵阳中医学院　陈　瑶　李　娜　南京中医药大学　朱晓卓）

# 第十七章  人口与计划生育法律制度

通过本章的学习,要求掌握现行的计划生育政策,熟悉计划生育措施与保障制度,了解人口发展规划的制定与实施,计划生育技术服务的内容和服务网络,以及违反生育政策生育子女公民应承担的法律责任。

## 第一节  概    述

自 20 世纪 70 年代初,我国政府充分认识到人口增长过快对经济和社会发展的不利影响,决定在全国城乡普遍推行计划生育,并将人口发展计划纳入国民经济社会发展规划之中,经过 30 年的努力,有效地控制了人口增长。1998 年以来,我国人口自然增长率已降到 1% 以下,但由于基数庞大,未来 15 年左右,年均人口自然增长仍在 1 000 万左右。有关研究表明,我国资源所能支撑的最大人口容量为 15~16 亿。在今后很长一段时间,必须有效地控制人口增长。实行计划生育、控制人口数量、提高人口素质是我国的一项基本国策。

2001 年 12 月 29 日第九届全国人民代表大会常务委员会第二十五次会议通过了《中华人民共和国人口与计划生育法》(2002 年 9 月 1 日施行),标志着我国人口与计划生育法制建设进入了一个新的阶段,为进一步做好人口与计划生育工作,为计划生育事业长期、稳定、健康发展提供了重要保证。

人口与计划生育法律制度具体以人口与计划生育法为主,配以与人口与计划生育有关的其他法律规范以及与人口与计划生育法配套的行政法规、规章。1999 年 9 月全国计划生育法制工作会议提出,到 2005 年基本形成具有中国特色的计划生育法律法规框架体系,初步建立以综合治理人口与计划生育为特征、以维护和实现公民合法权益为目标的法律制度和基层管理制度;到 2015 年形成较完备的计划生育法律法规体系,使相关的经济社会政策都有利于人口与计划生育事业,建立较完善的计划生育行政执法监督机制和社会监督机制。

### 一、人口与计划生育法立法宗旨

(1) 为了实现人口与经济、社会、资源、环境的协调发展:人口与经济、社会、资源、环境的协调发展是指在一定的区域内人口数量、人口素质、人口结构都与经济、社会发展相适应,与资源利用、环境保护相协调,以保证人口与经济、社会的协调发展,既满足当代人的基本需求,又不危害子孙后代满足其需求的能力。

（2）为了推行计划生育：计划生育是指为了社会、家庭和夫妻的利益，育龄夫妻有计划地在适当的年龄生育合理数量的子女，并养育健康的下一代，以增进家庭幸福，促进人口、经济、社会、资源、环境协调发展和可持续发展。

（3）为了维护公民的合法权益：维护公民实行计划生育的合法权益主要指：在计划生育工作中，公民除了应履行实行计划生育的义务外，还享有依法生育的权利，健康安全权及生殖健康权；实行计划生育男女平等的权利；获得计划生育、生殖健康信息教育的权利；获得优质的计划生育保健服务的权利，获得奖励、社会福利、社会保障、社会救助的权利；享有实行计划生育的其他合法权益受法律保护的权利；享有法律救济的权利等。

（4）为了促进家庭幸福、民族繁荣与社会进步：实行计划生育提倡晚婚晚育，实行有间隔地生育，有利于妇女身心健康和子女的健康成长，有利于促进家庭性生活和谐，提高家庭文明程度，改善人民生活质量。

实行计划生育有利于使中华民族摆脱贫困落后的状态，增强国家的综合国力，提高我国的国际影响和国际地位，实现中华民族的伟大复兴。

实行计划生育能促进人民群众根本转变生育观念，反映了社会文明进步的程度。

## 二、人口与计划生育工作的地位、主要任务、基本方针

（1）人口与计划生育的地位。实行计划生育是国家的一项基本国策。我国是世界上人口最多的发展中国家，用不足 7% 的耕地，养活了世界 21% 的人口。中国要发展，既面临经济、科技、文化的落后状况，又面临巨大的人口压力。人口多已成为我国社会主义现代化建设中的最大难题，只有在大力发展经济的同时，把过快增长的人口降下来，才能有效地解决此问题。因此，我国在 20世纪 70 年代末 80 年代初就将实行计划生育、控制人口数量、提高人口素质确立为国家的一项基本政策。1978 年 3 月全国人大五届一次会议通过的《中华人民共和国宪法》第 53 条首次明确规定"国家提倡和推行计划生育"。1982 年，党的十二大报告提出"在我国经济和社会发展中，人口问题始终是极为重要的问题。实行计划生育是我国的一项基本国策。"1982 年 12 月通过的《中华人民共和国宪法》第 25 条规定"国家推行计划生育，使人口的增长同经济和社会的发展计划相适应。"第 49 条规定"夫妻双方有实行计划生育的义务。"第 89 条规定国务院领导和管理全国计划生育工作，第 107 条规定县级以上地方各级人民政府管理本行政区域的计划生育行政工作。

（2）人口与计划生育工作的主要任务控制人口数量，提高人口素质。控制人口数量是指控制人口过快增长，以形成与经济社会发展相适应的人口规模和人口环境，提高人口素质是指运用科学手段，努力减少出生缺陷的发生，提高出生人口素质，通过发展教育、科技、文化、卫生、体育等事业，提高国民的身体素质，科学文化素质和思想道德素质。

国家通过采取综合措施，实现人口与计划生育主要任务。所谓国家采取综合措施，主要是指国家坚持对人口与发展综合决策，明确各级党委、政府及相关部门做好人口与计划生育工作的职责，国家机关、社会团体、企事业单位、村（居）民委员会以及社会各方面协助做好人口与计划生育工作的职责；通过制定与经济社会发展相适应的人口发展规划，宏观调控人口发展规模，建立健全人口与计划生育法制体系，制定和完善有利于计划生育的各项社会经济政策，提供必要的保障措施；把人口与计划生育同经济发展、社会进步、提高妇女地位、加强精神文明建设等项工作有机地

结合起来,综合治理人口问题。

(3)我国通过坚持计划生育工作的基本方针和政策措施,确保人口与计划生育工作开展。我国开展计划生育的基本方针是坚持以宣传教育为主,避孕为主,经常性工作为主。通过开展全民性的人口与计划生育基础知识教育和计划生育生殖健康科普知识教育,有针对性地提供有效的教育、信息咨询服务,开展"婚育新风进万家"活动,提高广大群众实行计划生育的自觉性;依靠科技进步,及时向群众提供安全、有效、适宜的避孕节育措施和优质的计划生育、生殖保健服务,不断满足人民群众在计划生育、生殖保健领域日益增长的需求,为了帮助解决群众实行计划生育存在的实际困难,国家建立和完善计划生育利益导向机制,对实行计划生育的家庭给予必要的奖励,制定优惠政策,推动有关部门制定有利于计划生育的相关社会经济政策,通过多种途径,建立有利于计划生育的社会保障制度。

### 三、坚持计划生育与提高妇女地位相结合

妇女在繁衍后代、养育子女以及家庭和社会生活中扮演着重要的角色,承担着重要责任。但是,由于传统生育观念在我国根深蒂固,在计划生育工作中,特别是在农村广大地区,至今还不同程度存在重男轻女、传宗接代、多子多福、早婚早育等陈腐观念和男女不平等的现象。还有不少人片面认为实行计划生育只是妇女的事,采取避孕节育措施应由妇女承担。能否在计划生育工作中充分体现和保护妇女的合法权益,直接关系到妇女政治、经济、社会及家庭地位的提高和计划生育基本国策的落实。计划生育工作与提高妇女地位之间有密切的联系,两者相辅相承,相互促进,因此,国家把实行计划生育与促进男女平等,保护妇女合法权益,提高妇女地位有机结合,确立了开展计划生育的重要原则和发展方向。有关国际公约、国际文件也强调,促进男女平等、公平和妇女权利以及消除一切形式对妇女的暴力,并确保妇女有能力控制自己的生育是有关人口与发展方案的基石,充分说明计划生育与提高妇女地位相结合已形成广泛的国际共识。

我国在开展人口与计划生育工作中,坚持把实行计划生育与妇女发展,提高妇女地位紧密结合起来。帮助实行计划生育的妇女发展经济、率先致富,帮助和扶持弱势妇女群体,减缓和消除贫困,提高实行计划生育的妇女和家庭的经济地位;努力增加妇女接受教育和就业机会,动员和组织广大妇女积极参与人口与计划生育方案的制定与实施,不断提高妇女计划生育主人地位,提高妇女婚姻和生育的自主权,维护妇女在婚姻家庭和实行计划生育方面的合法权益;深入开展"婚育新风进万家"活动,宣传树立科学、文明、进步的婚育观念,宣传男女平等、晚婚晚育、少生优生、生儿生女都一样,女儿也是传后人,计划生育丈夫有责的思想;关注和增进妇女、儿童健康,提供计划生育、生殖保健优质服务,保障其享有生命健康权;反对虐待,反对歧视女孩和歧视生育女孩的母亲,严厉打击贩卖、残害妇女以及利用超声技术和其他技术手段进行非医学需要的胎儿性别鉴定或者选择性别的人工终止妊娠等违法犯罪行为,在实践中积累了成功的经验。

### 四、关于公民、法人和其他社会组织在人口与计划生育工作中承担义务

《中华人民共和国宪法》规定,实行计划生育是我国的一项基本国策。一切中华人民共和国境内的公民、法人和其他社会组织都必须遵守计划生育的有关规定,依法做好人口与计划生育工作。人口与计划生育工作既是一项行政工作,又是一项群众工作。只有坚持行政管理与群众工作相结合,通过发挥各社会团体的作用,建立和发展计划生育群众团体,组织引导群众积极参与人口与计

划生育工作,利用群众的力量,实行群众自我教育、自我管理、自我服务、自我监督。因此,在人口与计划生育工作中充分发挥各社会团体,非政府组织以及民间社会的作用特别重要。在我国协助政府做好人口与计划生育工作的社会团体主要包括工会、共产主义青年团和妇女联合会、中国计划生育协会、中国人口学会、中国人口福利基金会、中国人口文化促进会,中国优生优育协会等社会团体以及其他群众组织。

工会、共产主义青年团,妇女联合会应结合各自特点开展有利于人口与计划生育工作的活动,积极参与和支持人口与计划生育工作,广泛宣传人口形势和人口与计划生育的政策、法律、法规,把动员广大工人、青年、妇女参与改革开放和经济建设与实行计划生育紧密结合起来,教育和引导他们自觉实行计划生育。

中国计划生育协会是由热心人口与计划生育事业的知名人士和积极分子所组成的全国性社会团体。计划生育协会的主要任务是:协助政府做好人口与计划生育工作;发动会员在计划生育工作中起带头作用;向群众宣传人口科学理论,宣传人口与计划生育方针政策,法律、法规,传播计划生育和生殖健康等科学技术知识;协调社会力量,向群众提供生产、生活生育服务;发展人口福利事业,帮助群众解决实行计划生育的实际困难和后顾之忧;履行民主参与和民主监督职能,反映群众的意愿与要求,对政府及其工作人员依法行政进行监督,维护群众的合法权益。

各类所有制形式的企业和事业组织应按照人口与计划生育法的规定,落实法定代表人计划生育工作责任制,承担管理计划生育的责任,落实计划生育的工作要求以及计划生育的奖励优惠政策,做好各类下岗人员的计划生育宣传教育,向他们提出计划生育要求,加强与下岗人员所居住的街道社区居委会的联系,协助政府做好人口与计划生育工作。

## 五、国家的现行生育政策

本法第十八条规定“国家稳定现行生育政策,鼓励公民晚婚晚育,提倡一对夫妻生育一个子女,符合法律、法规规定条件的,可以要求安排生育第二个子女。具体办法由省、自治区,直辖市人民代表大会或者其常务委员会规定。

少数民族也要实行计划生育,具体办法由省、自治区、直辖市人民代表大会或者其常务委员会规定。

### 1. 我国的生育政策经历的过程

20 世纪 70 年代初提出夫妇生育孩子要实行“晚、稀、少”的计划生育政策,当时的宣传口号是:“一个不少,两个正好,三个多了”;1979 年,开始提倡一对夫妇生育一个孩子;1980 年,中央发出了《关于控制我国人口增长问题致全体共产党员、共青团员的公开信》,号召共产党员、共青团员和广大群众自觉实行计划生育,提倡一对夫妇生育一个孩子。1982 年中共中央、国务院《关于进一步做好计划生育的指示》(中发[1982]11 号)。1991 年中共中央、国务院《关于加强计划生育工作严格控制人口增长的决定》(中发[1991]9 号)以及 2000 年 3 月 2 日《决定》都对全国的基本生育政策作了原则规定。授权各省、市、自治区根据党中央、国务院的总体要求,结合各地实际情况,相继制定了地方计划生育条例。

### 2. 正确理解现行计划生育政策的内容

1)所谓鼓励晚婚晚育:就是引导、号召广大青年在法定婚龄(男 22 周岁,女 20 周岁)的基础上,推迟 3 年以上结婚,并且适当地推迟婚后初育的年龄。

2）"提倡一对夫妻生育一个子女"。对家庭、子女、社会都有好处。提倡一对夫妇生育一个子女是根据我国国情决定的。

3）关于符合法律、法规规定条件的可以要求安排生育第二个子女。其中具体办法本法做出了授权性规定，即其具体办法由省、自治区、直辖市人民代表大会或者常务委员会规定。

3. 如何理解稳定现行生育政策

本法肯定了现行生育政策，对生育政策既没有收紧，也没有放宽，同时强调了国家现行基本生育政策要长期"稳定"，其主要原因是：

1）生育政策的制定和完善必须充分考虑群众的实际困难和承受能力，使广大群众能够接受和执行，使各级干部做好工作。

2）1998年以来，我国人口自然增长率已降到1%以下，达到世界发达国家水平。但是这种低生育水平还不稳定，各地计划生育的发展也不平衡加之中国人口基数大，人口增长的惯性作用，即使妇女的生育水平已降到更替水平以下，中国人口的总量还会在相当长的时间内继续增长。

# 第二节　人口发展规划的制度与实施

## 一、人口发展规划的制定

人口与计划生育法第二章第九条，规定"国务院编制人口发展规划，并将其纳入国民经济和社会发展计划"，"县级以上地方各级人民政府根据全国人口发展规划以及上级人民政府人口发展规划，结合当地实际情况编制本行政区域的人口发展规划，并将其纳入国民经济和社会发展计划。"这就为人口计划管理及相应制度的设定提供了法律依据。

人口发展规划就是指宏观上的人口计划，是在对现有人口进行调查研究和预测的基础上，根据国家人口发展的方针、政策，结合经济发展的需要而制定的不同时期人口发展规模、速度及人口再生产各方面的具体要求。

人口发展规划要求：

（1）县级以上地方各级人民政府在编制本行政区域的人口发展规划及人口计划管理上要遵循以下基本原则：

1）人口发展规划要与国家经济社会发展总体规划和要求相一致，为国家整体发展战略目标服务。

2）人口发展规划要体现控制人口数量，提高人口素质，改善人口结构的根本要求。人口计划既要保证符合生育政策的生育，维护群众的合法生育权，又要逐步提高妇女生育的政策符合率，也就是计划生育率。既要同法律、法规的规定相一致，有利于现行生育政策的稳定和贯彻落实，又要根据生育政策的不同，统筹考虑有利于各地地方法规的落实。

3）制定人口发展规划要体现实事求是，分类指导的原则，要充分考虑各地的城乡构成，民族构成、经济社会发展水平和计划生育工作基础的差异，使人口计划既是积极的又是经过最大努力能够实现的。

4）国家、地区、基层的人口计划之间，长期、中期、年度计划之间要协调一致。

（2）人口发展规划的分类。人口发展规划按照计划的期限长短不同,分为长期计划、中期计划和年度计划,按计划范围不同可分为基层计划、地区计划、国家计划。

长期人口计划是战略性计划,期限一般为20年及以上,中期人口计划是阶段性计划,期限一般是5年,年度人口计划是战术性计划,是更具体的行动计划,年度计划采取两年滚动的形式,即下达当年计划的同时,提出下一年的框架计划。年度计划和5年计划是我国人口计划的主要形式。国家人口计划是以全国人口作为一个整体,以各省自治区、直辖市为单位,充分考虑各地的具体情况而制定的,地区人口计划是指省、地、县三级人口计划,它是根据国家下达的人口计划和本地实际情况制定的,地区人口计划是国家人口计划的基础,起保证作用。

（3）人口计划的内容。我国现阶段人口计划的内容,即指标体系由三类指标构成:第一类是人口控制指标,反映人口规模,人口发展速度,主要有计划期末总人口、计划期内出生率、自然增长率;第二类是为达到控制指标而设置的工作指标:主要有计划生育率、避孕节育率、独生子女领证率等;第三类是为完成人口计划而设置的保证指标或事业发展指标,主要有人均计划生育专职工作人员数,人均计划生育事业经费等。

（4）人口计划编制下达。人口计划由各级发展计划和计划生育部门共同编制,编制人口计划草案一般按下列步骤进行。一是了解和收集有关情况和数据进行摸底调查。二是根据摸底数据进行人口预测。三是拟定计划指标。四是制定保证人口计划指标得以实现的工作指标和相应的措施。

人口计划编制完成以后,要经过相应的权力机关审批,通过一定的组织程序下达。国家一般在年初下达年度人口计划,省、地、县基层在接到上级下达的人口计划后,结合本地实际情况,对上报的指标进行对照、核实、调整和修改,并按程序逐级审批下达。人口计划下达后各级通过目标责任制的形式逐级签定目标责任书,严格目标管理。上一级对人口计划落实情况定期或不定期的进行督促检查,通过对检查结果的分析研究,提出改进和加强工作措施。

## 二、人口发展规划的实施

人口与计划生育法第十条,规定"县级以上各级人民政府根据人口发展规划制定人口与计划生育实施方案并组织实施。""县级以上各级人民政府计划生育行政部门负责实施人口与计划生育实施方案的日常工作。""乡、民族乡、镇的人民政府和城市街道办事处负责本管辖区域内的人口与计划生育工作,贯彻落实人口与计划生育方案。"本条主要是关于制定、实施人口与计划生育实施方案的规定,明确了计划生育行政部门在实施人口与计划生育实施方案中的职责。

人口与计划生育实施方案,是保证人口与计划生育法律法规和人口发展规划在本行政区域内得到全面贯彻实施而制定的工作计划、目标、任务、措施要求和方法的总称。制定人口与计划生育实施方案,就是为了保证人口与计划生育法律法规和人口发展规划得到全面准确地贯彻执行。人口与计划生育法律法规对计划生育综合治理、生育政策、相关组织的责任等方面做出了原则规定;人口发展规划则对中期、长期、年度人口规划制定了原则目标,这就需要有一个具体详细的、切实可行的实施方案,从而保证法律法规的贯彻实施和人口发展规划目标的实现。因此,制定人口与计划生育实施方案是落实人口与计划生育法律法规和人口发展计划的必要条件。

人口与计划生育实施方案一般包括以下几方面的内容:①指导思想,为什么要制定实施方案。②实施人口与计划生育方案的主体机关。③一定时期内工作任务和奋斗目标,特别是政府如何加强领导、相关组织的具体任务,人口与计划生育工作的总体目标。④人口发展规划的具体落实办法。⑤落实人口与计划生育方案的具体保障措施。⑥人口与计划生育方案具体运作形式。⑦落实人口与计划生育方案的工作质量标准考核等。

落实"人口与计划生育实施方案"应注意:落实人口与计划生育方案必须推行目标管理责任制;地方各级人民政府是人口与计划生育实施方案的责任主体,县级以上各级计划生育行政部门是人口与计划生育实施方案的具体承担者;乡、民族乡、镇的人民政府和城市街道办事处负责本管辖区内的人口与计划生育工作,是人口与计划生育实施方案的具体落实者。

### 三、村(居)民委员会依法做好计划生育工作

人口与计划生育法第二章第十二条规定"村民委员会,居民委员会应当依法做好计划生育工作",这就以法的形式明确了村民委员会做好计划生育工作的义务和职责。

村民委员会是村民自我管理,自我教育、自我服务、自我监督的基层群众性组织。村民委员会实行民主选举,民主决策、民主管理、民主监督。《中华人民共和国宪法》规定"国家推行计划生育"(第二十五条)。任何公民享有宪法和法律规定的义务(第二十二条)。《中华人民共和国村民委员会组织法》相应规定了村民委员会协助人民政府做好计划生育工作和把国家计划生育政策落实方案列入村务公开的内容,而人口与计划生育法更加明确规定"村民委员会、居民委员会,依法做好计划生育工作"。村民委员会不履行计划生育工作的义务和职责即违法。

村民委员会作为群众性自治组织,在人口与计划生育工作中承担着协助人民政府落实人口与计划生育实施方案的职责:①进行计划生育宣传教育,向全体村民宣传人口与计划生育的法律、法规、政策,普及人口与计划生育科学知识。②及时向乡(镇)人民政府计划生育部门通报本村的计划生育情况,提供基础统计数据和信息。③督促落实计划生育奖励优惠政策,维护实行计划生育公民合法权益,用利益导向,引导村民自觉实行计划生育。④寓管理于服务之中,积极为村民提供避孕节育、优生优育、生殖保健知识、咨询、指导、服务。⑤实施计划生育合同管理。为维护广大育龄群众的合法权益,保证育龄群众依法履行计划生育义务,必须通过逐级签定合同的方式来保证实现,即乡级人民政府与村民委员会签定合同、村民委员会与育龄群众签定合同。村民的权利是乡、村两级应尽的义务、村民的义务则是乡、村两级的权利。合同双方,都负有违约责任,即违约金及相应的责任。⑥推行村民自治。依据法律法规,经村民讨论同意,自制章程、村规民约等,以此形式规范约束自己的生育行为,实现自我教育、自我管理、自我服务、自我监督。⑦对政府和计划生育行政部门开展计划生育实施监督。

村民委员会依法做好计划生育工作任务与要求:

1) 建立计划生育工作机构,村设计划生育办公室,配备少而精计划生育专职人员并及时落实待遇。

2) 参加"人口与计划生育实施方案",完成村级计划生育工作任务,如广泛开展计划生育宣传教育工作,落实人口计划和统计报表制度,按现行的生育政策确保群众依法生育,积极维护群众合法生育权,做好以生殖健康服务为主的各种技术服务工作,对农村实行计划生育的家庭和实行计划生育贫困家庭给予优先优惠待遇等。

# 第三节　计　划　生　育

## 一、公民的生育权

关于生育权利和义务的规定,是人口与计划生育法的核心。

在我国,生育权第一次由法律确认是1992年通过的《妇女权益保障法》。《妇女权益保障法》第47条规定,妇女有按照国家有关规定生育子女的权利,也有不生育的自由。人口与计划生育法对公民生育方面的义务设定,源于宪法第49条:"夫妻双方有实行计划生育的义务。"

1. 公民生育权的含义

应从四方面去是理解:①公民有生育的权利,也有不生育的自由。②人人享有法律上的平等生育权利。③公民有实行计划生育的权利,即依法负责任地决定生育子女数量和选择生育时间,并获得这样做的信息和方法的权利,所谓负责的决定生育,既对子女未来生存和受教育负责,又对社会和他人负责。④公民有依法收养的权利等。

2. 公民生育权具体包含的内容

1) 生殖健康保健权利。包括获得科学知识和信息的权利,获得避孕节育、生殖保健技术服务、咨询、指导的权利。也包含了患不孕(育)症的育龄夫妻有获得咨询、指导与治疗的权利。

2) 男女平等权利。女性与男性在实行计划生育方面地位平等,双方都有要求实行计划生育的权利;女性与男性有同等参与权、决定权,而不仅仅是处于受支配地位。

3) 知情选择权利。在本法中是指避孕节育方法的知情选择权,国家推行避孕节育措施知情选择,采取有计划有条件的逐步实施的知情选择。即国家通过提供充分有效的计划生育和避孕方法的信息,介绍各种避孕方法的效果,优缺点和适应对象,使需要采取避孕措施的育龄群众在充分了解情况的基础上(包括避孕方法情况、本地提供服务的情况、育龄群众自身情况等),自主、自愿而负责任地做出决定,选择安全、有效、适宜的避孕措施。所谓负责任,既对自己的身体负责,又对国家的法律、法规负责。

4) 健康及安全保障权利。这里是指根据《中华人民共和国母婴保健法》、《中华人民共和国劳动法》等法律、法规规定,对于实行计划生育的公民及妇女怀孕生育期间应享有健康安全保障及劳动保护等权利。包括:向育龄群众提供的避孕药品、工具应当安全、可靠;向育龄群众提供的节育技术服务,应当保障受术者的安全、健康;国家采取积极措施,向育龄群众提供有效的计划生育和生殖保健服务,努力避免非意愿妊娠,减少人工流产;采取各种措施,防止性病,艾滋病传播,并使患者得到治疗;努力降低孕产妇和新生儿病死率;妇女怀孕生育期间、享有特殊的健康安全保障及劳动保护权等。

## 二、计划生育的义务

公民在实行计划生育中应履行的义务:

1) 公民有实行计划生育的义务。

2) 夫妻双方在实行计划生育中负有共同的责任。

3）公民按照法律规定的条件依法规范生育行为的义务。

4）公民有落实避孕节育措施,接受计划生育技术服务的义务。

5）公民有协助政府开展人口与计划生育的义务。

6）违反法律、法规规定条件生育子女的公民,有依法缴纳社会抚养费的义务。

7）法律、法规规定的其他义务。

关于"夫妻双方在实行计划生育中负有共同的责任"。其主要包含四层含义:

1）夫妻双方地位平等,双方都有要求实行计划生育的权利,也有实行计划生育的义务。

2）夫妻有同等的参与权、决定权,尤其要强调的是妻子不仅仅是处于支配地位。

3）夫妻要共同支持,平等协调,自觉执行计划生育法律、法规。

4）生育控制的责任不仅在女性,男性不仅应积极支持女性采取避孕措施,自身也应当积极地承担起采取避孕节育措施的责任。

## 三、实行计划生育的技术调节手段

### 1. 生育调节应以避孕为主要技术手段

以避孕为主,是计划生育工作的基本方针,也是"三为主"的主要内容之一。坚持避孕为主,以公民个人来说,就是在有生育能力的年龄期间,自觉落实避孕措施,以避免非意愿妊娠。所谓非意愿妊娠是指非个人计划和不符合法律、法规规定的生育条件的妊娠。非意愿妊娠干部有责任,群众有义务终止妊娠,从计生部门来说,要搞好孕前管理与服务,以利于保障妇女的身心健康,提高计划生育水平。

### 2. 关于国家创造条件保障公民知情选择安全、有效、适宜的避孕节育措施和实施节育手术者安全问题

这里指出了国家、计划生育技术服务人员、公民的责任和村计划生育技术服务机构、人员的要求。

1）国家的责任:为了保证向公民提供的计划生育技术服务和药具的安全性、有效性,国家应对各种计划生育技术服务和药具制定质量技术标准。

2）计划生育技术服务人员的责任:为了保证指导公民选择适宜的避孕节育措施,技术服务人员必须向育龄群众介绍常用的避孕节育方法的作用机制、适应证、禁忌证、优缺点、使用方法、注意事项、可能出现的副作用及处理方法等。

3）公民责任:必须知情选择避孕节育方法。

所谓知情,就是知避孕节育方法情,知本地提供服务情,知自身身体健康之情。

"要保证受术者的安全",计划生育技术服务机构及其人员必须按照《计划生育技术服务管理条例》的规定抓好落实。

对农村实行计划生育的育龄夫妻免费享受国家规定的基本项目的计划生育技术服务应从三个方面理解:什么样的人可以享受、免费享受计划生育技术服务的范围和经费的解决渠道。

为了维护妇女和儿童的合法权益,实现男女平等促进人口与计划生育健康稳定地发展。本法对其他相关法律已做出明确规定:"保护妇女、儿童合法权益"的内容,再次做出规定予以强调,禁止歧视、虐待生育女婴妇女和不育的妇女,禁止歧视、虐待、遗弃女婴。从而进一步证明保护妇女和儿童合法权益对于人口与计划生育工作尤为重要。

## 四、对实行计划生育的公民给予奖励和社会保障

国家通过制定对实行计划生育的家庭和群众给予奖励的政策措施,建立和完善相关社会保障制度,鼓励和引导群众自觉实行计划生育,促进计划生育工作。奖励和社会保障是本法的重要内容之一。

国家对实行计划生育的夫妻,按照规定给予奖励。这是关于计划生育奖励的原则性规定。

"奖励"是指国家和地方各级人民政府根据经济发展的状况以及群众的实际需要,通过制定相关的社会经济政策或直接制定有关的政策措施,对实行计划生育的夫妻给予照顾和优先优惠,保障实行计划生育的夫妻基本项目的避孕节育服务的需要,并给予适当的经济补偿和精神鼓励。

"按照规定"是指按照国家计划生育的有关规定、各地的计划生育条例或办法、规章以及各部门、企事业单位和其他组织的有关规定。

奖励政策的制定和落实受社会经济发展水平的制约。目前,我国计划生育奖励的规定大多过于原则,奖励的标准普遍偏低,责任主体不够明确,落实起来尚有很大难度,亟待进一步改进和完善。

国家建立、健全基本养老保险,基本医疗保险,生育保险和社会福利等社会保障制度,促进计划生育。国家鼓励保险公司举办有利于计划生育的保险项目。有条件的地方可以根据政府引导、农民自愿的原则,在农村实行多种形式的养老保障办法。养老和医疗关系群众的切身利益,是群众最关心的问题,中国沿袭几千年的传统养老模式是"家庭养老",因此"养儿防老"是群众生育子女的主要目的之一。随着计划生育工作的有效开展,人口老龄化的进程加快,目前全国65岁以上老人已接近7%,预测到2010年超过8%,2040年超过20%。导致了对老年抚养系数急剧上升。计划生育与养老需求的矛盾日渐突出,少生孩子降低了家庭养老的能力,因此国家规定建立社会保障制度。

社会保障制度是以国家或政府为主体,依据法律规定,通过国民收入再分配,对公民在暂时或永久失去劳动能力以及由于各种原因生活发生困难,如遇到疾病、伤残、年老、失业、生育等时,给予物质帮助,保障其基本生活的制度。一般包括社会保险、社会救济和社会福利三个方面。

基本养老保险是指政府通过法律形式的制度安排,使劳动者在其年老按照规定退出劳动队伍后得到基本生活的保障。

基本医疗保险是指根据财政、企业和个人的承受能力,通过强制性和社会保险原则和方法筹集医疗基金,建立保障职工基本医疗需求的社会医疗保险制度。

生育保险一般是指国家或社会对生育的职工给予必要的经济补偿和医疗保健的社会保险制度。

社会福利是社会保障体系的最高层次,通过免费或是减费提供某种生活用品、服务或现金补贴,保障个人和整个社会和生存需要,改善人们的生活,保证个人和社会有发展的可能。

由于受社会经济发展水平的制约,我国目前的社会保障制度还很不完善,特别是基本养老保险和基本医疗保险等重要的保险项目还未覆盖到农村群众以及城镇的无业人员、个体劳动者以及民营企业职工。发展社会保险事业任重而道远。

在我国社会保障体系尚不完善的情况下,保险公司开展的保险活动,提供的保险产品是对社会保障的重要补充。

对农村实行计划生育的家庭给予优先优惠待遇,是把利益导向机制引入计划生育工作,运用补偿、奖励、优惠、优先、扶持等经济手段,在政策、项目、资金、技术等方面向实行计划生育的农户倾斜,着力解决农民群众在生产、生活、生育的方面的困难,帮助他们尽快脱贫致富,提高生产、生活水平,引导他们自觉实行计划生育的重要举措,也是计划生育利益导向机制和社会保障措施的一个重要组成部分。

"奖励与社会保障"必须结合当地实际、必须有条件的开展。在当前经济发展水平尚未达到全面落实奖励与开展社会保障的条件下,需要各级政府努力发展经济,有关奖励和社会保障制度也要努力有计划、有步骤的逐步开展和落实,随着经济的发展,不断提高奖励与社会保障水平。

# 第四节　计划生育技术服务

计划生育基本国策包括两方面的内容:一是控制人口数量;二是提高人口素质。人口素质包括人的身体素质(健康水平)、文化素质、道德素质、劳动技能素质等方面。通过计划生育技术服务所要解决的首要问题就是提高出生婴儿的健康水平,即提高出生人口素质。人口与计划生育法规定了各级人民政府及计划生育技术服务机构(包括从事计划生育技术服务的医疗保健机构)在加强孕产期保健,提高出生人口素质,保障公民获得优质的计划生育技术服务和生殖保健服务,提高生殖健康水平方面的职责。

婚前保健与孕产期保健在我国已被作为一项制度予以推行。具体内容在《中华人民共和国母婴保健法》及《母婴保健法实施办法》中做了规定。

## 一、保障公民享有计划生育技术服务权利

各级人民政府应当采取措施,保障公民享有计划生育技术服务,提高公民的生殖健康水平。计划生育技术服务,是指通过手术、药物、工具、仪器、信息和其他手段,有目的地调节人的生育行为,并围绕生育、节育、不育开展相关的生殖保健服务。包括:为满足人民群众在避孕节育及其他生殖保健方面的需求,向群众提供的宣传教育以及与生育、节育、不育相关的咨询、医学检查、诊断、治疗、手术、随访和出具有关医学证明等活动。计划生育技术服务的对象主要是健康的育龄人群。计划生育技术服务不仅包括技术方面的服务,也包括心理方面的服务;不仅包括临床工作,还包括群众工作。要达到的目的是,一方面围绕生育、节育和不育为育龄人群提供安全、有效、适宜的避孕节育药具和临床技术服务;另一方面提供咨询指导,术前宣传教育和术后随访等服务。通过面向群众,深入基层的生殖健康宣传服务,帮助每一个公民安全、健康地度过育龄期,不断提高公民的生殖健康水平。

生殖健康,是指与生殖系统及其功能和过程所涉及的一切事宜上,身体、精神和社会等方面的健康状态,而不仅仅指没有疾病和不适。包括安全、满意、负责任的性生活,生育调节,母婴保健,优生优育,防治性病、艾滋病等多方面的内容。

生殖健康同计划生育关系密切。实行和推广计划生育优质服务,开展避孕方法的知情选择,提高男性参与计划生育的责任感和积极性,减少人工流产,加强生殖健康宣传教育等,都是从生殖健康的概念出发,改进计划生育工作的重要方面。

为保障公民享有计划生育技术服务,提高公民的健康水平,各级政府应采取以下几项措施:

1）坚持宣传教育为主,避孕为主,经常性工作为主,防止和减少非意愿妊娠造成的人工终止妊娠。

2）依靠科技进步,继续研究开发计划生育避孕节育的技术和方法,在提高现有避孕药具质量的同时,抓紧研制新的更为安全、高效、简便、经济的避孕药具,以形成一个种类比较齐全,方法多样,可供群众选择的避孕节育技术系列,满足育龄群众多方面,多层次的需求。

3）向实行计划生育的育龄夫妻免费提供国家规定的基本项目的计划生育技术服务。所需经费按照国家有关规定列入财政预算或者由社会保险予以保障。

免费提供的技术服务项目包括:孕情环情监测;放置(取出)宫内节育器、人工流产、引产术、输卵(精)管结扎术及这六项手术常规所规定的医学检查;计划生育手术并发症及药具不良反应诊断治疗。

4）进一步建立健全由计划生育技术服务机构和从事计划生育技术服务的医疗保健机构组成的计划生育技术服务网络。各级政府要加强对计划生育技术服务工作的领导,将计划生育技术服务工作纳入本级国民经济社会发展和区域卫生规划,并负责本行政区域计划生育技术服务网络的规划、建设和管理工作。要从人口与健康两大目标出发,将落实计划生育基本国策和促进人民群众生殖健康统一起来。

5）开展以技术服务为重点的优质服务。各级政府要加强对县、乡、村计划生育技术服务网络的管理,规范技术标准,严格职业道德规范和管理制度,改善服务条件,增加服务内容,把技术服务拓展到避孕节育全程服务、优生优育服务、生殖保健服务,严格遵守服务程序,为广大群众提供优质的计划生育技术服务和生殖保健服务。

## 二、计划生育技术服务网络的构成

地方各级人民政府应当合理配置、综合利用卫生资源,建立健全由计划生育技术服务机构和从事计划生育技术服务的医疗保健机构组成的计划生育技术服务网络,改善技术服务设施和条件,提高技术服务水平。

1）明确了计划生育技术服务网络由专门的计划生育技术服务机构和从事计划生育技术服务的医疗保健机构组成。

1980年以前,计划生育技术服务工作是由卫生部门管理,医疗保健部门承担的。1980年以后,由于人口形势的严峻和实现计划生育工作目标的迫切需要,计划生育服务机构应运而生,目前,80%以上的地市,90%以上的县(市、区),88%以上乡镇,建有独立的计划生育技术服务机构,技术服务人员达40多万人,为完成国家和地方的人口计划发挥了不可替代的重要作用。

为了将现有的资源合理充分利用,本国家建立由计划生育技术服务机构和从事计划生育技术的医疗保健机构组成的计划生育技术服务网络,这对促进计划生育技术服务工作是十分有利的。计划生育服务网络的建设,应当遵循布局合理,规模适当,广为覆盖和方便服务群众的原则,以保证人口与计划生育工作的需要,满足人民群众生育调节和生殖保健的需求。我县已形成了县、乡、村计划生育技术服务网络,覆盖了全县育龄人群,我们要在批准的范围内开展计划生育技术服务工作,围绕生育、节育、不育为育龄群众提供优质避孕节育全程服务和生殖保健服务。

2）在建立计划生育技术服务网络的时候,地方各级人民政府应当合理配置、综合利用卫生资源。

计划生育技术服务机构的主要任务是为落实计划生育基本国策服务,其服务内容不仅包括避孕节育技术等临床医学服务,更强调进村入户、咨询、随访,同时还承担了宣传教育、药具发放等任务。也就是说,计划生育技术服务机构提供的临床技术服务,具有医疗保健性质,是卫生资源的一部分。但是计划生育技术服务的宗旨、对象、内容与一般意义的医疗保健工作有明显的不同。计划生育技术服务的对象是健康和亚健康人群,服务方式以"面向基层、深入乡村、方便群众、服务上门"和避孕节育全程服务为特点;医疗保健机构以防病治病为主要目的。两者有交叉,可以很好地结合,但不能互相替代。

3)完善技术服务设施和条件,提高服务水平。

完善技术服务设施和条件,是做好计划生育技术服务工作的前提。本条要求要加强技术服务设施的建设、管理和使用。2000年以来,地方加大了技术服务设施建设力度,改善了服务条件,可以说,县、乡计划生育技术服务站的设施和条件已经达到了开展优质服务的要求,但在管理和使用上需要进一步加强,关键需要培养一名责任心强、懂业务、会管理的管理人员,使现有功能得到充分发挥。提高服务水平,就是对计划生育技术服务人员的要求。计划生育技术人员必须具备医学中专以上学历;必须取得技术职称和执业资格;必须取得《计划生育技术服务人员合格证》;必须熟悉专业基础理论知识和实际操作技能,了解计划生育政策,掌握计划生育技术服务标准和规范,具有强烈的事业心、责任感和良好的职业道德;必须遵守与执业有关法律法规、技术常规、职业道德规范和管理制度;必须遵守"持证上岗,按证施术"制度。

## 三、计划生育技术服务机构

从事计划生育技术服务,要严格按照执业许可证确定的范围开展服务,如果需要扩大服务项目,应根据国家有关法律法规,按照有关程序重新报批。

计划生育技术服务机构应当针对育龄人群开展以下服务:

1)开展人口与计划生育基础知识宣传教育。宣传教育的内容包括:马克思主义人口理论,基本国情和基本国策,可持续发展战略,科学、文明、进步的婚育观念,计划生育政策法规,婚育科普知识等。

2)承担计划生育、生殖保健的咨询指导。内容包括:①生殖健康科普宣传、教育、咨询。计划生育的目的是为了控制人口数量,提高人口素质,改善人口结构,促进社会发展。人口素质包括人的身体素质即健康水平。生殖健康是人群健康状况的一个重要方面,提高群众的生殖健康水平是计划生育的重要目标之一。生殖健康科普宣传、教育、咨询的具体内容应涉及安全、满意、负责任地性生活,生育调节,母婴保健,优生优育等方面的知识。②提供避孕药具及相关的指导、咨询、随访。避孕药具是育龄人群为避免怀孕采用的药物和器具,是较常采用的一类避孕方法。我国广泛应用的主要避孕药具种类有:宫内节育器,皮下埋植剂,口服及注射用药、外用药、避孕套等。计划生育工作提倡"以避孕为主",不仅要普及避孕,提高避孕率,还要重视避孕效果,提高避孕成功率,既做到有计划的生育,又保障妇女的健康。对已经施行避孕节育手术和输卵(精)管复通手术的,提供相关的咨询、随访。

3)承担计划生育技术服务工作。指与计划生育技术服务相关的临床医疗服务。包括:避孕节育的医学检查。避孕即避免受孕,节育即节制生育。节育的范围比较广,既包括永久性避孕,也包括终止妊娠。避孕和节育是控制人口增长,实现国家人口与计划生育目标的重要手段。避孕和节育的医学检查是指通过各种临床检查手段,对育龄妇女采取某种避孕节育措施的适应证和禁忌证、怀孕情况以及节育措施的有效性进行判断,目的是提高避孕节育措施的有效性、安全性,减少各种不良反应、节育手术并发症以及非意愿妊娠的发生。计划生育手术并发症和药具不良反应的诊断、治疗。计划生育手术并发症是指因实施计划生育手术直接导致相关疾病、组织器官损伤、功能障碍或残疾、死亡的情况。计划生育药具不良反应是指计划生育避孕药具在质量检验合格、正常用法和用量情况下引起的与使用目的无关的有害反应。这种反应不属于医疗事故和产品质量事故。为了保障实行计划生育育龄群众的合法权益,开展计划生育手术和提供计划生育药具必须严格遵守有关技术规范,加强技术管理,尽量减少手术并发症和药具不良反应的发生。一旦发生手术并发症和药具不良反应,要实事求是,认真负责,积极及时地诊断和治疗,使其早日治愈。事后要注意总结经验教训,防止手术并发症和药具不良反应的再度发生,以确保服务对象的健康安全。施行避孕节育手术和输卵(精)管复通手术。避孕、节育手术包括放置、取出宫内节育器,皮下埋植术及取出术,输卵(精)管结扎术,人工终止妊娠术。必须严格执行技术常规,确保手术安全。具体项目由国务院计生、卫生行政部门共同规定。

## 四、避孕措施

计划生育技术服务人员应当指导实行计划生育的公民选择安全、有效、适宜的避孕措施。对已生育子女的夫妻,提倡选择长效避孕措施。国家鼓励计划生育新技术、新药具的研究、应用和推广。

### 1. 对计划生育技术服务人员指导公民实行避孕方法知情选择工作职责的规定

计划生育技术服务人员是指取得技术服务人员合格证并在计划生育技术服务机构从事计划生育技术、生殖保健的咨询、指导和技术服务人员。包括医、药、护、技各类人员。

计划生育技术服务实行国家指导和个人自愿相结合的原则。这是我国计划生育技术服务工作的根本指导原则。国家指导就是国家通过规范的渠道,帮助群众了解各种现行避孕节育方法的安全性、有效性、禁忌证、适应证以及自身的生理、心理特点。个人自愿就是在国家指导的基础上由群众自主选择适合自己的避孕节育方法。国家指导和个人自愿两者是统一的,只有国家指导没有个人自愿,计划生育技术服务工作就会失去群众基础;只有个人自愿没有国家指导,就无法保障群众得到安全、有效、适宜的技术服务,这包括两方面的内容:

1) 计划生育技术服务人员有义务指导实行计划生育的公民实行避孕方法的知情选择。避孕方法的知情选择,就是通过国家提供充分有效的计划生育和避孕方法的信息,介绍各种避孕方法的效果、优缺点,使需要采取避孕措施的育龄群众在充分了解情况的基础上,自主、自愿而且负责任地做出决定,选择安全、有效、适宜的避孕措施。避孕方法的知情选择充分体现了以人为本、尊重人权的指导思想;体现了计划生育依靠群众,为群众服务的宗旨;是计划生育优质服务的核心内容,是社会进步和人权事业发展的具体体现。指导育龄群众实行避孕方法的知情选择,是法律赋予技术服务人员的工作职责。

2) 计划生育技术服务人员,在指导公民选择避孕措施时,应当依据国家计划生育技术服务的有关规定,并充分考虑服务对象的健康状况,劳动强度及其所处的生理时期,指导公民选择安全、有效、适宜的避孕措施。

### 2. 对已生育子女的夫妻知情选择避孕措施的提倡性规定

知情选择不是放任自流,是提倡选择长效避孕措施。长效避孕措施包括放置宫内节育器、皮下埋植避孕剂,输卵(精)管结扎术等。长效避孕措施效果好,经济简便,对妇女的身心健康和育龄夫妻的生产、生活都有好处,计划生育技术服务人员在指导公民进行知情选择时,应广泛宣传,大力推广。

3. 对研究、开发、推行计划生育新技术、新药具的规定

国家依靠科技进步,提高计划生育技术服务质量,发展计划生育事业。有利于育龄群众的身心健康。

### 五、禁止非医学需要的胎儿性别鉴定

严禁利用超声技术和其他技术手段进行非医学需要的胎儿性别鉴定;严禁非医学需要的选择性别的人工终止妊娠。利用超声技术和其他技术手段(早期绒毛取材术、羊膜囊穿刺术、胎儿脐带血穿刺术、母血筛查等)进行非医学需要的胎儿性别鉴定,是指对没有伴性遗传疾病,利用超声技术或其他技术手段对胎儿进行鉴定。非医学需要的选择性别的人工终止妊娠,是指因为性别偏好的终止妊娠。

"改善人口结构"是人口与计划生育工作的目标之一。人口结构包括自然结构和社会结构。自然结构包括性别结构、年龄结构等,社会结构包括文化结构,职业结构等。人口结构不合理,必然带来一系列社会问题。目前存在着对胎儿的性别鉴定和选择性别的人工终止妊娠,导致性别比例偏高,必须高度重视性别比例失调问题。第一要严厉打击非法胎儿性别鉴定和选择性终止妊娠的违法犯罪行为。根据本法第三十六条规定对利用超声技术和其他技术手段为他人进行非医学需要的胎儿性别鉴定或者选择性别的人工终止妊娠的行为,"没收非法所得,非法所得 1 万元以上的,处违法所得二倍以上六倍以下的罚款,没有违法所得或违法所得不足 1 万元的,处 1 万元以上 3 万元以下的罚款;情节严重的,由原发证机关吊销执业证书;构成犯罪的,依法追究刑事责任。"第二要加强孕期全程服务,加大对人口性别比例失调危害的宣传教育,让育龄群众自觉地不进行胎儿性别鉴定和选择性引流产,对违法进行胎儿性别鉴定和选择性引产的严格按照法律法规和我县治理性别比例失调的规定进行处理。

## 第五节  法律责任

### 一、与计划生育技术服务相关的法律责任

非法为他人施行计划生育手术,主要是指开展计划生育手术的机构未经计划生育行政部门或卫生部门批准,未获取相应的执业资格许可证书,不具备执业机构的资质、条件而施行计划生育手术的;计划生育技术服务机构和医疗、妇幼保健机关的工作人员,未取得医师,护士执业资格和计划生育技术服务执业许可证书的人员,即施行计划生育手术的;未经过地方计划生育法规规定的程序批准施行某些计划生育手术的。如摘取宫内节育器、施行输卵管、输精管复通术、正常妊娠而无正当理由施行终止妊娠术等。

利用超生技术和其他技术手段为他人进行非医学需要的胎儿性别鉴定或选择性引流产的,实施假节育手术,进行假医学鉴定,出具假计划生育证明的。对以上违法行为的处理,由计划生育行政部门或者卫生行政部门依据职权责令改正,给予警告,没收违法所得;违法所得 1 万元以上的,

处违法所得二倍以上六倍以下罚款;没有违法所得或者违法所得不足 1 万元的,处 1 万元以上 3 万元以下的罚款;情节严重的,由原发证机关吊销执业证书;构成犯罪的,依法追究刑事责任。

## 二、与计划生育证明有关的违法行为的法律规定

对伪造、变造、买卖计划生育证明的,由计划生育行政部门没收违法所得,对以不正当手段取得计划生育证明的给以取消。对伪造、变造、买卖计划生育证明违法行为的实施追究。违法所得 5 000 元以上的,处违法所得二倍以上十倍以下的罚款;没有违法所得或违法所得不足 5 000 元的,处 5 000 元以上 20 000 元以下的罚款;构成犯罪的,依法追究刑事责任。出具证明的单位有过错的,对直接负责的主管人员和其他直接责任人员依照法律条款,参照相关文件,按照权限和程序给以行政处分。

## 三、对计划生育技术服务人员在施行计划生育诊疗、手术等环节中造成事故的处理

计划生育技术服务人员承担相应法律责任的前提条件:是指"违章操作或者延误抢救、诊治,造成严重后果"。本法第三十八条依照有关法律和行政法规的规定,是指按照《中华人民共和国执业医师法》、《中华人民共和国母婴保健法》、《中华人民共和国母婴保健法实施办法》、《医疗事故处理办法》等法律、法规的规定执行。

## 四、对国家机关工作人员在计划生育工作中违法失职行为追究法律责任的规定

计划生育工作者要做到学法、知法、懂法、不违法。本法第三十九条就国家机关工作人员列举了"五条违法行为",对构成犯罪的,依法追究刑事责任;对构不成犯罪的,给以行政处分;有违法所得的没收违法所得。这就充分说明了法律面前人人平等的道理。人口与计划生育法不仅规范和约束广大育龄群众的生育行为,同时也约束广大计划生育工作者的执法行为。计划生育工作者在执法中,如果违法同样受责任追究,违法情节严重构成犯罪的,同样要承担法律责任。

## 五、负有法定的协助管理计划生育义务,而又不履行协助管理义务者进行责任追究的规定

法定协助管理计划生育义务的有:本法第七条规定:"工会、共产主义青年团、妇女联合会及计划生育协会等社会团体、企事业组织和公民应当协助人民政府开展人口与计划生育工作";本法第十二条规定:"村民委员会、居民委员会应当依法做好计划生育工作。机关、部队、社会团体、企事业组织应当做好本单位的计划生育工作";本法第十三条规定:"计划生育、教育、科技、文化、卫生、民政、新闻出版、广播电视等部门应当组织开展人口与计划生育宣传教育。大众传媒负有开展人口与计划生育的社会公益性宣传的义务"。

协助管理计划生育义务的具体内容主要有开展全民性人口与计划生育基础知识教育,普及生理、避孕节育、生殖保健科学知识教育;根据实际条件,向实行计划生育的公民提供计划生育技术、生殖保健和咨询、指导等方面的服务;制定具体措施,及时向计划生育行政部门或工作机构提供计

划生育工作信息;根据法律、法规和政府规章的规定,维护公民实行计划生育的合法权益,落实有关计划生育的奖励、优待政策。

对不"协助管理计划生育义务"责任者的追究办法是"由有关地方人民政府给予通报批评"和"对直接负责的主管人员和其他直接责任人员依法给予行政处分"。即经地方法规或政府规章授权或经法定程序批准,制定科学的考核、评估办法,进行公开、公平、公正的考核、评估后,对确实未履行协助管理义务的,由有关地方人民政府予以通报批评。"对直接负责的主管人员和其他直接责任人员依法给予行政处分",即在科学地考核、评估的基础上,由上级或本级行政部门、国家机关、社会团体、企事业组织等,依法给予其行政处分。

## 六、公民违法生育后应当缴纳社会抚养费以及欠缴社会抚养费的处理

实行计划生育是公民的法定义务。公民违背法律、法规规定生育子女,也应当履行缴纳社会抚养费的义务。通过征收社会抚养费形式对违反法律、法规规定生育子女的公民追究责任是社会主义市场经济条件下,国家推行计划生育的必要手段。公民违反国家有关法律法规规定多生育子女,客观上对经济和社会发展、资源利用、环境保护造成影响,加重了公共投入的负担,所以法律规定对其征收社会抚养费,是对社会公共投入的一种补偿。

## 七、违反法定条件生育子女的公民的行政处分和纪律处分

负有缴纳社会抚养费义务是国家工作人员的依法给予行政处分。国家工作人员是指国家机关中从事公务的人员;国有公司、企业、事业单位、人民团体中从事公务人员;国家机关、国有公司、企业、事业单位委派到非国有公司、企业、事业单位、社会团体从事公务的人员;以及其他依照法律、法规从事公务的人员。负有缴纳社会抚养义务属其他人员的给予纪律处分。

## 八、拒绝、阻碍计生工作人员依法执行公务的法律责任

"计划生育工作人员依法执行公务受法律保护"。对负有履行计划生育义务而拒绝履行或对执行公务的计划生育工作人员进行侮辱、诽谤、威胁、殴打等行为都要给予法律责任追究。对拒绝、阻碍计生工作人员依法执行公务行为的追究。情节轻微,尚未扰乱社会秩序、妨害公共安全的,由计划生育行政部门给予批评教育并予以制止;构成违反治安管理行为的,依照《治安管理处罚条例》依法给予处罚;构成犯罪的,依法追究刑事责任。

### 思 考 题

1. 简述人口、人口与计划生育法的概念。
2. 简述公民的生育权利和义务。
3. 简述我国现行的计划生育政策。
4. 简述流动人口计划生育工作的管理制度。
5. 简述我国计划生育技术服务的内容。

(南京中医药大学　田　侃　遵义医药高等专科学校　周成友)

# 第十八章 公共卫生监督法律制度

通过本章的学习,要求掌握学校卫生工作的任务、相关的法律规定及责任、公共场所卫生监督的法律规定、突发公共卫生事件的概念及相关法律规定,了解生活饮用水的水质标准及饮用水卫生的调查、监测和监督,放射卫生监督管理的法律及相关法律规定。

## 第一节 学校卫生监督的法律规定

### 一、学校卫生立法

学校卫生是包括普通中小学、职业中学、中等专业学校、技工学校、普通高等学校的卫生。学校卫生是预防医学的重要组成部分,也是教育学的重要组成部分,它通过改造条件和环境,消除不利因素,以达到卫生防病,促进儿童、青少年健康的正常发育和健康成长的目的。

为加强学校卫生工作,提高学生的健康水平,国务院及有关部门先后颁布了 30 余项学校卫生方面的规范性文件。1990 年 6 月 4 日,国家教委和卫生部联合颁发《学校卫生工作条例》,它的发布标志着我国学校卫生制度逐渐趋向规范化、法制化。为加强对学生集体用餐的管理,保证饮食卫生,改善学生营养状况,保障学生的健康成长,1996 年 8 月 27 日卫生部发布了《学生集体用餐卫生监督办法》。1999 年卫生部根据 WHO《健康促进学校发展纲领》,制定了《健康促进学校工作指南》。2002 年 5 月 28 日卫生部、教育部发布了《关于加强学校预防艾滋病健康教育工作的通知》,对初中以上学校开展预防艾滋病健康教育工作提出要求。这些规范性文件对于加强学校卫生工作,提高学生的健康水平,促进学校卫生工作法制化,起着十分重要的作用。

### 二、学校卫生工作的任务和内容

学校卫生工作的主要任务是:监测学生健康状况;对学生进行健康教育,培养学生良好的卫生习惯;改善学校卫生环境和教学卫生条件;加强对传染病、学生常见病的预防和治疗。

1. 教学过程卫生

1) 教学、作息卫生。教学过程要严格遵守卫生保健原则,根据学生年龄,合理安排教学进度和作息时间,使学生学习能力保持在最佳状态。学生每日学习时间(包括自习),小学不超过 6 小时,中学不超过 8 小时,大学不超过 10 小时。学校或教师不得以任何理由和方式,增加授课时间和作业量,加重学生学习负担。

2)劳动卫生。普通中小学校组织学生参加劳动,不得让学生接触有毒有害物质或从事不安全工种的作业,不得让学生参加夜班劳动。普通高等学校、中等专业学校、技工学校、农业中学、职业中学组织学生参加生产劳动,接触有毒有害物质的,按照国家有关规定,提供保健待遇,定期对他们进行体格检查。学校组织学生参加劳动时,安排适合学生年龄、性别的劳动,并对学生进行安全教育以及提供必要的安全和卫生防护措施。

3)体育卫生。主要指体育课、课外体育课和假期活动卫生。运动项目和运动强度应适合学生的生理承受能力和体质健康状况,尤其要注意女学生的生理特点,防止发生伤害事故。为此,必须加强学校体育医务监督,如发动学生进行锻炼时的自我观察、定期及比赛前后体检、预防运动创伤以及提出运动场地与设备的卫生要求等。

2. 教学设施卫生

新建、改建、扩建校舍,其选址、设计应当符合国家卫生标准,并取得当地卫生行政部门许可,竣工验收应当有当地卫生行政部门参加。学校校址应选择在环境清洁、远离喧闹区、地面平坦、便于活动、地下水位低、便于排水的地方。校内要有足够的场地供绿化、体育活动和休息之用。学校教学建筑、环境噪声、室内微小气候、采光、照明等环境质量及黑板、课桌椅的设置应符合国家有关卫生标准。学校要按照有关规定为学生设置厕所和洗手设施;寄宿制学校应当为学生提供相应的洗漱、洗澡等卫生措施;为学生提供充足的符合卫生标准的饮用水。

3. 卫生保健

学校应当根据条件定期进行健康检查。每年对中、小学生做一次体检;暂时无条件的地区可在学生进入初小、高小及初中时各进行一次,初中及高中毕业时再进行一次。认真做好大学新生入学体检复查工作。学校要建立学生健康管理制度,建立学生体制健康卡片,纳入学生档案。对体格检查中发现学生有器质性疾病的,要配合学生家长做好转诊治疗。对残疾、体弱学生要加强照顾和心理卫生工作。

积极做好近视、弱视、龋齿、寄生虫、营养不良、贫血、脊柱弯曲、神经衰弱等常见病和急慢性传染病的防治工作,同时做好地方病的预防和控制。

4. 营养与卫生

学生集体用餐时,学校应当认真贯彻执行食品卫生法律、法规、加强营养指导和饮食卫生管理,办好学生膳食,为学生提供优质卫生的食品,保障身体健康。学生集体用餐系指集中供应中小学校、中等专科学校、技工学校的学生,以供学生用餐为目的而配制的膳食和食品。

学生餐生产经营者应向所在地县级以上卫生行政部门领取卫生许可证。学生营养餐的生产经营者,其卫生许可证中必须有获准"学生营养餐"的许可项目。未领取卫生许可证者不得生产经营学生集体用餐。学生集体用餐生产经营单位的生产经营场所、内外环境、卫生设施、工艺流程、生产用水、个人卫生、生产用具以及贮存、消毒、运输等必须符合《食品卫生法》的有关规定。运送路程较远的膳食要有保温设备。

学生集体用餐生产经营人员应按规定经体检合格取得健康证后方可上岗。学生集体用餐必须采用新鲜洁净的原料制作,严禁使用《食品卫生法》规定禁用的食品制售学生集体用餐。食品、包装材料或容器必须符合卫生标准和规定,膳食要保持一定的温度。学生集体用餐不得直接供应未经加热的食品,制售凉拌生食菜肴要保证卫生质量。学校应当设有学生洗手、餐具清洗设备和符合卫生标准的饭菜暂存场所。

负责分发学生集体用餐食品的人员每年要进行体检。凡患有痢疾、伤寒、病毒性肝炎等消化道传染病(包括病原携带者),活动性肺结核、化脓性或者渗出性皮肤病以及其他有碍食品卫生的疾病的人员,不得进行学生集体用餐的分装、发放工作。

5. 卫生宣传和健康教育

健康教育应纳入教学计划。普通中小学必须开设健康教育课,普通高等学校、中等专业学校、技工学校、农业中学、职业中学要开设健康教育选修课或讲座;同时开展学生健康咨询活动。艾滋病健康教育应纳入教学计划,落实教学内容和时间。卫生行政部门要为教育行政部门和学校提供预防艾滋病健康教育的信息、资料,协助培训师资等。

## 三、学校卫生工作管理和监督

### 1. 学校卫生的管理

各级教育行政部门和卫生部门负责学校卫生管理,各级教育行政部门应当把学校卫生工作纳入学校工作计划,作为考评学校工作的一项内容。大、中、小学校要设立卫生管理机构,管理学校卫生工作。普通高等学校设校医院或卫生科,校医院应当设有保健科,负责师生的卫生保健工作。城市普通中小学、农村中心小学和普通中学设卫生室。学生人数不足600人的学校,可以配备专职或兼职保健教师,开展学校卫生工作。经当地卫生行政机构批准,教育行政部门可设立区域性中、小学卫生保健机构。

### 2. 学校卫生的监督

县级以上卫生行政部门对学校卫生工作行使监督职权,其职责是:

1) 对新建、改建、扩建校舍的选址、设计实行预防性卫生监督,以保证学校基建、设备符合国家颁布的各项卫生标准和要求,为学生创造良好的学习和生活环境。

2) 对学校内影响学生健康的学习、生活、劳动、环境、食品等方面的卫生和传染病防治工作实行经常性卫生监督,提出改进措施。

3) 对学生使用的文具、娱乐器具、保健用品实行卫生监督。

国务院卫生行政部门可以委托国务院其他有关部门的卫生主管机构,在本系统内对上述所列第1、2两项职责行使学校卫生监督职权。

行使学校卫生监督职权的机构可设立监督员,由省级以上卫生行政部门聘任,并颁发学校卫生监督员证书。学校卫生监督员有权查阅与卫生监督有关的资料,搜集与卫生监督有关的情况,被监督的单位或个人应当给予配合。卫生监督员对所掌握的资料、情况负有保密责任。

## 四、法律责任

1) 未经卫生行政部门许可新建、改建、扩建校舍的,由卫生行政部门对直接责任单位或个人给予警告、责令停止施工或限期改进。对学校教学建筑、环境噪声、室内微小气候、采光、照明等环境质量以及黑板、课桌椅的设置没有符合国家有关标准的;没有按照有关规定为学生设置厕所和洗手设施的;寄宿制学校没有为学生提供相应的洗漱、洗澡等卫生设施的;学校体育场地和器材不符合卫生和安全要求的,由卫生行政部门对直接责任单位或个人给予警告,并责令限期改进。情节严重的,可以会同工商行政部门没收其不符合国家有关卫生标准的物品,并处以非法所得两倍以下的罚款。

2)对学校组织学生参加生产劳动,致使学生健康受到损害的,由卫生行政部门直接责任单位或个人给予警告,责令限期改进。对学校提供学生使用的文具、娱乐器具、保健用品,没有符合国家有关卫生标准的物品,处以非法所得两倍以下的罚款。

3)拒绝或妨碍学校卫生监督员实施卫生监督的,由卫生行政部门对直接责任单位或个人给予警告。情节严重的,可以建议教育行政部门给予行政处分或处 200 元以下的罚款。

# 第二节　公共场所卫生监督的法律规定

## 一、公共场所卫生立法

我国目前法定管理的公共场所,属于人为环境,是指人群聚集并供公众进行生活活动和文化娱乐活动等使用的一切有围护结构的场所。公众系指不同性别、不同年龄、不同职业、不同民族或国籍、不同健康状况、不同人际从属关系的个体组成的流动人群。公共场所按其功能,目前主要有7类:①宾馆、饭馆、旅店、招待所、车马店、咖啡馆、酒吧、茶座。②公共浴室、理发店、美容店。③影剧院、录像厅(室)、游艺厅(室,以及电脑游戏机房等)、舞厅、音乐厅。④体育场(馆)、游泳场(馆)、公园。⑤展览馆、博物馆、美术馆、图书馆。⑥商场(店)、书店。⑦候诊室、候车(机、船)室、公共交通工具。

国务院于 1987 年 4 月 1 日发布了《公共场所卫生管理条例》,同年 9 月 15 日,卫生部发布了《〈公共场所卫生管理条例〉实施细则》。1991 年又对实施细则进行了修订并予以重新发布,使之更加完善和更具操作性。1987 年卫生部制定了《公共场所卫生监督监测要点》和《公共场所从业人员培训大纲》,随后又陆续地制定了《旅店业卫生标准》等十几项公共场所国家卫生标准。这些卫生法规、标准和文件,成为目前实施公共场所卫生监督的主要法律依据。

## 二、公共场所卫生管理

### (一)公共场所卫生要求

公共场所卫生的具体要求:① 室内空气要合乎标准。② 微小气候适宜。③ 采光、照明良好。④ 噪音符合标准。⑤ 用具和卫生设施符合卫生标准。⑥ 用水达到卫生标准。

### (二)公共场所危害健康事故报告

#### 1. 报告的范围

发生下列事故时应及时报告:①因微小气候或空气质量不符合卫生标准所致的虚脱休克。②生活饮用水遭受污染或水污染所致的介水传染性疾病流行和中毒。③公共用具、卫生设施被污染所致的传染性疾病、皮肤病。④意外事故所致的一氧化碳、氨气、氯气、消毒杀虫剂等中毒。

#### 2. 报告责任人

报告责任人是公共场所的经营单位及卫生负责人,其他人员也有义务报告。

3. 报告时间和处理

发生死亡或者同时发生 3 名以上(含 3 名)受害病人时,事故报告责任人要在发生事故 24 小时之内,电话报告当地卫生监督机构。国内民航、铁路、交通、厂(场)矿等所属经营单位,应同时报告本系统卫生监督机构,随即报告主管部门,必要时(如重大事故和可疑刑事案件等)必须同时报告公安部门。

### (三) 公共场所从业人员卫生要求

要求:①具备卫生知识。②取得卫生行政机关发放的健康合格证。③定期参加体检,搞好个人卫生。

## 三、公共场所卫生监督

1. 卫生监督机构和卫生监督员

各级人民政府卫生行政部门是公共场所卫生监督的法定机构,依法实施管辖本区域内的公共场所的卫生监督职能。民航、铁路、交通、工矿企业卫生监督机构对管辖范围内的公共场所,施行卫生监督,并接受当地卫生监督机构的业务指导。

卫生监督机构根据需要设立公共场所卫生监督员,执行卫生监督机构交给的任务。卫生监督员由各级卫生监督机构从事环境卫生的专业技术人员和分管领导担任。公共场所的卫生监督员由同级人民政府发给证书。民航、铁路、交通、工矿企业卫生防疫机构的公共场所卫生监督员,由其上级主管部门发给证书。公共场所卫生监督员在执行任务时,应佩戴证章、出示证件。

2. 监督机构的主要职责

监督机构的主要职责有:①开展经常性卫生监督。② 研究和提出本地区卫生问题。③ 进行技术指导。④ 组织卫生宣传教育及培训。⑤ 开展预防性卫生监督。⑥ 检查和处理出现的卫生问题。

## 四、法律责任

(1) 凡有下列行为之一的单位或者个人,卫生监督机构可以根据情节轻重,给予警告、罚款、停业整顿、吊销"卫生许可证"的行政处罚:①卫生质量不符合国家卫生标准和要求,而继续营业的。②未获得"健康合格证",而从事直接为顾客服务的。③拒绝卫生监督的。④未取得"卫生许可证",擅自营业的。

(2) 违反的规定造成严重危害公民健康的事故或中毒事故的单位或者个人,应当对受害人赔偿损失。违反规定致人残疾或者死亡,构成犯罪的,应由司法机关依法追究直接责任人员的刑事责任。

(3) 对罚款、停业整顿及吊销"卫生许可证"的行政处罚不服的,在接到处罚通知之日起 15 天内,可以向当地人民法院起诉。但对公共场所卫生质量控制的决定应立即执行。对处罚的决定不履行又逾期不起诉的,由卫生防疫机构向人民法院申请强制执行。

(4) 公共场所卫生监督机构和卫生监督员必须尽职尽责,依法办事。对玩忽职守、滥用职权、收取贿赂的,由上级主管部门给予直接责任人员行政处分。构成犯罪的,由司法机关依法追究直接责任人员的刑事责任。

# 第三节　突发公共卫生事件处理的法律规定

## 一、突发公共卫生事件处理的立法

突发公共卫生事件,是指突然发生,造成或者可能造成社会公众健康严重损害的重大传染病疫情、群体性不明原因疾病、重大食物和职业中毒以及其他严重影响公众健康的事件。

为了有效预防、及时控制和消除突发公共卫生事件的危害,保障公众身体健康与生命安全,维护正常的社会秩序,国务院总理温家宝 2003 年 5 月 9 日签署国务院第 376 号令,公布《突发公共卫生事件应急条例》,并于公布日正式开始施行。《突发公共卫生事件应急条例》的公布施行,标志着我国突发公共卫生事件应急处理工作纳入法制化轨道,突发公共卫生事件应急处理机制进一步完善。

## 二、突发公共卫生事件处理的主管部门

突发事件发生后,国务院设立全国突发事件应急处理指挥部,由国务院有关部门和军队有关部门组成,国务院主管领导人担任总指挥,负责对全国突发事件应急处理的统一领导、统一指挥。国务院卫生行政主管部门和其他有关部门,在各自的职责范围内做好突发事件应急处理的有关工作。

省、自治区、直辖市人民政府成立地方突发事件应急处理指挥部,省、自治区、直辖市人民政府主要领导人担任总指挥,负责领导、指挥本行政区域内突发事件应急处理工作。

县级以上地方人民政府卫生行政主管部门,具体负责组织突发事件的调查、控制和医疗救治工作。县级以上地方人民政府有关部门,在各自的职责范围内做好突发事件应急处理的有关工作。

## 三、预防与应急准备

### 1. 制定应急预案

国务院卫生行政主管部门按照分类指导、快速反应的要求,制定全国突发事件应急预案,报请国务院批准。省、自治区、直辖市人民政府根据全国突发事件应急预案,结合本地实际情况,制定本行政区域的突发事件应急预案。

其中全国突发事件应急预案应当包括以下主要内容:① 突发事件应急处理指挥部的组成和相关部门的职责。② 突发事件的监测与预警。③ 突发事件信息的收集、分析、报告、通报制度。④ 突发事件应急处理技术和监测机构及其任务。⑤ 突发事件的分级和应急处理工作方案。⑥ 突发事件预防、现场控制,应急设施、设备、救治药品和医疗器械以及其他物资和技术的储备与调度。⑦ 突发事件应急处理专业队伍的建设和培训。

### 2. 建立统一的突发事件预防控制体系

县级以上地方人民政府应当建立和完善突发事件监测与预警系统。县级以上各级人民政府卫生行政主管部门,应当指定机构负责开展突发事件的日常监测,并确保监测与预警系统的正常

运行。

监测与预警工作应当根据突发事件的类别,制定监测计划,科学分析、综合评价监测数据。对早期发现的潜在隐患以及可能发生的突发事件,应当依照规定的报告程序和时限及时报告。

3. 物资准备

国务院有关部门和县级以上地方人民政府及其有关部门,应当根据突发事件应急预案的要求,保证应急设施、设备、救治药品和医疗器械等物资储备。

4. 加强教育,提高救治能力和培训技能

县级以上各级人民政府卫生行政主管部门和其他有关部门,应当对公众开展突发事件应急知识的专门教育,增强全社会对突发事件的防范意识和应对能力。

县级以上各级人民政府应当加强急救医疗服务网络的建设,配备相应的医疗救治药物、技术、设备和人员,提高医疗卫生机构应对各类突发事件的救治能力。设区的市级以上地方人民政府应当设置与传染病防治工作需要相适应的传染病专科医院,或者指定具备传染病防治条件和能力的医疗机构承担传染病防治任务。

县级以上地方人民政府卫生行政主管部门,应当定期对医疗卫生机构和人员开展突发事件应急处理相关知识、技能的培训,定期组织医疗卫生机构进行突发事件应急演练,推广最新知识和先进技术。

## 四、报告与信息发布

1. 报告制度

国家建立突发事件应急报告制度。国务院卫生行政主管部门制定突发事件应急报告规范,建立重大、紧急疫情信息报告系统。

有下列情形之一的,省、自治区、直辖市人民政府应当在接到报告 1 小时内,向国务院卫生行政主管部门报告:① 发生或者可能发生传染病爆发、流行的。② 发生或者发现不明原因的群体性疾病的。③ 发生传染病菌种、毒种丢失的。④ 发生或者可能发生重大食物和职业中毒事件的。

国务院卫生行政主管部门对可能造成重大社会影响的突发事件,应当立即向国务院报告。

突发事件监测机构、医疗卫生机构和有关单位发现有上述情形之一的,应当在 2 小时内向所在地县级人民政府卫生行政主管部门报告;接到报告的卫生行政主管部门应当在 2 小时内向本级人民政府报告,并同时向上级人民政府卫生行政主管部门和国务院卫生行政主管部门报告。

县级人民政府应当在接到报告后 2 小时内向设区的市级人民政府或者上一级人民政府报告;设区的市级人民政府应当在接到报告后 2 小时内向省、自治区、直辖市人民政府报告。

任何单位和个人对突发事件,不得隐瞒、缓报、谎报或者授意他人隐瞒、缓报、谎报。

接到报告的地方人民政府、卫生行政主管部门依照本条例规定报告的同时,应当立即组织力量对报告事项调查核实、确证,采取必要的控制措施,并及时报告调查情况。

2. 通报制度

国务院卫生行政主管部门应当根据发生突发事件的情况,及时向国务院有关部门和各省、自治区、直辖市人民政府卫生行政主管部门以及军队有关部门通报。

突发事件发生地的省、自治区、直辖市人民政府卫生行政主管部门,应当及时向毗邻省、自治区、直辖市人民政府卫生行政主管部门通报。

接到通报的省、自治区、直辖市人民政府卫生行政主管部门，必要时应当及时通知本行政区域内的医疗卫生机构。

县级以上地方人民政府有关部门，已经发生或者发现可能引起突发事件的情形时，应当及时向同级人民政府卫生行政主管部门通报。

3. 举报制度

任何单位和个人有权向人民政府及其有关部门报告突发事件隐患，有权向上级人民政府及其有关部门举报地方人民政府及其有关部门不履行突发事件应急处理职责，或者不按照规定履行职责的情况。接到报告、举报的有关人民政府及其有关部门，应当立即组织对突发事件隐患、不履行或者不按照规定履行突发事件应急处理职责的情况进行调查处理。

对举报突发事件有功的单位和个人，县级以上各级人民政府及其有关部门应当予以奖励。

4. 信息发布制度

国务院卫生行政主管部门负责向社会发布突发事件的信息。必要时，可以授权省、自治区、直辖市人民政府卫生行政主管部门向社会发布本行政区域内突发事件的信息。

信息发布应当及时、准确、全面。

## 五、应急处理

1. 应急预案的启动

突发事件发生后，卫生行政主管部门应当组织专家对突发事件进行综合评估，初步判断突发事件的类型，提出是否启动突发事件应急预案的建议。

在全国范围内或者跨省、自治区、直辖市范围内启动全国突发事件应急预案，由国务院卫生行政主管部门报国务院批准后实施。省、自治区、直辖市启动突发事件应急预案，由省、自治区、直辖市人民政府决定，并向国务院报告。

2. 督察和指导

全国突发事件应急处理指挥部对突发事件应急处理工作进行督察和指导，地方各级人民政府及其有关部门应当予以配合。省、自治区、直辖市突发事件应急处理指挥部对本行政区域内突发事件应急处理工作进行督察和指导。

省级以上人民政府卫生行政主管部门或者其他有关部门指定的突发事件应急处理专业技术机构，负责突发事件的技术调查、确证、处置、控制和评价工作。

3. 处理

应急预案启动前，县级以上各级人民政府有关部门应当根据突发事件的实际情况，做好应急处理准备，采取必要的应急措施。应急预案启动后，突发事件发生地的人民政府有关部门，应当根据预案规定的职责要求，服从突发事件应急处理指挥部的统一指挥，立即到达规定岗位，采取有关的控制措施。医疗卫生机构、监测机构和科学研究机构，应当服从突发事件应急处理指挥部的统一指挥，相互配合、协作，集中力量开展相关的科学研究工作。

（1）物资保障：突发事件发生后，国务院有关部门和县级以上地方人民政府及其有关部门，应当保证突发事件应急处理所需的医疗救护设备、救治药品、医疗器械等物资的生产、供应；铁路、交通、民用航空行政主管部门应当保证及时运送。

（2）应急措施

1）一般控制措施：根据突发事件应急处理的需要，突发事件应急处理指挥部有权紧急调集人员、储备的物资、交通工具以及相关设施、设备；必要时，对人员进行疏散或者隔离，并可以依法对传染病疫区实行封锁，在突发事件中需要接受隔离治疗、医学观察措施的病人、疑似病人和传染病病人密切接触者在卫生行政主管部门或者有关机构采取医学措施时应当予以配合；拒绝配合的，由公安机关依法协助强制执行。

对传染病暴发、流行区域内流动人口，突发事件发生地的县级以上地方人民政府应当做好预防工作，落实有关卫生控制措施。突发事件应急处理指挥部根据突发事件应急处理的需要，可以对食物和水源采取控制措施；县级以上地方人民政府卫生行政主管部门应当对突发事件现场等采取控制措施，宣传突发事件防治知识，及时对易受感染的人群和其他易受损害的人群采取应急接种、预防性投药、群体防护等措施。

对传染病病人和疑似传染病病人，应当采取就地隔离、就地观察、就地治疗的措施。有关部门、医疗卫生机构应当对传染病做到早发现、早报告、早隔离、早治疗，切断传播途径，防止扩散。

县级以上各级人民政府应当提供必要资金，保障因突发事件致病、致残的人员得到及时、有效地救治。

2）卫生行政主管部门的处理措施：国务院卫生行政主管部门或者其他有关部门指定的专业技术机构，有权进入突发事件现场进行调查、采样、技术分析和检验，对地方突发事件的应急处理工作进行技术指导，有关单位和个人应当予以配合；任何单位和个人不得以任何理由予以拒绝。

对新发现的突发传染病、不明原因的群体性疾病、重大食物和职业中毒事件，国务院卫生行政主管部门应当尽快组织力量制定相关的技术标准、规范和控制措施。

国务院卫生行政主管部门对新发现的突发传染病，根据危害程度、流行强度，依照《中华人民共和国传染病防治法》的规定及时宣布为法定传染病；宣布为甲类传染病的，由国务院决定。

3）交通工具上的处理措施：交通工具上发现根据国务院卫生行政主管部门的规定需要采取应急控制措施的传染病病人、疑似传染病病人，其负责人应当以最快的方式通知前方停靠点，并向交通工具的营运单位报告。交通工具的前方停靠点和营运单位应当立即向交通工具营运单位行政主管部门和县级以上地方人民政府卫生行政主管部门报告。卫生行政主管部门接到报告后，应当立即组织有关人员采取相应的医学处置措施。交通工具上的传染病病人密切接触者，由交通工具停靠点的县级以上各级人民政府卫生行政主管部门或者铁路、交通、民用航空行政主管部门，根据各自的职责，依照传染病防治法律、行政法规的规定，采取控制措施。

涉及国境口岸和入出境的人员、交通工具、货物、集装箱、行李、邮包等需要采取传染病应急控制措施的，依照国境卫生检疫法律、行政法规的规定办理。

4）医疗机构的处理措施：医疗卫生机构应当对因突发事件致病的人员提供医疗救护和现场救援，对就诊病人必须接诊治疗，并书写详细、完整的病历记录；对需要转送的病人，应当按照规定将病人及其病历记录的复印件转送至接诊的或者指定的医疗机构。

医疗卫生机构内应当采取卫生防护措施，防止交叉感染和污染。

医疗卫生机构应当对传染病病人密切接触者采取医学观察措施，传染病病人密切接触者应当予以配合。

医疗机构收治传染病病人、疑似传染病病人，应当依法报告所在地的疾病预防控制机构。接到报告的疾病预防控制机构应当立即对可能受到危害的人员进行调查,根据需要采取必要的控制措施。

4. 基层组织的处理措施

传染病爆发、流行时,街道、乡镇以及居民委员会、村民委员会应当组织力量,团结协作,群防群治,协助卫生行政主管部门和其他有关部门、医疗卫生机构做好疫情信息的收集和报告、人员的分散隔离、公共卫生措施的落实工作,向居民、村民宣传传染病防治的相关知识。

## 六、法律责任

(1) 县级以上地方人民政府及其卫生行政主管部门未依照规定履行报告职责,对突发事件隐瞒、缓报、谎报或者授意他人隐瞒、缓报、谎报的,对政府主要领导人及其卫生行政主管部门主要负责人,依法给予降级或者撤职的行政处分;造成传染病传播、流行或者对社会公众健康造成其他严重危害后果的,依法给予开除的行政处分;构成犯罪的,依法追究刑事责任。

(2) 国务院有关部门、县级以上地方人民政府及其有关部门未依照规定,完成突发事件应急处理所需要的设施、设备、药品和医疗器械等物资的生产、供应、运输和储备的,对政府主要领导人和政府部门主要负责人依法给予降级或者撤职的行政处分;造成传染病传播、流行或者对社会公众健康造成其他严重危害后果的,依法给予开除的行政处分;构成犯罪的,依法追究刑事责任。

(3) 突发事件发生后,县级以上地方人民政府及其有关部门对上级人民政府有关部门的调查不予配合,或者采取其他方式阻碍、干涉调查的,对政府主要领导人和政府部门主要负责人依法给予降级或者撤职的行政处分;构成犯罪的,依法追究刑事责任。

(4) 县级以上各级人民政府卫生行政主管部门和其他有关部门在突发事件调查、控制、医疗救治工作中玩忽职守、失职、渎职的,由本级人民政府或者上级人民政府有关部门责令改正、通报批评、给予警告;对主要负责人、负有责任的主管人员和其他责任人员依法给予降级、撤职的行政处分;造成传染病传播、流行或者对社会公众健康造成其他严重危害后果的,依法给予开除的行政处分;构成犯罪的,依法追究刑事责任。

(5) 县级以上各级人民政府有关部门拒不履行应急处理职责的,由同级人民政府或者上级人民政府有关部门责令改正、通报批评、给予警告;对主要负责人、负有责任的主管人员和其他责任人员依法给予降级、撤职的行政处分;造成传染病传播、流行或者对社会公众健康造成其他严重危害后果的,依法给予开除的行政处分;构成犯罪的,依法追究刑事责任。

(6) 医疗卫生机构有下列行为之一的,由卫生行政主管部门责令改正、通报批评、给予警告;情节严重的,吊销《医疗机构执业许可证》;对主要负责人、负有责任的主管人员和其他直接责任人员依法给予降级或者撤职的纪律处分;造成传染病传播、流行或者对社会公众健康造成其他严重危害后果,构成犯罪的,依法追究刑事责任:①未依照本条例的规定履行报告职责,隐瞒、缓报或者谎报的。②未依照本条例的规定及时采取控制措施的。③未依照本条例的规定履行突发事件监测职责的。④拒绝接诊病人的。⑤拒不服从突发事件应急处理指挥部调度的。

(7) 在突发事件应急处理工作中,有关单位和个人未依照规定履行报告职责,隐瞒、缓报或者谎报,阻碍突发事件应急处理工作人员执行职务,拒绝国务院卫生行政主管部门或者其他有关部门指定的专业技术机构进入突发事件现场,或者不配合调查、采样、技术分析和检验的,对有关责任人员依法给予行政处分或者纪律处分;触犯《中华人民共和国治安管理处罚条例》,构成违反治安管理行为的,由公安机关依法予以处罚;构成犯罪的,依法追究刑事责任。

(8) 在突发事件发生期间,散布谣言、哄抬物价、欺骗消费者,扰乱社会秩序、市场秩序的,由公安机关或者工商行政管理部门依法给予行政处罚;构成犯罪的,依法追究刑事责任。

## 第四节　生活饮用水卫生监督的法律规定

### 一、生活饮用水立法

饮用水是人类生活中十分重要的必需品,其卫生状况直接关系到广大人民群众的身体健康。对饮用水加强卫生管理,保证人民群众能获得安全、卫生的饮用水,是卫生部门义不容辞的一项职责。为使这一工作能有效地进行,就必须将之纳入法律的范畴。有关饮用水的法律、法规、规章,既规定了卫生部门在饮用水管理中的任务,同时也为卫生部门开展饮用水管理提供了法律依据。为保证生活饮用水(以下简称饮用水)卫生安全,保障人体健康,制定了相关的法律和法规。这些规范性文件主要有:《中华人民共和国环境保护法》、《中华人民共和国水污染防治法》、《中华人民共和国传染病防治法》、《中华人民共和国水污染防治法实施细则》等,1996 年 7 月,国家建设部和卫生部联合发布了《生活饮用水卫生监督管理办法》,其后卫生部先后制定了《生活饮用水卫生标准》、《涉及饮用水卫生安全的产品评审技术规程》等。

### 二、生活饮用水的水质标准

生活饮用水要求水质在流行病学上安全;所含化学物质及放射性物质对人体健康无害;确保水的感官性状良好。此外,在选择指标和确定标准限量值时要考虑经济技术上的可行性。根据上述原则,我国生活饮用水规定 35 项水质标准,并将所有项目分为四组,即感官性状和一般化学指标、毒理学指标、细菌学指标以及放射性指标。其中感官性状和一般化学指标主要是为了保证水的感官性状良好,毒理学和放射性指标是为了保证水质对人体健康不产生毒性和潜在危害,细菌学指标是为了保证水质在流行病学上的安全。

### 三、饮用水卫生的监督

#### (一) 卫生部门的工作任务

(1) 监督和检查《生活饮用水卫生标准》的执行情况。县级以上人民政府卫生行政部门负责本行政区域内饮用水卫生监测工作。供水单位的供水范围在本行政区域内的,由该行政区人民政府卫生行政部门负责其饮用水卫生监督监测工作;供水单位的供水范围超出其所在行政区域内的,由供水单位所在行政区域的上一级人民政府卫生行政部门负责饮用卫生监督监测工作;供水单位的供水范围超出其所在省、自治区、直辖市的,由该供水单位的所在省、自治区、直辖市人民政府卫生政府卫生行政部门负责其饮用水卫生监督监测工作。铁道、交通、民航行政主管部门设立的卫生监督机构,行使卫生部会同国务院有关部门规定的饮用水卫生监督职责。

(2) 新建、扩建、改建集中式给水时,与供水单位的主管部门共同研究规划,确定水源选择、水源防护和工程设计方案,认真审查设计,做好竣工验收,经卫生防疫站同意后,方可投入使用。医疗单位发现因饮用水污染出现的介水传染病或化学中毒病例时,应及时向当地人民政府卫生行政部门和卫生防疫机构报告。县级以上地方人民政府卫生行政部门负责本行政区域内饮用水污染事故对人体健康影响的调查。当发现饮用水污染危及人体健康,须停止使用,对二次供水单位应责令其立即停止供水;对集中式供水单位应当会同城市建设行政主管部部门报同级人民政府批准停止供水。供水单位卫生许可证由县级以上人民政府卫生行政部门按照本办法第十六条规定的管理范围发放,有效期 4 年,每年复核一次。有效期满前 6 个月重新提出申请换发新证。涉及饮用水卫生安全的产品,必须进行卫生安全性评价。与饮用水接触的防护涂料、水质处理器以及新材料和化学物质,由省级人民政府卫生行政部门初审后,报卫生部复审;复审合格的产品,由卫生部颁发批准文件。其他涉及饮用水卫生安全的产品,由省、自治区、直辖市人民政府卫生行政部门批准,报卫生部备案。

(3) 协助乡、镇政府研究解决分散式给水的水源选择、水质鉴定、卫生防护和经常管理。饮用水卫生监督员由县级以上人民政府卫生行政部门发给证书,饮用水卫生检查员,负责乡、镇饮用水卫生检查工作。饮用水卫生监督员由县级人民政府卫生行政部门发给证书,饮用水卫生检查员由县级人民政府卫生行政部门发给证书。

### (二) 监测和监督的主要内容

(1) 监督、检查水质标准和卫生要求的执行情况。
(2) 协助选择水质良好、水量充沛、便于防护和经济技术上可行的水源。
(3) 协助和审查水源防护情况。

## 四、法律责任

(1) 集中式供水单位安排未取得体检合格证的人员从事直接供、管水工作或安排患有有碍饮用水卫生疾病的或病原从事直接供、管水工作的,县级以上地方人民政府卫生行政部门应当责令限期改进,并可对供水单位处以下 20 元以上 1 000 元以下的罚款。

有下列情形之一的,县级以上的地方人民政府卫生行政部门应当责令限期改进,并可对供水单位处以下 20 元以上 1 000 元以下的罚款:①在饮用水水源保护区修建危害水源水质卫生的设施或进行有碍水源水质卫生的作业的。②新建、扩建、改建的饮用水供水项目未经卫生行政部门参加选址、设计审查和竣工验收而擅自供水的。③供水单位未取得卫生许可证而擅自供水的。④供水单位供应的饮用水不符合国家规定的生活饮用水卫生标准的。⑤未取得卫生行政部门的卫生许可擅自从事二次供水设施清洗消毒工作的。

(2) 生产或者销售无卫生许可批准文件的涉及饮用水卫生安全的产品的,县级以上地方人民政府卫生行政部门应当责令改进,并可处以违法所得三倍以下的罚款,但最高不超过 30 000 元,或处 500 元以下的罚款。

(3) 城市自来水供水企业和自建设施对外供水的企业,有下列行为之一的,由建设行政主管部门责令限期改进,并可处以违法所得三倍以下的罚款,但最高不超过 30 000 元,没有违法所得可处以免 10 000 元以下罚款:

新建、改建、扩建的饮用水供水工程项目未经建设行政主管部门设计审查和竣工验收而擅自建设并投入使用的:①未按规定进行日常性水质检验工作的。②未取得《城市供水企业资质证书》

擅自供水的。

# 第五节　放射卫生监督的法律规定

## 一、放射卫生的立法

1989 年 10 月,国务院发布了《放射性同位素与射线装置放射防护条例》,它是一部重要的放射卫生法规。2002 年 5 月,卫生部根据《中华人民共和国职业病防治法》制定了 49 项强制性放射卫生标准,如《放射工作人员健康标准》、《放射性白内障诊断标准》、《职业性外照射个人监测规范》等;9 项推荐性放射卫生标准,如《γ-远距治疗室设计防护要求》、《放射事故个人外照射剂量估算原则》、《X 射线防护材料衰减性能的测定》等。1996 年 4 月颁布的《辐射食品卫生管理办法》。此外,各省、自治区、直辖市根据国家放射卫生标准结合本地区的特点和具体情况,制定发布了地方性放射卫生管理办法和标准。2003 年 6 月 28 日由中华人民共和国第十届全国人民代表大会常务委员会第三次会议通过了《中华人民共和国放射性污染防治法》,并自 2003 年 10 月 1 日起施行。目前,我国的放射卫生防护已建立了比较完整的业务和管理体系,并初步形成了放射卫生法规和标准体系。

## 二、放射防护管理

### (一) 许可登记

国家对放射工作实行许可制度。凡要申办卫生许可证的放射工作单位,必须具备下列相应条件:

1) 建设项目的放射防护设施,经省级人民政府卫生行政部门设计审查与竣工验收认可。

2) 有放射性核素准购批件。

3) 涉及放射性废水、废气、固体废物排放的,还应有经环境保护部门批准的环境影响评价文件。

4) 放射工作场所及设施、设备符合国家有关标准和放射防护要求。

5) 有必要的放射防护措施和防护检测仪器设备。

6) 从事放射工作的人员经健康检查、放射防护专业知识和相关法规知识培训合格,持有《放射工作人员证》。

7) 设置放射防护管理机构或组织,配备专职或兼职放射防护管理人员。

8) 从事食品辐照加工的单位和个人,必须按所在省、自治区、直辖市卫生行政部门制定的卫生许可证发放管理办法,取得食品卫生许可证和放射工作许可证后方可开展工作。

9) 建立、健全放射防护责任制和放射防护规章制度。

10) 符合放射卫生法规、规章规定的其他要求。

经省级人民政府卫生行政部门审查,合格者由卫生部门发放许可证。放射性工作单位取得卫生许可证后,于 30 日内到当地公安机关申请办理放射工作登记,逾期不办理放射工作登记的,卫生许可证自动失效。放射工作单位取得卫生许可证后,方可从事卫生许可证范围内的放射性工作。

### （二）卫生防护

**1. 设置放射性危险标志**

放射性核素的生产、使用、贮存场所和放射线装置的生产、使用、调试和维修场所必须设置相应的防护设施,其进出口处及其他适当位置要设置电离辐射警示标志。在野外、室外从事放射工作时,必须划出安全防护区,并设置电离辐射警示标志,必要时,设专人警戒。

**2. 放射性物品的管理**

1) 放射性核素不得与易燃、易爆、腐蚀性物品同库贮存,不能超过贮存场所防护设计的最大储量。贮存场所必须采取有效的防火、防爆、防盗、防泄漏的安全防护措施和报警装置,并指定专人负责保管。贮存、领取、使用、归还放射性核素时,要进行登记、检查,做到账物相符。

2) 托运、承运和自行运输放射性核素时,按有关运输规定对所运货物进行包装,加贴放射性货包等级标志,并出具由检测机构签发的《放射性物质剂量检查证明书》,经承运单位查验无误后,才可办理运输手续。

3) 任何单位和个人购置放射性核素、含放射性核素设备时,事先在当地省级人民政府卫生行政部门办理准购批件,凭准购批件才能办理订货、购货及运货手续。销售单位要详细登记销售去向,并报省级人民政府卫生行政部门备案,禁止将其转让、调拨、出租给无卫生许可证的单位和个人。

4) 定期地对放射性工作单位使用的含放射性核素设备或射线装置进行稳定性检测和校正,凡安装、维修和更换与辐射源有关部件后的设备,经检测机构确认合格后,方可启用。

5) 申请从事食品辐照加工的单位和个人必须具备以下条件:辐照室有良好的通风设施,辐照室内臭氧和氮氧化合物的浓度低于国家《工业企业设计卫生标准》中的限值;辐照室有多重安全联锁装置和剂量监测装置,对 γ 辐照装置还应备有迫降装置,并保证各种装置安全有效可靠;有专业剂量测试人员、操作人员和防护人员以及卫生检验实验室和常规剂量计;有辐照食品生产管理细则、工艺操作规程,安全守则,各类人员的岗位责任制等规章制度;省级以上卫生行政部门要求的其他条件。

**3. 放射性产品的管理**

1) 生产单位首次生产放射防护器材或含放射性产品,必须经检测机构检测,符合有关标准和卫生要求的,方可生产;新研制且结构复杂的放射防护器材还须提供两个以上使用单位的试用报告。未经检测或检测不符合有关标准和卫生要求的产品,不得生产、销售、进口与使用。

2) 凡已连续生产两年的产品,进口的每批产品,停产逾一年再投产的产品,设计及生产工艺和原料有改变的产品,应当重新检测。

3) 各种建筑材料、天然石材、含磷肥料、含放射性物质的消费品和伴生 X 射线电器及其他放射性产品的放射性水平应符合相应的卫生标准。

**4. 放射治疗的管理**

对患者和受检者进行诊断、治疗时,严格控制受照剂量,并对患者的非治疗部位进行屏蔽防护;对孕妇、幼儿进行医疗照射时,事先告知对健康的危害。

**5. 放射工作人员的健康管理**

对已从事和准备从事放射工作的人员,进行放射知识及专业培训,取得合格证书后,经体格检查合格者,才可从事限定范围内的工作。

（三）放射事故管理

（1）国家对放射事故实行分级管理与报告、立案制度。

（2）发生或发现放射事故的单位和个人，必须立即采取防护措施，控制事故影响，保护事故现场，并向县以上卫生行政部门、公安机关报告；对可能造成环境污染的，还应同时报告当地环境保护部门。

## 三、放射防护监督

1. 放射防护监督机构及其职责

（1）卫生行政部门。县级以上卫生行政部门负责本辖区内放射性同位素与射线装置的防护监督，其主要职责是：①负责对放射性工作监督检查。②组织实施放射防护法规。③会同有关部门调查处理放射事故。④组织放射防护知识的宣传、培训和法规教育。⑤处理放射防护监督中的纠纷。

（2）环境保护部门。各省、自治区、直辖市的环境保护部门对放射性核素和含有放射源的装置在应用中排放放射性废水、废气、固体废物实施监督，其主要职责是：①审批环境影响报告表。②对废水、废气、固体废物处理进行审查和验收。③对废水、废气、固体废物排放实施监测。④会同有关部门处理放射性环境污染事故。

（3）公安部门。县级以上公安部门对放射性核素应用中的安全保卫实施监督管理，主要职责是：①登记放射性核素和放射源。②检查放射性核素及放射源保存、保管的安全性。③参与放射事故处理。

2. 放射防护监督员及其职责

县级以上卫生行政部门设放射防护监督员，由省级卫生行政部门任命。监督员由从事放射防护工作且具有一定资格的专业人员担任。放射防护监督员有权按照规定对本辖区内放射工作进行监督和检查，并可以按照规定采样和索取有关资料，有关单位不得拒绝和隐瞒，对涉及保密的资料应按国家保密规定执行，严守法纪、秉公执法，不得玩忽职守、徇私舞弊。

## 四、放射性污染防治的监督管理

1. 制定放射性污染防治标准

国家放射性污染防治标准由国务院环境保护行政主管部门根据环境安全要求、国家经济技术条件制定。国家放射性污染防治标准由国务院环境保护行政主管部门和国务院标准化行政主管部门联合发布。

含有放射性物质的产品，应当符合国家放射性污染防治标准；不符合国家放射性污染防治标准的，不得出厂和销售。使用伴生放射性矿渣和含有天然放射性物质的石材做建筑和装修材料，应当符合国家建筑材料放射性核素控制标准。

2. 建立放射性污染监测制度

国家建立放射性污染监测制度。国务院环境保护行政主管部门会同国务院其他有关部门组织环境监测网络，对放射性污染实施监测管理。

3. 监督检查

国务院环境保护行政主管部门和国务院其他有关部门，按照职责分工，各负其责，互通信息，密切配合，对核设施、铀（钍）矿开发利用中的放射性污染防治进行监督检查。

县级以上地方人民政府环境保护行政主管部门和同级其他有关部门,按照职责分工,各负其责,互通信息,密切配合,对本行政区域内核技术利用、伴生放射性矿开发利用中的放射性污染防治进行监督检查。

监督检查人员进行现场检查时,应当出示证件。被检查的单位必须如实反映情况,提供必要的资料。监督检查人员应当为被检查单位保守技术秘密和业务秘密。对涉及国家秘密的单位和部位进行检查时,应当遵守国家有关保守国家秘密的规定,依法办理有关审批手续。

4. 安全预防措施

核设施营运单位、核技术利用单位、铀(钍)矿和伴生放射性矿开发利用单位,必须采取安全与防护措施,预防发生可能导致放射性污染的各类事故,避免放射性污染危害。

国家对从事放射性污染防治的专业人员实行资格管理制度;对从事放射性污染监测工作的机构实行资质管理制度。核设施营运单位、核技术利用单位、铀(钍)矿和伴生放射性矿开发利用单位,应当对其工作人员进行放射性安全教育、培训,采取有效的防护安全措施。

运输放射性物质和含放射源的射线装置,应当采取有效措施,防止放射性污染。具体办法由国务院规定。

放射性物质和射线装置应当设置明显的放射性标识和中文警示说明。生产、销售、使用、贮存、处置放射性物质和射线装置的场所,以及运输放射性物质和含放射源的射线装置的工具,应当设置明显的放射性标志。

## 五、法律责任

(1) 对违反放射卫生法规的单位或个人,由县级以上人民政府卫生行政部门,视其情节轻重给予警告、责令限期改正,构成犯罪的,依法追究刑事责任。因违反放射卫生法规,给他人造成损害的放射工作单位或个人依法承担民事责任。

(2) 对从事放射卫生检测评价的检测机构违反放射卫生法规,由县级以上人民政府卫生行政部门责令其立即停止违法行为,给予警告,或处以罚款,情节严重的,由原认证机关取消其检测资格,并予以公告。

(3) 卫生行政部门及其卫生监督执法人员、公安机关工作人员在执法活动中或查处放射事故中玩忽职守、滥用职权、徇私舞弊,情节轻微的,由其所在单位或上级主管部门予以行政处分,构成犯罪的,依法追究刑事责任。

### 思 考 题

1. 简述学校卫生工作监督机构及其职责、学校卫生监督员职责。
2. 简述公共场所的概念及分类。
3. 简述卫生监督机构的主要职能。
4. 简述突发公共卫生事件的含义、全国突发事件应急预案应当包括的主要内容。
5. 简述违反饮用水法规的法律责任。
6. 简述申办卫生许可证的放射工作单位,必须具备的相应条件。

(南京中医药大学 朱晓卓)

# 第十九章　红十字会法

通过本章的学习,要求掌握红十字会的性质和组织形式,红十字会的职责、红十字会标志的使用,熟悉我国的红十字事业及其相关内容,以及违反红十字会法规的相关法律责任

## 第一节　概　　述

### 一、红十字会法的概念

红十字会法是为了调整保护人的生命健康,发扬人道主义精神,促进和平进步事业,保障红十字会依法履行职责活动中产生的各种社会关系的法律规范的总称。

### 二、国际红十字会运动的起源和发展

国际红十字会(International Committee of Red Cross,ICRC)起源于 19 世纪中叶欧洲的战争救护,瑞士人亨利·杜南开创了以人道、博爱、和平、进步为宗旨的红十字事业。

1859 年 6 月 24 日,瑞士人亨利·杜南途经意大利北部小镇索尔弗利诺,正赶上法国、撒丁国联军与奥地利军之间的一场战役。杜南目睹了无助的伤兵在烈日下痛苦挣扎的惨状,无法就手旁观,于是组织居民抢救伤兵、掩埋尸体……战争结束后,他提出了导致两个历史性事件的著名主张:"在和平安定时期应该建立战时伤员救护团体";"制定国际性的神圣协议"。他建议在所有国家建立由受过训练的志愿者组成的以帮助照顾战时的伤员为目的的伤员救援协会。杜南的人道精神震撼了人们的心灵,在欧洲赢得了广泛的共鸣。1863 年 2 月 17 日,在日内瓦"五人委员会"[即红十字国际委员会(ICRC)的前身]成立了。

1863 年 10 月 26 日,欧洲 16 个国家的代表在日内瓦召开了首次外交会议,并一致通过了《红十字决议》,决定在各国建立救护团体,为表示对瑞士的敬意,其标志定为"白底红十字"(瑞士国旗为红底白十字)。翌年 8 月 8 日至 22 日,又签订了《红十字公约》,且被各国相继承认。公约中规定:战场上进行救护的医院及人员处中立地位,应受保护;应对伤病员不分敌友均给予救护。至此,作为亨利·杜南理想中的救护团体"红十字会"和国际性协议"日内瓦公约"正式诞生了。现在,国际红十字会是世界上三大国际组织之一,由红十字国际委员、红十字会与红新月会国际联合会、各国红十字会和红新月会组成。有成员国 170 多个。

### 三、国际红十字会的基本原则

国际红十字和红新月运动确立的基本原则是指 1986 年 10 月日内瓦国际红十字大会第二十五次会议通过的"国际红十字和红新月运动章程"中确立的人道性、公正性、中立性、独立性、志愿服务、统一性和普遍性七项基本原则。

# 第二节  中国红十字组织

## 一、中国红十字会

中国红十字会是具有法人资格的组织。中国红十字会在县级以上(含县)行政区域(直辖市的街道)建立地方各级红十字会;乡镇、街道、企业、事业单位和学校建立的红十字会为基层组织,根据实际工作需要配备专职工作人员。全国性行业根据需要可以建立行业红十字会。地方各级红十字会、行业红十字会依法取得社会团体法人资格。

中国红十字会的最高权力机构是全国会员代表大会;会员代表大会闭会期间由理事会执行其决议;理事会闭会期间由常务理事会执行其决议;驻总会机关的常务理事组成执行委员会,执行委员会对常务理事会负责。中国红十字会设名誉会长和名誉副会长。中国红十字会名誉会长由国家主席担任,名誉副会长由理事会聘请;地方红十字会名誉会长和名誉副会长由同级理事会聘请。

1. 全国会员代表大会

全国会员代表大会的代表由总会和地方红十字会推选的会员代表以及与有关部门协商产生的代表和特邀代表组成。代表比例由上届常务理事会根据会员人数和红十字事业发展需要决定。全国会员代表大会由中国红十字会理事会召集,每五年召开一次,如遇特殊情况可提前或延期召开。

2. 全国会员代表大会的职权

全国会员代表大会的职权有:① 选举中国红十字会理事。② 修改《中国红十字会章程》。③ 审查批准理事会的工作报告。④ 批准理事会提交的工作规划。⑤ 决定中国红十字会的重大事项。

3. 理事会及其职责

理事会任期 5 年,下一届全国会员代表大会召开时换届。理事会会议由常务理事会召集,每年召开一次。其职责是:① 聘请名誉副会长。② 选举常务理事。③ 选举会长、常务副会长、副会长。④ 根据会长提名,决定秘书长、副秘书长。⑤ 审议、通过理事的增补、更换或罢免事宜。⑥ 审查批准常务理事会的工作报告并向全国会员代表大会报告工作。⑦ 制定发展红十字事业的大政方针、长远规划和年度工作计划。⑧ 审查批准接受捐赠款、物使用情况的报告。⑨ 决定其他重大事项。

4. 常务理事会、执行委员会及其职责

常务理事会由理事会选举产生的会长、常务副会长、副会长和专职常务理事及有关部门兼职常务理事组成。常务理事会对理事会负责并接受其监督,常务理事会会议每年至少召开两次,由会长或常务副会长召集并主持。其职责是:① 依照《中华人民共和国红十字会法》和本章程的规定,向理事会推举名誉副会长的人选。② 提出修改章程的议案。③ 审议年度工作报告、计划和接受捐赠款、物的使用情况,并向理事会提交专题报告。④ 向理事会提出更换、增补及罢免理事的议案。⑤ 聘请名誉理事。⑥ 决定其他重要事项。

常务理事会闭会期间,由执行委员会执行常务理事会的决议。常务副会长任执行委员会主任并担任中国红十字会法定代表人。执行委员会的职责是:① 执行理事会和常务理事会决议,主持总会日常工作。② 负责编制总会经费预算,审核总会年度财务决算。③ 指导全国红十字会的工作。④ 管理总会的动产和不动产。⑤ 承担总会的民事、法律责任。⑥ 负责与国际红十字组织和各国红十字会或红新月会的交流、合作。⑦ 完成理事会和常务理事会交办的其他事宜。

## 二、红十字会会员

1. 红十字会会员的基本条件

本国公民,不分民族、种族、性别、职业、宗教、信仰、教育程度,遵守《中华人民共和国红十字会法》,承认红十字会章程的,可以申请加入红十字会,成为红十字会会员。会员分为个人会员和团体会员。在校学生加入红十字会的为红十字青少年会员。机关、企业事业单位及有关团体,集体加入红十字会的为团体会员。个人入会须提出申请,基层红十字组织批准,报县级以上(含县)红十字会备案,发给会员证,方可成为红十字会会员;机关、企业事业单位及有关团体集体入会,由县级以上(含县)红十字会发给证书和标牌,方可成为红十字会团体会员;对红十字事业有较大贡献的单位和个人,县级以上(含县)红十字会可以直接接收为会员。

2. 红十字会会员的退会

会员有下列原因之一可以认为退会:① 法人的撤销、合并、解散。② 连续两年不参加红十字会活动。③ 不缴纳会费。

3. 红十字会会员的基本权利

会员的基本权利有:① 参加红十字会的有关会议。② 有选举权、被选举权和表决权。③ 对红十字会工作提出建议和批评。④ 佩戴红十字标志。⑤ 团体会员的权利由法定代表人行使。

4. 红十字会会员的基本义务

会员的基本义务有:① 宣传、贯彻、执行《中华人民共和国红十字会法》和《中华人民共和国红十字标志使用办法》。② 遵守《中国红十字会章程》。③ 按期缴纳会费。会费标准按《中国红十字会会费收缴与管理办法》的规定执行。④ 参加红十字会举办的活动,完成红十字会交办的任务。⑤ 维护红十字会的合法权益。

## 第三节　红十字会的职责与权利

### 一、国际红十字会的职责

#### （一）红十字会平时履行的职责

（1）开展救灾的准备工作,兴建和管理救灾备灾设施;在自然灾害和突发事件中,开展救护和救助,根据灾害和事件的具体情况,由中国红十字会总会向国内外发出呼吁,依法接受国内外组织和个人的捐款,及时向灾区群众和受难者提供急需的人道主义援助。

（2）开展卫生救护和防病常识的宣传普及;在易发生意外伤害的行业和城镇居民委员会、农村、牧区,开展初级卫生救护培训,组织群众参加意外伤害和自然灾害的现场救护。

（3）参与输血献血工作,推动无偿献血;协助各级人民政府开展无偿献血的宣传发动工作,对先进单位和个人进行表彰奖励;开展非血缘关系骨髓移植供者动员、宣传、组织和供髓者资料数据的贮存、检索工作。

（4）组织会员、志愿工作者开展社会服务活动;开展其他人道主义服务工作。

（5）依法开展募捐活动;在机场、火车站、宾馆、商场、公园、货币兑换处等公共场所可设置红十字募捐箱并进行管理。

（6）参加国际人道主义救援工作;开展与国际红十字组织和各国红十字会或红新月会的友好合作交流。

（7）开展有益于青少年身心健康的红十字青少年活动。

（8）宣传日内瓦公约及其附加议定书、红十字与红新月运动七项基本原则;宣传《中华人民共和国红十字会法》和《中华人民共和国红十字标志使用办法》并协助各级人民政府纠正滥用红十字标志现象。

（9）依照国际红十字和红新月运动的基本原则和日内瓦公约及其附加议定书,兴办符合红十字会宗旨的社会福利事业和经济实体。

（10）依照国际红十字和红新月运动的基本原则,完成人民政府委托事宜。

#### （二）战时红十字会依据日内瓦公约及其附加议定书履行职责

（1）组织红十字会救护队,参与战场救护。

（2）在武装部队中依法开展传染病的防治工作。

（3）对战区平民进行救助。

（4）协助战俘、被监禁者及难民与家人取得联系,转交钱物,并为此建立必要的通信渠道。

（5）参与探视和见证交换战俘。

### 二、中国红十字会的主要工作

（1）卫生救护。开展群众性初级卫生救护训练,培训初级卫生人员,以减轻意外伤害造成的伤亡。

（2）备灾与救灾。每当大的自然灾害发生时,中国红十字会即开展社会募捐活动,为灾区募集赈济款物,发放到受灾群众手中,派出医疗队到灾区服务。中国红十字会建有区域性的和省级的备灾救护中心,储备救灾物资,培训救灾人员。

（3）社区服务。各级红十字会组织广大红十字会会员和志愿工作者,对散居在社会上的孤老病残者开展社会救助和社会服务。兴办社会福利事业,参与国家社会保障体系,服务于社会上最易受损害的群体。

（4）宣传和传播。利用各种媒介、各种形式宣传《中华人民共和国红十字会法》及《中华人民共和国红十字标志使用办法》,传播日内瓦公约及其附加协议书,宣传红十字会的宗旨、任务。

（5）推动无偿献血工作。宣传动员群众无偿献血,协助政府表彰奖励无偿献血先进单位和个人。经政府批准负责中国造血干细胞捐赠者资料库(中华骨髓库)的建设、管理。

（6）开展红十字青少年活动。在全国各级各类学校中建立红十字组织,发展会员,开展红十字青少年活动,进行精神文明教育及青少年的卫生健康教育,促进学生的德育发展;开展国际红十字青少年的友好交往。

（7）台湾事务。为海峡两岸同胞服务,处理查人转信、探亲衍生等问题。两岸红十字组织积极开展卫生救护交流、赈灾及红十字青少年活动。

（8）对外交往。中国红十字会根据独立、平等、互相尊重的原则,发展同各国红十字会和红新月会的友好合作关系,参加国际人道主义救援工作。

## 三、红十字会的权利

### （一）优先通行权

（1）在自然灾害和突发事件中,佩戴红十字标志的人员和标有红十字标志的物资、交通工具优先通行。

（2）在自然灾害和突发事件中,为执行救助任务的需要,红十字会救援人员可以优先使用公共通信工具。

（3）红十字会接受的国(境)外组织和个人捐赠的救灾物资,有关部门优先安排运输和办理有关放行手续。

### （二）减税、免税权

（1）红十字会兴办的社会福利事业可以按照国家有关规定,享受税收优惠政策。

（2）红十字会接受的国(境)外组织和个人捐赠的救灾物资,按照国家有关规定享受减税、免税优惠。

### （三）物资处分权

红十字会有权处分其接受的救助物资,在处分捐赠款物时,应当尊重捐赠者的意愿。

（1）执行人道主义救助任务的红十字会工作人员,在战争和武装冲突中受日内瓦公约及其附加议定书的保护,在自然灾害和突发事件中受国家有关法律法规的保护。

（2）红十字会开展的宣传日内瓦公约及其附加议定书、国际红十字运动章程、《中华人民共和国红十字会法》、《中华人民共和国红十字标志使用办法》、社会募捐以及红十字会履行职责的活动,广播、电视、报刊等新闻单位应积极支持。

(3) 任何组织或个人不得拒绝、阻碍红十字会工作人员依法履行职责。

### 四、红十字会的经费来源和使用监督

1. 红十字会经费的主要来源

红十字会经费的来源有:① 红十字会会员缴纳的会费。② 接受国内外组织和个人捐赠的款物。③ 动产和不动产的收入。④ 人民政府的拨款。

中国红十字会建立中国红十字基金会,有条件的地方红十字会可建立红十字基金会或设立专项基金。

2. 红十字会经费的使用监督

为了确保红十字会经费使用的合法有效,红十字会自行建立了一系列的经费审查监督制度,并接受人民政府的检查监督。对会费的使用,按《中国红十字会会费收缴与管理办法》的规定执行。对接受境内外组织和个人定向捐赠款物的使用和管理,按《中国红十字会募捐和接受捐赠工作条例》的规定执行。任何组织和个人不得侵占和挪用红十字会的经费和财产。红十字会的经费主要指会费、接受的捐赠、政府的拨款以及自有财产所带来的收益。红十字会的财产包括红十字会的动产和不动产(含国家交给红十字会管理的动产和不动产)。

# 第四节　红十字标志的使用

红十字标志是白底红十字。中国红十字会使用的标明性红十字标志为加名称的白底红十字标志,红十字由五个相等的正方形组成。红十字标志是国际人道主义保护标志,是武装力量医疗机构的特定标志,是红十字会的专用标志。红十字标志具有保护作用和标明作用,两者不得混淆使用。为了维护红十字标志的严肃性,正确使用红十字标志,依照红十字会法的有关规定,制定中华人民共和国红十字标志使用办法。地方各级人民政府依照红十字标志使用办法对本行政区域内红十字标志的使用实施监督管理。地方各级红十字会协助本级人民政府对红十字标志的使用实施监督管理。

## 一、中国红十字会的标志、会徽和会旗

中国红十字会使用日内瓦公约规定的白底红十字标志。中国红十字会的会徽为:金黄色橄榄枝环绕的白底红十字。中国红十字会的会旗为:白色旗帜正中央印制中国红十字会会徽。全国各级红十字会统一使用白底红十字标志和中国红十字会会徽、会旗。红十字标志、红十字旗、中国红十字会会徽和会旗以及会员证、团体会员标牌、荣誉证书等的制作按照中国红十字会的有关规定执行。红十字徽章、臂章、奖章、证章、证书按总会统一设计模式,由各省、自治区、直辖市,副省级城市红十字会制作;带有红十字的特殊标记、吉祥物等由中国红十字会总会制作。

## 二、红十字标志的保护性使用

红十字标志的保护性使用,是指在武装冲突中、冲突各方对依照本办法的规定佩带红十字标

志的人员和标有红十字标志的处所及其物品、医务运输工具,必须予以保护和尊重。

1. 有权使用红十字标志的人员

在武装冲突中,下列人员可以使用保护性红十字标志:①武装力量医疗机构的医务人员和工作人员。②红十字会的工作人员和医务人员。③经国务院或者中央军事委员会批准的国际红十字组织和外国红十字组织的工作人员和医务人员。④军用的和民用的医务运输工具上的医务人员和工作人员。⑤经国务院或者中央军事委员会批准的国内外的志愿救助团体人员和民用医疗机构的医务人员。使用保护性红十字标志的人员,必须随身携带由国务院或者中央军事委员会授权的部门签发的身份证明。

2. 有权使用红十字标志的组织和机构

在武装冲突中,下列机构或者组织及其处所、物品、医务运输工具可以使用保护性红十字标志:①武装力量的医疗机构。②参加救助活动的红十字会。③经国务院或者中央军事委员会批准的国内外的志愿救助团体和医疗机构。④经国务院或者中央军事委员会批准的国际组织。除此之外,武装力量医疗机构的人员、处所及其物品、医务运输工具,和平时期可以使用保护性红十字标志作为标记。

## 三、红十字标志的标明性使用

红十字标志的标明性使用,是指对与红十字活动有关的人或者物的标志。红十字作为标明性标志使用时,在红十字下方必须伴以红十字会的名称或者名称缩写,并不得将红十字置于建筑物顶部。红十字会的工作人员、会员和其他有关人员履行职责时,应当佩带标有红十字的小尺寸臂章;不履行职责时,可以佩带标有红十字的小尺寸胸针或者胸章。

1. 有权可以使用标明性红十字标志的人员

下列人员可以使用标明性红十字标志:①红十字会工作人员。② 红十字会会员。③红十字青少年会员。

2. 有权使用标明性红十字标志的场所

下列场所可以使用标明性红十字标志:①红十字会使用的建筑物。②红十字会所属的医疗机构。③红十字会开展符合其宗旨的活动场所。

3. 有权使用标志性红十字标志的物品、运输工具

下列物品、运输工具可以使用标志性红十字标志:①红十字会的徽章、奖章、证章。②红十字会的印刷品、宣传品。③红十字会的救灾、救护物资及运输工具。

除上述规定的范围以外需要使用标明性红十字标志的,由红十字总会批准。

## 四、红十字标志的使用方法

(1) 红十字会会员、红十字青少年会员、红十字会志愿工作者和红十字会专(兼)职工作人员平时可佩戴红十字会会徽或穿着印有红十字装饰图案的服装;执行救助任务的红十字会人员应佩带红十字臂章、胸章或穿着印有红十标志的制服。

(2) 红十字会的机构、医院、血站、备灾救灾中心(仓库)、救护培训中心挂长方条形或矩形标牌,底色为白色、红十字在上部,下面用黑色字标明单位全称。各级红十字会的备灾救灾中心(仓库)、救护培训中心用中国红十字会会徽作标记,会徽在正面墙壁上方显著位置,会徽下方用醒目

字体标明单位全称。

（3）红十字会的赈灾、救护车辆（含飞行器、船艇）、在驾驶室挡风玻璃和车身后玻璃下方适中位置喷涂白底红十字，驾驶室两侧车门喷涂红十字、红十字下方标明红十字会名称，车上的警灯、警报器按公安部门的规定安装，境外捐助车辆的警灯、警报器和车身喷字的维持原样，驾驶室两侧车门喷涂红十字并标明红十字会名称；救灾和紧急救护临时雇用的车辆均按本规定张贴标明性红十字标志，悬挂红十字会会旗。

（4）使用民族文字的地区，在单位标牌和胸章、臂章上可加用民族文字。

（5）经批准冠名红十字会（或红十字）医院、血站等事业单位挂矩形标牌，标牌底色为白色，红十字在中央，单位名称环绕红十字，用黑色字标明。

（6）红十字会的各级团体会员单位，分别由各级红十字会授予矩形挂牌，其形状与冠名红十字会单位的挂牌相同，名称由国家或地区名称加红十字会团体会员单位组成。

（7）红十字会所属企止单位及挂靠单位平时不得使用红十字标志，在执行人道主义救助任务和参加红十字会活动时，使用红十字标牌、红十字旗、红十字会会徽进行标明。

（8）大型集会、文艺演出和各种体育竞赛场馆由红十字会设置的救护站，用红十字旗或红十字标牌标明；红十字会举办的会议，主席台上方挂红十字会会徽，会场内摆放会旗和红十字旗。

（9）红十字会的宣传印刷品、办公用品、纪念品可直接印制红十字和红十字会会徽；红十字会用于救护、赈济的器械、器材和衣服、食品、药品等物品的包装应直接印制或用不干胶贴的红十字标志标明。

（10）中国红十字会总会批准开展的义卖活动，其义卖品可用红十字标志标明。

红十字徽章、臂章、奖章、证章、证书按总会统一设计模式，由各省、自治区、直辖市，副省级城市红十字会制作；带有红十字的特殊标记、吉祥物等由中国红十字会总会制作。

### 五、红十字标志的禁止使用

红十字会法规定，红十字会标志不得用于下列情形：①商标或者商业性广告。②非红十字会或者非武装力量的医疗机构。③药店、兽医站。④商品的包装。⑤公司的标志。⑥工程设计、产品设计。⑦红十字标志使用办法规定可以使用红十字标志以外的其他情形。

## 第五节　法律责任

### 一、阻碍红十字会工作人员履行职责的法律责任

红十字会法规定，任何组织和个人不得拒绝、阻碍红十字会工作人员依法履行职责。在自然灾害和突发事件中，以暴力、威胁方法阻碍红十字会工作人员依法履行职责的，比照刑法有关规定追究刑事责任；阻碍红十字会工作人员依法履行职责未使用暴力、威胁方法的，比照治安管理处罚条例的有关规定处罚。

### 二、违反红十字标志使用办法的法律责任

（1）禁止滥用红十字标志。对于滥用红十字标志，违反红十字标志使用办法，有下列情形之

一的,红十字会有权要求其停止使用;拒绝停止使用的,红十字会可以提请人民政府按照有关法律、法规予以处理:

红十字会的工作人员、会员、红十字青少年会员以外的人员使用标明性红十字标志的。

非红十字会使用的建筑物及其他场所使用标明性红十字标志的。

非红十字会的医疗机构使用标明性红十字标志的。

不属于红十字会的物品、运输工具等使用标明性红十字标志的。

有违反红十字标志使用办法规定使用红十字标志的其他情形。

(2)违反红十字标志使用办法规定,擅自使用红十字标志的,由县级以上人民政府责令停止使用,没收非法所得,并处 1 万元以下的罚款。

(3)武装力量中的组织和人员有违反红十字标志使用办法规定行为的,由军队有关部门处理。

## 思 考 题

1. 简述红十字会法的概述,国际红十字和红新月运动确立的基本原则。

2. 简述中国红十字会的主要工作。

3. 简述红十字会会员的基本条件,红十字会会员的基本权利和义务,中国红十字会的标志、会徽和会旗。

4. 简述红十字会的性质和组织形式。

5. 简述红十字会的职责和权利。

6. 简述红十字标志的作用。

7. 简述违反红十字会法的法律责任。

(南京中医药大学 李 鑫)

# 第二十章 职业病防治法律制度

通过本章的学习,要求掌握职业病防治法和职业病的概念,熟悉劳动者的职业卫生权利,了解职业病的预防和防护制度、职业病诊断与职业病病人的待遇以及违反职业病防治法的法律责任。

## 第一节 概 述

### 一、职业病防治法的概念

职业病防治法是调整预防、控制和消除职业危害,防止职业病,保护劳动者健康,促进经济发展活动中所产生的各种社会关系的法律规范的总称。

职业病和职业性疾患是影响劳动者健康、造成劳动者过早失去劳动能力的最主要卫生问题。改革开放后,我国经济取得了有目共睹的巨大成就。2001 年底,我国共有劳动人口达七亿四千多万人。但与此同时,我国各种形式的职业危害日趋严重。据不完全统计,全国仅累计尘肺病人就达 55 万人,还有 60 多万可疑尘肺人员,新发尘肺病人目前仍以每年 1.5 万至 2 万例的速度增长;全国每年报告各类急、慢性职业中毒数千人,死亡数百人,重大恶性职业中毒时有发生;随着各种新材料、新工艺技术的引进和使用,出现了一些过去未曾见过或者很少发生的严重职业中毒。因粉尘、放射污染和有毒、有害作业导致劳动者患职业病死亡、致残、丧失劳动能力的人数不断增加,其危害程度远远高于生产安全事故和交通事故。同时随着经济的发展和公民权利意识的增强,劳动者越来越认识到劳动环境对自己的重要影响,在自由选择劳动单位和订立劳动合同的过程中,劳动者越来越强烈地希望知道自己将要面临的劳动条件和环境。

面对这些问题,职业病防治立法工作得到了全国人大的高度重视,1992 年全国人大代表提出制定职业病防治法的议案。随后,全国人大代表及全国人大教科文卫委员会委员多次考察全国各地职业病防治情况,并呼吁加快职业病防治立法进程。2001 年 10 月 27 日,《中华人民共和国职业病防治法》(以下简称《职业病防治法》)经第九届全国人民代表大会常务委员会第二十四次会议审议通过,并于 2002 年 5 月 1 日正式实施。此外,有关部门还发布了与《职业病防治法》相配套的规章和规范性文件,主要有《国家职业卫生标准管理办法》、《职业病危害项目申报管理办法》、《建设项目职业病危害分类管理办法》、《职业健康监护管理办法》、《职业病诊断与鉴定管理办法》、《职业病危害事故调查处理办法》、《职业病分类目录》、《职业病危害因素分类目录》和《建设项目

274

职业病危害评价规范》等。

《职业病防治法》包括总则、前期预防、劳动过程中的防护与管理、职业病诊断与职业病病人保障、监督检查、法律责任、附则等,共七章,七十九条。《职业病防治法》是在我国建立和完善社会主义市场经济体制、我国经济关系、劳动关系发生深刻变化形势下颁布实施的,它从法律规范的角度,维护了劳动者的健康权益,促进了国民经济持续发展。

### 二、职业病的概念

职业病的概念在学术上与法律上有一定的区别。学术上一般认为,职业病是在生产环境和劳动过程中,职业性有害因素(如有毒化学物、生产性粉尘、有害物理因素或生物因素等)直接作用于人体,损害人体健康所引起的各种疾病。

法律上职业病的概念一般是指由国家确认并经法定程序公布的职业病。许多国家采取由国家向社会公布职业病目录的方式确定职业病范围,列入该范围的职业病,通常称为法定职业病。我国《职业病防治法》也采用法定职业病的办法。该法第 2 条第 1 款、第 2 款分别规定:"本法所称职业病,是指企业、事业单位和个体经济组织(以下统称用人单位)的劳动者在工作或者其他职业活动中,因接触粉尘、放射线和有毒、有害物质等职业危害因素而引起的疾病。""职业病的分类和目录由国务院卫生行政部门会同国务院劳动保障行政部门规定、调整并公布。"这就说明,职业性疾病必须满足一定的条件,达到一定程度,并且必须是国家公布的职业病名单上的疾病,才是法定职业病的范畴,受《职业病防治法》的调整。根据 2002 年 4 月 28 日卫生部会同劳动保障部发布的《职业病目录》,我国现有职业病共计有 10 类 115 种。

## 第二节　职业病的预防和防护制度

### 一、职业病的前期预防

防治职业病关键在于前期预防,不少职业病目前尚无有效根治办法,但是可以通过预防来解决。因此,控制职业病必须从源头抓起。《职业病防治法》规定了建设项目预评价制度、职业病危害项目申报制度、"三同时"审查制度。这三个方面都是以预防为主要方针的具体体现,力求把预防控制措施提前到建设项目的论证、设计、施工阶段,从根本上消除有害因素对劳动者的危害。

(一) 工作场所应符合的职业卫生条件

根据《职业病防治法》第十三条规定,产生职业病危害的用人单位的设立除应当符合法律、行政法规规定的设立条件外,其工作场所还应当符合下列职业卫生要求:

1) 职业病危害因素的强度或者浓度符合国家职业卫生标准。
2) 有与职业病危害防护相适应的设施。
3) 生产布局合理,符合有害与无害作业分开的原则。
4) 有配套的更衣间、洗浴间、孕妇休息间等卫生设施。

5）设备、工具、用具等设施符合保护劳动者生理、心理健康的要求。

6）法律、行政法规和国务院卫生行政部门关于保护劳动者健康的其他要求。

同时，卫生部修订了工业企业设计卫生标准和工作场所有害因素职业接触限制。修订后的工业企业设计卫生标准适用于工业企业建设项目（新建、扩建、改建和技术改造、技术引进项目）的职业卫生设计及评价。

新修订的工业企业卫生标准充分考虑了我国加入 WTO 的要求和现实国情，进一步强化了基本卫生条件方面的设计要求，详细规定了工业企业的选址与整体布局、防尘与防毒、防暑与防寒、防噪声与振动、防非电离辐射及电离辐射、辅助用室等方面的设计卫生要求，以保证工业企业的设计符合保护劳动者健康、预防职业病的要求。这六项规定，具体要通过卫生行政部门建立申报制度、职业病危害预测评价审核制度等来落实。

### （二）职业病危害项目申报制度

《职业病防治法》第 14 条规定：在卫生行政部门中建立职业病危害项目的申报制度；用人单位设有依法公布的职业病目录所列职业病的危害项目的，应当及时、如实向卫生行政部门申报，接受监督；职业病危害项目申报的具体办法由国务院卫生行政部门制定。

### （三）职业病危害预评价制度

职业病危害预评价制度由适用范围、预评价报告、"三同时"制度、防护设施的设计和验收。规范职业病危害预评价和控制效果评价的法定机构等方面构成。

1. 适用范围

新建、扩建、改建建设项目和技术改造、技术引进项目（以下统称建设项目）可能产生职业病危害的，建设单位在可行性论证阶段应当向卫生行政部门提交职业病危害预评价报告。卫生行政部门应当自收到职业病危害预评价报告之日起 30 日内，做出审核决定并书面通知建设单位。未提交预评价报告或者预评价报告未经卫生行政部门审核同意的，有关部门不得批准该建设项目。

2. 预评价报告内容

职业病防治法规定，职业病危害预评价报告应当对建设项目可能产生的职业病危害因素及其对工作场所和劳动者健康的影响做出评价，确定危害类别和职业病防治措施。有关建设项目职业病危害分类目录和分类管理办法由国务院卫生行政部门制定，这样就有统一的标准、统一的管理办法，发挥了卫生行政部门对职业病防治的监督管理的职能作用。

3. 实行"三同时"制度

职业病防治法规定，建设项目的职业病防护设施应当与主体工程同时设计、同时施工、同时投入生产和使用；所需投入的费用应当纳入建设项目的工程预算。这里所指的职业病防护设施的建设、三个同时的步骤、费用的列支，都是法定的，带有强制性，防止只重视主体工程而忽视职业病防护设施的片面认识和做法，是实现对职业病预防为主方针的重要保证措施。

4. 防护设施的设计和验收

职业病防治法规定，职业病危害严重的建设项目的防护设施设计，应当经卫生行政部门进行审查，符合国家职业卫生标准和卫生要求的，方可施工；建设项目在竣工验收前，建设单位应当进行职业病危害控制效果评价；建设项目竣工验收时，其职业病防护设施经卫生行政部门验收合格后,方可投入正式生产和使用。

5. 职业病危害预评价和控制效果评价的法定机构

职业病防治法规定,职业病危害的预评价和控制效果评价由依法设立的取得省级以上人民政府卫生行政部门资质认证的职业卫生技术服务机构进行。按照这项规定,由卫生行政部门依法认证的职业卫生技术服务机构是上述两项评价的法定机构,这些机构在技术上、人员素质上、担负责任的能力上都应当是合乎要求的,必须有一支高水平的专业人员队伍,才能符合职业病防治的立法要求。

## 二、劳动过程的职业病防护

1. 职业病防治管理措施

用人单位防治职业病的管理措施是指用人单位在建立现代企业制度,加强企业内部的职业卫生管理方面应当采取的管理手段和方法。其主要内容有组织管理、计划管理、制度管理、档案管理、事故管理、责任管理等六项基本制度。

2. 工作环境和工作场所的防护

1)用人单位在醒目位置设置公告栏,公布职业病防治的规章制度、操作规程、职业病危害事故应急救援措施和工作场所职业危害因素检测结果。

2)对产生严重职业病危害的作业岗位,应当在其醒目位置警示标识和中文警示说明,警示说明应当载明产生职业病危害的种类、后果、预防以及应急就治措施等内容。

3)可能发生急性职业损伤的有毒、有害工作场所,用人单位应当设置报警装置,配置现场急救用品、冲洗设备、应急撤离通道和必要的泄险区。

4)对放射工作场所和放射性核素的运输、贮存,用人单位必须配置防护设备和报警装置,保证接触放射线的工作人员佩戴个人剂量剂。

5)用人单位应当定期对工作场所进行职业危害因素检测、评价;检测、评价结果存入本单位的职业卫生档案,定期向所在地卫生行政部门报告并向劳动者公布。

3. 生产设备的防护

1)用人单位应当优先采用有利于防治职业病和保护劳动者健康的新技术、新工艺、新材料,逐步替代职业病危害严重的技术、工艺、材料。

2)向用人单位提供可能产生危害的设备的,应当提供中文说明书,并在设备的醒目位置设置警示标识和中文警示说明。警示说明应当载明设备性能、可能产生的职业病危害、操作安全和维护注意事项、职业病防护以及应急救治措施等内容。

3)向用人单位提供可能产生职业病危害的化学品、放射性核素和含有反射性物质的材料的,应提供中文说明书。说明书应当载明产品特性、主要成分、存在的有害因素、可能产生的危害结果、安全使用注意事项、职业病防护以及应急救治措施等内容;产品包装应当有醒目的警示标识。国内首次使用或者首次进口与职业病危害有关的化学材料,使用单位或者进口单位按照国家规定经国务院有关部门批准后,应当向国务院卫生行政部门报送该化学材料的毒性鉴定以及有关部门登记注册或者批准进口的文件等资料;进口放射性核素、放射装置和含有放射性物质的物品的,按照国家有关规定办理。

4)任何单位和个人不得生产、经营、进口和使用国家明令禁止使用的可能产生职业病危害的设备或者材料。

5）用人单位对采用的技术、工艺、材料,应当知悉其产生的职业病危害,对有职业病危害的技术、工艺、材料隐瞒其危害而采用的,对所造成的职业病危害后果承担责任。

4. 个人防护

1）用人单位必须采用有效的职业病防护设备,并为劳动者提供个人使用的职业病防护用品。

2）用人单位为劳动者个人提供的职业病防护用品必须符合防治职业病的求;不符合要求的,不得使用。

3）对职业病防护设备、应急救援设施和个人使用的职业病防护用品,用人单位应当进行经常性的维护、检修,定期检测其性能和效果。

# 第三节 劳动者的职业卫生权利

## 一、知情权

为了预防和制止劳动者因"不知情"而遭受职业病侵扰的不公正现象。《职业病防治法》规定劳动者有权知悉自己所处工作环境的好坏程度和危险性,并有权根据所了解到的实际情况及依据自己的真实意愿,自由做出是否在该环境下劳动的决定。

1）劳动者有权在与用人单位订立劳动合同(含聘用合同,下同)时,了解工作过程中可能产生的职业病危害及其后果、职业病防护措施和待遇,并在劳动合同中与用人单位明确签订。用人单位不得隐瞒或者欺骗。

2）劳动者在已订立劳动合同期间因工作岗位或者工作内容变更,从事与所订立劳动合同中未告知的存在职业病危害的作业时,用人单位应当依照第一条规定,向劳动者履行如实告知的义务,并协商变更原劳动合同相关条款。

3）用人单位违反第1、2条规定的,劳动者有权拒绝从事存在职业病危害的作业,用人单位不得因此解除或者终止与劳动者所订立的劳动合同。

4）从事接触职业病危害的作业的劳动者,有权要求用人单位按照国务院卫生行政部门组织上岗前、在岗期间和离岗时的职业健康检查,知情检查结果。

5）劳动者有权了解工作场所产生或者可能产生的职业病危害因素、危害后果和应当采取的职业病防护措施。

## 二、培训权

劳动者有权获得职业卫生教育、培训。用人单位应当对劳动者进行上岗前的职业卫生培训和在岗期间的定期职业卫生培训,普及职业卫生知识,督促劳动者遵守职业病防治法律、法规、规章和操作规程,指导劳动者正确使用职业病防护设备和个人使用的职业病防护用品。

1）单位的负责人应当接受职业卫生培训,遵守职业病防治法律、法规,依法组织本单位的职业病防治工作,这是对负责人、管理人员的要求。必须规范他们的行为,增强他们防治职业病的观念,尤其是守法意识。

2）对用人单位的要求,规定用人单位应当对劳动者进行上岗前的职业卫生培训和在岗期间的定期职业卫生培训,普及职业卫生知识,督促劳动者遵守职业病防治的法律、法规、规章和操作规程,指导劳动者正确使用职业病防护设备和个人使用的职业病防护用品。

3）对劳动者的要求,劳动者也有应当主动履行的法定义务,就是劳动者应当学习和掌握相关的职业卫生知识,遵守职业病防治法律、法规、规章和操作规程,正确使用、维护职业病防护设施和个人使用的职业病防护用品,发现职业病危害事故应当及时报告。

## 三、拒绝冒险权

拒绝冒险权指的是劳动者有权拒绝在没有职业病防护措施下从事职业危害作业,有权拒绝违章指挥和强令的冒险作业。用人单位若与劳动者设立劳动合同时,没有将可能产生的职业病危害及其后果等告知劳动者,劳动者有权拒绝从事存在职业病危害的作业用人单位不得因此解除或者终止与劳动者所订立的劳动合同。

## 四、职业健康权

职业健康权是指劳动者在从事接触职业病过程中,应该拥有的职业健康检查、建立健康监护档案,以及被疑似患有职业病时应有的权利。

1）对从事接触职业病危害的作业的劳动者,用人单位应当按照国务院卫生行政部门的规定组织上岗前、在岗期间和离岗的职业健康检查,并将检查结果如实告知劳动者。职业健康检查费用由用人单位承担。

2）用人单位不得安排未经上岗前职业健康检查的劳动者从事接触职业病危害的作业;不得安排有职业禁忌的劳动者从事其所禁忌的作业;对在职业健康检查中发现有与从事的职业相关的健康损害的劳动者,应当调离原工作岗位,并妥善安置;对未进行离岗前职业健康检查的劳动者不得解除或者终止与其订立的劳动合同。职业健康检查应当由省级以上人民政府卫生行政部门批准的医疗卫生机构承担。

3）用人单位应当为劳动者建立职业健康监护档案,并按照规定的期限妥善保存;职业健康监护档案应当包括劳动者的职业史、职业病危害接触史、职业健康检查结果和职业病诊疗等有关个人健康资料;劳动者离开用人单位时,有权索取本人职业健康监护档案复印件,用人单位应当如实、无偿提供,并在所提供的复印件上签章。

4）当劳动者被疑患有职业病时,用人单位应及时安排对病人进行诊断,在病人诊断或者医学观察期间,不得解除或者终止与其订立的劳动合同;职业病病人依法享受国家规定的职业病待遇;用人单位应按照国家有关规定,安排病人进行治疗、康复和定期检查,对不适宜继续从事原工作的病人,应调离原岗位,并妥善安置,对从事接触职业病危害作业的劳动者,应给予适当岗位津贴,职业病病人的诊疗、康复费用,伤残以及丧失劳动能力职业病病人的社会保障,按照国家有关工伤社会保障的规定执行。

## 五、特殊保障权

特殊保障权是指在职业病危害产生过程中有一些特殊的环境、特殊的人和特殊时期所要求的特殊保障权利。

1) 产生职业病危害的用人单位在工作场所应有配套的更衣间、洗浴间、孕妇休息间等卫生设施。

2) 国家对从事放射、高毒等作业实行特殊管理。

3) 用人单位不得安排未成年工从事接触有职业病危害的作业,不得安排孕期、哺乳期的女职工从事对本人和胎儿、婴儿有危害的作业。

4) 不得安排有职业禁忌的劳动者从事其所禁忌的作业。

## 六、参与决策权

参与用人单位职业卫生工作的民主管理,对职业病防治工作提出意见和建议,是职业病防治法规定的劳动者所享有的一项职业卫生保护权利。劳动者参与用人单位职业卫生工作的民主管理,是职业病防治工作的特点所决定的,也是确保劳动者权益的有效措施。劳动者本着搞好职业病防治工作,应对所在的用人单位的职业病防治管理工作是否符合法律法规规定、是否科学合理等方面,直接或间接地提出意见和建议。

## 七、检举、控告权

任何单位和个人有对违反《职业病防治法》的行为进行检举和控告。对违反职业病防治法律、法规以及危及生命健康的行为提出批评、检举和控告,是职业病防治法赋予劳动者的一项职业卫生保护权利。用人单位若因劳动者依法行使检举、控告权而降低其工资、福利等待遇或者解除、终止与其订立的劳动合同,《职业病防治法》明确规定这种行为是无效的。

## 八、损害赔偿权

《职业病防治法》第 52 条明文规定,职业病病人除依法享有工伤社会保险外,依照有关民事法律,尚有获得赔偿的权利,有权向用人单位提出赔偿要求。

同时为了有效预防和控制职业病,《职业病防治法》不仅赋予了劳动者职业卫生保护的权利,也要求劳动者对防治职业病承担以下几项义务:① 必须遵守用人单位劳动合同的义务。② 遵守职业病防治法律、法规、规章、标准的义务。③ 遵守用人单位职业卫生规章制度的义务。④ 接受职业卫生教育和培训的义务。⑤ 按规定使用职业卫生防护设施及个人用品和遵守操作规程的义务。⑥ 参与改善工作环境和健康促进的活动。⑦ 参与职业健康监护。⑧ 不得从事患有职业禁忌的作业。

# 第四节　职业病诊断与职业病病人的保障

## 一、职业病诊断

职业病治疗的关键是职业病的诊断,只有做出了正确的诊断才能够进行准确的治疗,而正确的诊断建立在法规的规范和程序中。《职业病防治法》从诊断的机构、诊断的标准、如何诊断以及诊断出现争议的鉴定等做了明确规定。

1. 职业病诊断机构

《职业病防治法》规定,职业病诊断应当由省级以上人民政府卫生行政部门批准的医疗机构承担,劳动者可以在用人单位所在地或者本人居住地依法承担职业病诊断的医疗卫生机构进行职业病诊断。

2. 职业病诊断标准

《职业病防治法》规定,职业病诊断标准和职业病诊断、鉴定办法由国务院卫生行政部门制定;职业病伤残等级的鉴定办法由国务院劳动保障行政部门会同国务院卫生行政部门制定。

3. 职业病诊断

(1)诊断依据:职业病诊断,应当综合分析下列因素:① 病人的职业史。② 职业病危害接触史和现场危害调查与评价。③ 临床表现以及辅助检查结果等。

没有证据否定职业病危害因素与病人临床表现之间的必然联系的,在排除其他致病因素后,应当诊断为职业病。

(2)诊断程序:

1) 承担职业病诊断的医疗卫生机构在进行职业病诊断时,应当组织 3 名以上取得职业病诊断资格的执业医师集体诊断。

2) 职业病诊断证明书应当由参与诊断的医师共同签署,并经承担职业病诊断的医疗卫生机构审核盖章。

4. 职业病诊断争议的鉴定

1) 当事人对职业病诊断有异议的,有申请鉴定的权利,可以向做出诊断的医疗卫生机构所在地地方人民政府卫生行政部门申请鉴定。

2) 职业病诊断争议鉴定由设区的市级以上地方人民政府卫生行政部门根据当事人的申请,组织职业病诊断鉴定委员会进行鉴定;当事人对设区的市级职业病诊断鉴定委员会的鉴定结论不服的,可以向省、自治区、直辖市人民政府卫生行政部门申请再鉴定。

3) 职业病诊断鉴定委员会由相关专业的专家组成。省、自治区,直辖市人民政府卫生行政部门应当设立相关的专家库,需要对职业病争议做出诊断鉴定时,由当事人或者当事人委托有关卫生行政部门从专家库中以随机抽取的方式确定参加诊断鉴定委员会的专家。

4) 职业病诊断鉴定过程中应注意的事项:①职业病诊断鉴定委员会应当按照国务院卫生行政部门颁布的职业病诊断标准和职业病诊断、鉴定办法进行职业病诊断鉴定,向当事人出具职业病诊断鉴定书。②职业病诊断鉴定费用由用人单位承担。③职业病诊断鉴定委员会组成人员应当遵守职业道德,客观,公正地进行诊断鉴定,并承担相应的责任。职业病诊断鉴定委员会组成人员不得私下接触当事人,不得收受当事人的财物或者其他好处,与当事人有利害关系的,应当回避。

人民法院受理有关案件需要进行职业病鉴定时,应当从省、自治区、直辖市人民政府卫生行政部门依法设立的相关的专家库中选取参加鉴定的专家。

职业病诊断、鉴定需要用人单位提供有关职业卫生和健康监护等资料时,用人单位应当如实提供,劳动者和有关机构也应当提供与职业病诊断、鉴定有关的资料。

5. 职业病病人和疑似职业病病人的报告制度

(1)用人单位和医疗机构发现职业病病人或者疑似职业病病人时,应当及时向卫生行政部门报告。

（2）医疗卫生机构发现疑似职业病病人时,应当告之劳动者本人并及时通知用人单位,用人单位应当及时安排对其进行诊断,在诊断或者医学观察期间,不得解除或者终止与其订立的劳动合同。

（3）确诊为职业病的,用人单位还应当向劳动保障行政部门报告,上述两个部门接到报告后,应当依法做出处理。

## 二、职业病病人的保障

### （一）保障的一般规定

（1）用人单位应当按照国家有关规定,安排职业病病人进行治疗、康复和定期检查。

（2）用人单位对不适宜继续从事原工作的职业病病人,应当调离原岗位,并妥善安置。

（3）职业病病人的诊疗、康复费用,伤残以及丧失劳动能力的职业病病人的社会保障,按照国家有关工伤社会保险的规定执行。

（4）职业病病人除依法享有工伤社会保险外,依照有关民事法律,尚有获得赔偿的权利的,有权向用人单位提出赔偿要求。

### （二）保障的特殊规定

（1）劳动者诊断患有职业病,但用人单位没有依法参加工伤社会保险的,其医疗和生活保障由最后的用人单位承担;最后的用人单位有证据证明该职业病是先前用人单位的职业病危害造成的,由先前的用人单位承担。

（2）职业病病人变动工作单位,其依法享有的待遇不变。

（3）用人单位发生分立、合并、解散、破产等情形的,应当对从事接触职业病危害的作业的劳动者进行健康检查,并按照国家有关规定妥善安置职业病病人。

# 第五节　法律责任

《职业病防治法》对建设单位、用人单位、从事职业卫生技术服务的机构、职业病诊断鉴定委员会、卫生行政部门及其职业卫生监督执法人员违反本法的做出了具体的规定。

## 一、建设单位的责任

建设单位违反本法规定,有下列行为之一的,由卫生行政部门给予警告,责令限期改正,逾期不改正的,处10万元以上50万元以下的罚款;情节严重的,责令停止产生职业病危害的作业,或者提请有关人民政府按照国务院规定的权限责令停建、关闭:

（1）未按照规定进行职业病危害预评价或者未提交职业病危害预评价报告,或者职业病危害预评价报告未经卫生行政部门审核同意,擅自开工的。

（2）建设项目的职业病防护设施未按照规定与主体工程同时投入生产和使用的。

（3）职业病危害严重的建设项目，其职业病防护设施设计不符合国家职业卫生标准和卫生要求施工的。

（4）未按照规定对职业病防护设施进行职业病危害控制效果评价，未经卫生行政部门验收或者验收不合格，擅自投入使用的。

## 二、用人单位的责任

（1）用人单位有下列行为之一的，由卫生行政部门给予警告，责令限期改正；逾期不改正的，处 2 万元以下的罚款：①工作场所职业病危害因素检测、评价结果没有存档、上报、公布的。②未采取本法第 19 条规定的职业病防治管理措施的。③未按照规定公布有关职业病防治的规章制度、操作规程、职业病危害事故应急救援措施的。④未按照规定组织劳动者进行职业卫生培训，或者未对劳动者个人职业病防护采取指导、督促措施的。⑤国内首次使用或者首次进口与职业病危害有关的化学材料，未按照规定报送毒性鉴定资料以及未经有关部门登记注册或者未取得批准进口的文件的。

（2）用人单位违反本法规定，有下列行为之一的，由卫生行政部门责令限期改正，给予警告，可以并处 2 万元以上 5 万元以下的罚款：①未按照规定及时、如实向卫生行政部门申报产生职业病危害的项目的。②未实施由专人负责的职业病危害因素日常监测，或者监测系统不能正常监测的。③订立或者变更劳动合同时，未告知劳动者职业病危害真实情况的。④未按照规定组织职业健康检查，建立职业健康监护档案或者未将检查结果如实告知劳动者的。

（3）用人单位违反本法规定，有下列行为之一的，由卫生行政部门给予警告，责令限期改正，逾期不改正的，处 5 万元以上 20 万元以下的罚款；情节严重的，责令停止产生职业病危害的作业，或者提请有关人民政府按照国务院规定的权限责令关闭：①工作场所职业病危害因素的强度或者浓度超过国家职业卫生标准的。②未提供职业病防护设施和个人使用的职业病防护用品，或者提供的职业病防护设施和个人使用的职业病防护用品不符合国家职业卫生标准和卫生要求的。③对职业病防护设备、应急救援设施和个人使用的职业病防护用品未按照规定进行维护、检修、检测，或者不能保持正常运行、使用状态的。④未按照规定对工作场所职业病危害因素进行检测、评价的。⑤工作场所职业病危害因素经治理仍然达不到国家职业卫生标准和卫生要求时，未停止存在职业病危害因素的作业的。⑥未按照规定安排职业病病人、疑似职业病病人进行诊治的。⑦发生或者可能发生急性职业病危害事故时，未立即采取应急救援和控制措施或者未按照规定及时报告的。⑧未按照规定在产生严重职业病危害的作业岗位醒目位置设置警示标识和中文警示说明的。⑨拒绝卫生行政部门监督检查的。

（4）用人单位和医疗卫生机构未按照规定报告职业病、疑似职业病的，由卫生行政部门责令限期改正，给予警告，可以并处 1 万元以下的罚款；弄虚作假的，并处 2 万元以上 5 万元以下的罚款；对直接负责的主管人员和其他直接责任人员，可以依法给予降级或者撤职的处分。

（5）有下列情形之一的，由卫生行政部门责令限期治理，并处 5 万元以上 30 万元以下的罚款；情节严重的，责令停止产生职业病危害的作业，或者提请有关人民政府按照国务院规定的权限责令关闭：①隐瞒技术、工艺、材料所产生的职业病危害而采用的。②隐瞒本单位职业卫生真实情况的。③可能发生急性职业损伤的有毒、有害工作场所、放射工作场所或者放射性核素的运输、贮存不符合本法第 23 条规定的。④使用国家明令禁止使用的可能产生职业病危害的设备或者材料的。⑤将产生职业病危害的作业转移给没有职业病防护条件的单位和个人,或者没有职业病防护条件的单位和个人接受产生职业病危害的作业的。⑥擅自拆除、停止使用职业病防护设备或者应急救援设施的。⑦安排未经职业健康检查的劳动者、有职业禁忌的劳动者、未成年工或者孕期、哺乳期女职工从事接触职业病危害的作业或者禁忌作业的。⑧违章指挥和强令劳动者进行没有职业病防护措施的作业的。

(6) 用人单位违反本法规定,已对劳动者生命健康造成严重损害的,由卫生行政部门责令停止产生职业病危害的作业,或者提请有关人民政府按照国务院规定的权限责令关闭,并处 10 万元以上 30 万元以下的罚款。

(7) 用人单位违反本法规定,造成重大职业病危害事故或者其他严重后果,构成犯罪的,对直接负责的主管人员和其他直接责任人员,依法追究刑事责任。

### 三、从事职业卫生技术服务的机构的责任

从事职业卫生技术服务的机构和承担职业健康检查、职业病诊断的医疗卫生机构违反本法规定,有下列行为之一的,由卫生行政部门责令立即停止违法行为,给予警告,没收违法所得:违法所得 5 000 元以上的,并处违法所得两倍以上五倍以下的罚款;没有违法所得或者违法所得不足 5 000 元的,并处 5 000 元以上 2 万元以下的罚款;情节严重的,由原认证或者批准机关取消其相应的资格,对直接负责的主管人员和其他直接责任人员,依法给予降级、撤职或者开除的处分;构成犯罪的,依法追究刑事责任:① 超出资质认证或者批准范围从事职业卫生技术服务或者职业健康检查、职业病诊断的。② 不按照本法规定履行法定职责的。③ 出具虚假证明文件的。

### 四、职业病诊断鉴定委员会的责任

职业病诊断鉴定委员会组成人员收受职业病诊断争议当事人的财物或者其他好处的,给予警告,没收收受的财物,可以并处 3 000 元以上 5 万元以下的罚款,取消其担任职业病诊断鉴定委员会组成人员的资格,并从省、自治区、直辖市人民政府卫生行政部门设立的专家库中予以除名。

### 五、卫生行政部门及其职业卫生监督执法人员的责任

(1) 卫生行政部门不按照规定报告职业病和职业病危害事故的,由上一级卫生行政部门责令改正,通报批评,给予警告;虚报、瞒报的,对单位负责人、直接负责的主管人员和其他直接责任人员依法给予降级、撤职或者开除的行政处分。

(2) 卫生行政部门及其职业卫生监督执法人员有下列行为之一,导致职业病危害事故发生,构成犯罪的,依法追究刑事责任;尚不构成犯罪的,对单位负责人、直接负责的主管人员和其他直接责任人员依法给予降级、撤职或者开除的行政处分。①对不符合法定条件的单位,发给建设项目有关证明文件、资质证明文件或者予以批准。②对已经取得有关证明文件的单位,不履行监督检查职责。③发现用人单位存在职业病危害,可能造成职业病危害事故,不及时依法采取控制措施。④其他违反本法的行为。

### 六、其他

(1) 向用人单位提供可能产生职业病危害的设备、材料,未按照规定提供中文说明书或者设

置警示标识和中文警示说明的,由卫生行政部门责令限期改正,给予警告,并处 5 万元以上 20 万元以下的罚款。

(2)生产、经营或者进口国家明令禁止使用的可能产生职业病危害的设备或者材料的,依照有关法律、行政法规的规定给予处罚。

未取得职业卫生技术服务资质认证擅自从事职业卫生技术服务的,或者医疗卫生机构未经批准擅自从事职业健康检查、职业病诊断的,由卫生行政部门责令立即停止违法行为,没收违法所得,违法所得 5 000 元以上的,并处违法所得二倍以上十倍以下的罚款;没有违法所得或者违法所得不足 5 000 元的,并处 5 000 元以上 5 万元以下的罚款;情节严重的,对直接负责的主管人员和其他直接责任人员,依法给予降级、撤职或者开除的处分。

## 思 考 题

1. 简述职业病防治法和职业病的概念。
2. 简述劳动者的职业卫生权利。
3. 简述违反《职业病防治法》的法律责任。

(浙江中医药大学  胡  曲)

# 第二十一章　中医药法律制度

通过本章的学习,要求掌握中医药法、中医、中西结合医、中药、民族医药等相关概念以及相关重要法律、法规、规章的名称、颁布实施时间,熟悉中医、中西结合医、中药相关重要法律的内容,了解中医药法律制度的发展概况。

## 第一节　概　　述

### 一、传统医药的概念

传统医药是中国各族人民几千年来同疾病进行斗争的智慧结晶,为中华民族的繁衍昌盛做出了巨大贡献的中国传统医药,除了汉族医药外,它还包括藏、蒙、维、傣、壮、彝、羌、苗等各族兄弟民族的传统医药。在世界传统医学中,惟有中国传统医学有着完整的理论体系和丰富的实践经验总结,并产生了越来越广泛的国际影响。

### 二、中医药法的概念

中医药法是调整保护、发展中医药和利用中医药防病治病活动中产生的各种社会关系的法律规范的总称。

中国医药学是一个伟大的宝库,具有悠久的历史,是中国人民几千年来同疾病进行斗争的智慧结晶,为中华民族的繁衍昌盛做出了巨大贡献。在世界传统医学中惟有中医药学有着完整的理论体系和丰富的实践经验总结,并产生越来越广泛的国际影响。因此,中医药应受到国家法律的保护。但是,由于中医药有其独特的理论体系和实践方法,所以不能简单地沿用西医药的一套规章制度。中医药的法制管理应该按照中医药的特点和活动规律,在实践中逐步形成,以保障中医药事业的健康发展。

### 三、中医药立法的发展

新中国成立后,党和政府对中医药事业极为关怀,制定了一系列方针政策,促使中医药事业不断发展。党的十一届三中全会以来中医药立法工作受到高度重视。1982 年,我国宪法明确规定,发展现代医药和我国传统医药,这是制定传统医药法律规范的根本法律依据。《中共中央、国务院关于卫生改革与发展的决定》充分肯定了传统医药的重要地位和作用,进一步明确了中西医并重的方针,把传统医药确定为卫生事业发展的重点领域,为传统医药事业的快速健康发展指明了方向。为加强传统医药法制建设,卫生部、国家中医药管理局相继颁布了一系列传统医药管理的法律规范,涉及确立传统医药的地位、作用和发展方向;中医医疗机构管理;中医生产经营管理;传统医药队伍建设和科研管理制度等方面。国家中医药管理局先后制定了《中医事业"八五"计划及十年规划设想》、《中医药事业"九五"计划和 2010 年规划设想》、《国家中医药管理局行政立法暂行规定》等。中医药事业"十五"计划《中华人民共和国国民经济和社会发展第十个五年计划纲要》(以下简称《纲要》)提出了"大力发展中医药,促进中西医结合" 等中医药发展的战略任务,进一步明确了中医药在国民经济和社会发展中的重要地位和作用。根据《纲要》的总体要求,从中医药事业的实际出发,编制和实施好中医药事业"十五"计划,对于圆满完成国家"十五"计划,推动中医药事业的新发展,建设具有中国特色的社会主义卫生事业具有重要意义。2003 年 5 月 6 日,第 374 号国务院令公布了《中华人民共和国中医药条例》(自 2003 年 10 月 1 日起施行。以下简称《中医药条例》)。《中医药条例》进一步强调国家保护、支持、发展中医药事业,实行中西医并重的方针,鼓励中西医相互学习、相互补充、共同提高,推动中医、西医两种医学体系的有机结合,全面发展我国中医药事业。《中医药条例》第二条规定:"在中华人民共和国境内从事中医医疗、预防、保健服务和中医药教育、科研、对外交流以及中医药事业管理活动的单位或者个人,应当遵守本条例。"传统医药管理法律制度的不断完善,标志着我国中医药事业的管理逐步走上了规范化、科学化、标准化和法制化的轨道。

# 第二节　中　　医

## 一、中医的概念

广义的中医即指中华民族的传统医,主要是指汉族人民在数千年的医疗卫生实践中积累和发展起来的医学体系。无论是在远古时代还是在近代,中医作为人类卫生保健事业的重要组成部分,对保障人民健康,促进世界医学的发展,发挥了重要的作用。

## 二、中医医疗机构的管理

### 1. 中医医疗机构的设置

《中医药条例》第八条对中医医疗机构的设置做了明确规定:"开办中医医疗机构,应当符合国务院卫生行政部门制定的中医医疗机构设置标准和当地区域卫生规划,并按照《医疗机构管理条例》的规定办理审批手续,取得医疗机构执业许可证后,方可从事中医医疗机构活动。"《中医药条例》还规定,未经批准擅自开办中医医疗机构并从事中医医疗活动的,依照《医疗机构管理条例》的有关规定给予处罚。中医医疗机构的设置不符合中医医疗机构设置标准的,由县级以上地方人民政府负责中医药管理的部门责令改正;逾期不改正的,责令停业整顿,直至由原审批机关吊销其医疗机构执业许可证,并对负有责任的主管人员和其他直接责任人员依法给予纪律处分。

### 2. 中医医疗机构的主管部门

中医医疗机构由中医药管理部门负责监督管理。《中医药条例》第六条规定:"国务院中医药管理部门负责全国中医药管理工作。国务院有关部门在各自的职责范围内负责与中医药的有关工作。县级以上地方人民政府负责中医药管理的部门负责本行政区域内的中医药管理工作。县级以上地方人民政府有关部门在各自的职责范围内负责与中医药有关的工作。"

3. 中医院的管理

中医医院是以医疗工作为中心,结合医疗进行教学和科学研究,继承和发扬中医药学,培养中医药人才的基地。《全国中医医院工作条例(试行)》、《中医医疗机构管理条例(试行)》、《中医病症诊断疗效标准》、《全国示范中医医院建设验收标准》、《中医药条例》等法规,对中医医院的管理做了明确的规定。

(1) 医疗业务突出中医特色:中医医院要办成以中医中药为主,体现中医特点的医疗单位。医疗工作必须以四诊八纲、理法方药、辨证论治为指导,在诊断、治疗、急救、护理、营养、病房管理等一系列问题上,都必须本着"能中不西、先中后西、中西结合"的原则,充分发挥中医特长;同时积极利用先进的科学技术和现代化手段,促进中医事业的发展。《中医药条例》第九条规定:"中医医疗机构从事医疗服务活动,应当充分发挥中医药特色和优势,遵循中医药自身发展规律,运用传统理论和方法,结合现代科学技术手段,发挥中医药在防治疾病、保健、康复中的作用,为群众提供价格合理、质量优良的中医药服务。"

(2) 科室设置和编制:中医医院的业务科室设置和病床分配比例,可根据中医专科特色和各自的规模、任务、特长及技术发展情况确定。根据《全国中医医院组织机构及人员编制标准(试行)》的规定,中医医院人员编制按病床与工作人员 1:1.3～1:1.7 计算。病床数与门诊量的比例按 1:3 计算,每增减 100 门诊人次,可增减 6～8 人,或比同级西医综合医院的编制高 15%～18%。医生和药剂人员要高于西医综合医院的比例,护理人员可低于西医综合医院的比例。在医生和药剂人员中,中医、中药人员要占绝对多数。

(3) 教学科研立足于临床实际:从实际出发,重视职工在职教育和进修培训,积极承担临床教学任务,加强中医文献资料整理、名老中医经验总结和临床科研工作,大力开展技术引进和学术交流活动,提高学术水平,增强中医药人员的技术素质。《中医药条例》第十四条规定:"国家采取措施发展中医药教育事业。各类中医药教育机构应当加强中医药基础理论教学,重视中医药基础理论和中医药临床实践相结合,推进素质教育。"

(4) 加强药剂管理:根据《中药调剂室工作制度(试行)》和《中药库管理制度(试行)》的规定,要求做到:①中药加工炮制、贮藏保管、调剂煎熬配方必须遵守操作规程和规章制度,保证药品质量。②在坚持使用中药为主的前提下,应以饮片为主、中成药为辅。③重治轻补,严格中成药购销。④创造条件,开展中药剂型改革。根据《中华人民共和国药品管理法(修订案)》(2001 年 12 月 1 日起施行),医疗机构配制的制剂,应当是本单位临床需要而市场尚没有供应的品种,并必须经所在地省、自治区、直辖市人民政府的药品监督管理部门批准后方可配制。配制的制剂必须按照规定进行质量检验;合格的,凭医师处方在本医疗机构使用。特殊情况下,经国务院或省、自治区、直辖市人民政府的药品监督管理部门批准,医疗机构配制的制剂可以在指定的医疗机构之间调剂使用。医疗机构配制的制剂,不得在市场销售。

(5) 管理工作要体现中医特点:在保障措施方面,根据《中医药条例》的规定,县级以上地方人民政府应当根据中医药事业发展的需要以及本地区国民经济和社会发展状况,逐步增加对中医药事业的投入,扶持中医药事业发展。《中医药条例》第二十六条规定:"非盈利性中医医疗机构,依照国家有关规定享受财政补贴、税收减免等优惠政策。"在考核监督方面,《中医药条例》第三十条规定:"与中医药有关的评审或者鉴定活动,应当体现中医药特色,遵循中医药自身的发展规律。中医药专业技术任职资格的评审,中医医疗、教育、科研教育机构的评审评估,中医药科研课题的立项和成果鉴定,应当成立专门的中医药评审、鉴定组织或者由中医药专家参加评审、鉴定。"要继续在制度建设方面下工夫,使中医医院管理逐步走向制度化、规范化、程序化、科学化。

4. 中医专科管理

综合医院中中医专科和专科医院的中医科是中医医疗体系中的一个重要的组成部分,也是继承与发扬中医药学不可忽视的力量。为此,卫生部先后发出的《关于加强综合医院、专科医院中医专科工作的意见》及《关于加强中医专科建设的通知》中指出,中医科的地位和作用,在医院内与其他各科同样重要。中医科在诊断、治疗、护理、病历书写、病房管理等各个环节,要保持和发扬中医特色。中医病床一般应占医院病床总数的 5% ~ 10%。

5. 中医院制剂室的现代化建设

中医院制剂室的现代化建设是中医院现代化建设的一个重要内容,它关系到中医特色能否发挥,是中医院现代化程度的一个重要标志。中药制剂的数量、品种、剂型、疗效以及给药途径都要通过制剂室的现代化建设而建立一整套规范的标准,这是促进中医院现代化建设步伐的主要途径。建设符合《医疗机构制剂质量管理规范》(GPP)的现代化制剂室,不仅能够促进中医院内科研的发展,为医院带来明显的经济效益和社会效益,而且可以在很大程度上推进医院的现代化进程,使院内制剂的工艺流程固定、剂型固定、标准固定,为新药研发打下了基础;同时可以解决中药制剂与国际接轨的问题。

## 三、中医从业人员的管理

1. 中医从业人员的资格

卫生部、国家中医药管理局相继颁布了若干行政规章和管理规范,特别是《中华人民共和国执业医师法》颁布后,执业中医师资格考试及其注册,执业中医师权利和义务的明确,使中医从业人员的管理走上了正规化、法制化的轨道。《中医药条例》第十一条规定:"中医从业人员,应当依照有关卫生管理的法律、行政法规、部门规章的规定通过资格考试,并经注册取得执业证书后,方可从事中医服务活动。以师承方式学习中医学的人员以及确有专长的人员应当按照国务院行政部门的规定,通过执业医师或者执业助理医师资格考核考试,并经注册取得医师执业证书后,方可从事中医医疗活动。"

2. 中医从业人员的管理

对中医从业人员要建立技术档案,定期进行考核,保证合理使用,对有名望的技术骨干,不要过多安排非业务活动。中医医院的人事部门,要根据中医医院的特点,建立健全以岗位责任制为中心的各项规章制度,明确各类人员职责,通过完善技术职称的审聘制度来调动中医技术人员的工作积极性。

中医从业人员的管理还包括注重他们业务能力的提高,为此,国家成立了中医药继续教育委员会,依法明确了培养目标、教育形式和师资来源,特别强调了要完善师带徒的培养方式,注重提高质量,使得中青年业务骨干真正继承到老中医的学术经验,并使他们能够掌握实验、电化、模拟等现代化手段,拓展知识面,培养业务能力。《中医药条例》第十二条规定:"中医从业人员应当遵守相应的中医诊断治疗原则、医疗技术标准和技术操作规范。全科医师和乡村医生应当具备中医药基本知识以及运用中医诊疗知识、技术,处理常见病和多发病的基本技能。"

3. 中医从业人员的处罚

根据《中医药条例》的规定,未按照规定通过执业医师或者执业助理医师资格考试取得执业许可,从事医疗活动的,依照《中华人民共和国执业医师法》的有关规定给予处罚。

## 四、气功医疗管理

气功医疗是指对他人传授或运用气功疗法直接治疗疾病,构成医疗行为的一种活动。气功医疗是几千年来我国人民在与大自然和疾病斗争过程中,运用意识作用,对自己身心进行锻炼及自我调节的一种经验总结,是一种独特、有效的祛病健身方法。气功医疗在我国源远流长,典籍浩繁,是我国民族文化中的一朵奇葩,也是祖国医学理论体系中的重要组成部分。

为了促进气功医疗事业的顺利发展,1989年10月19日,国家中医药管理局制定了《关于加强气功医疗管理的若干规定(试行)》;1996年8月5日,中共中央宣传部、国家体委、卫生部、民政部、公安部、国家中医药管理局、国家工商行政管理局联合发布了《关于加强社会气功管理的通知》;为了加强医疗气功管理,保护人民健康,根据《中华人民共和国执业医师法》和《医疗机构管理条例》,2000年,卫生部发布了《医疗气功管理暂行规定》,对于维护气功医疗活动的正常秩序,保障气功医疗行为有法可依,惩治借气功诈骗钱财、宣传封建迷信等危害社会治安的违法犯罪活动,纯洁气功医疗队伍,保证气功科学健康发展起到了重要作用。

1. 主管部门

医疗气功由中医药行政主管部门负责监督管理。国家中医药管理局是负责医疗气功的政府主管部门。县级以上地方地方人民政府中医药行政管理机构负责本辖区内医疗气功的监督管理。

2. 机构与人员

开展气功医疗活动必须在医疗机构内进行。除《医疗气功管理暂行规定》发布前已经县级以上人民政府卫生行政部门或中医药行政管理机构批准开展医疗气功活动的医疗机构可以按本规定重新申请审批开展医疗气功活动外,今后新开展医疗气功活动的暂限于县级以上中医医院、中西医结合医院、民族医医院、康复医院、疗养院和综合医院的中医科。医疗机构申请开展医疗气功活动,应向其登记执业的卫生行政部门或中医药行政管理机构提出申请,经初审同意后,报设区的市级以上人民政府中医药行政管理机构审批。对审核合格的,签发同意意见;审核不合格的,书面通知申请单位。同意申请的医疗机构,应向其登记执业的卫生行政部门或中医药行政医药管理机构申办诊疗科目登记或者变更登记手续,否则,不得开展医疗气功活动。

从事医疗气功活动的人员,应具有中医执业医师或中医执业助理医师资格、取得《医师执业证书》并经医疗气功知识与技能考试取得《医疗气功技能合格证书》。医疗气功知识与技能考试由国家中医药管理局统一组织,省级中医药行政管理机构负责具体实施。取得中医执业医师资格或中医执业助理医师资格并具有医疗气功专业知识与技能者,可以申请参加考试,成绩合格的,取得国家中医药管理局统一印刷的《医疗气功技能合格证书》。

3. 监督管理

县级以上中医药行政管理机构应当依法加强对医疗气功活动的日常监督检查,进行正常的医疗机构校验时,应当将医疗气功执业情况列入校验内容。对医疗气功人员执业情况的考核,由医师执业注册主管部门在开展医师执业考核时一并进行。医疗机构不得使用非医疗气功人员开展医疗气功活动,医疗气功人员应当按照其医师执业注册的执业地点开展医疗气功活动,而取得中医执业助理医师资格的医疗气功人员必须在中医执业医师指导下开展医疗气功。医疗气功人员开展医疗气功活动的,应当严格执行有关操作技术规范,选择合理的医疗气功方法;在临床进行实验性医疗气功活动的应当经所在医疗机构批准,向患者本人或者家属说明并征得患者本人或是家属同意。医疗机构和医疗气功人员,不得借医疗气功之名,损害公民身心健康、宣扬迷信、骗人敛财,严禁使用、制造、经营或散发宣称具有医疗气功效力的物品。若举办大型医疗气功讲座、大型现场医疗气功活动以及其他需要严格管理的医疗气功活动,应经省级以上中医药行政管理机构审核批准。

按照《医疗气功管理暂行规定》的相关法律规定,非医疗机构或非医师开展医疗气功活动的,医疗机构未经批准擅自开展医疗气功活动的,使用非医疗气功人员开展医疗气功活动的,医疗气功人员在医疗气功活动中违反医学常规或医疗气功操作规范造成严重后果的,医疗气功人员在注册的执业地点以外开展医疗气功活动的,借医疗气功之名损害公民身心健康、宣扬迷信、骗人敛财的,制造、使用、经营、散发宣称具有医疗气功效力物品的,未经批准擅自组织开展大型医疗气功讲座、大型现场性医疗气功活动或未经批准开展国家中医药管理局规定必须严格管理的其他医疗气功活动的,将依法受到行政处罚或承担可能的民事责任,构成犯罪的,将被依法追究刑事责任。

## 五、中医医疗机构仪器设备管理

仪器设备是发展中医药事业的物理基础和技术条件,是中医现代化程度的重要标志。提高仪器设备的管理水平,充分发挥其社会效益和经济效益,有利于推动中医药事业的发展和振兴。《全国中医医院医疗设备标准(试行)》、《中医机构仪器设备管理暂行办法》等,对中医机构的仪器设备管理做了明确规定。

### 1. 组织机构

局直属院校均独立设立仪器设备管理处并与生活后勤分开,其他院校所可根据需要设处或科,相当于县的中医单位必须有专人负责。仪器设备工作应由主管业务的副院、校、所长直接领导。要选择热爱中医药事业,甘愿为医、教、研服务,掌握基础物资理论知识,熟悉仪器设备管理业务,办事能力强,执行国家政策好的同志担任仪器设备管理处(科)的负责人。为加强仪器设备的宏观管理,各单位应成立由领导、专家和管理人员组成的管理委员会,对本单位大型精密贵重仪器设备工作进行业务指导。

### 2. 仪器设备管理工作人员

仪器设备管理人员系指仪器设备供应、管理和维修工程技术人员,他们均属专业技术人员,要合理配置并保持相对稳定。仪器设备管理人员应具备中专以上文化素质,具有一定的专业知识,热爱本职工作,作风正派,遵纪守法,勤俭节约,任劳任怨,对仪器设备有相应的业务知识和独立的工作能力。仪器设备管理工作人员必须经常深入科室,了解调查医、教、研工作的需要,掌握情况,为科室开展工作提供条件。对仪器设备管理人员应定期考核,凡通过等级考试或考核的人员,可根据国家有关规定执行,对工作有突出贡献者,可破格晋升,对不适合做仪器设备管理工作的人员必须进行调整。各单位对仪器设备管理人员应制定培训计划,各级领导必须重视关心这支队伍的培养和提高工作。

3. 仪器设备管理

1）设备标准。中医机构的一般医疗设备仪器,原则上不低于同级西医机构仪器的标准。

2）装备原则。遵照"充分论证、统筹安排、重点装备、综合平衡"的原则,根据中医机构的任务、规模、技术力量、专业特长和财力,首先装备常规需要的基本设备,然后在考虑高、精、尖设备做到有计划、有步骤更新。

3）管理办法。实行统一领导,归口管理,分级负责;建立管理档案,保证设备完好运转;对大型精密仪器的使用,按照专管专用的原则,充分发挥仪器设备的社会效益和经济效益;逐步完善管理制度,提高使用率。

4. 奖惩措施

对仪器设备管理认真、成绩优秀的科室与个人,给予表扬和奖励;对管理不善、不负责任、违反操作规程而造成仪器设备毁坏者,酌情赔偿,严重者给予行政处分直至追究法律责任。

## 六、中医医疗广告的管理

《中医药条例》第十三条规定:"发布中医医疗广告,医疗机构应当按照规定向所在省、自治区、直辖市人民政府负责中医药管理的部门申请并保送有关材料。省、自治区、直辖市人民政府负责中医药管理的部门应当自收到有关材料之日起10个工作日内进行审查,并做出是否核发中医医疗广告批准文号的决定。对符合规定要求的,发给中医医疗广告批准文号。未取得中医医疗广告批准文号的,不得发布中医医疗广告。"同时,《中医药条例》对篡改经批准的中医医疗广告内容的中医医疗机构作了相应的处罚规定:"篡改经批准的中医医疗广告内容的,由原审批部门撤销广告批准文号,1年内不受理该中医医疗机构的广告审批申请。负责中医药管理的部门撤销中医医疗广告批准文号后,应当自做出行政处理决定之日起5个工作日内通知广告监督管理机关。广告监督管理机关应当自收到负责中医药管理的部门通知之日起15个工作日内,依照《中华人民共和国广告法》的有关规定查处。"

## 七、中医文献的管理

2000年,国家科技部把"国内失传中医善本古籍的抢救回归与发掘研究"作为国家科技基础性工作专项立项,支持了中国近代以来最大的一次中医善本古籍的抢救回归工作,中医善本古籍的复制回归,弥补了国内继承祖国医药文化遗产的一块空白。《中医药条例》二十三条规定:"捐献对中医药科学技术发展有重大意义的中医诊疗方法和中医药文献、秘方、验方的,参照《国家科学技术奖励条例》的规定给予奖励。"第二十八条规定:"县级以上各级人民政府应当采取措施加强对中医药文献的收集、整理、研究和保护工作。有关单位和中医医疗机构应当加强重要中医药文献资料的管理、保护和使用。"根据《中医药条例》,损毁或者破坏中医药文献的,规定由县级以上地方人民政府负责中医药管理的部门责令改正,对负有责任的主管人员和其他直接责任人员依法给予纪律处分;损毁或者破坏属于国家保护文物的中医药文献,情节严重,构成犯罪的,依法追究刑事责任。

## 第三节　中西结合医

### 一、中西结合医的概念

中西结合医是从我国卫生事业和具体情况出发,根据人民群众防病治病的需要,由学贯中西医的医务人员,取中西两医二法之长,以达到更好的防病治病效果的一种与中、西医并立的医疗技术方案。它是中医药学和现代医学结合的必然结果,是我国医疗卫生事业的一个独创,为发展中国新医药学开辟了一条新途径。

### 二、中西医结合的管理

为了使中西医结合工作沿着健康的方向发展,卫生部、国家中医药管理局先后发布了《关于组织西医离职学习中医班总结报告》《关于中西医结合医院工作的暂行规定》以及中医、西医结合事业发展规划等。《中医药条例》明确指出,国家保护、扶持、发展中医药事业,实行中西医并重的方针,鼓励中西医相互学习、相互补充、共同提高,推动中医、西医两种医学体系的有机结合,全面发展我国中医药事业。

1. 中西医结合医院及科研机构建设

各省、自治区、直辖市选择 1~2 所中西医结合工作开展基础好的综合医院,作为中西医结合基地,集中一批热心中西医结合的"西学中"骨干,配备高水平中、西医专家,开展中西医结合医疗和科研工作;有条件的综合医院或专科医院要建立中西医结合科室或者研究室(所)。

2. 坚持西医学习中医

按照"系统学习,全面掌握,整顿提高"的原则,因地制宜,采取多种形式,开展西医学习中医活动。在医学院校中摆正中西医结合在医学教育中的位置,西医院校应安排一定的时间进行中医药学的课程的讲授与实习。各高等中医院校和有条件的研究单位要举办西医离职学习中医班或研究班;抓好中西医结合研究生的培养工作。合理使用中西医结合人员,做到合理安排,妥善使用。

3. 大力开展中西药结合工作

遵循和运用现代科学技术先进方法,研究推广使用中草药,筛选验证秘、单、验方,合理保护开发利用药材资源,加速进行剂型改革,创制高效、安全、可靠的新型药物。中西药的结合,从药性、药理到剂型的中西渗透,将产生大量有益于人类健康的新型药品,并有力地促进传统医药走向世界的步伐,最终造福于全人类。

### 三、中医、中西医结合病历书写的管理

病历书写是指医务人员通过问诊、查体、辅助检查、诊断、治疗、护理等医疗活动获得有关资料,并进行归纳、分析、整理形成医疗活动记录的行为。2002 年 9 月 1 日起施行的《中医、中西医结合病历书写基本规范(试行)》对中医、中西医结合病历书写的基本要求、门(急)诊病历书写要求及内容、住院病历书写要求及内容做了详细的规定。

# 第四节 中 药

## 一、中药的概念

中药是指在中医理论指导下,运用传统的独特方法进行加工炮制并用于疾病的预防、诊断和治疗,有明确适应证和用法、用量的植物、动物和矿物质及其天然加工品等。

## 二、中药审批与研制开发

《药品注册管理办法(试行)》(2002年12月1日起施行)第四十九条规定,对新的中药材及其制剂,中药或天然药物中提取的有效成分及其制剂的新药申请可以实行快速审批。《中医药条例》第二条第二款规定:"中药的研制、生产、经营、使用和监督管理依照《中华人民共和国药品管理法》执行。"《中华人民共和国药品管理法》(2001年12月1日起施行。以下简称《药品管理法》)强调,国家鼓励研究和创制新药,保护公民、法人和其他组织研究、开发新药的合法权益。研制新药,必须按照国务院药品监督管理部门的规定如实报送研制方法、质量指标、药理及毒理试验结果等有关资料和样品,经国务院药品监督管理部门批准后,方可进行临床试验。

## 三、中药生产的管理

中药是中医防病治病的物质基础。扩大中药生产,提高中药质量是发展中医事业的重要条件。1980年国务院批转国家医药管理局《关于中药广开生产门路的报告》,报告中指出,家种药材要在调整中提高,着重抓好基地建设,有计划地组织生产,培养优良品种,积极防治病虫害,保证中药材质量。野生药材资源既要合理利用,又要重视保护,有的可以建立保护区,有计划地轮封轮采,实行采种结合,扩大资源。

大力发展中成药生产,注意提高质量,增加品种,改革剂型,改进包装,确保国内常见病、多发病、地方病、老年病和疫情急救以及妇幼保健的需要。1987年,卫生部和国家医药管理局制定的《关于加强中药剂型研制工作的意见》指出,中药剂型研制工作,必须遵循中药性味归经、君臣佐使等理论,克服脱离中医药理论体系套用西药模式研制中药制剂的倾向。对传统剂型的继承和新剂型的研制必须同时并重。要以提高临床疗效为目标,以安全可靠为前提,以满足治疗急危重症需要为重点,逐步完善质量控制标准和检测手段,严格把关,保证质量,力求加工生产简、便、验、廉的剂型,便民利民,减轻群众经济负担。

为了加强对中药材生产扶持资金(以下简称中药材资金)的管理,提高中药材资金使用效益,财政部研究制定了《中药材生产扶持资金管理办法》。该办法明确规定,中药材资金是中央财政安排用于促进中药材生产发展的专项资金。中药材资金的使用对象一般为国有中药工商企业、药材专业种植养殖和直接从事中药材产业科技开发的研究院落所。根据中药产业发展政策,中药材资金限于野生药材资源保护和野生药材变家种家养的科研开发及成果应用;中药材种植养殖先进技术研究和推广应用;大宗、紧缺品种的中药材基地建设,中药材种子、种苗基地建设的应用;中药材存储技术研究及改善中药材仓储设施的应用;中药饮片的技术研究和推广应用。中药材资金使用单位要接受财政、审计等部门的监督;如发现挪用中药材资金等问题,要追究有关人员的责任,收回资金并不再给该单位安排资金;触犯法律的,移交司法机关处理。

为了规范中药材生产,保证中药材质量,促进中药标准化、现代化,国家药品监督管理局审议通过了《中药材生产质量管理规范(试行)》(2002 年 6 月 1 日起施行)。该规范是中药材生产和质量管理的基本准则,使用于中药材生产企业生产中药材的全过程。生产企业应该运用规范化管理和质量监控手段,保护野生药材资源和生态环境,坚持"最大持续产量"原则,实现资源的可持续利用。该《规范》对中药材的产地生态环境、种质和繁殖材料、培养与养殖管理、采收与初加工管理、包装、运输与贮藏管理、质量管理、人员和设备管理、文件管理均做了严格的规定。

## 四、中药经营的管理

中药是防病治病的特殊商品,必须加强管理。1983 年国务院转批的国家医药管理局《关于中药工作问题的报告》中规定,中药材经营由药材公司统一计划、统一管理、统一经营,除药材公司委托供销社代购外,其他部门和个人均不得插手经营。近年来,经营的渠道虽有所放宽,但管理的严格程度较之过去还有提高。为了保证配方需要,必须继续贯彻先治疗后滋补、先饮片后成药的原则。中药出口贯彻先国内后国外、出口服从内销的原则,实行出口许可证制度。

此后,卫生部、国家中医药管理局先后还制定颁布了《中药商业质量管理规范》、《核发中药经营企业合格证验收准则(试行)》,对于整顿中药流通秩序,严厉打击制售伪劣中药,保证药材的安全有效,起到了较好的作用。

《药品管理法》规定,对有配伍禁忌或者超剂量的处方应当拒绝调配;必要时,经处方医师更正或重新签字方可调配。药品经营企业销售中药材,必须标明产地。城乡集市贸易市场可以出售中药材。

## 五、医疗机构中药饮片质量的管理

为加强医疗机构的中药饮片监督管理,确保中药饮片质量和用药效果,保障人民用药安全,根据《中华人民共和国药品管理法》、《医疗机构管理条例》、《医院药剂管理办法》等有关法律、法规,国家中医药管理局于 1996 年 5 月 10 日发布了《医疗机构中药饮片质量管理办法》。医疗机构的中药饮片质量管理,是确保医疗机构中医临床疗效的重要环节,是发挥中医优势,为人民健康服务的重要工作,各医疗机构必须高度重视,树立饮片质量第一的观念。县级以上卫生、中医(药)行政部门负责本行政区域内医疗机构的中药饮片质量监督管理工作。

## 六、中药品种保护

为提高中药品种的质量,保护中药生产企业的合法权益,促进中药事业的发展,1993 年 1 月 1 日,国务院发布了《中药保护品种条例》。条例规定,国家鼓励研制开发临床有效的中药品种(包括中成药、天然药物的提取物及其制剂和中药人工制成品,但不包括依照专利法的规定办理申请专利的中药品种),对质量稳定、疗效确切的中药品种实行分级保护制度。《药品管理法》强调,国家实行中药品种保护制度。

1. 主管部门

国务院卫生行政部门负责全国中药品种保护的监督管理工作。国家中药生产经营主管部门协同管理全国中药品种的保护工作。

2. 中药保护品种等级的划分和审批

依照《中药保护品种条例》受保护的中药品种,必须是列入国家药品标准的品种。经经国务院卫生行政部门认定,列为省、自治区、直辖市药品标准的品种,也可以申请保护。受保护的中药品种分为一、二级。对特定疾病有特殊疗效的;相当于国家一级保护野生药材物种的人工制成品;用于预防和治疗特殊疾病的中药品种,可以申请一级保护。可申请一级保护的品种或者已经解除一级保护的品种;对特定疾病有显著疗效的品种;从天然药物中提取的有效物质及特殊制剂;可以申请二级保护。国务院卫生行政部门批准的新药,按照国务院卫生行政部门规定的保护期给予保护;在保护期限届满前 6 个月,可以重新依照《中药保护品种条例》的规定申请保护。

3. 申请办理中药品种保护的程序

1) 中药生产企业对其生产的符合保护品种的中药品种,可以向所在地省、自治区、直辖市中药生产经营主管部门提出申请,经中药生产经营主管部门签署意见后转送同级卫生行政部门,由省、自治区、直辖市卫生行政部门初审签署意见后,报国务院卫生行政部门。特殊情况下,中药生产企业也可以直接向国家中药生产经营主管部门提出申请,由国家中药生产经营主管部门签审意见后转送国务院卫生行政部门,或者直接向国务院卫生行政部门提出申请。

2) 国务院卫生行政部门委托国家中药品种保护审评委员会负责对申请保护的中药品种进行审评。国家中药品种保护审评委员会应当自接到申请报告书之日起 6 个月内做出审评结论。

3) 根据国家中药品种保护审评委员会的审评结论由国务院卫生行政部门征求国家中药生产经营主管部门的意见后决定是否给予保护。批准保护的中药品种,由国务院卫生行政部门发给《中药保护品种证书》。国务院卫生行政部门负责组织国家中药品种保护审评委员会,委员会成员由国务院卫生行政部门与国家中药生产经营主管部门协商后,聘请中医药方面的医疗、科研、检验及经营、管理专家担任。

申请中药品种保护的企业,应当按照国务院卫生行政部门的规定,向国家中药品种保护审评委员会提交完整的资料。对批准保护的中药品种以及保护期满的中药品种,由国务院卫生行政部门在指定的专业报刊上予以公告。

4. 中药保护品种的保护

对特定疾病有特殊疗效的;相当于国家一级保护野生药材物种的人工制成品;用于预防和治疗特殊疾病的中药一级保护品种,经批准可获得分别为 30 年、20 年、10 年保护期。中药二级保护品种为 7 年。中药一级保护品种的处方组成、工艺制法,在保护期限内由获得《中药保护品种证书》的生产企业和有关的药品生产经营主管部门、卫生行政部门及有关单位和个人负责保密,不得公开。负有保密责任的有关部门、企业和单位应当按照国家有关规定,建立必要的保密制度。向国外转让中药一级保护品种的处方组成、工艺制法的,应当按照国家有关保密的规定办理。中药保护品种因特殊情况需要延长保护期限的,由生产企业在该品种保护期满前六个月,依照《中药保护品种条例》第九条规定的程序申报。延长的保护期限由国务院卫生行政部门根据国家中药品种保护审评委员会的审评结果确定;但是,每次延长的保护期限不得超过第一次批准时保护期限。被批准保护的中药品种,在保护期内限于由获得《中药保护品种证书》的企业生产;但是,对临床用药紧缺的中药保护品种,根据国家中药生产经营主管部门提出的仿制建议,经国务院卫生行政部门批准,由仿制企业所在地的省、自治区、直辖市卫生行政部门对生产同一中药保护品种的企业发放批准文号。该企业应当付给持有《中药保护品种证书》并转让该中药品种的处方组成、工艺制法的企业合理的使用费,其数额由双方商定;双方不能达成协议的,由国务院卫生行政部门裁决。国务院卫生行政部门批准保护的中药品种如果在批准前是由多家企业生产的,其中未申请《中药保护品种证书》的企业应当自公告发布之日起 6 个月内向国务院卫生行政部门申报,并依照《中药保护品种条例》第十条的规定提供有关资料,由国务院卫生行政部门指定药品检验机构对该申报品种进行同品种的质量检验。国务院卫生行政部门根据检验结果,可以采取如下措施:①对达到国家药品标准的,经征求国家中药生产经营主管部门意见后,补发《中药保护品种证书》。②对未达到国家药品标准的,依照药品管理的法律、行政法规的规定撤销该中药品种的批准文号。生产中药保护品种的企业及中药生产经营主管部门,应当根据省、自治区、直辖市卫生行政部门提出的要求,改进生产条件,提高品种质量。中药保护品种在保护期内向国外申请注册的,须经国务院卫生行政部门批准。

5. 处罚

违反《中药保护品种条例》的规定,擅自仿制中药保护品种的,由县级以上卫生行政部门以生产假药依法论处。造成泄密的责任人员,由所在单位或者上级机关给予行政处分;构成犯罪的,依法追究刑事责任。伪造《中药品种保护证书》及有关证明文件仅仅系生产、销售的,由县级以上卫生行政部门没收其有关药品及违法所得,并可以处有关药品正品价格 3 倍以下的罚款;构成犯罪的,依法追究刑事责任。

## 七、毒性中药的管理

为加强医疗用毒性药品的管理,防止中毒或死亡事故的发生,根据《中华人民共和国药品管理法》的规定,1988 年 12 月 27 日国务院发布了《医疗用毒性药品管理办法》。该办法规定,凡加工炮制毒性中药,必须按照《中华人民共和国药典》或者各省、自治区、直辖市卫生行政部门制定的《炮制规范》的规定进行。药材符合药用要求的,方可供应、配方和用于中成药生产。对处方未注明"生用"的毒性中药,应当付炮制品。群众自配民间单、秘、验方需用毒性中药,购买时要持有本单位或者城市街道办事处、乡(镇)人民政府的证明信,供应部门方可发售。每次购用量不得超过 2 日极量。《药品管理法》(2001 年)第三十五条规定:"国家对麻醉药品、精神药品、医疗用毒性药品、放射性药品,实行特殊管理。"

1) 认真学习、宣传《药品管理法》、《医疗用毒性药品管理办法》,认识到加强毒性重要管理的重要性。

2) 建立、健全保管、验收、调配、核对等制度,对毒性中药要实行特殊管理,专人保管、专柜加锁。

3) 加强中药流通领域的监管,打击无证商贩,坚持从正规渠道购进药品,购药要进行验收,有验收记录。

4) 医生要熟练掌握毒性中药的用量、配伍禁忌、饮食禁忌等中药理论,严格执行每次处方剂量不得超过 2 日极量,字迹要清楚,要向病人详细说明煎煮方法、服用方法及使用方法。

5) 药剂人员要掌握中药的采集、加工、炮制、鉴定、贮藏、保管、用法、用量、配伍禁忌等专业知识,炮制要符合规定,炮制过程要详细记录。调配中药要细心,对毒性中药要更细心,要认真审核处方,及时发现错误或笔误之处。调配完毕后,要详细检查,看是否有配错之处,之后,由具有药师以上技术职称的药剂人员复核,真正做到准确无误。双方签名后,方可发给病人。

毒性中药用之得当能治疗人的疾病,解除病人的痛苦;用之不当,将贻害无穷。为了人民群众的用药安全,使毒性中药致死人命的悲剧不再重演,必须加强毒性中药的管理。

# 第五节 民族医药

## 一、民族医药是祖国传统医学的重要组成部分

民族医药是中华民族优秀文化的瑰宝之一,也是我国传统医药的重要组成部分,是建设具有中国特色的社会主义卫生事业的重要内容,几千年来为我国各族人民的健康和繁衍昌盛做出了重要贡献。党和政府历来重视民族医药工作。我国《宪法》明确规定:"国家发展医疗卫生事业,发展现代医药和我国传统医药。"《中共中央、国务院关于卫生改革与发展的决定》中进一步明确指出:"各民族医药是中华民族传统医药的组成部分,要努力发掘、整理、总结、提高,充分发挥其保护各族人民健康的作用。"在党的民族政策和卫生工作方针的正确指引下,建国以来,我国的民族医药事业得到了较大的发展。特别是十一届三中全会以后,和其他各行各业一样,民族医药工作进入了真正稳步发展的阶段。1982年卫生部召开的衡阳会议,提出了省地县都要建立中医医院或民族医院的要求,为民族医药的机构建设从部门政策方面打下了基础。1984年9月,卫生部和国家民委制定了《民族医药事业"七五"发展规划和意见》,并经国务院办公厅转发了《关于加强全国民族医药工作的几点意见》,促进了民族医药事业的稳步发展。1989年,全国第一次民族医医院工作会议在新疆召开,进一步推动和加强了民族医医疗机构的建设与发展。

"八五"以后,民族医药工作逐步走上了注重内涵发展的道路。1995年11月,国家中医药管理局又与国家民委联合召开了第二届全国民族医药工作会议。这次会议自始至终贯彻解放思想、实事求是的思想路线,强调了加强内涵建设的重要指导意义,并且提出了"316计划"和一系列旨在促进民族医药机构的内涵建设,提高综合效益与队伍整体素质,发挥民族医药的特色和优势、引导民族医药事业健康发展的重要举措,为民族医药事业的进一步发展提出了具体的、切实可行的指导性意见。会后,国家中医药管理局和国家民委在反复调研、论证的基础上,于1997年联合下发了《关于进一步加强民族医药工作的意见》,从思想认识、基地建设、人才培养、科研工作、理顺和发展民族药的产供销渠道等多方面对民族医药的工作提出了新的要求。

目前,全国民族医医院已由1984年的76所发展到了134所,其中藏医医院56所,蒙医医院41所,维医医院30所,其他民族医院7所。各地还建起了一批民族医专科医院和门诊部。许多民族地区的综合医院和乡卫生院设置了民族医科。全国民族医的床位数由1984年前的2 597张发展到6 000多张。全国民族医医院的职工总数为7 387人,而包括整个卫生系统在内的全国民族医药人员(含民间医生)的实际总数估计已超过10 442人。这些民族医医疗机构在各民族地区的医疗保健工作中发挥了重要作用。部分民族医医院在建院时间短、人员少、规模小、设备简陋的情况下,其门诊量已接近同级其他医院,初步具备了一定的自我发展能力。

西藏、内蒙、新疆分别建立了高等藏医、蒙医、维医院校和一些中等民族医药专科学校。1997年,3所高等民族医药院校在校学生数达1 361人。建校以来,这3所院校已经培养民族医药人员

3 500 多人。此外,青海藏医学院仍在筹建之中,并已开始招收部分本科学生。成都、甘肃等中医药院校还开设了民族医系或民族医专业。西藏、内蒙、新疆、云南、辽宁、吉林、广西、甘肃、贵州等地还相继建立了一批民族医药科研机构,其中有独立编制的县级以上机构 15 所,为促进民族医药的学术发展做出了贡献。

1997 年,我国第一部由国家行政部门组织编写、全面反映各民族医药状况的专著——《中国传统医药概览》的出版,为了解各民族医药提供了较为翔实的资料。该书涵盖了包括中医在内共计 32 个民族的传统医药发展简史、事业现状、理论体系、诊疗方法、药物资源等,不仅是对多年来民族医药挖掘、整理、研究工作的总结,也对更好地把握各民族医药的基本特征和体现分类指导的原则有重要的参考作用。

中国民族医药学会于 1997 年 11 月正式成立。这不仅是开展民族医药学术活动、加强学术交流的需要,同时也是关系到加强民族团结、促进文化交流、弘扬民族精神、发展经济建设的一件大事。对于充分调动和发挥各方面的积极性,协助行政主管部门巩固、充实现有的民族医疗、教育、科研机构,加强内涵建设,积极培养人才,注重科学研究,实施分类指导,主动适应社会主义市场经济和人民群众对民族医药医疗保健的需求必将起到积极的作用。

## 二、民族医药的概念

我国的民族医药是各民族人民千百年来与疾病作斗争的智慧结晶,是当代中国医药的重要组成部分。中国是一个多民族的文明古国,除汉族外,尚有 55 个少数民族,每一个民族虽然地理环境、自然因素、历史条件不同,但在漫长的历史长河中、在生产生活实践中都积累了防病治病的丰富医药知识和实践经验,为本民族的繁衍及发展做出了贡献。但民族医药虽然受到客观条件和历史条件的限制,有些还是总结出了规律形成了理论并以之指导其医药实践,从而形成一个完整或比较完整的医学体系。

1949 年以前的民族医学,很少受到重视。经过半个世纪的发展,尤其是近二十多年来的发展,我国的民族医药已经从无到有、从小到大、从初级水平向中高级水平过渡。在正确的政策大力推动下,我国的民族医药事业得到空前的发展,发掘整理了大量古典民族医药文献,新编了一批民族医药著作;民族医药科研、教学、医疗事业有所发展;医学学术交流繁荣,不同地区的同一种民族医学,不同民族医学,以及与国外同行之间,都有频繁的学术交流;民族药的潜力不断得到开发和利用;从而创造了中国传统医药伟大宝库。如藏族医学、蒙古族、维吾尔族、傣族、壮族、彝族、羌族、苗族、朝鲜族、回族、布依族、侗族、哈萨克族、回族、黎族、满族、瑶族、土族、水族等少数民族积累了不少医药经验。这些传统医药为本民族人民的身体健康和繁衍昌盛做出了重要贡献,也为中华民族传统医药宝库增添了更多的光彩。

## 三、民族医药学立法

1983 年 7 月,卫生部、国家民委联合下达了《关于继承、发扬民族医药学的意见》,对民族医药工作提出了以下五项要求:

1) 加强领导。提高对民族医药工作的认识,各级卫生部门和民族工作部门要做长远规划和近期安排,制定具体措施,指定专门机构或设专人负责办理日常工作。

2) 提供必要的物资条件。优先解决抢救民族医药学遗产所需的经费和给名老民族医药人员配备助手;吸收具有真才实学的民族医药人员到全民或集体医疗卫生单位工作或允许个人开业;对民族药材的收购、供应实行照顾政策。

3)加强民族医药机构的建设,努力培养一支有较高水平的民族医队伍。少数民族聚居地区,有条件的要建立民族医院、民族医门诊部或综合医院内设民族医科;办好若干所民族医医学院、民族医专科学校或民族医班,培养民族医药人员,加强对在职民族医药人员的培训工作;有条件的民族医机构,都要开展民族医药的科学研究。

4)加强民族医药的发掘、整理、提高工作。采取措施整理名老民族医的宝贵经验;鼓励热爱民族医药事业的西医药人员学习和研究民族医药学。

5)搞好民族药材的产、供、销的管理工作。要充分发挥民族地区药材资源丰富的优势,组织好民族药材的生产、供应、使用和药品质量管理工作,设立民族药的收购供应机构,对名贵药要有计划地培育种植,保护药源。

## 思 考 题

1. 简述中医院的管理。
2. 简述中医从业人员的管理。
3. 简述中医医疗广告的管理。
4. 简述《中医药条例》对中医文献的相关规定。
5. 试述《中药材生产质量管理规范(试行)》主要内容。

(南京中医药大学　卢军锋)

# 第二十二章 医药知识产权法律制度

通过本章的学习,要求掌握药品专利保护、药品行政保护、中药品种保护,以及药品保护外的保护制度如商标保护、新药保护、反不正当竞争保护,熟悉药品注册的管理,了解违反医药知识产权的法律责任。

## 第一节 概 述

### 一、医药知识产权保护的立法概况

为了鼓励药品领域的研究开发活动和技术创新,规范新药的研制和审批,加强药品的监督管理,维护药品市场的秩序,保障人体用药安全,维护人民身体健康,我国已经先后出台了许多与医药有关的知识产权法律和行政法规、行政规章。《中华人民共和国专利法》在修订后于 1993 年 1 月 1 日开放了药品的产品专利保护,并于 2000 年再次修正颁行,相应配套的《中华人民共和国专利法实施细则》于 2001 年 7 月 1 日实施。

《中华人民共和国商标法》于 1982 年 8 月 23 日由人大常委会通过,于 1983 年 1 月 1 日起施行,此后又于 1993 年和 2001 年进行了修订,相应配套的《中华人民共和国商标法实施细则》于 1995 年 5 月 12 日发布并实施。

《中华人民共和国反不正当竞争法》自 1993 年 12 月 1 日起施行。

《中华人民共和国药品管理法》于 1985 年 7 月 1 日实施,并在 2001 年修改后于 12 月 1 日起施行;《中华人民共和国药品管理法实施办法》2002 年 9 月 15 日发布并实施。

国务院 1992 年 12 月 12 日通过和发布了《药品行政保护条例》、《药品行政保护条例实施细则》,自 1993 年 1 月 1 日起施行。

国务院 1992 年 10 月 14 日发布了《中药品种保护条例》,自 1993 年 1 月 1 日起施行。

卫生部、国家医药管理局先后发布了《专利工作管理办法(试行)》、《中医药专利管理办法(试行)》、《医药行业关于反不正当竞争的若干规定》、《新药审批办法》、《新药审批办法(有关中药部分的修订和补充规定)》和《新药保护和技术转让的规定》等行政规章。

### 二、药品知识产权保护的策略

1) 企业优选的知识产权保护形式有中药品种保护,新药保护,专利保护,商标保护和商业秘密。

2）在新药研究开发立项时，一定要注意检索药品专利等文献，确立高的研发起点，避免毫无价值的重复研究。

3）在完成新药研发的实验室动物实验后，对有市场前景的成果一定要申请专利或者采取保密措施予以保护，然后再进行临床试验和申请生产许可证。

4）对于即将批准上市的药品，一定要申请注册商标，如果愿意，也可以在临床试验的同时申请新药的行政保护。

5）药品专利或新药的行政保护即将期满时，如果仍然需要独占市场，中药还可以申请中药品种保护。

6）商标保护或中药品种保护期满时，还应当注意及时申请续展注册或延长保护期，以便从中获得更大的经济利益。

# 第二节　医药知识产权保护

## 一、药品专利保护

### （一）药品专利及其授权条件

药品专利主要是对药品领域的新的发明创造，即技术创新，包括新开发的原料药即活性成分、新的药物制剂或复方、新的制备工艺或其改进所依法享有的权利。专利保护是药品发明保护最为有效的一种方式。按照专利法实施细则的规定，同样的发明创造只能被授予一项专利。因此，专利权具有独占性。也就是说，专利保护的创新药品是惟一的，其独占性可体现在对市场利益的垄断，包括对创新药品的生产、销售、使用和进口的垄断，其巨大的经济利益是不言而喻的。专利制度有利于鼓励发明创造，有利于发明创造的推广应用，有利于促进科学技术进步和创新。

新颖性、创造性和实用性是专利保护最重要的授权条件。

1）新颖性是指在申请日以前没有同样的药品发明在国内外出版物上公开发表过、在国内公开使用过或者以其他方式为公众所知，也没有同样的药品发明由他人向国务院专利行政部门提出过申请并且记载在申请日以后公布的专利申请文件中。

2）创造性是指同申请日以前的技术相比，该药品发明有突出的实质性特点和显著的进步。

3）实用性是指该药品发明能够制造或者使用，并且能够产生积极效果。

药品专利保护的是世界范围内最新的、付出了创造性的劳动后方才开发出来的药品或制备工艺，而所有填补国内空白的仿制药则不具有专利法意义上的新颖性，因此是不能得到专利保护的，这种要求显然远远高于其他行政法规。然而，在实用性方面，药品专利只要求该药品或者制备工艺能够在产业上应用，也即具有产业化前景即可，而且，这种产业化应用主要是就其从技术上对疾病的治疗效果而言，而不对其毒性及安全性进行严格的审查。一般来讲，为了抢时间，由动物实验证明了药品的治疗效果后即可申请专利，而不必等到临床试验完成以后，在这方面，药品专利的要求远远低于其他行政法规。

## （二）保护的期限和手段

按照现行专利法的规定,发明专利权的期限为 20 年,自申请日起计算。实际上,在自申请日起的 20 年中,又可以分为三个阶段,其保护效力是逐步加强的。由于我国实行早期公开、延迟审查制,在一种新药品发明申请专利但尚未向社会公开之前,其他人实际上还无法得知该发明的内容,因而就谈不上侵犯专利权,如果有相同的药品发明在此期间被公开制造,也不能要求对方赔偿损失,原因是专利权尚未产生,而对方既不能再申请专利,也不能破坏该专利申请的新颖性,因此,该阶段可以视为双方互不干涉的过渡期;在专利申请公开但尚未授予专利权之前,由于公众已经可以得知发明的内容,如果有人在此期间实施其发明,申请人就可以要求其支付适当的费用,此期间称为临时保护期;专利权被授予后,任何单位或者个人未经专利权人许可,都不得实施其专利,即不得为生产经营目的制造、使用、许诺销售、销售、进口其专利产品,或者使用其专利方法以及使用、许诺销售、销售、进口依照该专利方法直接获得的产品,在此期间,如果有人未经许可而实施其专利,专利权人或利害关系人既可以向人民法院起诉,也可以请求专利管理机关对侵权人进行处理,要求其停止侵权行为并赔偿损失。

# 二、药品行政保护

## （一）申请药品行政保护的条件

药品行政保护的申请权属于该药品独占权人即专利权人,是对申请药品行政保护的药品的制造、使用和销售享有完全权利的人。申请行政保护的药品指人用药品。一项药品进行行政保护申请只限于一种药品。

1）1993 年 1 月 1 日前依照中国专利法的规定其独占权不受保护的。

2）1986 年 1 月 1 日到 1993 年 1 月 1 日期间,获得禁止他人在申请人所在国制造、使用或者销售的独占权的。

3）提出行政保护申请日前尚未在中国销售的。这一条主要说明申请行政保护的药品在申请日前必须是没有合法地进入中国市场销售,不管是进口销售还是制造销售;不管是申请人自行销售还是第三人销售,只要是合法销售,申请人就丧失了申请药品行政保护的条件。

## （二）行政保护的申请程序

1）申请行政保护,应当委托国务院药品生产经营行政主管部门指定的代理机构办理。

2）向国务院药品生产经营行政主管部门申请药品行政保护和办理有关手续,应当按照规定缴纳费用。

3）申请药品行政保护应该报送的文件（中文、外文对照本）:①药品行政保护申请书。②申请人所在国有关主管部门颁发的证明申请人享有该药品独占权的文件副本,即申请人所在国专利主管部门颁发的专利文件副本。③申请人所在国有关主管部门颁发的准许制造或者销售该药品的文件副本,即申请人所在国药品审评主管部门颁发的该药品制造或销售的上市批件副本。④申请人与按照中国有关法律、法规取得药品制造或者销售许可的中国企业法人（包括外资企业、中外合资经营企业和中外合作经营企业）正式签订在中国境内制造或者销售该药品的合同副本。

外国药品独占权人在申请药品行政保护之前或者之后,应当依照《中华人民共和国药品管理法》的规定,向国务院卫生行政部门申请办理该药品在中国境内制造或者销售许可的手续。

### (三) 行政保护的审查和批准

1998 年政府机构改革后,药品行政保护职能自原国家医药管理局转由国家药品监督管理局承受。国家药品监督管理局药品行政保护办公室是药品行政保护申请的受理审查机构。

国务院药品生产经营行政主管部门受理和审查药品行政保护的申请,对符合规定的药品给予行政保护,对申请人颁发药品行政保护证书。

国务院药品生产经营行政主管部门自收到行政保护申请文件之日起 15 日内,进行初步审查,并分别情况做出以下处理:

1) 申请文件符合规定的,发给受理通知书,并予以公告。

2) 申请文件不符合规定的,要求申请人限期补正;过期不补正的,视为未申请。

国务院药品生产经营行政主管部门应当自收到申请文件之日起,或者依照规定,自收到补正文件之日起,6 个月内审查完毕。因特殊情况不能在 6 个月内审查完毕的,应当及时通知申请人,并告之理由,适当延长审查时间。

经审查,符合规定的,给予行政保护,颁发药品行政保护证书,并予以公告。不符合规定的,不给予行政保护,并告之理由。

### (四) 行政保护的期限、终止、撤销和效力

(1) 行政保护的期限:药品行政保护期为 7 年零 6 个月,自药品行政保护证书颁发之日起计算。

(2) 行政保护的终止:有下列情形之一的,行政保护在期限届满前终止:① 药品独占权在申请人所在国无效或者失效的。② 药品独占权人没有按照规定缴纳行政保护年费的(外国药品独占权人应当自药品行政保护证书颁发的当年,开始缴纳年费)。③ 药品独占权人以书面形式声明放弃行政保护的。④ 药品独占权人自药品行政保护证书颁发之日起 1 年内未向国务院卫生行政部门申请办理该药品在中国境内制造或者销售许可手续的。

(3) 行政保护的撤销:药品行政保护证书颁发后,任何组织或者个人认为给予该药品行政保护不符合规定的,都可以请求国务院药品生产经营行政主管部门撤销对该药品的行政保护;药品独占权人对国务院药品生产经营行政主管部门的撤销决定不服的,可以向人民法院提起诉讼。

药品行政保护的终止或者撤销,由国务院药品生产经营行政主管部门予以公告。

(4) 行政保护的效力:对获得行政保护的药品,未经药品独占权人许可,国务院卫生行政部门和省、自治区、直辖市的卫生行政部门不得批准他人制造或者销售。

未经获得药品行政保护的独占权人的许可,制造或者销售该药品的,药品独占权人可以请求国务院药品生产经营行政主管部门制止侵权行为;药品独占权人要求经济赔偿的,可以向人民法院提起诉讼。

在未经药品行政保护独占权人许可的情况下,有制造或销售获行政保护药品的,药品独占权人可以请求国家药品监督管理局制止侵权行为,具体按《药品行政保护条例实施细则》第四章"侵权处理"办理。

### 三、中药的法律地位和品种保护

中药是指以中医理论为指导,用以预防、诊断和治疗疾病的药用物质。其主要来源为天然药及其加工品,包括植物药、动物药、矿物药及部分化学、生物发酵制品。药材一般是指未经加工的中药原料药。

中药品种保护制度

中药品种保护制度是指国务院于 1992 年 10 月 14 日颁布的《中药品种保护条例》规定的一项行政管理措施。为了提高中药品种的质量,保护中药生产企业的合法权益,促进中医药业的发展,国务院颁布了《中药品种保护条例》,该条例 1993 年 1 月 1 日实施。

中药品种保护是对专利保护和新药保护的一种后续补充,其作用类似于某些发达国家对药品专利的补充保护证书,是对药品发明知识产权保护的一种延续和加强。通过中药品种保护,可以进一步规范药品市场,淘汰质量不好的劣质药品,使高质量的药品占有更大的市场份额,从而为企业赢得更多的经济利益。

《中药品种保护条例》实施以来,我国共发布了 27 批 1 582 个国家中药保护品种,其中 11 个品种被列为国家一级保护品种,其余为二级保护品种,这些品种涉及全国 31 个省(自治区、直辖市)1 036 个中药生产企业。同时,也依法撤销和中止了 19 批 1 458 个中药品种生产批准文号的效力,进一步优化了中药品种结构。国家药监局将全面开展中药保护品种延长保护期工作。2000 年经国家药监局批准,有 75 个中药品种的保护期获得了延长。

国家鼓励研制开发临床有效的中药品种,对质量稳定、疗效确切的中药品种实行分级保护制度。

1. 中药保护品种等级的划分和审批

依照中药保护品种条例受保护的中药品种,必须是列入国家药品标准的品种。经国务院卫生行政部门认定,列为省、自治区、直辖市药品标准的品种,也可以申请保护。

受保护的中药品种分为一、二级。

符合下列条件之一的中药品种,可以申请一级保护:① 对特定疾病有特殊疗效的。② 相当于国家一级保护野生药材物种的人工制成品。③ 用于预防和治疗特殊疾病的。

符合下列条件之一的中药品种,可以申请二级保护:① 符合申请一级保护规定条件的品种或者已经解除一级保护的品种。② 对特定疾病有显著疗效的。③ 从天然药物中提取的有效物质及特殊制剂。

国务院卫生行政部门批准的新药,按照国务院卫生行政部门规定的保护期给予保护;其中,符合申请一级、二级保护条件规定的,在国务院卫生行政部门批准的保护期限届满前六个月,可以重新依照中药品种保护条例的规定申请保护。

2. 申请办理中药品种保护的程序

1) 中药生产企业对其生产的符合规定的中药品种,可以向所在地省、自治区、直辖市中药生产经营主管部门提出申请,经中药生产经营主管部门签署意见后转送同级卫生行政部门,由省、自治区、直辖市卫生行政部门初审签署意见后,报国务院卫生行政部门。特殊情况下,中药生产企业也可以直接向国家中药生产经营主管部门提出申请,由国家中药生产经营主管部门签署意见后转送国务院卫生行政部门,或者直接向国务院卫生行政部门提出申请。

2)国务院卫生行政部门委托国家中药品种保护审评委员会负责对申请保护的中药品种进行审评。国家中药品种保护审评委员会应当自接到申请报告书之日起六个月内做出审评结论。

3)根据国家中药品种保护审评委员会的审评结论,由国务院卫生行政部门征求国家中药生产经营主管部门的意见后决定是否给予保护。批准保护的中药品种,由国务院卫生行政部门发给《中药保护品种证书》。

国务院卫生行政部门负责组织国家中药品种保护审评委员会,委员会成员由国务院卫生行政部门与国家中药生产经营主管部门协商后,聘请中医药方面的医疗、科研、检验及经营、管理专家担任。

申请中药品种保护的企业,应当按照国务院卫生行政部门的规定,向国家中药品种保护审评委员会提交完整的资料。

对批准保护的中药品种以及保护期满的中药品种,由国务院卫生行政部门在指定的专业报刊上予以公告。

3. 中药保护品种的保护期限

中药一级保护品种分别为30年、20年、10年。中药一级保护品种的处方组成、工艺制法,在保护期限内由获得《中药保护品种证书》的生产企业和有关的药品生产经营主管部门、卫生行政部门及有关单位和个人负责保密,不得公开。中药一级保护品种因特殊情况需要延长保护期限的,由生产企业在该品种保护期满前六个月,依照规定的程序申报。延长的保护期限由国务院卫生行政部门根据国家中药品种保护审评委员会的审评结果确定;但是,每次延长的保护期限不得超过第一次批准的保护期限。

中药二级保护品种为7年。中药二级保护品种在保护期满后可以延长7年。申请延长保护期的中药二级保护品种,应当在保护期满前6个月,由生产企业依照规定的程序申报。

4. 中药保护品种申报资料

国家中药品种保护审评委员会2003年2月8日印发《中药保护品种申报资料项目要求及说明》规定了中药保护品种申报资料有以下五部分组成:证明性文件;药学资料;安全性评价资料;临床试验资料;申报资料格式要求。

所有申报资料应参照《药品注册管理办法》要求整理书写,试验资料封面应写明验证项目,试验负责人并签字,试验单位名称并加盖公章,并注明各项试验研究工作的试验者、试验起止日期、原始资料的保存地点和联系人姓名、电话等,各试验研究负责人及单位应对所提供的研究资料真实性、可靠性负责。

## 四、其他保护制度

### (一)商标保护

商标保护的对象是药品经营或销售中为了区别商品的可视性标志,其注册条件是没有他人在同一种商品或者类似商品上注册过相同或近似的商标。目的是促使生产、经营者保证商品质量和维护商标信誉,以保障消费者和生产、经营者的利益,促进商品经济的发展。

药品生产厂家可以通过其药品注册商标保护的市场独占权,为其带来巨大的收益;消费者也可以通过注册商标所代表的商品质量和厂家信誉,正确地选择使用安全有效的药品。药品商标注册后,即在所注册的国家或地区享有独占权,任何人未经注册商标所有人许可,都不得在同一种药品或者类似药品上使用与注册商标相同或近似的商标。

商标保护的期限:注册商标的有效期为10年,自核准注册之日起计算。期满前还可以申请续展注册,每次续展注册的有效期为10年。

我国商标法和药品管理法都规定人用药品必须使用注册商标,未经注册不得在市场上销售。但药品商标的注册量却很少。医药企业的商标保护最大的问题是,企业往往把药品通用名称与商标混淆。一些企业在开发出一种新药品后,给药品命名并用该名称注册商标。后来该药品名称被收入《药典》,被主管部门认定为药品的通用名称,该名称则失去了商标的意义。任何厂家都可以把它用在自己的产品上。拥有该注册商标的企业,不得不重新注册一商标。原商标中所蕴含的无形资产,也随之失去。

我国商标法明确规定,不得使用直接表示商品的质量、主要原料、功能、用途、重量、数量及其他特点的文字、图形作为商标。这类商标,即使获得注册,理论上也可由其他人申请撤销。这种文字或图形理论上应为公众共有,不属于任何人专有。企业无权禁止他人用相同的文字或图形作为商品名称或注册商标。

2001年10月27日修改通过、12月1日起施行的商标法规定,申请人对驳回申请的决定不服的,可以向请求复审,由商标评审委员会做出决定。任何人对初步审定的商标可以在规定的期限内提出异议,对已经注册的商标可以请求商标评审委员会裁定撤销该注册商标。对商标评审委员会做出的决定或裁定不服的,可以在规定的期限内向人民法院起诉。

### (二) 新药保护

新药保护保护的对象是在我国境内未上市销售的药品。

新药保护的目的是为了规范新药的研制,维护药品技术市场的秩序,进而实现药品管理法加强药品监督管理、保障人体用药安全、维护人民身体健康的目标。一方面,由于新药保护对新颖性的要求较低,方便了国内医药企业在技术较落后的条件下用较少的投入仿制国外新研制的药品;另一方面,通过严格要求临床试验,保证了人体用药安全,维护了广大消费者的利益。所以,新药保护在现有历史阶段确实对保护国内医药企业和人民群众的利益起到了一定的积极作用。

根据国家药品监督管理局1999年4月22日发布的《新药保护和技术转让的规定》,各类新药的保护期分别为:第一类新药12年;第二、第三类新药8年;第四、第五类新药6年。新药经国家药品监督管理局批准颁发新药证书后即获得保护。在保护期内的新药,未得到新药证书拥有者的技术转让,任何单位和个人不得仿制生产,药品监督管理部门也不得受理审批。但是,《新药审批办法》还规定,各省药品监督管理部门自公告之日起即应停止对同一品种临床研究申请的受理,此前已经受理的品种继续审评。用进口原料药研制申报制剂的新药,在批准临床研究和生产后,如国内有研究同一原料药及其制剂的,仍可按规定程序受理申报。由此可见,新药证书并不是惟一的,也就是说,新药保护不具有独占性,其对药品市场只具有相对的排他性。而且,其保护作用也是通过药品行政管理部门对药品生产许可证的发放和控制来实现的。

由于新药保护属于行政保护范畴,其保护的效力低于专利保护,起始时间晚于申请专利的时机,所起的作用也已经包括在专利保护和药品管理法对药品生产许可证的管理中。

### （三）技术诀窍（竞争法）保护

我国许多知名的商标都是用商业秘密保护其知识产权。此外，如果所生产的创新药品没有申请上述任何保护，还可以将其具体配方设法以保密的方式作为技术秘密加以保护，并在必要时通过反不正当竞争法寻求法律保护。

《反不正当竞争法》把商业秘密定义为：不为公众所知悉、能为权利人带来经济利益、具有实用性并经权利人采取保密措施的技术信息和经济信息。

《反不正当竞争法》第十条明确规定了侵害商业秘密的行为。该条规定：经营者不得采用下列手段利用权利人商业秘密：①以盗窃、利诱、胁迫或者其他不正当手段利用权利人的商业秘密。②披露、使用或者允许他人使用以前项手段获取的权利人的使用秘密。③违反约定或者违反权利人有关保守商业秘密的要求，披露、使用或者允许他人使用其掌握的商业秘密。④第三人明知或者应知获取、使用或者披露他人的商业秘密，视为侵犯商业秘密。

《医药企业反不正当竞争》第四条：医药商品生产企业和经营企业不得假冒他人注册商标，不得擅自使用其他医药商品特有的包装、装潢，不得在商品上伪造或者冒用质量认证标志和名优标志，不得伪造或者冒用药品批准文号和医疗器械批准号。

## 第三节　药品注册的管理

药品注册，是依照法定程序，对拟上市销售的药品的安全性、有效性、质量可控性等进行系统评价，并做出是否同意进行药物临床研究、生产药品或者进口药品决定的审批过程，包括对申请变更药品批准证明文件及其附件中载明内容的审批。

国家鼓励研究创制新药，对创制的新药及治疗疑难危重疾病的新药实行快速审批。国家食品药品监督管理局主管全国药品注册管理工作，负责对药物临床研究、药品生产和进口的审批。省、自治区、直辖市药品监督管理局受国家食品药品监督管理局的委托，对药品注册申报资料的完整性、规范性和真实性进行审核。药品注册申请人，是指提出药品注册申请，承担相应的法律责任，并在该申请获得批准后持有药品批准证明文件的机构。境内申请人应当是在中国境内合法登记的法人机构，境外申请人应当是境外合法制药厂商。境外申请人办理进口药品注册，应当有其驻中国境内的办事机构或者由其委托的中国境内代理机构办理。办理药品注册申请事务的人员应当是相应的专业技术人员，并熟悉药品注册管理法律、法规和技术要求。

### 一、药品注册申请

药品注册申请包括新药申请、已有国家标准药品的申请和进口药品申请及其补充申请。境内申请人按照新药申请、已有国家标准药品的申请办理，境外申请人按照进口药品申请办理。

新药申请，是指未曾在中国境内上市销售的药品的注册申请。已上市药品改变剂型、改变给药途径的，按照新药管理。已有国家标准药品的申请，是指生产已经由国家食品药品监督管理局颁布的正式标准的药品注册申请。进口药品申请，是指在境外生产的药品在中国上市销售的注册申请。补充申请，是指新药申请、已有国家标准药品的申请或者进口药品申请经批准后，改变、增加或取消原批准事项或内容的注册申请。审批过程中的药品注册申请、已批准的临床研究申请需进行相应变更的,以及新药技术转让、进口药品分包装、药品试行标准转正,按补充申请办理。

申请药品注册,申请人应当向所在地省、自治区、直辖市药品监督管理局提出,并报送有关资料和药物实样;其中申请进口药品注册,申请人应当向国家食品药品监督管理局提出。两个以上单位共同作为新药申请人的,应当向其中药品生产企业所在地省、自治区、直辖市药品监督管理局提出申请;申请单位均为药品生产企业的,应当向申请制剂的药品生产企业所在地省、自治区、直辖市药品监督管理局提出申请;申请单位均不是药品生产企业的,应当向样品试制现场所在地省、自治区、直辖市药品监督管理局提出申请。

申请人应当对所申请注册的药物或者使用的处方、工艺等,提供在中国的专利及其权属状态说明,并提交对他人的专利不构成侵权的保证书,承诺对可能的侵权后果负责。药品注册申请批准后发生专利权纠纷的,当事人应当自行协商解决,或者依照有关法律、法规的规定,通过司法机关或者专利行政机关解决。

已获得中国专利的药品,其他申请人在该药品专利期满前2年内可以提出注册申请。国家食品药品监督管理局按照本办法予以审查,符合规定的,在专利期满后批准生产或者进口。

对获得生产或者销售含有新型化学成分药品许可的生产者或者销售者提交的自行取得且未披露的试验数据和其他数据,国家食品药品监督管理局自批准该许可之日起6年内,对其他未经已获得许可的申请人同意,使用其未披露数据的申请不予批准。但是其他申请人提交自行取得数据的除外。其他申请人在提出药品注册申请时,应当承诺所有试验数据均为自行取得并保证其真实性。

接受境外制药厂商的委托,在我国进行加工药品,但不在境内销售使用的,由进行加工的境内药品生产企业向所在地省、自治区、直辖市药品监督管理局提出申请。符合规定的,省、自治区、直辖市药品监督管理局予以批准,但不发给药品批准文号。

申请药品注册必须进行临床前研究和临床研究:

1. 药物的临床前研究

为申请药品注册而进行的药物临床前研究,包括药物的合成工艺、提取方法、理化性质及纯度、剂型选择、处方筛选、制备工艺、检验方法、质量指标、稳定性,药理、毒理、动物药代动力学等。中药制剂还包括原药材的来源、加工及炮制等;生物制品还包括菌毒种、细胞株、生物组织等起始材料的质量标准、保存条件、遗传稳定性及免疫学的研究等。药物临床前研究应当执行有关管理规定,其中安全性评价研究必须执行《药物非临床研究质量管理规范》。从事药物研究开发的机构必须具有与试验研究项目相适应的人员、场地、设备、仪器和管理制度;所用试验动物、试剂和原材料应当符合国家有关规定和要求,并应当保证所有试验数据和资料的真实性。单独申请药物制剂所使用的化学原料药及实施批准文号管理的中药材和中药饮片,必须具有药品批准文号、《进口药品注册证》或者《医药产品注册证》,该原料药必须通过合法的途径获得。所用原料药不具有药品批准文号、《进口药品注册证》或者《医药产品注册证》的,必须经国家食品药品监督管理局批准。申请人委托其他机构进行药物研究或者进行单项试验、检测、样品的试制、生产等,应当与被委托方签订合同。申请人应当对申报资料中的药物研究数据的真实性负责。药品注册申报资料中有境外药物研究机构提供的药物试验研究资料的,必须附有境外药物研究机构出具的其所提供资料的项目、页码的情况说明和证明该机构已在境外合法登记并经公证的证明文件,经国家食品药品监督管理局认可后,方可作为药品注册申请的申报资料。

国家食品药品监督管理局和省、自治区、直辖市药品监督管理局根据需要对研究情况进行核查,要求申请人或者承担试验的药物研究机构按照其申报资料的项目、方法和数据进行重复试验,并派员现场考察试验过程;也可以委托药品检验所或者其他药物研究机构进行重复试验。药物临床前研究应当参照国家食品药品监督管理局发布的有关技术指导原则进行。申请人采用其他的评价方法和技术进行试验的,应当提交能证明其科学性的资料。

2. 药物的临床研究

药物的临床研究包括临床试验和生物等效性试验。药物临床研究必须经国家食品药品监督管理局批准后实施,必须执行《药物临床试验质量管理规范》。申请新药注册,应当进行临床试验或者生物等效性试验。申请已有国家标准的药品注册,一般不需要进行临床研究。需要进行临床研究的,化学药品可仅进行生物等效性试验;需要用工艺和标准控制药品质量的中成药和生物制品,应当进行临床试验。在补充申请中,已上市药品增加新适应证或者生产工艺等有重大变化的,需要进行临床研究。

临床试验分为Ⅰ、Ⅱ、Ⅲ、Ⅳ期。申请新药注册应当进行Ⅰ、Ⅱ、Ⅲ期临床试验,有些情况下可仅进行Ⅱ期和Ⅲ期,或者Ⅲ期临床试验。

Ⅰ期临床试验:初步的临床药理学及人体安全性评价试验。观察人体对于新药的耐受程度和药代动力学,为制定给药方案提供依据。

Ⅱ期临床试验:治疗作用初步评价阶段。其目的是初步评价药物对目标适应证患者的治疗作用和安全性,也包括为Ⅲ期临床试验研究设计和给药剂量方案的确定提供依据。此阶段的研究设计可以根据具体的研究目的,采用多种形式,包括随机盲法对照临床试验。

Ⅲ期临床试验:治疗作用确诊阶段。其目的是进一步验证药物对目标适应证患者的治疗作用和安全性,评价利益与风险关系,最终为药物注册申请获得批准提供充分的依据。试验一般应为具有足够样本量的随机盲法对照试验。

Ⅳ期临床试验:新药上市后由申请人自主进行的应用研究阶段。其目的是考察在广泛使用条件下的药物的疗效和不良反应;评价在普通或者特殊人群中使用的利益与风险关系;改进给药剂量等。

药物临床研究的受试例数应当根据临床研究的目的,符合相关统计学的要求和本办法所规定的最低临床研究病例数要求。罕见病、特殊病种及其他情况,要求减少临床研究病例数或者免做临床试验的,必须经国家食品药品监督管理局审查批准。在菌毒种选种阶段制备的疫苗或者其他特殊药物,无合适的动物模型且试验室无法评价其疗效的,在保证受试者安全的前提下,可以向国家食品药品监督管理局申请临床研究。

## 二、新药的申报与审批

申请新药注册所报送的资料应当完整、规范,数据必须真实、可靠;引用文献资料应当注明著作名称、刊物名称及卷、期、页等;未公开发表的文献资料应当提供资料所有者许可使用的证明文件。外文资料应当按照要求提供中文译本。

国家食品药品监督管理局对下列新药申请可以实行快速审批:① 新的中药材及其制剂,中药或者天然药物中提取的有效成分及其制剂。② 未在国内外获准上市的化学原料药及其制剂、生物制品。③ 抗艾滋病病毒及用于诊断、预防艾滋病的新药,治疗恶性肿瘤、罕见病等的新药。④ 治疗尚无有效治疗手段的疾病的新药。

省、自治区、直辖市药品监督管理局在收到以上所列新药的注册申请后,应当就该申请是否符合快速审批的条件进行审查并提出意见。国家食品药品监督管理局在受理时,确定是否对该新药申请实行快速审批。

多个单位联合研制的新药,可以由其中的一个单位申请注册,其他的单位不得重复申请。需要联合申请注册的,应当共同署名作为该新药的申请人。除可以快速审评的药物外,新药申请批准后每个品种只能由一个单位生产,同一品种的不同规格不得分由不同单位生产。在新药审批期间,新药的技术要求由于相同品种在境外获准上市而发生变化的,维持原技术要求不变。

### 三、仿制药品的申报与审批

申请生产已有国家标准药品的,申请人应当是持有《药品生产许可证》、《药品生产质量管理规范》认证证书的药品生产企业。所申请的药品应当与《药品生产许可证》和《药品生产质量管理规范》认证证书中载明的生产范围一致。新开办药品生产企业、药品生产企业新建药品生产车间或者新增生产剂型,未取得《药品生产质量管理规范》认证证书的,必须在六个月内取得《药品生产质量管理规范》认证证书;逾期未取得的,其药品批准文号自行废止,并由国家食品药品监督管理局予以注销。

申请人按照有关技术要求完成试制工作,填写《药品注册申请表》,向所在地省、自治区、直辖市药品监督管理局报送有关资料和药物实样。省、自治区、直辖市药品监督管理局对申报资料进行形式审查,符合要求的予以受理,并发给受理通知单;组织对生产情况和条件进行现场考察,抽取连续 3 个生产批号的样品,通知指定的药品检验所进行样品检验;在规定的时限内将审查意见及申报资料报送国家食品药品监督管理局,并通知申请人。接到注册检验通知的药品检验所对抽取的样品进行检验,并在规定的时限内将检验报告书报国家食品药品监督管理局,同时抄送通知其检验的省、自治区、直辖市药品监督管理局和申请人。国家食品药品监督管理局对所报资料进行全面审评,需要进行临床研究的,发给《药物临床研究批件》。申请人在完成临床研究后,应当向国家食品药品监督管理局报送临床研究资料。国家食品药品监督管理局以《药品注册批件》的形式,决定是否批准生产。符合规定的,发给药品批准文号。

国家食品药品监督管理局和省、自治区、直辖市药品监督管理局不受理依据试行标准提出的已有国家标准的药品注册申请。需要进一步评价药品疗效和安全性的已有国家标准的药品注册申请,国家食品药品监督管理局可以暂停受理和审批。为申请药品批准文号所生产的 3 批药品,在持有《药品生产许可证》和《药品生产质量管理规范》认证证书的车间生产的,经国家食品药品监督管理局指定的药品检验所检验合格并取得药品批准文号后,可以在该药品的有效期内上市销售。

### 四、进口药品的申报与审批

申请进口的药品,必须获得境外制药厂商所在生产国家或者地区的上市许可;未在生产国家或者地区获得上市许可,经国家食品药品监督管理局确认该药品安全、有效而且临床需要的,可以批准进口。申请进口的药品应当符合所在国家或者地区药品生产质量管理规范及中国《药品生产质量管理规范》的要求。

申请进口药品注册,申请人应当填写《药品注册申请表》,报送有关资料和样品,提供相关证明文件,向国家食品药品监督管理局提出申请。国家食品药品监督管理局对申报资料进行形式审查,符合要求的予以受理,发给受理通知单,通知中国药品生物制品检定所组织进行药品注册检验。国家食品药品监督管理局根据需要,对研制情况及生产条件进行现场考察。中国药品生物制品检定所完成进口药品注册检验后,应当将复核的药品标准、检验报告书和复核意见报送国家食品药品监督管理局。国家食品药品监督管理局组织对报送的资料进行全面审评,以《药物临床研究批件》的形式决定是否批准临床研究。临床研究经批准后,申请人应当按照药物的临床研究及有关的要求进行。临床研究结束后,申请人应当按照规定报送临床研究资料、样品及其他变更和补充的资料,并详细说明依据和理由,提供相关证明文件。国家食品药品监督管理局组织对报送的临床研究等资料进行全面审评,符合规定的,发给《进口药品注册证》。中国香港、澳门和台湾地区的制药厂商申请注册的药品,发给《医药产品注册证》。

申请进口药品制剂,必须提供直接接触药品的包装材料和容器合法来源的证明文件、用于生产该制剂的原料药和辅料合法来源的证明文件。原料药和辅料尚未取得国家食品药品监督管理局的批准,则应当报送有关的生产工艺、质量指标和检验方法等研究资料。国家食品药品监督管理局在批准进口药品的同时,发布经核准的进口药品注册标准和说明书。

### 五、非处方药的申报与审批

申请注册的药品属于以下情形的,可以同时申请为非处方药:①已有国家药品标准的非处方药的生产或者进口。②经国家食品药品监督管理局确定的非处方药改变剂型,但不改变适应证、给药剂量以及给药途径的药品。③使用国家食品药品监督管理局确定的非处方药活性成分组成新的复方制剂。

符合国家非处方药有关规定的注册申请,国家食品药品监督管理局在批准生产或者进口的同时,将该药品确定为非处方药。不能按照非处方药申请注册的药品,经广泛的临床应用后,方可申请转换为非处方药。生产或者进口已有国家药品标准的非处方药,按照仿制药品申报规定办理。非处方药改变剂型,但不改变给药途径的,且其制剂符合非处方药的要求的,一般不需进行临床试验,但口服固体制剂应当进行生物等效性试验。使用国家食品药品监督管理局确定的非处方药活性成分组成新的复方制剂,应当说明其处方依据,必要时应当进行临床试验。非处方药的说明书用语应当科学、易懂,便于消费者自行判断、选择和使用该药品,并必须经国家食品药品监督管理局核准。非处方药的包装必须印有国家规定的非处方药专有标识。经国家食品药品监督管理局批准的非处方药,在使用中发现不适合继续作为非处方药的,国家食品药品监督管理局可以将其转换为处方药。

## 第四节 法 律 责 任

医药知识产权管理的法律责任的种类有民事责任、行政责任和刑事责任三种,以下以商标侵权行为的法律责任为例说明。

商标侵权行为,是指侵犯他人注册商标专用权的行为。一般民事侵权行为的构成要件有四:

①侵权损害事实。②加害行为的违法性。③违法行为与损害结果之间的因果关系。④行为人主观上有过错。

一般情形下,商标侵权行为的构成要件有两个:一是损害行为,二是行为的违法性。

侵犯注册商标专用权的行为根据商标法第 52 条的规定有以下几类:① 使用侵权。② 销售侵权。③ 标识侵权。④ 反向假冒侵权。⑤ 其他侵权。

# 一、民事责任

《民法通则》第 118 条规定了侵犯知识产权的侵权行为。该条规定:公民、法人的著作权、专利权、商标专用权、发现权、发明权和其他科技成果权受到剽窃、篡改、假冒等侵害的,有权要求停止侵害,消除影响,赔偿损失。

## (一) 商标侵权行为的民事责任

### 1. 停止侵害

对于正在进行中的商标侵权行为,注册商标所有人可以诉请法院下达禁令,要求侵权人立即停止从事侵犯其注册商标专用权的行为,以维护自身的合法利益。

### 2. 消除影响

商标侵权行为很可能损及注册商标所有人的注册商标声誉。如侵权人在自己的劣质产品上擅自使用他人驰名的注册商标,这无疑会导致该驰名商标在消费者心目中的声誉下降,从而严重的损及商标注册人的利益。商标声誉被毁掉非常容易,而要建立和维系良好的商标声誉则非常困难。因此,对那些已有较佳声誉的注册商标而言,要求侵权人消除其侵权行为给注册商标声誉带来的负面影响尤为重要。一般而言,侵权人应当在其侵权行为造成影响的范围内以在报刊上刊登道歉声明等方式消除其侵权行为的不良影响,挽回被侵权的注册商标声誉。

### 3. 赔偿损失

注册商标所有人因商标侵权行为而遭受损失的,有权要求侵权人赔偿其损失。根据关司法解释,在诉讼事务中,被侵权人可以按其所受到的实际损失额请求赔偿,也可以请求将侵权人在侵权期间因侵权所获利润(扣除成本之外的所利润)作为赔偿额。对这两种赔偿额的计算方法,被侵权人有选择权。

## (二) 商标侵权行为的行政责任

工商行政管理机关可以采取以下制裁措施:① 责令被侵权人立即停止侵权行为。② 没收、销毁侵权商品。③ 没收、销毁专门用于制造侵权商品、伪造注册商标标识的工具。④ 罚款。

在处理商标侵权行为时,工商行政管理机关根据当事人的请求,可以就侵犯注册商标专用权的赔偿数额进行调解。调解不成的,当事人可以向人民法院起诉。根据《商标法》第 56 条的规定,赔偿数额为侵权人在侵权期间因侵权所获得的利益或者被侵权人在被侵权期间因被侵权所受到的损失,包括被侵权人为制止侵权行为所支付的合理开支。

侵权人因侵权所得利益或者被侵权因被侵权所受损失难以确定的,由人民法院根据侵权行为的情节判决给予 50 万元以下的赔偿。销售不知道是侵犯注册商标专用权的商品,能证明该商品是自己合法取得的并说明提供者的,不承担赔偿责任。

（三）商标侵权行为的刑事责任

根据《商标法》第 59 条的规定，商标侵权行为中，未经商标注册人的许可，在同一种商品上使用与其注册商标相同的商标的；伪造、擅自制造他人注册商标标识或者销售伪造、擅自制造的注册商标标识的行为；销售明知是假冒注册商标的商品的行为构成侵犯商标权犯罪的，习惯上把这几种侵犯商标权的犯罪统称为假冒注册商标犯罪。

## 二、刑法规定的多种侵犯知识产权罪

1997 年 3 月五届人大三次会议修改通过于同年 10 月实施的《中华人民共和国刑法》第三章第七节专节规定了侵犯知识产权罪，该节从第 213 条至第 220 条共有 8 个条文，涉及了商标、专利、著作权和商业秘密等知识产权范围的大部分内容。

刑法第 213 条规定未经注册商标所有人许可，在同一种商品上使用与其注册商标相同的商标，情节严重的，处 3 年以下有期徒刑或者拘役，并处或者单处罚金；情节特别严重的，处 3 年以上 7 年以下有期徒刑，并处罚金。

该法第 214 条规定销售明知是假冒注册商标的商品，销售金额数额较大的，处 3 年以下有期徒刑或者拘役，并处或者单处罚金；销售金额数额巨大的，处 3 年以上 7 年以下有期徒刑，并处罚金。

该法第 215 条规定伪造、擅自制造他人注册商标标识或者销售伪造、擅自制造的注册商标标识，情节严重的，处 3 年以下有期徒刑、拘役或者管制，并处或者单处罚金；情节特别严重的，处 3 年以上 7 年以下有期徒刑，并处罚金。

该法第 216 条规定假冒他人专利，情节严重的，处 3 年以下有期徒刑或者拘役，并处或者单处罚金。

该法第 219 条规定实施法定侵犯商业秘密行为之一，给商业秘密的权利人造成重大损失的，处 3 年以下有期徒刑或者拘役，并处或者单处罚金；造成特别严重后果的，处 3 年以上 7 年以下有期徒刑，并处罚金。

法律规定的侵犯商业秘密行为包括：① 以盗窃、利诱、胁迫或者其他不正当手段获取权利人的商业秘密的。② 披露、使用或允许他人使用以前项手段获取的权利人的商业秘密的。③ 违反约定或者违反权利人有关保守商业秘密的要求，披露、使用或者允许他人使用其所掌握的商业秘密的。明知或者应知前款所列行为，获取、使用或者披露他人的商业秘密的，以侵犯商业秘密论。《中华人民共和国刑法》第 220 条规定单位犯侵犯知识产权罪的，对单位判处罚金，并对其直接负责的主管人员和其他直接责任人员，依照刑法的规定处罚。

## 三、法律救济

根据《中华人民共和国刑事诉讼法》和相关司法解释的规定，对侵害知识产权的犯罪，受害人可以向公安机关控告，公安机关负责立案侦查；受害人也可以直接向人民法院起诉，人民法院应当依法受理。人民法院如果发现自诉的刑事案件证据不足、可由公安机关受理的，或者对被告人可能判处 3 年有期徒刑以上刑罚的，应当移送公安机关处理。自诉刑事案件及由公安机关侦查、检察院负责提起公诉的刑事案件，都可以附带民事诉讼。人民法院在审理知识产权民事案件中，如果发现知识产权犯罪嫌疑的，即移送公安机关侦查；如果受害人提起自诉刑事诉讼的，依法予以受

第二十二章　医药知识产权法律制度　315

理。社会各界特别是中外知识产权权利人当发现知识产权犯罪嫌疑的,一定要按照程序将他们送上法庭追究其刑事责任,不能让他们逍遥法外。

　　根据知识产权法律的规定,知识产权行政执法机关具有主动查处和接受权利人投诉后查处侵犯知识产权违法行为的行政职权,他们处在保护知识产权的第一线。在查处一般侵权行为过程中,一些侵犯知识产权违法犯罪行为会被逐步揭露出来。行政执法机关在遇到涉及知识产权犯罪的线索和嫌疑人时,应当依法移送公安机关处理,公安机关应当及时立案进行侦查;对受害权利人掌握证据确实、充分的,也可以支持他直接向人民法院提起刑事诉讼,人民法院应当依法予以受理。应当指出,知识产权行政执法机关的行政处罚,只能对不构成犯罪的一般行政违法行为进行,而不能对犯罪行为进行行政处罚。

## 思考题

1. 简述药品的专利保护。
2. 简述药品行政保护。
3. 简述中药品种保护。
4. 简述药品的商标保护、新药保护以及反不正当竞争保护。
5. 简述药品的注册管理。

（南京中医药大学　沈爱玲　田　侃）

# 第二十三章 其他卫生法律制度

通过本章的学习,要求掌握保健用品、化妆品、精神卫生、精神卫生法、精神疾病、精神疾病司法鉴定、医疗器械等相关概念,熟悉初级卫生保健的基本原则、基本策略、内容,精神疾病患者的权利,熟悉精神疾病司法鉴定的鉴定机构、任务和对象,以及医疗器械的管理分类。了解对保健用品的生产、经营、管理、监督等方面的规定及违反规定的法律责任。

## 第一节 保健用品卫生管理的法律规定

### 一、保健用品的概念和特点

(1) 概念:保健用品是指不以治疗疾病为目的,以非食用的方式直接或间接作用于人体,从而达到调节机体生理功能,改善生活小环境的卫生状况,预防疾病,促进健康的物品。

广义的保健用品包括保健应用品、食用品(保健食品)和具有卫生保健功能的化妆品。本节只限于介绍保健应用品管理的法律制度。

(2) 特点:① 安全卫生、无毒无害。② 具有一定的卫生指标和卫生保健功能。这一点使其区别于日常生活用品。③ 不以治疗疾病为目的,不具有特定治疗疾病的病种及疗效,这一点使其区别于医疗器械和药品。④ 不得进入人体组织内部,仅是直接或间接地接触人体表面,这一点使其区别于保健食品。

### 二、保健用品卫生立法

保健用品卫生法是调整生产、经营和使用各类保健用品,促进、增强体质等活动中产生的各种社会关系的法律规范的总和。

我国对保健用品尚无专项法规和规章,在目前的情况下,主要根据《产品质量法》、《消费者权益保护法》、《反不正当竞争法》等相关法律、法规的有关规定进行调整。

### 三、保健用品卫生许可制度

保健用品卫生许可制度是指保健用品生产、经营者主动提出申请,由卫生行政机关依法对其文件资料、科技资料、人员资格及人员健康状况、现场情况、工艺流程等进行审查,审查合格者颁发卫生许可证。

## 四、保健用品的生产审批制度

保健用品生产企业应向省级卫生行政部门提出申请,产品经审查合格,由卫生行政部门签发保健用品卫生批准证书和批准文号。

## 五、生产经营中的规定

1) 经批准生产经营的保健用品,必须按照批准的内容组织生产经营,不改变产品的原材料使用、配方、生产工艺、企业产品质量标准,以及产品的名称、标签、说明书和包装装潢。

2) 生产过程中,原定生产条件、规章要求、选用的工艺必须保持稳定,未经批准部门批准,不得改变,生产加工过程中成分不损失、不破坏、不转化、不产生有害的中间体,不改变使用途径、方法、范围。

3) 定型包装材料,必须符合有关的卫生标准和卫生要求,包装方式应有利于保持产品功能有效成分的稳定和产品搬运,并与保质期相匹配。

4) 内外包装,都须印制产品内容、含量、卫生指标、生产出厂日期、保质时间、使用方法说明。

5) 标签、说明书及广告宣传,应按保健用品的特定作用,依据国家有关标准和《广告法》的规定标明:①保健作用和适宜人群。②使用方法、适宜的运作部位、时间限制等。③贮藏保管方法。④必须标明产品批准文号,产品标志、成分及保健作用,以及法律规定应当标明的其他项目。

## 六、保健用品的管理

### (一) 对生产经营场所的管理

1) 生产经营场所应当建在清洁区域内,与有毒有害场所保持符合卫生要求的距离,保持经营场所内外环境整洁。

2) 有与生产经营品种、数量相适应的原料、加工、包装、摆放、贮存场所。

3) 有相应的防尘、防潮、防鼠、防蚊蝇、防蟑螂和防其他有害物的措施及设施,有健全的管理制度。

4) 生产经营场所的空气质量、微小气候、采光、照明、噪声等项目应符合国家公共场所卫生标准和要求。

### (二) 对生产产品质量的管理

1) 生产车间建筑与装修应按照药品或化妆品生产车间有关部门规定执行,应当有相应的生产及净化设施。

2) 生产工艺应能保持产品的功效成分的稳定性,工艺流程合理,人流物流分开,避免交叉污染。

3) 生产企业应当设置质量检测室和微生物检验室,有供检验的仪器设备和健全的管理制度。

4) 生产企业必须对每批产品进行卫生质量检验,质量合格的产品应当拥有合格标记,未经检验或不符合卫生标准的产品不得出厂。

### (三) 对生产经营人员的管理

直接从事保健用品生产、销售的人员,每年必须进行一次健康检查,取得健康合格证后并经卫生知识培训,方可从事保健用品的生产销售活动。

凡患有手癣、指甲癣,手部湿疹,发生于手部的银屑病或者鳞屑、渗出性皮肤病、痢疾、伤寒、病毒性肝炎、活动性肺结核等传染病以及其他有碍保健用品卫生的疾病的人员,不得直接从事生产、销售保健用品活动。

## 七、保健用品的监督

我国对保健用品实行卫生监督制度。县级以上地方人民政府卫生行政部门在管辖范围内行使保健用品卫生监督职责。

1) 对保健用品生产经营企业的新建、扩建、改建工程的遗址和设计进行卫生审查,并参加工程验收。

2) 定期或不定期对保健用品生产、经营情况进行监督检查。

3) 定期对保健用品卫生状况进行评价、公布。

4) 宣传保健用品卫生知识。

## 八、违反保健用品生产、经营规定的法律责任

体外保健用品依据保健器械有关法律规定进行处罚;贴身或涂抹用品依据现行化妆品有关规定进行处罚。因使用保健用品造成人身伤害后果,依照民法负民事赔偿责任。后果严重构成犯罪的,追究刑事责任。组织生产经营者因组织生产经营管理原因造成后果的,应负行政责任,依法给予行政处罚。

对保健用品监督管理机关因审查监督的失误或徇私舞弊,或应作为而不作为,或应不作为而作为,致使不合格产品、假冒伪劣产品进入市场、损害消费者权益的,同样应追究法律责任,直接责任人员给予行政处分,对于受贿、渎职构成犯罪的,依法追究刑事责任。

# 第二节　化妆品卫生管理法律规范

## 一、概述

化妆品是以涂擦、喷洒或者其他类似的办法,散布于人体表面任何部位(皮肤、毛发、指甲、口唇等),以达到清洁、消除不良气味、护肤、美容和修饰目的的日用化学工业产品。

特殊用途化妆品,是指用于育发、染发、烫发、脱毛、美乳、健美、除臭、祛斑、防晒的化妆品。

按其剂型分类可分为膏类、液状、粉状和固态化妆品;按其用途可分为护肤、护发、美容和各类药物化妆品,按其使用对象可分为女用、男用、儿童用和老年用化妆品等。

从卫生学的角度来看,化妆品有以下几个特点:

1）可以终生使用,这是化妆品与药物最本质的区别。因为它不会像药物一样影响人体的生理功能,不会引起人体的病理变化。

2）容易被污染。化妆品在其生产、贮存及使用过程中很容易被污染。一旦使用被污染的化妆品,可能引起化妆品皮炎,使皮肤受损。

3）选择性强。化妆品的功效因人而异,使用不当,不但达不到预期的效果,甚至会起到相反的作用。例如,油性皮肤就不适用干性的化妆护肤品。

4）有副作用。因为化妆品是由多种化学物混合而成,对皮肤具有一定的刺激作用。例如,化妆品中的焦油色素可使皮肤出现色素斑和小皱纹。

化妆品卫生法是指调整生产、经营销售和使用化妆品活动中产生的各种社会关系的法律规范的总和。目前,我国实施的有关法规、规章包括:《化妆品卫生监督条例》、《化妆品卫生监督条例实施细则》、《化妆品生产企业卫生规范》、《化妆品卫生标准》、《化妆品广告管理办法》、《化妆品通用标签》等。这些法规都适用于一切在中华人民共和国领域内从事化妆品生产、经营销售的单位和个人,从而为规范性实行化妆品的生产、销售和使用等诸多方面的监督和管理提供了基本的法律依据和指导思想。

## 二、化妆品卫生标准的法律规定

1. 一般要求

1）化妆品必须外观良好,不得有异臭。

2）化妆品不得对皮肤和黏膜产生刺激和损伤作用。

3）化妆品必须无感染性,使用安全。

2. 原料要求

1）禁用物质,有 421 种,均为剧毒性物质。

2）限用物质,有 67 种限用原料、55 种防腐剂限用量、21 种紫外线吸收限用量,主要规定最大允许浓度、允许使用范围及限制条件、标签上的必要说明等。

3）暂用物质,有 157 种用于化妆品的暂用着色剂,对其允许使用范围及限制条件均做出了明确的分类和规定。

3. 产品要求

（1）微生物学质量要求:眼部、口唇、口腔黏膜用化妆品以及婴儿和儿童用化妆品细菌总数不得大于 500/ml 或 500/g;其他化妆品细菌总数不得大于 1 000/ml 或 1 000/g;每克或每毫升产品中不得带有粪大肠菌群、铜绿假单胞菌和金黄色葡萄球菌。

（2）所含有毒物质的限量要求:汞<1 mg/L;铅<40 mg/L;砷<10 mg/L;甲醇<0.2%。

## 三、化妆品生产的卫生监督

1. 实行卫生许可证制度

国家对化妆品生产企业实行卫生许可证制度,凡未取得《化妆品生产企业卫生许可证》的单位,不得从事化妆品生产。

《化妆品生产企业卫生许可证》由省、自治区、直辖市卫生行政部门批准并颁发。证件的有效期为四年,每两年复核 1 次。

2. 生产企业的卫生条件

1）生产企业应当建在清洁区域内,与有毒、有害场所保持符合卫生要求的间距。

2）生产企业厂房的建筑应当坚固、清洁。车间内天花板、墙壁、地面应当采用光洁建筑材料,应当具有良好的采光(或照明),并应当具有防止和消除鼠害和其他有害昆虫及其孳生条件的设施和措施。

3）生产企业应当设有与产品品种、数量相适应的化妆品原料、加工、包装、贮存等厂房或场所。

4）生产车间应当有适合产品特点的相应的生产设施,工艺规程应当符合卫生要求。

5）生产企业必须具有能对所生产的化妆品进行微生物检验的仪器设备和检验人员。

3. 从业人员的卫生要求

直接从事化妆品生产的人员,必须每年进行健康检查,由化妆品生产企业负责本单位人员体检的组织工作。每年向所在地的县级以上卫生行政部门提交应体检的人员名单,并组织应体检人员到县级以上医疗卫生机构体检。其健康体检按统一要求、统一标准实施检查。体检机构应认真填写体检表,于体检结束后 15 日内报出体检结果。卫生行政部门应认真审查受检人员的健康状况,符合要求者发给"健康证";不符合要求者,通知受检单位将其调离直接从事化妆品生产的岗位。卫生行政部门应在接到体检结果次日起 15 日内发出"健康证"或调离通知。

对患有痢疾、伤寒、病毒性肝炎、活动性肺结核患者的管理,按国家《传染病防治法》有关规定执行;患有手癣、指甲癣、手部湿疹、发生于手部的银屑病或者鳞屑、渗出性皮肤病者,必须在治疗后经原体检单位检查证明痊愈,方可恢复原工作。

4. 原料要求

生产化妆品所需的原料、辅料以及直接接触化妆品的容器和包装材料必须符合国家卫生标准;使用化妆品新原料,即在国内首次使用于化妆品生产的天然或人工原料,必须经国务院卫生行政部门批准。

5. 产品要求

企业生产的化妆品投放市场前,必须按照国家《化妆品卫生标准》对产品进行卫生质量检验,对质量合格的产品应当附有合格标记。未经检验或者不符合卫生标准的产品不得出厂。生产特殊用途的化妆品,则必须经国务院卫生行政部门批准,取得批准文号后方可生产。

6. 标签要求

化妆品标签上应当注明产品名称、厂名,并注明生产企业卫生许可证编号;小包装或者说明书上应当注明生产日期和有效使用期限。特殊用途的化妆品,还应当注明批准文号。对可能引起不良反应的化妆品,说明书上应当注明使用方法、注意事项。

化妆品标签、小包装或者说明书上不得注有适应证,不得宣传疗效,不得使用医疗术语。

## 四、化妆品经营、销售的卫生规定

1. 化妆品经营单位和个人不得销售的化妆品

1）未取得《化妆品生产企业卫生许可证》的企业所生产的化妆品。

2）无质量合格标记的化妆品。

3）标签、小包装或者说明书不符合产品出厂法定要求的化妆品。

4）未取得批准文号的特殊用途化妆品。

5）超过使用期限的化妆品。

2. 进口化妆品的卫生管理

首次进口的化妆品,进口单位必须提供该化妆品的说明书、质量标准、检验方法等有关资料和样品以及出口国(地区)批准生产的证明文件,经国务院卫生行政部门批准,方可签订进口合同。经国家商检部门检验后合格的,方准进口。

3. 定期和不定期检查

地、市以上卫生行政部门对已取得《化妆品生产企业卫生许可证》的企业,组织定期和不定期检查。定期检查每年第一、第三季度各 1 次;审查发放《化妆品生产企业卫生许可证》当年和复核年度各减少 1 次。具体办法由各省、自治区、直辖市卫生行政部门制定,报卫生部备案。

定期检查和不定期检查结果逐级上报上一级卫生行政部门及化妆品卫生监督检验机构,并抄送企业主管部门。

其检查主要内容是:① 监督检查生产过程中的卫生状况。② 监督检查是否使用了禁用物质和超量使用了限用物质生产化妆品。③ 每批产品出厂前的卫生质量检验记录。④ 产品卫生质量。⑤ 产品标签、小包装、说明书是否符合《条例》第十二条规定。⑥ 生产环境的卫生情况。⑦ 直接从事化妆品生产的人员中患有《条例》第七条规定的疾病者调离情况。

4. 化妆品的广告管理

化妆品广告内容必须真实、健康、科学、准确,不得以任何形式欺骗和误导消费者。禁止出现下列内容:①化妆品名称、制法、成分、效用或者性能有虚假夸大的。②使用他人名义保证或者以暗示方法使人误解其效用的。③宣传医疗作用或者使用医疗术语的。④有贬低同类产品内容的。⑤使用最新创造、最新发明、纯天然制品、无副作用等绝对化语言的。⑥有涉及化妆品性能或者功能、销量等方面的数据的。⑦违反其他法律、法规规定的。

## 五、化妆品卫生监督机构与职责

国家实行化妆品卫生监督制度。卫生部主管全国化妆品的卫生监督工作,各级卫生行政部门行使化妆品卫生监督职责,并指定化妆品卫生监督检验机构,负责本辖区内化妆品的监督检验工作;设化妆品卫生监督员,对化妆品实施卫生监督;指定县级以上具备检验条件的卫生防疫机构为化妆品卫生监督检验机构,承担化妆品卫生监督检验任务。

1. 国务院卫生行政部门的职责

1）制定全国化妆品卫生监督工作的方针、政策,检查、指导全国化妆品卫生监督工作,组织经验交流。

2）组织研究、制定化妆品卫生标准。

3）审查化妆品新原料、特殊用途化妆品、进口化妆品的卫生质量和使用安全,批准化妆品新原料的使用、特殊用途化妆品的生产、化妆品的首次进口。

4）组织对国务院卫生行政部门认为的化妆品卫生重大案件的调查处理。

5）依照法律规定决定行政处罚。

2. 省、自治区、直辖市卫生行政部门的化妆品卫生监督主要职责是:

1）主管辖区内化妆品卫生监督工作,负责检查和指导地、市级卫生行政部门的化妆品卫生监督工作,组织经验交流。

2)对辖区内化妆品生产企业实施预防性卫生监督和发放《化妆品生产企业卫生许可证》。

3)初审特殊用途化妆品的卫生质量,负责非特殊用途化妆品的备案。

4)组织对省、自治区、直辖市卫生行政部门认为的辖区内化妆品卫生较大案件的调查处理。

3. 县以上卫生行政部门的职责

接受当地化妆品生产企业(包括个体生产者)申请化妆品生产企业卫生许可证,发放申请表;负责辖区内化妆品生产企业从业人员的年度健康检查,对检查合格者发给健康证,不合格者则发出通知调离直接从事化妆品生产的岗位;对取得化妆品生产企业卫生许可证的生产企业,组织定期和不定期的检查,并将结果上报给上级卫生行政部门;对销售引起人体不良反应的化妆品,经上级卫生行政部门批准后,可对经营者销售的化妆品进行采样检验,对违反化妆品卫生监督法规的单位进行行政处罚。

4. 化妆品卫生监督员的职责

化妆品卫生监督员,由省、自治区、直辖市卫生行政部门和国务院卫生行政部门,从符合条件的卫生专业人员中聘任,并发给其证章和证件。化妆品卫生监督员在实施化妆品卫生监督时,应当佩戴证章,出示证件,对生产企业提供的技术资料应当负责保密;有权按照国家规定向生产企业和经营单位抽检样品,索取与卫生监督有关的安全性资料。

化妆品卫生监督员受同级卫生行政部门委托,行使下列职责:参加新建、扩建、改建化妆品生产企业的选址和设计卫生审查及竣工验收;对化妆品生产企业和经营单位进行卫生监督检查,索取有关资料,调查处理化妆品引起的危害健康事故;对违反法律规定的单位和个人提出行政处罚建议。

## 六、法律责任

1. 化妆品生产、销售企业

未取得《化妆品生产企业卫生许可证》的企业擅自生产化妆品的,责令该企业停产,没收产品及违法所得,并且可以处违法所得3~5倍的罚款;生产未取得批准文号的特殊用途的化妆品,或者使用化妆品禁用原料和未经批准的化妆品新原料的,没收产品及违法所得,处违法所得3~5倍的罚款,并且可以责令该企业停产或者吊销《化妆品生产企业卫生许可证》;进口或者销售未经批准或者检验的进口化妆品的,没收产品及违法所得,并可处违法所得3~5倍的罚款。对已取得批准文号的生产特殊用途化妆品的企业,违反法律规定,情节严重的,可以撤销产品的批准文号。生产或者销售不符合国家《化妆品卫生标准》的化妆品的,没收产品及违法所得,并且可以处违法所得3~5倍的罚款。违反其他有关规定的,处以警告,责令限期改进;情节严重的,对生产企业,可以责令该企业停产或者吊销《化妆品生产企业卫生许可证》,对经营单位,可以责令其停止经营,没收违法所得,并且可以处违法所得2~3倍的罚款。

若造成人体损伤或者发生中毒事故的,有直接责任的生产企业和经营单位或者个人应负损害赔偿责任。

造成严重后果,构成犯罪的,由司法机关依法追究刑事责任。

2. 化妆品卫生监督员的法律责任

如有以权谋私、滥用职权、弄虚作假、出具伪证、索贿受贿、泄露企业提供的技术资料等违纪行为的,经查证属实,没收受贿所得财物,由卫生行政部门视情节轻重给予行政处分,并可以撤销其化妆品卫生监督员资格。造成严重后果,构成犯罪的,由司法机关依法追究刑事责任。

# 第三节　精神卫生的法律规定

## 一、概述

精神卫生法是调整保护精神疾病患者的医疗、康复、就业、婚姻等合法权益,维护精神卫生机构正常工作秩序和社会安定活动中产生的各种社会关系的法律规范的总称。

精神卫生,又称心理卫生,是和躯体卫生相对立又平行的概念。精神卫生有狭义和广义两种含义,狭义的精神卫生是指对精神疾病患者进行广泛的防治,积极地采取对策,改善他们的处境和待遇,促进其康复,减少复发率;同时为患者以及他人的安全实行必要的监护,对社会进行有关知识宣传,去除偏见,采取同情的态度,以及培训专业人员,推动社会保健工作。广义的精神卫生是指使人们在一定的环境中健康成长,保持并不断提高精神健康水平,从而更好地生活和适应社会,更有效地服务于社会。本节所涉及的主要是狭义的精神卫生。

制定精神卫生法规是保护精神疾病患者合法权益的重大措施之一。我国于1980年颁布的刑法中有对精神疾病患者在不能辨认或不能控制自己行为的时候造成危害结果免除刑事责任的规定,在1987年实行的疾病《民法通则》和1991年施行的《民事诉讼法》等法律中,都有保护精神疾病患者权益的条款。

1987年4月国务院审核同意卫生部、民政部、公安部《关于加强精神卫生工作的意见》,1988年12月27日国务院发布了《精神药品管理办法》,1989年7月,最高人民法院、最高人民检察院、公安部、司法部、卫生部联合颁布了《精神疾病司法鉴定暂行规定》,1990年12月28日第七届全国人大常委会第十七次会议通过了《残疾人保障法》,1992年6月,卫生部、民政部、公安部、全国残联发布《精神卫生工作"八五"计划要点》,1993年5月,中国残联、卫生部、民政部、公安部联合召开全国精神病防治康复工作会议,对精神病防治工作的措施、扶持政策、经费筹集等方面做出了明确规定。我国的精神卫生法于1985年由卫生部等单位组织起草,至今未能出台。2001年12月28日上海市第十一届人民代表大会常务委员会第三十五次会议通过了《上海市精神卫生条例》,并从2002年4月1日正式实施。这无疑将会对我国精神卫生的法制建设起到积极的推动作用。

## 二、WHO关于精神卫生法评定标准

WHO每5年制定全球性精神卫生工作规划,并建议制定一个基本的立法结构,以作为评价一个国家精神卫生法规的标准,其主要内容是:①政策。②权力。③预算。④职能。⑤研究和教育。⑥服务。⑦个人保护。⑧医疗机构。⑨调整治疗药物和其他治疗手段。⑩政府代表。

## 三、精神疾病的分类

精神疾病是以精神(或称心理)活动障碍为主要表现的一类疾病,精神活动主要指认识、情感和意志活动。在精神疾病发作时出现轻重程度不同的各种精神活动异常表现,可以归纳为感觉、知觉、记忆、思维、情感、意志障碍。这些不同的精神活动障碍统称为精神症状。

在我国,借鉴世界卫生组织《国际疾病分类》(ICD)和美国《精神疾病诊断统计手册》(DSM)的分类方法原则,结合我国传统分类,由中华神经精神科学会于 1989 年制定的《中国精神疾病分类》,将现代精神疾病分为以下 10 类:①脑器质性与躯体疾病所致精神障碍。②精神活性物质所致的精神障碍。③精神分裂症。④情感性障碍。⑤偏执性精神障碍。⑥心理生理障碍、神经症及心因性精神障碍。⑦人格障碍及性心理障碍。⑧精神发育迟滞。⑨儿童、少年期精神障碍。⑩其他精神障碍及精神卫生相关的几种情况。

## 四、心理健康咨询和精神疾病的预防

### 1. 设立咨询机构

设立营利性心理健康咨询机构应当向工商行政管理部门申请办理登记注册手续,领取营业执照。设立非营利性心理健康咨询机构应当向民政部门登记,取得《民办非企业单位登记证书》。

三级综合性医疗机构、社区卫生服务中心应当开设精神科门诊或心理健康咨询门诊,二级综合性医疗机构可以根据精神卫生服务的需求,开设精神科门诊或心理健康咨询门诊。

### 2. 配备合格的咨询人员

设立心理健康机构应当配备与该机构相适应的心理健康咨询服务人员。从事心理健康服务的人员,应当符合卫生行政部门规定的从业资质条件,经考试合格取得资格证书后,方能从事心理健康咨询服务,其中,从事学校心理健康咨询服务人员,应当具备教师资格,并接受教育行政部门和卫生行政部门认可的机构组织的培训,经考试合格取得资格证书后,方能从事心理健康咨询服务。

从事心理健康咨询服务的人员,应当按照卫生行政部门制定的执业规范开展心理健康咨询服务。

### 3. 特殊人员的心理健康咨询

学校应当将心理健康教育纳入整体教育工作,配备教师,开展心理健康教育,为学生提供心理健康咨询服务。司法行政部门应当创造条件,为服刑人员提供心理健康咨询服务。

### 4. 建立健全各级政府的精神卫生协调组织

精神卫生是一项社会性很强的工作。需要在政府领导下,经有关部门的通力协作才能做好。各地应当建立由政府牵头,由卫生、民政、公安、残疾人联合会及其他有关部门参加的精神卫生协调组织,从地区的实际情况出发,研究政策,制定规划,提出措施,组织和协调各方面的力量做好工作。

### 5. 宣传、普及精神卫生知识

卫生行政部门和其他有关行政部门应当采取措施,宣传预防精神疾病的意义,普及精神卫生知识,开展精神卫生的健康教育工作。卫生行政部门还应当为非精神科执业医师接受精神疾病知识教育创造条件,提高其识别精神疾病的能力。工会、共青团,妇联等群众团体应当参与精神卫生知识的普及工作,帮助市民提高预防精神疾病的能力。广播、电视、报刊等新闻媒体应当开展精神卫生的公益性宣传。

## 五、医疗看护

### 1. 医疗看护的条件

精神疾病患者完全或者部分丧失自知力的,有获得医疗看护的权利;精神科执业医师可以提出对其进行医疗看护的医学建议。

2. 医疗看护的承担

完全或部分丧失自知力的精神疾病患者。其监护人应当承担医疗看护职责,监护人依照《中华人民共和国民法通则》规定的顺序确定。即对精神病人的监护可由下列有监护能力的人担任监护人:①配偶。②父母。③成年子女。④其他近亲属。⑤关系密切的其他亲属、朋友愿意承担监护责任,经精神病人的所在单位或住所地的居民委员会、村民委员会同意的。⑥如果没有上述规定的监护人的,由精神病人所在单位或住所地的居民委员会、村民委员会或民政部门担任监护人。

3. 承担医疗看护责任监护人的职责

1) 妥善看护精神疾病患者,避免其因病伤害自身、危害他人或者危害社会。

2) 根据医嘱,督促精神疾病患者接受门诊或者住院治疗,代为协助办理住院或者出院手续。

3) 协助精神疾病患者进行康复治疗或者职业技能培训,帮助其回归社会。监护人可以委托他人代为履行医疗看护职责。

## 六、精神疾病的诊断

1) 标准。精神疾病的诊断,应当由具有主治医师以上职称的精神科执业医师按照国家现行的医学标准做出;没有国家医学标准的,参照国际通行的医学标准做出。

2) 复核。对被经诊断患有精神疾病的患者,医疗机构应当按照国家现行的医学标准或者参用国际通行的医学标准进行诊断复核。诊断复核的时间最长不得超过半年。诊断复核结论应当由具有副主任医师以上职称的精神科执业医师做出。

3) 会诊。对经诊断复核未能确诊或者对诊断复核结论有疑义的,医疗机构应当组织会诊。

4) 回避。与精神疾病患者有亲属关系或者有其他利害关系的精神科执业医师,不得为该精神疾病患者进行诊断、诊断复核和会诊。对精神疾病进行诊断的精神科执业医师,不得为同一精神疾病患者进行诊断复核和会诊。

5) 鉴定。精神疾病患者或者其监护人对诊断复核结论或者会诊结论有疑义的,可以依法向精神疾病司法鉴定专家委员会申请鉴定。

## 七、精神疾病患者的治疗

医疗机构应当根据精神疾病患者的病情,为精神疾病患者提供积极、适当的治疗。需要住院治疗的,应当符合住院标准。不得无故留置精神疾病患者。当住院病人情绪稳定或康复,无继续住院治疗的必要时,应通知其本人及家属办理出院。精神医疗机构诊治病人或病人出院时,应向其本人及其监护人、家属等说明病情、治疗方案、预后情形及应享有的权利等有关事项。如有发现病人擅自离院时,应立即通知其监护人或家属,病人行踪不明时,应立即报告当地公安机关;公安机关发现擅自离院的精神病人时,应通知原住院的精神医疗机构并协助送回。精神医疗机构非为医疗、康复之目的或防范紧急危险、意外事件,不得拘禁病人、拘束其身体或剥夺其行动自由。凡对精神病人施行电痉挛治疗或其他特殊治疗技术,必须取得病人书面同意后施行;若该病人为无行为能力或限制行为能力者,必须取得其法定代理人、配偶或近亲属的书面同意及精神科医师的书面认可后才能实施。

对严重的精神疾病患者,如有明显伤害他人或自己的危险,或有伤害行为时,经精神科医师诊断有住院治疗之必要的可采取强制住院措施。若有严重违法行为的精神疾病患者,经精神疾病的司法鉴定后,确认其无责任能力,则必须进行强制性精神医疗。根据具体情况,可在普通精神病医院或特殊的精神病管治机构,如精神病管治院、安康医院进行治疗。

精神疾病患者在急性或是慢性疾病状态时,可能对自身或对周围环境产生危害行为,对这样的病人采取一般监护方法不能达到防止其危害行为的出现而采取监管这种强制性措施,以保障其个人和社会的安全。在我国,强制监管的模式主要有:①集中监管,令精神疾病患者接受强制性住院,这仅仅占危险性精神疾病患者总数的一小部分。②分散监管,让精神疾病患者生活在社会人群之中,充分发挥专业人员和社会非专业人员的监管作用。监管的标准主要取决于精神疾病患者的疾病性质和危害程度。

## 八、对精神疾病患者特别应重视的权利

### 1. 人身自由和人格尊严权

精神疾病患者的公民权利和人格尊严受法律保护。禁止歧视、侮辱、虐待、遗弃精神疾病患者。除非对本人有危险或者对他人、社会的安全构成威胁,否则不得加以非法的捆绑、拘禁。

住院治疗的精神疾病患者享有通信和会客的权利。因医疗需要必须予以限制的,应当征得其监护人同意。禁止利用限制通信、限制会客或约束隔离等方式惩罚精神疾病患者。

因医疗需要或者为防止发生意外必须对住院治疗的精神疾病患者暂时采取保护性安全措施的,应当由精神科执业医师决定,并在病程记录内记载和说明理由,精神疾病患者病情稳定后,应当解除有关措施。

### 2. 知情权、同意权

1)精神疾病患者或者其监护人有权了解病情、诊断结论、治疗方案及其可能产生的后果。精神疾病患者或者其监护人有权要求医疗机构出具疾病的书面诊断结论,要求精神疾病患者参与医学教学、科研或者接受新药、新的治疗方法的临床试用的,医疗机构必须书面告知其本人或者其监护人教学、科研、试用的目的、方法以及可能产生的后果,精神疾病患者或者其监护人同意参与的,医疗机构应当取得其本人或者其监护人的书面同意。

2)需为精神疾病患者实行精神外科等治疗手术的,医疗机构应当组织三名以上具有主任医师职称的精神科执业医师会诊,并告知精神疾病患者或者其监护人治疗手术可能产生的后果,取得其本人或者其监护人的书面同意。

3)未经精神疾病患者或者其监护人的书面同意,不得对精神疾病患者进行录音、录像、摄影或者播放与精神疾病患者有关的视听资料。

### 3. 隐私权

医疗机构、心理健康咨询机构和有关人员应当保护精神疾病患者或心理健康咨询对象的个人隐私。

### 4. 学习和劳动就业权

学校对于已康复的精神疾病患者,除能证明其无胜任能力,不得以曾患精神疾病为由,拒绝其入学、应考或施加其他不公平的待遇。

根据精神疾病患者的情况,安排适当的劳动和工作,结合科学的管理,使他们心情舒畅,既可以防止病情复发,又可以获得报酬,自食其力。

5. 女精神疾病患者的性不可侵犯权

女精神疾病患者由于缺乏辨认和控制自己行为的能力,对两性关系的社会意义及后果缺乏认识,因此女精神疾病患者的性不可侵犯权更需要法律的保护。对明知女方是精神病人,不论采取何种手段与之发生两性关系的,均以强奸罪论处。

6. 精神疾病患者的合法财产受法律保护

由于精神疾病患者不能辨认自己的行为,缺乏判断力和处理财务的能力,因此,应该为其设置监护人。在此之前,如有人以暴力、胁迫、诈骗、勒索等手段非法获得或者损毁精神疾病患者财物的,应将原物返还或作价赔偿;情节严重者应依照刑法有关规定追究刑事责任。

## 九、精神疾病患者的康复

医疗机构应当为住院治疗的精神疾病患者提供康复服务。医务人员、精神疾病患者的监护人或者近亲属应当帮助住院治疗的精神疾病患者进行自理能力和社会适应能力的训练。

社区康复机构应当安排精神疾病患者参加有利于康复的劳动、娱乐、体育活动,增强其生活自理和社会适应能力。

精神疾病患者的监护人或者近亲属应当创造和睦、文明的家庭环境,帮助精神疾病患者提高社会适应能力和就学、就业能力,并维护其合法权益。

街道办事处、镇(乡)人民政府建设、改造和管理社区康复机构的费用,财政部门应当给予支持。税务部门应当按照国家的有关规定,给予社区康复机构税收减免优惠,鼓励企业将适合精神疾病患者生产的产品安排给社区康复机构生产。

## 十、精神疾病的司法鉴定

(一) 精神疾病的司法鉴定的概念和鉴定机构

精神疾病的司法鉴定是指鉴定人受司法机关委托,运用临床精神病学的知识和技能,根据案件事实和被鉴定人精神状态所做出的科学判断。可以担任鉴定人的必须是具有 5 年以上临床经验并具有司法精神病学知识、经验和工作能力的主检法医师以上人员。

鉴定机构是指精神疾病司法鉴定任务的组织或单位。目前,在我国各省、自治区、直辖市、地区、地级市一般都设有精神病院,均应承担精神疾病司法鉴定任务。另外,部分从事司法精神病学的教学和科研机构也开展鉴定工作。精神疾病司法鉴定工作均由各地的精神疾病司法鉴定委员会领导。

(二) 精神疾病司法鉴定的任务和对象

精神疾病司法鉴定的任务是根据案件事实和被鉴定人的精神状态,做出鉴定结论,为委托鉴定机关提供有关法定能力的科学证据。具体是:

1) 对怀疑有精神异常的刑事被告人、犯罪嫌疑人,确定其行为当时的精神状态,是否患有精神疾病,此种疾病与违法行为的关系,并对其责任能力、受审能力、服刑能力等提出意见。

2) 对犯罪以后产生精神疾病而尚未判决的刑事被告人和判明患有精神疾病的违法人,或关押中的罪犯,提出如何运用刑罚的意见和适宜的医疗方法。

3) 对怀疑有精神异常的民事当事人判定有无行为能力,诉讼能力,以及处理本人事务的能力,如遗嘱能力、婚姻能力、缔结契约的能力等。

4) 对怀疑有精神异常的受害人、证人、检举人、自首人进行精神状况检查,以便核定其陈述的可靠性。

鉴定对象,通常包括可能患有精神疾病的下列人员:①刑事案件的被告人、受害人。②民事案件的当事人。③行政案件的原告人(自然人)。④违反治安管理法规应当受到拘留处罚的人员。⑤劳动改造的罪犯。⑥收容审查的人员。⑦与案件有关需要鉴定的其他人员。

(三) 精神疾病司法鉴定的实施程序

1. 鉴定的提出

提请精神疾病司法鉴定的委托单位,必须是公安机关或是司法机关。委托单位应有《申请精神疾病司法鉴定委托书》或《鉴定申请报告提纲》,说明鉴定的要求和目的,同时应提供下列有关材料:被鉴定人及其家庭情况,案情简况,工作单位提供的有关材料,知情人对被鉴定人精神状态的有关证言,医疗记录和其他有关检查结果。

2. 鉴定的类别

在我国通常的鉴定方式有:门诊鉴定、住院鉴定;隔离鉴定,被鉴定人必须居住与外界隔离的特殊病室,以利于安全监护和紧密配合;缺席鉴定;院外鉴定或法庭鉴定。

3. 鉴定人的权利和义务

鉴定人的权利有:被鉴定案情材料不充分时,可以要求委托鉴定机关提供所需要的案情材料;通过委托鉴定机关,向被鉴定人的工作单位和亲属以及有关证人了解情况;根据需要,要求委托鉴定机关将被鉴定人移送至收治精神疾病患者的医院住院检查和鉴定;可以向委托鉴定机关了解鉴定后的处理情况。鉴定人的义务是:履行职责,正确、及时地做出鉴定结论;解答委托鉴定机关提出的与鉴定结论有关的问题;保守案情秘密;遵守有关回避的法律规定。

鉴定人在鉴定过程中徇私舞弊、故意做虚假鉴定的,应当被追究法律责任。

4. 鉴定结论

鉴定结束后,以书面方式制作鉴定书。鉴定书包括以下内容:委托鉴定机构的名称;案由、案号、鉴定书号;鉴定的目的和要求;鉴定的日期、场所、在场人;案情摘要;被鉴定人的一般情况;被鉴定人发案时和法案前后各阶段的精神状态;被鉴定人精神状态检查和其他检查所见;分析说明;鉴定结论;鉴定人员签名,并加盖鉴定专用章;有关医疗或监护的建议。

# 第四节　医疗器械管理的法律规定

## 一、概述

医疗器械是指单独或者组合使用于人体的仪器、设备、器具、材料或者其他物品,包括所需要的软件。

其用于人体体表及体内的作用不是用药理学、免疫学或者代谢的手段获得,但是可能有这些手段参与并起一定的辅助作用;旨在达到下列预期目的:①对疾病的预防、诊断、治疗、监护、缓解。

②对损伤或者残疾的诊断、治疗、监护、缓解、补偿。③对解剖或者生理过程的研究、替代、调节。④妊娠控制。

医疗器械管理法律是指调整对医疗器械的监督管理,以保证医疗器械的安全、有效,来保障人体健康和生命安全中所产生的社会关系的法律规范的总称。

与医疗器械管理相关的规范性文件有:2000年国务院发布的《医疗器械监督管理条例》,随后,根据该条例又制定出《医疗器械生产企业质量体系考核办法》、《医疗器械分类规则》,2002年国家药品监督管理局开始施行的《医疗器械标准管理办法》(试行),2004年国家食品药品监督管理局发布的《医疗器械临床试验规定》、《医疗器械生产监督管理办法》、《医疗器械说明书、标签和包装标识管理规定》、《医疗器械注册管理办法》、《医疗器械经营企业许可证管理办法》等。

## 二、医疗器械的管理

1. 医疗器械的分类管理

国家对医疗器械实行分类管理,具体如下:

第一类是指,通过常规管理足以保证其安全性、有效性的医疗器械。

第二类是指,对其安全性、有效性应当加以控制的医疗器械。

第三类是指,植入人体;用于支持、维持生命;对人体具有潜在危险,对其安全性、有效性必须严格控制的医疗器械。

2. 医疗器械新产品

国家鼓励研制医疗器械新产品。

医疗器械新产品,是指国内市场尚未出现过的或者安全性、有效性及产品机制未得到国内认可的全新的品种。第二类、第三类医疗器械新产品的临床试用,应当按照国务院药品监督管理部门的规定,经批准后进行。完成临床试用并通过国务院药品监督管理部门组织专家评审的医疗器械新产品,由国务院药品监督管理部门批准,并发给新产品证书。

3. 医疗器械产品生产注册

国家对医疗器械实行产品生产注册制度。

生产第一类医疗器械,由设区的市级人民政府药品监督管理部门审查批准,并发给产品生产注册证书。

生产第二类医疗器械,由省、自治区、直辖市人民政府药品监督管理部门审查批准,并发给产品生产注册证书。

生产第三类医疗器械,由国务院药品监督管理部门审查批准,并发给产品生产注册证书。

生产第二类、第三类医疗器械,应当通过临床验证。

4. 临床试用或临床验证的医疗机构及其审批部门

省、自治区、直辖市人民政府药品监督管理部门负责审批本行政区域内的第二类医疗器械的临床试用或者临床验证。国务院药品监督管理部门负责审批第三类医疗器械的临床试用或者临床验证。临床试用或者临床验证应当在省级以上人民政府药品监督管理部门指定的医疗机构进行。医疗机构进行临床试用或者临床验证,应当符合国务院药品监督管理部门的规定。进行临床试用或者临床验证的医疗机构的资格,由国务院药品监督管理部门会同国务院卫生行政部门认定。

5. 医疗机构研制医疗器械的管理

医疗机构根据本单位的临床需要,可以研制医疗器械,在执业医师指导下在本单位使用。医疗机构研制的第二类医疗器械,应当报省级以上人民政府药品监督管理部门审查批准;医疗机构研制的第三类医疗器械,应当报国务院药品监督管理部门审查批准。

6. 首次进口的医疗器械的管理

进口单位应当提供该医疗器械的说明书、质量标准、检验方法等有关资料和样品以及出口国(地区)批准生产、销售的证明文件,经国务院药品监督管理部门审批注册,领取进口注册证书后,方可向海关申请办理进口手续。

7. 医疗器械的注册管理

(1)国家对医疗器械实行分类注册管理:境内第一类医疗器械由设区的市级(食品)药品监督管理机构审查,批准后发给医疗器械注册证书;境内第二类医疗器械由省、自治区、直辖市(食品)药品监督管理部门审查,批准后发给医疗器械注册证书;境内第三类医疗器械由国家食品药品监督管理局审查,批准后发给医疗器械注册证书;境外医疗器械由国家食品药品监督管理局审查,批准后发给医疗器械注册证书;台湾、香港、澳门地区医疗器械的注册,除依据上述规定外,参照境外医疗器械办理。

(2)医疗器械注册证书:注册证书有效期4年。持证单位应当在产品注册证书有效期届满前6个月内,申请重新注册。连续停产2年以上的,产品生产注册证书自行失效。

(3)医疗器械的注册审批:设区的市级人民政府药品监督管理部门应当自受理申请之日起30个工作日内,做出是否给予注册的决定;不予注册的,应当书面说明理由。省、自治区、直辖市人民政府药品监督管理部门应当自受理申请之日起60个工作日内,做出是否给予注册的决定;不予注册的,应当书面说明理由。国务院药品监督管理部门应当自受理申请之日起90个工作日内,做出是否给予注册的决定;不予注册的,应当书面说明理由。

(4)医疗器械的注册检测:医疗器械检测机构应当在国家食品药品监督管理局和国家质量监督检验检疫总局认可的检测范围内,依据生产企业申报适用的产品标准(包括适用的国家标准、行业标准或者生产企业制定的注册产品标准)对申报产品进行注册检测,并出具检测报告。

尚未列入各医疗器械检测机构授检范围的医疗器械,由相应的注册审批部门指定有承检能力的检测单位进行检测。

境外医疗器械的注册检测执行《境外医疗器械注册检测规定》。

8. 生产医疗器械的标准制定

生产医疗器械,应当符合医疗器械国家标准;没有国家标准的,应当符合医疗器械行业标准。医疗器械国家标准由国务院标准化行政主管部门会同国务院药品监督管理部门制定。医疗器械行业标准由国务院药品监督管理部门制定。

医疗器械的使用说明书、标签、包装应当符合国家有关标准或者规定。医疗器械及其外包装上应当按照国务院药品监督管理部门的规定,标明产品注册证书编号。

## 三、医疗器械生产、经营和使用的管理

1. 医疗器械生产企业应当符合的条件

1)具有与其生产的医疗器械相适应的专业技术人员。

2)具有与其生产的医疗器械相适应的生产场地及环境。

3)具有与其生产的医疗器械相适应的生产设备。

4）具有对其生产的医疗器械产品进行质量检验的机构或者人员及检验设备。

5）医疗器械生产企业在取得医疗器械产品生产注册证书后，方可生产医疗器械。

6）开办第一类医疗器械生产企业，应当向省、自治区、直辖市人民政府药品监督管理部门备案。开办第二类、第三类医疗器械生产企业，应当经省、自治区、直辖市人民政府药品监督管理部门审查批准，并发给《医疗器械生产企业许可证》。无《医疗器械生产企业许可证》的，工商行政管理部门不得发给营业执照。

《医疗器械生产企业许可证》有效期5年，有效期届满应当重新审查发证。具体办法由国务院药品监督管理部门制定。

此外，国家对部分第三类医疗器械实行强制性安全认证制度。具体产品目录由国务院药品监督管理部门会同国务院质量技术监督部门制定。

**2. 医疗器械经营企业应当符合的条件**

1）具有与其经营的医疗器械相适应的经营场地及环境。

2）具有与其经营的医疗器械相适应的质量检验人员。

3）具有与其经营的医疗器械产品相适应的技术培训、维修等售后服务能力。

4）开办第一类医疗器械经营企业，应当向省、自治区、直辖市人民政府药品监督管理部门备案。开办第二类、第三类医疗器械经营企业，应当经省、自治区、直辖市人民政府药品监督管理部门审查批准，并发给《医疗器械经营企业许可证》。无《医疗器械经营企业许可证》的，工商行政管理部门不得发给营业执照。

《医疗器械经营企业许可证》的有效期为5年。有效期届满，需要继续经营医疗器械产品的，医疗器械经营企业应当在有效期届满前6个月，向省、自治区、直辖市（食品）药品监督管理部门或者接受委托的设区的市级（食品）药品监督管理机构申请换发《医疗器械经营企业许可证》。

**3. 采购、经营和使用医疗器械的要求**

医疗器械经营企业和医疗机构应当从取得《医疗器械生产企业许可证》的生产企业或者取得《医疗器械经营企业许可证》的经营企业购进合格的医疗器械，并验明产品合格证明。医疗器械经营企业不得经营未经注册、无合格证明、过期、失效或者淘汰的医疗器械。医疗机构不得使用未经注册、无合格证明、过期、失效或者淘汰的医疗器械。

医疗机构对一次性使用的医疗器械不得重复使用；使用过的，应当按照国家有关规定销毁，并做记录。

**4. 国家建立医疗器械质量事故报告制度和医疗器械质量事故公告制度**

其具体办法由国务院药品监督管理部门会同国务院卫生行政部门、计划生育行政管理部门制定。

## 四、医疗器械的监督

**1. 设立医疗器械监督员**

县级以上人民政府药品监督管理部门设医疗器械监督员。医疗器械监督员对本行政区域内的医疗器械生产企业、经营企业和医疗机构进行监督、检查；必要时，可以按照国务院药品监督管理部门的规定抽取样品和索取有关资料，有关单位、人员不得拒绝和隐瞒。监督员对所取得的样品、资料负有保密义务。

2. 国家对医疗器械检测机构实行资格认可制度

经国务院药品监督管理部门会同国务院质量技术监督部门认可的检测机构,方可对医疗器械实施检测。医疗器械检测机构及其人员对被检测单位的技术资料负有保密义务,并不得从事或者参与同检测有关的医疗器械的研制、生产、经营和技术咨询等活动。

3. 药品监督管理部门的权力

1) 可予以查封、扣押对已经造成医疗器械质量事故或者可能造成医疗器械质量事故的产品及有关资料。

2) 对不能保证安全、有效的医疗器械,可撤销其产品注册证书。

3) 违法注册的医疗器械,可责令限期改正;逾期不改正的,可以撤销其违法的产品注册证书,并予以公告。

4) 广告审批权。

## 五、法律责任

1) 未取得医疗器械产品生产注册证书进行生产的,由县级以上人民政府药品监督管理部门责令停止生产,没收违法生产的产品和违法所得,违法所得 1 万元以上的,并处违法所得三倍以上五倍以下的罚款;没有违法所得或者违法所得不足 1 万元的,并处 1 万元以上 3 万元以下的罚款;情节严重的,由省、自治区、直辖市人民政府药品监督管理部门吊销其《医疗器械生产企业许可证》;构成犯罪的,依法追究刑事责任。

2) 未取得《医疗器械生产企业许可证》生产第二类、第三类医疗器械的,由县级以上人民政府药品监督管理部门责令停止生产,没收违法生产的产品和违法所得,违法所得 1 万元以上的,并处违法所得三倍以上五倍以下的罚款;没有违法所得或者违法所得不足 1 万元的,并处 1 万元以上 3 万元以下的罚款;构成犯罪的,依法追究刑事责任。

3) 生产不符合医疗器械国家标准或者行业标准的医疗器械的,由县级以上人民政府药品监督管理部门予以警告,责令停止生产,没收违法生产的产品和违法所得,违法所得 5 000 元以上的,并处违法所得二倍以上五倍以下的罚款;没有违法所得或者违法所得不足 5 000 元的,并处 5 000 元以上 2 万元以下的罚款;情节严重的,由原发证部门吊销产品生产注册证书;构成犯罪的,依法追究刑事责任。

4) 未取得《医疗器械经营企业许可证》经营第二类、第三类医疗器械的,由县级以上人民政府药品监督管理部门责令停止经营,没收违法经营的产品和违法所得,违法所得 5 000 元以上的,并处违法所得二倍以上五倍以下的罚款;没有违法所得或者违法所得不足 5 000 元的,并处 5 000 元以上 2 万元以下的罚款;构成犯罪的,依法追究刑事责任。

5) 经营无产品注册证书、无合格证明、过期、失效、淘汰的医疗器械的,或者从无《医疗器械生产企业许可证》、《医疗器械经营企业许可证》的企业购进医疗器械的,由县级以上人民政府药品监督管理部门责令停止经营,没收违法经营的产品和违法所得,违法所得 5 000 元以上的,并处违法所得二倍以上五倍以下的罚款;没有违法所得或者违法所得不足 5 000 元的,并处 5 000 元以上 2 万元以下的罚款;情节严重的,由原发证部门吊销《医疗器械经营企业许可证》;构成犯罪的,依法追究刑事责任。

6）办理医疗器械注册申报时,提供虚假证明、文件资料、样品,或者采取其他欺骗手段,骗取医疗器械产品注册证书的,由原发证部门撤销产品注册证书,两年内不受理其产品注册申请,并处1万元以上3万元以下的罚款;对已经进行生产的,并没收违法生产的产品和违法所得,违法所得1万元以上的,并处违法所得三倍以上五倍以下的罚款;没有违法所得或者违法所得不足1万元的,并处1万元以上3万元以下的罚款;构成犯罪的,依法追究刑事责任。

7）医疗机构使用无产品注册证书、无合格证明、过期、失效、淘汰的医疗器械的,或者从无《医疗器械生产企业许可证》、《医疗器械经营企业许可证》的企业购进医疗器械的,由县级以上人民政府药品监督管理部门责令改正,给予警告,没收违法使用的产品和违法所得,违法所得5 000元以上的,并处违法所得二倍以上五倍以下的罚款;没有违法所得或者违法所得不足5 000元的,并处5 000元以上2万元以下的罚款;对主管人员和其他直接责任人员依法给予纪律处分;构成犯罪的,依法追究刑事责任。

8）医疗机构重复使用一次性使用的医疗器械的,或者对应当销毁未进行销毁的,由县级以上人民政府药品监督管理部门责令改正,给予警告,可以处5 000元以上3万元以下的罚款;情节严重的,可以对医疗机构处3万元以上5万元以下的罚款,对主管人员和其他直接责任人员依法给予纪律处分;构成犯罪的,依法追究刑事责任。

9）承担医疗器械临床试用或者临床验证的医疗机构提供虚假报告的,由省级以上人民政府药品监督管理部门责令改正,给予警告,可以处1万元以上3万元以下罚款;情节严重的,撤销其临床试用或者临床验证资格,对主管人员和其他直接责任人员依法给予纪律处分;构成犯罪的,依法追究刑事责任。

10）医疗器械检测机构及其人员从事或者参与同检测有关的医疗器械的研制、生产、经营、技术咨询的,或者出具虚假检测报告的,由省级以上人民政府药品监督管理部门责令改正,给予警告,并处1万元以上3万元以下的罚款;情节严重的,由国务院药品监督管理部门撤销该检测机构的检测资格,对主管人员和其他直接责任人员依法给予纪律处分;构成犯罪的,依法追究刑事责任。

11）医疗器械监督管理人员滥用职权、徇私舞弊、玩忽职守,构成犯罪的,依法追究刑事责任;尚不构成犯罪的,依法给予行政处分。

12）违反有关医疗器械广告规定的,由工商行政管理部门依照国家有关法律、法规进行处理。

## 思 考 题

1. 简述保健用品、化妆品、精神卫生、精神卫生法、精神疾病、精神疾病司法鉴定、医疗器械的概念。
2. 简述精神疾病患者的主要权利。
3. 简述精神疾病司法鉴定的鉴定机构、任务和对象、实施程序。
4. 简述医疗器械的分类管理制度。
5. 简述保健用品的特点。
6. 简述化妆品的特点。

（南京中医药大学　许　玲　朱晓卓）

# 第二十四章　现代医药与法律问题

通过本章的学习,要求掌握生殖技术、克隆、基因和脑死亡的概念,理解脑死亡诊断的哈佛标准,了解器官移植的分类和安乐死的内涵。

## 第一节　生殖技术与法律

### 一、概述

生殖技术,又称人类辅助生殖技术,是指运用医学技术和方法对配子、合子、胚胎进行人工操作,以达到受孕目的的技术,分为人工授精和体外受精-胚胎移植技术及其各种衍生技术。

(1) 人工授精:人工授精(artificial insemination, AI)是指用人工方式将精液注入女性体内以取代性交途径使其妊娠的一种方法。

根据精液来源的不同,人工授精分为夫精人工授精(AIH),即使用丈夫的精子所进行的人工授精;供精人工授精(AID)即使用供精者的精子所进行的人工授精。

人工授精技术应用初期主要是通过 AIH 来治疗男性不育症,后来才逐渐发展到 AID。1953 年美国阿肯色大学医学中心的谢尔曼(Sherman)和伯奇(Burge)联合发表了著名的《人类冷冻精子的生育能力》一文,报告了利用干冰冷冻精子并用于人工授精获得成功,从而证明冷冻、复温后的人类精子能正常授精,胚胎可以正常发育。随着冷冻精液技术的发展,世界上出现了精子库。20 世纪 60 年代以来,美、法、英、意等国纷纷建立人类冷冻精子库,为人工授精的开展提供了更好的条件。现在,全世界人工授精出生的婴儿已超过 30 万。

(2) 体外受精:体外受精(in vitro fertilization, IVF),又叫体外受精-胚胎移植(in vitro fertilization-embryo transfer,IVF-ET),是指从女性体内取出卵子,在器皿内培养后,加入经技术处理的精子,待卵子受精后,继续培养;到形成早期胚胎时,再转移到子宫着床,发育成胎儿直至分娩的技术。由于受孕过程的最早阶段发生在体外试管内,因此俗称试管婴儿技术,生育出来的婴儿称为"试管婴儿"。

1978 年英国妇产科专家斯特普托(Steptoe)及胚胎学家爱德华滋(Edwards)首创的世界第一例试管婴儿——路易斯·布朗(Louise Brown)的诞生标志着人类治疗不孕症新的里程碑。

(3) 代孕母亲:代孕母亲(surrogate mother)是指代人妊娠的妇女。代孕母亲或用他人的受精卵植入自己的子宫妊娠,或用自己的卵子人工授精后妊娠,分娩后孩子交给委托人抚养。代孕母亲出现于 20 世纪 70 年代末。

## 二、国外生殖技术立法

### (一) 人工授精引发的法律问题及相关立法

#### 1. 谁是 AID 婴儿的父亲

AID 婴儿可以说有两个父亲:一个是生物学父亲(遗传学意义上的父亲),即供精者。一个是养育父亲(社会学意义上的父亲),即生母之夫。许多国家的法律认为,养育父亲与婴儿虽无生物学上的血缘关系,但夫妻合意进行人工授精的行为,已表达了愿将婴儿作为夫妻双方共同子女的意思表示,所以应视其为婴儿的亲生父亲。因此,许多国家倾向于否认供精者的父亲权利。

#### 2. AID 婴儿的法律地位

各国法律对此问题反应不一。1967 年,美国俄克拉荷马州法律规定,凡由指定的开业医生进行的 AID,并附有夫妻双方同意书的,AID 婴儿对其生母的丈夫,具有婚生子女的身份。目前,美国已有 25 个州制定了这样的专门法规。丹麦人工授精法案规定,在丈夫同意下出生的 AID 子女,具有婚生子女的身份。英国则将 AID 婴儿视为非婚生子女。从发展趋势看,多数国家倾向于主张夫妻合意的 AID 子女应推定为婚生子女,与生母之夫的关系视为亲生父子关系;妻子进行 AID,如果丈夫不知情或未曾同意,他对婴儿有否认权。

### (二) 体外受精引发的法律问题及相关立法

#### 1. 谁是 IVF 婴儿的父母

各国的法律观念一般认为,生下婴儿的妇女应当是孩子的合法母亲。如 1990 年英国《人生育和胚胎法》规定,一个由植入体内的胚胎或精子和卵子而孕育孩子的妇女应被视为该名孩子的母亲,而非其他妇女。因此,尽管试管婴儿与准备充当孩子养育父母的夫妇双方无任何遗传关系,仍应确定这对夫妇为孩子的合法父母。因为孩子的遗传父母仅仅是分别提供了精子和卵子,他们互不认识,更谈不上有合法的婚姻关系及养育孩子的合意。而养育父母则不同,他们有合法的婚姻关系,有作为孩子的父母的共同愿望,因此应视试管婴儿为他们的婚生子女,享有婚生子女的一切权利。

#### 2. 受精卵和胚胎的处置

1) 受精卵和胚胎的法律地位。即受精卵和胚胎是不是人? 是否享有继承权? 销毁或丢弃多余的胚胎是否构成杀人? 对此,有两种截然不同的意见。一种意见认为是人,因此应尊重他们,不应把他们作为工具、手段来使用,不应未经主人同意就处理掉他们。另一种意见认为不是人,不应该具有同人一样的法律地位。

2) 胚胎的研究与处置。在美国有 22 个州的法律禁止胚胎研究。德国因希特勒时代曾搞过人体胚胎实验,故对此问题特别敏感,它所颁布的《胚胎保护法》也是世界上禁止胚胎研究最严厉的法规。澳大利亚的维多利亚州也颁发类似法令,禁止研究人胚胎和克隆相同的人,禁止活检胚胎,也禁止繁殖人与动物的混血儿。英国的《人生育和胚胎法》则是一个折中法案:允许研究 14 天以前的胚胎,禁止研究 14 天后的胚胎。因为 14 天是个临界点,在此时胚胎的胚线能形成胚胎自身的内容,决定能否发育为生命个体。这就意味着法律承认 14 天前的受精卵为无生命的物质,而 14 天后的胚胎是有生命的人。

3)限制胚胎植入子宫的数额。生殖技术的一个副作用是比自然妊娠多胎率的明显上升。因此一些国家如英、德和比利时已有立法限制胚胎移植的数目。

4)遗传物质的来源。根据英国法律,如果没有捐精人的书面许可,任何人也不能使用捐献的精子。德国《胚胎保护法》不允许用已死亡的人的精子或卵子进行体外受精。

### (三) 代孕母亲引发的法律问题及相关立法

#### 1. 谁是孩子的父母

这有以下几种情况:

1)生者为母。不论精子、卵子由谁提供,生育婴儿的妇女与其丈夫是婴儿的父母。如澳大利亚的法律规定,生育婴儿的母亲及其丈夫为婴儿的法律父母。

2)根据遗传学来确定亲子关系。如英国规定提供精子和卵子的男女为婴儿的父母。

3)按契约约定来确定亲子关系。即代孕母亲所生的婴儿为委托方夫妇的子女。如美国新泽西、密执安等州的法律规定,婴儿的父母是委托代生的那对夫妇。

#### 2. 代孕是否合法

代孕母亲以收取报酬为目的,出租子宫,被他人看作生育机器,是对妇女尊严的侵犯,也变相地使婴儿成为商品;加之有的母亲替女儿代孕,姐姐替妹妹代孕,祖母替孙女代孕,造成家庭伦理关系混乱。因此,不少国家立法禁止代孕母亲。

## 三、我国生殖技术立法

### (一) 我国生殖技术立法现状

我国生殖技术的研究和应用比发达国家起步要晚,但发展相当迅速。1983 年湖南医科大学生殖工程研究室首次用冷冻精液人工授精获得成功。1986 年青岛医学院建立了我国第一座人类精子库。1988 年我国第一例试管婴儿在北京医科大学附属第三医院诞生。1990 年我国第一个人类冷冻胚胎库在湖南医科大学建成。迄今,全国通过体外受精出生的试管婴儿已有 1 000 多名。为了制止一些单位滥用人工生殖技术,1989 年卫生部发出关于严禁用医疗技术鉴定胎儿性别和滥用人工授精技术的紧急通知规定,人工授精除用于科学研究外,其他医疗保健机构一律不得开展。1991 年最高人民法院在关于夫妻离婚后人工授精所生子女的法律地位如何确定的司法解释中规定,在夫妻关系存续期间,双方一致同意进行人工授精,所生子女应视为夫妻双方的婚生子女。为了保证人类辅助生殖技术安全、有效和健康发展,规范人类辅助生殖技术的应用和管理,保障人民身体健康,国家卫生部颁布的新的《人类辅助生殖技术规范》、《人类精子库基本标准和技术规范》和《人类辅助生殖技术和人类精子库伦理原则》等三部规范性文件已于 2003 年 10 月 1 日开始施行。

### (二) 人类辅助生殖技术管理

#### 1. 人类辅助生殖技术的目的

人类辅助生殖技术的应用应当以医疗为目的,并符合国家计划生育政策、伦理原则和有关法律规定。人类辅助生殖技术的应用应当在经过批准的医疗机构中进行。禁止以任何形式买卖配子、合子、胚胎。禁止实施任何形式的代孕技术。

2. 人类辅助生殖技术的审批

开展人类辅助生殖技术的医疗机构应当符合下列条件：① 具有与开展人类辅助生殖技术相适应的卫生专业技术人员及其他专业技术人员。② 具有与开展人类辅助生殖技术相适应的技术和设备。③ 设有医学伦理委员会。④ 符合卫生部制定的《人类辅助生殖技术规范》的要求。

申请开展夫精人工授精技术的医疗机构由省级卫生行政部门审批；申请开展供精人工授精和体外受精—胚胎移植技术及其衍生技术的医疗机构，由省级卫生行政部门提出初审意见，卫生部审批。

3. 人类辅助生殖技术的实施

实施人类辅助生殖技术应当符合卫生部制定的《人类辅助生殖技术规范》的要求。遵循知情同意原则，并签署知情同意书。涉及伦理问题的，应当提交医学伦理委员会讨论。医疗机构应当与卫生部批准的人类精子库签订供精协议；严禁私自采精；应当索取精子检验合格证明。医疗机构应当为当事人保密，不得泄露有关信息。实施人类辅助生殖技术的医疗机构不得进行性别选择，法律法规另有规定的除外。医疗机构应当建立健全技术档案管理制度。供精人工授精医疗行为方面的医疗技术档案和法律文书应当永久保存。

## （三）人类精子库管理

### 1. 人类精子库管理的目的

规范人类精子库管理是为了保证人类辅助生殖技术安全、有效应用和健康发展，保障人民健康。人类精子库是指以治疗不育症以及预防遗传病等为目的，利用超低温冷冻技术，采集、检测、保存和提供精子的机构。人类精子库必须设置在医疗机构内。精子的采集和提供应当遵守当事人自愿和符合社会伦理原则。任何单位和个人不得以营利为目的进行精子的采集与提供活动。

### 2. 人类精子库的审批

设置人类精子库应当经卫生部批准。申请设置人类精子库的医疗单位应当符合下列条件：① 具有医疗机构执业许可证。② 设有医学伦理委员会。③ 具有与采集、检测、保存和提供精子相适应的卫生专业技术人员。④ 具有与采集、检测、保存和提供精子相适应的技术和仪器设备。⑤ 具有对供精者进行筛查的技术能力。⑥ 应当符合卫生部制定的《人类精子库基本标准》。

### 3. 精子采集与提供

精子的采集和提供应当在经过批准的医疗机构中进行，严格遵守卫生部制定的各项技术操作规程。供精者应当是符合年龄要求的健康男性，且只能在一个人类精子库中供精。人类精子库应当对供精者进行健康检查和严格筛选。

## （四）我国生殖技术立法建议

### 1. 立法宗旨和适用对象

立法宗旨是保障公民的生育健康权利，促进生殖技术的健康发展，为我国的计划生育国策服务，不断提高我国的人口素质。适用对象应局限于不孕症和遗传性疾病。

### 2. 许可制度和管理体制

1）实行严格的许可证制度。开展生殖技术业务的医疗机构及医师必须经卫生行政部门的审批,取得相应的许可证或技术证书以后,方可从事此项业务。

2）设立全国统一的管理机构。利用计算机全国联网对精子库、人类冷冻胚胎库及开展生殖技术的医疗机构进行管理,实行全国统一规划、统一规范和统一管理制度;制定统一的技术准则。

3. 精子来源

精子来源于自愿捐献者,由其本人书面做出捐献的意思表示,捐献胚胎的,必须由夫妻双方共同做出书面意思表示。禁止采集死者的精子、卵子、胚胎用于生育。禁止艾滋病患者、传染病及遗传病患者捐献精子。禁止买卖人类遗传物质,提倡无偿捐献。

4. 捐精者条件和卫生标准

捐精者必须是完全民事行为能力人;必须是处于婚育期的中、青年。捐精者应发育正常、身体健康,无传染病和遗传病,未生育过先天性缺陷儿,无不良嗜好;供精者精液中精子的数量和质量正常;非受体的近亲。为避免近亲婚配及保护捐精者的身体健康,应限制捐精次数,控制同一份精子、卵子、胚胎使用次数。

5. 人类遗传物质的管理

符合条件的捐献者自愿捐献的人类遗传物质由精子库、人类冷冻胚胎库冷冻贮存,所有权归精子库、人类冷冻胚胎库;夫妻为自己的生殖需要也可冷冻贮存配子和胚胎,其所有权归提供者,在供体死亡、离异后应销毁。

6. 生殖技术的施行

符合条件的夫妇双方愿意采用生殖技术的,应就有关事宜订立书面协议,并提交公证机关进行公证。夫妇双方持公证过的协议书、准生证等有关文件向医疗机构提出施行生殖技术的请求。医院认为符合条件的,应与夫妻双方签订施行生殖技术的协议,并根据协议实施有关生殖技术。医疗单位应将有关医案连同生殖技术协议等提交卫生行政部门备案。

7. 生殖技术出生的婴儿的法律地位

生殖技术使用的精子、卵子是由夫妻提供的,出生的婴儿是夫妻双方当然的婚生子女;经夫妻双方同意,使用他人捐献的精子、卵子、胚胎出生的婴儿应视为夫妻双方的婚生子女,而与捐献者无任何法律上的权利义务关系。

8. 保密原则

施行生殖技术实行"三盲"原则,即供者不知受者,受者不知供者,术者不知供者,术者和采精者分离。从业人员对当事人负有严格的保密义务。

9. 法律责任

对违反生殖技术法及计划生育法的行为,应规定相应的法律责任,以保障法律的严肃性,使生殖技术健康发展。

## 四、"克隆人"

### （一）克隆及其争议

"克隆"是指生物体并不是通过性细胞的受精,而是从一个共同的细胞、组织或器官繁殖得到一群遗传结构完全相同的细胞或生物。由于上一代和下一代的遗传信息是一致的,所以可以简单地说,克隆是生命的全部复制。克隆技术在现代生物学中也被称为"生物放大技术"。

动物克隆是克隆技术的最复杂阶段。这是因为高等动物的 DNA 信息量多,细胞高度分化,机体非常复杂。英国科学家维尔穆特将绵羊的乳细胞核植入去核的成熟的卵细胞中,克隆产生了多莉。

自从多莉羊诞生后,世界上关于克隆技术的讨论是多方面的,一些人热烈欢呼这项技术的诞生;一些人则表示忧虑,认为克隆技术的研究将挑战人的生命本质,丧失人的尊严,搞乱人的秩序,终将毁灭人类。对于人的复制问题,很多国家的法律尚处在空白阶段,但世界卫生组织和美国等多国政府纷纷下令禁止克隆技术应用于人类实验,世界卫生组织宣布人体克隆违反伦理道德。美国总统克林顿下令禁止使用联邦政府基金进行克隆人的研究。在纽约举行的联大有关讨论和拟定《禁止生殖性克隆人国际公约》的会议上,各方一致支持在全球范围内严禁生殖性克隆人,但是在公约是否禁止以预防和治疗疾病为目的的医疗性克隆问题上,出现明显分歧。

中国、日本、世界卫生组织等方面主张,医疗性克隆应予以区别对待。中国方面认为国际社会不能容许科学研究损害人类尊严的某些作法,但同时也不能因噎废食,禁止可能造福于人类的医学研究和实践;各国的国内立法对治疗性克隆有不同规定,国际社会应尊重他们在不同的历史、文化、哲学和宗教背景下做出的选择。多数欧洲国家认为,各国、各方应采取现实作法,撇开医疗性克隆这个富有争议的"灰色地带",将精力集中在有关生殖性克隆这个紧急事项的讨论上面。

## (二) 克隆人对法律的冲击

1) 在人类社会中,每个人的生命都由于其惟一的独特性而获得个性特征和人格尊严。同时从法律上或人权角度而言,每个人都有自己的尊严和价值。如果允许用克隆的方法在实验室内去复制人或者大批复制同一个人,人的尊严、价值和权利又从何体现?

2) 任何人的出生或诞生都在其家庭关系乃至社会关系中具有明确的法律身份和地位。作为克隆人同样不能例外,应当确认其法律身份,且标准应是同一的。但是人的复制完全违背了人类繁衍自然规律和人类亲亲关系的基本准则,它不仅完全改变了人类自然的通过男女结合的生育方式,而且混淆世代概念,使"亲属关系是一种以婚姻和血缘为纽带的社会关系"这个法律概念发生根本动摇。克隆人的出现将破坏家庭结构的完整性。相应地,现行法律的亲属制度,亲权制度,监护制度,继承制度,将不能适应届时的需要。

3) 世代的概念,辈分的观念将受到剧烈冲击。从克隆技术来看,无论生命体处于哪一个年龄时期,由其所提供的细胞都可形成新的个体。这样,家庭成员的年龄将会被缩小,年龄已无法作为区分辈分的依据了。而且,儿子也可以复制自己,母亲也可以复制自己,世代的观念将混乱。这又将引出法律上的诸多问题,如抚养义务,需要他人抚养的未成年人可能是他人的父母。一个优秀的遗传源可能复制数以百计的"自我",他又怎么能对这些"自我"尽抚养和监护的责任呢? 而且从财产继承来看,这些克隆人和婚生子女在继承顺序方面如何处理呢?

4) 从人的死亡来看,是一个法律事实,会产生一系列的法律后果。而且人一旦死亡,生命便不复存在。克隆人却告诉我们,死人可以复制,一个人在死之前把自己复制出来,那么这个人是否是死去的人的延续呢? 如果是的话,死人的复制将使法律上生与死的概念发生动摇与混乱。

5) 克隆人为了优生,同样存在问题,哪些人是值得克隆,哪些人是不值得克隆的呢? 它的标准是什么? 人们有理由担心,克隆人技术成熟后,既可以"复制名人",也可以"复制狂人",从而诱发社会失控。而且从克隆技术来说,多莉羊的成功率是 434 : 1,即用 434 个含体细胞核的卵移植入去核卵内,经过种种阶段,最后只产生一只克隆羊。如果在人身上做,成功率可能更低,这样就不可避免地复制出许多畸形的人,或者一些带有遗传疾病的人复制出同样有遗传疾病的人。他们一旦产生,人们该怎么对待他们? 这些有缺陷的克隆人是否有权向加害人索赔呢? 这将成为新的法律问题。

人类是否应该通过法律禁止克隆人的出现? 有两种观点:

第一,禁止论。生殖崇拜是人类的古老情结,有性繁殖是高等生物繁衍生命的自然规律,但是克隆人却以无性繁殖代替有性繁殖,这一程式化的制造生命方式是现行生殖观念所不能接受的。因为克隆人将给社会带来以下危害:①造成人种退化。②冲击法律观念。③带来社会动荡。④诱发社会失控。所以应该禁止。

第二,控制论。发现和发明是科学发展的动力,人类最终将会承认创设人的生命的方式不只是有性繁殖一种,应该允许无性繁殖作为一种补充方式。两种方式所创造出来的都是人的生命,同样是神圣的;克隆技术对人类的危害可以通过法律来控制,一是在人体克隆试验研究阶段,二是在克隆人的诞生阶段。如果人体克隆获得成功,则法律应当解决的主要问题是,人体克隆技术的法律定位;人体克隆行为的法律控制;克隆人的法律身份。

# 第二节　人类基因工程与法律

## 一、概述

基因是 DNA 上有遗传意义的片段,基因包含一定数量的碱基。基因是基础的遗传单位,它决定着生物的性状、生长与发育。更重要的是,基因与许多疾病有关。

基因工程,又称基因拼接技术或 DNA 重组技术,是指采取类似工程设计的方法,按照人们的需要,通过一定的程序将具有遗传信息的基因,在离体条件下进行剪接、组合、拼接,再把经过人工重组的基因转入宿主细胞大量复制,并使遗传信息在新的宿主细胞或个体中高速表达,产生出人类需要的基因产物,或者改造、创造新的生物类型。

基因工程诞生于 20 世纪 70 年代。1976 年 6 月美国国立卫生研究院(NIH)被授权制定并公布了世界上第一个实验室基因工程应用法规《重组 DNA 分子实验准则》。此后法国、英国、日本、前苏联等 20 多个国家陆续制定了这类法规。1980 年 1 月美国政府公布了修改过的《重组 DNA 分子实验准则》,至今该准则已进行了多次修改。各国政府业在实践的基础上,审慎地已一次又一次修改、放宽实验准则。

## 二、人类基因工程引发的法律问题

### (一) 基因诊断

基因诊断也称 DNA 诊断、DNA 探针技术或基因探针技术,是指通过直接探查基因的存在和缺陷来对人体的状态和疾病做出判断。

最早的基因诊断是 1976 年凯恩等人借助 DNA 分子杂交方法首次成功地进行的一例地中海贫血的产前诊断。经过 20 多年的发展,基因诊断取得了许多成果,目前正广泛应用于许多疾病的诊断。基因诊断的医学意义是巨大的。但它的应用也产生了许多法律问题。

1）通过产前基因诊断，发现胎儿有遗传病或有将来可能发病的基因，那么是应该继续保留还是舍弃？

2）医生是否有为诊断出遗传病的病人保密的义务？如果医生为病人保密，是否损害了病人配偶或未来孩子的利益？那么其配偶和孩子是否可以控告医生？

3）如果医生泄密，影响了病人的婚姻、工作、保险，医生是否应负责任？

4）对某些患有遗传缺陷疾病但却未影响其健康的人，是否应该普遍进行遗传的基因诊断？正是由于通过基因诊断查明的遗传病患者在社会上受到歧视，促使人们开始思考有关基因诊断的法律控制问题。

## （二）基因治疗

基因疗法是指将外源基因导入目的细胞并有效表达，从而达到治疗疾病的目的。基因治疗一般分为：体细胞基因治疗、生殖细胞基因治疗、增强基因工程和优生基因工程。

基因治疗为人类展示了美好的应用前景。但是，基因治疗涉及改变人类的遗传物质，有可能产生不可预知的严重后果。一般认为，体细胞基因治疗只涉及患者个体，而生殖细胞基因治疗则对人类未来存在深远影响，特别会在伦理、法律方面引发许多问题：人能否改变人？人的尊严何在？以什么标准来改变人？基因治疗是一项费用昂贵的医疗技术，哪些人有权享有这种技术？还涉及人体基因是否允许买卖等。所以目前许多国家对基因治疗采取非常审慎的态度，同时也考虑从法律角度对此做出调整、规范和控制。1985年美国公布了《基因疗法实验准则》，对人类基因治疗实行有条件的开放。

## （三）人类基因组计划

人类基因组大约有5万至10万个基因。人类基因组计划（human genome project，HGP）是美国科学家于1985年率先提出，并于1990年10月正式启动的。它旨在通过国际合作，阐明人类基因组30亿个碱基对的序列，发现所有人类基因并搞清其在染色体上的位置，破译人类全部遗传信息，使人类第一次在分子水平上全面地认识自我。经过美国、英国、德国、日本、法国和中国等6个国家科学家的共同努力，1999年11月23日完成了10亿个碱基对的测定工作。2000年6月26日科学家公布了人类基因组工作草图。

人类基因组计划是人类科学史上的一个里程碑。它可能带来的伦理、法律、社会问题，也让人们增添几分冷静的思考：

1）基因隐私。人类遗传密码破译后，人们首先面对的就是基因歧视，有些人会看不起天生携带"坏基因"的人。基因实际上并没有好坏之分，因为一个人的智力、性格等受到环境、社会等因素的多重影响。同时一个人的遗传信息应当看成一个人的隐私，而不是一般的医学数据。从基因角度来说，任何人都有可能是某种或某几种"致病基因"的携带者。这些携带者不应受到遗传歧视，应该像尊重一个人的隐私权一样尊重携带者的人格尊严。

2）基因专利。基因能不能专利？基因"人人皆有，与生俱来"，同心脏、胳膊等肢体、器官一样是人体组成部分。就像心脏、胳膊不能被专利，人类基因也不应该被专利。遗传信息不应该被任何组织或个人垄断，特别是仅为基因一部分、功能未知的表达序列标签（EST），即从不同组织构建的 DNA 文库中,随机挑选不同的克隆,进行部分测序所得到的 DNA 序列所能揭示的遗传信息,更不能被专利。

3) 利益分享。人类基因组计划应有益于全人类,人类如何来公正地分享利益,这也是应当思考的问题。

### (四) 基因技术滥用的忧虑

就目前而言,基因技术的滥用主要在于以下三个方面:

1) 制造"半人半兽"的怪物。对于基因工程生物来讲,有一点非常特别,就是给它们"移植"的基因可以来自任何生物,这完全打破了物种原有的屏障,"移植"是"强制性"的,这个过程在自然状态下是极少可能发生或者根本不可能发生。这会产生一些令人难以想像的后果。如果将人与其他动物的遗传基因进行重组,再以一定方法加以培育形成的个体究竟是动物还是人类?

2) 克隆人。美国芝加哥科学家理查德·锡德宣称,他已组成一个工作小组,着手进行克隆人的工作。他打算在一年半内完成第一个克隆人,并预计以后一年内复制出多个克隆人,从而将人类寿命"无限期延长"。人们担忧:如果真的克隆出了人,那么这个"人"是子女还是兄妹?是权利主体还是权利客体?欧洲议会通过投票反对用克隆技术进行医学研究,包括从事克隆人类胚胎的基因技术,同时呼吁联合国重视并关注基因技术的滥用及后果,要求在世界范围内禁止人类克隆技术。世界卫生组织明确宣布,人体克隆违反伦理道德。德国、意大利、法国、加拿大、巴西、丹麦等国纷纷制定法规,禁止进行复制人体的试验!

3) 生产基因武器,发动生物战争。在生物遗传工程技术的基础上,用人为的方法,按照军事上的需要,利用基因重组技术,复制大量致病微生物的遗传基因,并制成生物战所用的制剂将其放入施放装置内,就构成了基因武器。基因武器与传统生物武器相比,具有成本低廉、容易制造、使用方便杀伤力大、保密性能好、难防难治等特点,有人甚至已经设想,研究不同种族、不同人群的特异性基因,采用一定策略将其适用于目标人群,从而导致一个种族的毁灭。生物战争的国际公约有两个:《关于禁用毒气或类似毒品及细菌方法作战议定书》和《关于细菌(生物)及毒素武器的发展、生产及贮存以及销毁这类武器的公约》。但随着生物技术的发展,尤其是重组技术的出现,这两个公约暴露出一系列缺陷。所以,国际法专家呼吁修订新的生物武器公约。

## 三、我国人类基因工程研究及应用立法

为了促进我国生物技术的研究和开发,加强基因工程工作的安全管理,保障公众和基因工程工作人员的健康,防止环境污染,维护生态平衡,国家科委于 1993 年 12 月发布了《基因工程安全管理办法》,就适用范围、安全性评价、申报和审批、安全控制措施等方面做了规定。

1999 年 9 月中国获准加入人类基因组计划,负责测定人类基因组全部序列的 1%,也就是 3 号染色体上的 3000 万个碱基对。中国是继美、英、日、德、法之后第 6 个国际人类基因组计划参与国,也是参与这一计划的惟一发展中国家。为了防止人类基因组计划引发的伦理、法律和社会等方面的问题,国家人类基因组南方、北方两个中心成立了伦理、法律、社会问题工作组,对有关问题进行研究,提出相应伦理和法律对策,其目的是在认识人类与其他生物基因的基础上,重新认识社会成员之间,家庭之间,个人、家庭与社会之间的关系,认识人类与生命世界及整个自然的关系,保证人类基因组计划沿着健康轨道进行。

为了有效保护和合理利用我国的人类遗传资源,加强人类基因的研究与开发,促进平等互利的国际合作和交流,1998 年 9 月经国务院批准,科学技术部、卫生部共同制定了《人类遗传资源管理暂行办法》。

## 四、基因及基因工程的立法原则

### (一) 基因资源开发主权权利原则

基因是一种资源,而且是一种有限的自然资源。一国对其本国内的基因资源开发享有主权权利,源于国家对其管辖范围内的自然资源的永久主权。联合国大会通过了的《关于天然资源之永久主权宣言》郑重宣布:"各民族及各国行使其天然财富与资源之永久主权,必须为其国家发展着想,并以关系国家人民之福利为依归。"联合国《建立新的国际经济秩序宣言》重申:"每一个国家对自己的自然资源和一切经济活动拥有充分的永久主权。为了保卫这些资源,每一个国家都有权采取适合于自己情况的手段,对本国资源及其开发实行有效控制。"《生物多样性公约》直接涉及基因资源开发的主权权利问题,它明确规定:"确认各国对其自然资源拥有的主权权利,因而可否取得遗传资源的决定权属于国家政府,并依照国家法律行使。"为保障基因资源开发主权权利原则的充分实现,应做好以下几点:

1)尽快启动"中国生物资源基因组计划,为生物资源基因绘制草图"。
2)制定"生物基因资源保护的行动计划",制定保护基因资源及其原始生物的计划框架和方针政策。
3)建立国家基因库。
4)对基因资源的采集、收集、研究、开发、买卖、出口、出境等活动实行统一管理。
5)规范生物基因资源的获取、利益分配和知识产权问题。
6)在国际合作中,坚持平等互利原则。

### (二) 基因工程风险防范原则

基因工程有着巨大的经济社会价值,但随之产生的风险更不容忽视。
1)基因重组有可能引起遗传基因变异及失控。
2)基因污染问题不容忽视。基因污染之所以非常特殊、非常危险,原因在于,它是惟一一种能够不断增殖、扩散且又无法清除的污染。在美国,由大面积推广基因工程作物而导致的转基因污染已是不争的事实。
3)基因工程可能会破坏生态系统的平衡。
4)基因工程化食品的安全性问题令人担忧。基因工程化食品在人类的食品供应中只有短暂的历史,其永久安全性需要经过一定的实验才能得到证实。有资料表明,对巴西坚果产生过敏的主体也会对用该坚果基因工程化而得到的大豆产生过敏。基因工程从总体上来说是有益的,不能因其风险问题而扼杀基因工程的发展。但我们应制定一系列基因工程安全法规,以谨慎的态度防范风险的发生。

### (三) 知识产权保护原则

基因的知识产权保护主要是指基因的专利保护。对于基因是否应授予专利,向来有争议。大多数科学家和大多数工业化国家的政府并不反对对基因授予专利,但反对在"不成熟"的情况下,也就是说在它们的生物学功能和商业价值未充分肯定之前,就对基因序列申请授予专利。从总体上来说,对基因授予专利不仅有利于基因技术创新,而且可以加大企业对基因工程的投资力度,加快基因科学研究的发展。现在各国都在加大基因专利的保护力度。

基因的专利保护主要涉及以下几个方面:① 转基因植物或动物的发明。② 转基因植物或动物的生产方法发明。③ 转基因植物或动物的应用发明。④ 基因治疗方法发明。⑤ 人体基因专利。其中,关于转基因动物发明、基因治疗方法发明及人类基因专利问题各国的做法相差很大。对于转基因动物,多数国家专利法都规定不授予专利权,这主要是传统生物学的繁殖往往难以保持可重复性。然而,随着生物技术的发展,尤其是重组技术的飞速发展,人们已经可以根据自己的需要创造出各种转基因动物。针对这种情况,美国和欧洲专利局先后对哈佛大学提出的带有癌基因的转基因鼠授予专利权。欧盟《关于生物技术发明的法律保护指令》更是明确规定:"关于植物和动物的发明如果其技术可行性不仅限于特定的植物或动物品种,则它具有可专利性。"关于基因治疗方法,多数国家也不授予其专利权,这主要是从人道主义出发,认为医生的行为是救死扶伤,属于神圣的职业,不是一般意义上以盈利为目的的企业。目前,对于基因治疗方法授予专利的仅有美国、比利时和南非。

### (四) 尊重人权原则

人类基因的研究和运用有利于人类的健康发展。依据已经破译的基因序列和功能,找出这些基因并针对相应的病变区位进行药物筛选,甚至基于已有的基因知识来设计新药,就能"有的放矢"地修补或替换这些病变的基因,从而根治顽症。人们也认识到,人类遗传差异不应引起社会或政治特征的相关性联系。人类社会中所有成员都具有其固有的尊严和不可剥夺的基本权利。人类基因研究和运用只有在充分尊重人权的基础上才能不断进步。尊重人权原则要求:

1)禁止基因歧视。

2)尊重基因隐私。基因是一种潜在的、必须运用特定技术才能获取的个人数据,其承载着一个人生命的全部秘密,是个人数据的核心部分,表达的是个人隐私的深层次内容。最重要的是从人权和人格尊严角度看,每个人的基因图谱应当是每个人的个人秘密,享有隐私权保护。

3)知情同意。知情内容一般包括以下几项:实验性质及目的、检验步骤、检测对个人和家庭的风险、对他人和科学的好处、检测结果对预期和正确遗传咨询的不确定性、检测过程中的伤害事故的承担者与解决途径、个人撤回权利、个人以及家庭享受检测中以及检测后的医疗卫生服务权利。

## 五、人类遗传资源保护立法

### 1. 人类遗传资源管理的原则

人类遗传资源是指含有人体基因组、基因及其产物的器官、组织、细胞、血液、制备物、重组脱氧核糖核酸(DNA)构建体等遗传材料及相关的信息资料。凡涉及我国人类遗传资源的采集、收集、研究、开发、买卖、出口、出境等活动,都应当遵守人类遗传资源管理办法的规定。国家对人类遗传资源实行分级管理、统一审批制度。国家对重要遗传家系和特定地区遗传资源实行申报登记制度,发现和持有重要遗传家系和特定地区遗传资源的单位或个人,应及时向有关部门报告。未经许可,任何单位和个人不得私自采集、收集、买卖、出口、出境或以其他形式对外提供。

2. 国际合作项目的申报

人类遗传资源管理办法规定,凡涉及我国人类遗传资源的国际合作项目,应经批准后签约。

3. 研究开发项目知识产权的处理

1）我国研究开发机构对于我国境内的人类遗传资源信息,包括遗传家系和特定地区遗传资源及其数据、资源、样本等,享有专属持有权。获得上述信息的外方合作单位和个人未经许可不得公开、发表、申请专利或以其他形式向他人披露。

2）有关人类遗传资源的国际合作项目应当遵循平等互利、诚实信用、共同参与、共享成果的原则处理知识产权归属和分享。

4. 处罚

我国单位和个人违反人类遗传资源管理办法的规定,未经批准,私自携带、邮寄、运输人类遗传资源材料出口、出境的,由海关没收其携带、邮寄、运输的人类遗传资源材料,视情节轻重,给予行政处罚直至移送司法机关处理。未经批准私自向外方机构或者个人提供人类遗传资源材料的,没收所提供的人类遗传资源材料并处以罚款。情节严重的,给予行政处罚直至追究法律责任。

国(境)外单位和个人违反人类遗传资源管理办法规定,未经批准,私自采集、收集、买卖我国人类遗传资源材料的,没收其所持有的人类遗传资源材料并处以罚款。情节严重的,依照我国有关法律追究其法律责任。私自携带、邮寄、运输我国人类遗传资源材料出口、出境的,由海关没收其携带、邮寄、运输的人类遗传资源材料,视情节轻重,给予处罚或移送司法机关处理。

人类遗传资源管理的工作人员和参与审核的专家有为申报者保守技术秘密的责任;玩忽职守,徇私舞弊,造成技术秘密泄漏或人类遗传资源流失的,视情节给予行政处罚直至追究法律责任。

# 第三节　器官移植与法律

## 一、概述

器官移植是指通过手术等方法,替换体内已损伤的、病态的或者衰竭的器官。

从理论上讲,器官移植可分为三大类:自体移植、同种移植和异种移植。异种移植是指把一种生物的器官移植到另一种生物上;自体移植是指摘除一个体器官并把它置于同一个体;同种移植是指把同一种生物的某一具体的器官移植到同种生物的另一个个体上。这里所讲的器官移植是指同种移植,即把一个活人或一具尸体身上的器官移植到另一个活人身上这种意义上的移植。

## 二、国外器官移植立法

1. 器官来源

（1）自愿捐献:即由死者生前自愿或其家属自愿将死者器官捐献给他人。这种法律规定强调自愿和知情同意是收集器官的基本原则。知情同意是活体捐献器官的必经程序。所谓知情,是指对捐献器官的目的和器官摘除的危险以及摘除器官后对健康可能损害的一系列后果的明晓。所谓同意,指自愿同意。

1968 年美国国家委员会在统一州法律中通过的特别委员会《统一组织捐献法》,是自愿捐献法律规定的典型代表。

（2）推定同意:是指死者无可证明其捐献器官意思的材料时,在死者或其家属并不反对且未违反死者或家属意愿时,医生从尸体身上摘除所需要的组织和器官用于移植。

（3）需要决定:根据拯救生命的实际需要和死者的具体情况,决定是否摘取其器官。只需按规定办理审批手续,不必考虑死者生前及其亲属的意见。

2. 器官捐献的法律程序

器官捐献的首要条件是捐献者本人同意,即个人意志的自由表达。由于活人器官捐献存在着损害捐献人本人健康、甚至生命的危险,许多国家都持慎重态度。有的还专门立法规定活人器官捐献与移植的程序、条件及捐献者的生活安排等。而对死人器官的捐献,有些国家规定了很方便的法定程序,生前愿意捐献器官的,只要有书面证明材料即可。

3. 尸体器官分配准则

器官的分配,有时较难做到完全的公平。为此,国际移植学会于 1986 年制定了分配尸体器官的准则。其主要内容是:

1）所捐赠的器官,必须尽可能予以最佳的利用。

2）应依据医学与免疫学的标准,将器官给予最适合移植的病人。

3）绝不可以浪费可供使用的器官,应成立区域性或全国性的器官分配网,做公平合适的分配。

4）分配器官必须经由国家或地区的器官分配网安排。

5）分配器官的优先顺序,不能受政治、礼物、特别给付或对某团体偏爱的影响。

6）参与器官移植的外科和内科医师,不应在本地、本国或国际上从事宣传。

7）从事移植的外科医师和其他小组成员,不可以直接或间接地从事牵涉买卖器官,或任何使自己或所居医院获利的行为。

4. 严禁器官商业化

由于移植器官的供不应求,器官出现了商业化的倾向。但是大多数人认为,无论在什么情况下,也无论是买卖活人器官,还是死人器官,都应为法律所禁止。

## 三、我国器官移植立法

1. 我国器官移植立法现状

我国器官移植始于 20 世纪 50 年代末,与国外相比起步约晚了 10 年。但自 20 世纪 70 年代末期开始,全国许多地区已开展此项工作。现在国际上所有类型的器官移植我国都能够施行。

1995 年 11 月中国器官移植发展基金会在北京成立;1997 年南京市成立了"红十字会捐献遗体志愿者之友"的组织。1999 年有关部门在武汉联合召开了全国器官移植法律问题的专家研讨会,会议提出了我国器官移植法(草案)。1999 年在九届全国人大二次会议上,上海、山东、广州等地的代表均提出了《角膜捐献法》议案。2000 年上海市人大常委会颁布了《遗体捐献条例》,这是我国关于遗体捐献方面的第一部地方性法规。我国台湾地区于 1987 年 6 月公布了《人体器官移植条例》,1988 年 3 月公布了《人体器官移植条例实施细则》。香港特别行政区政府卫生署于 1997 年 11 月公布了《人体器官移植条例》建议书。2003 年 8 月 22 日,深圳市三届人大常委会第 26 次会议通过的《深圳经济特区人体器官捐献移植条例》,是我国第一部关于人体器官移植的法律文件,该条例已于 2003 年 10 月 1 日起施行。

2. 我国器官移植立法构想

(1)器官移植立法的目的:器官移植必须以医学为目的,为恢复人体器官之功能或挽救生命,促进器官移植技术的健康发展。

(2)器官移植的原则:提供移植的器官应以无偿方式为之,禁止人体器官买卖,禁止任何公民因提供器官而索取报酬,禁止任何单位和个人因接受他人器官而主动给予报酬。严格保密制度。

(3)摘取器官的条件

1)尸体器官的摘除。采用自愿捐献和推定同意相结合的原则。凡死者生前没有反对捐献的表示和死者近亲属没有反对捐献表示的,可摘除其器官。摘除尸体器官必须有准确无误的死亡证明,出具死亡证明的医疗单位不得摘取器官和进行器官移植手术。

2)活体器官的摘除。以自愿为原则,仅限于没有合适的尸体器官的场合。捐献器官者应为年满 18 周岁、有完全行为能力的人。供体的同意应以书面形式表示,及其近亲属两人以上的书面证明。供体在做出同意前,应告知其摘除器官可能带来的结果与危险,以及与摘除器官有关的一切事宜。摘除活体器官,要对供体进行全面检查,并预料对供体的健康和生命不会发生任何损害,而该器官的移植足以挽救受体的生命或恢复、改善受体的健康状况。在摘取器官前,捐献器官者随时有权撤回其同意。

3)胎儿组织的摘除。摘除胎儿组织作为供体的,必须得到胎儿父母的同意,参与人工流产的医务人员不得参与胎儿组织移植。

(4)许可证制度:开展器官移植的医疗单位,应事先提出申请,经卫生行政部门或法律授权的部门审查批准,发给器官移植许可证后方可进行。移植手术应由有经验的医生组成移植小组,按照医学规则进行手术。

(5)法律责任:尽管法律规定有摘取器官、移植器官的条件,但在实践中可能会出现各种违反法律规定的行为,为了保障实现器官移植造福人类的崇高目标,应结合中国的国情规定严格的法律责任。

# 第四节 脑死亡与法律

## 一、脑死亡的概论

1. 脑死亡的概念

脑死亡是指当心脏还继续跳动,大脑的功能由于原发与脑组织严重外伤或脑的原发性疾病而不可逆地全部丧失,最终导致人体死亡。脑死亡如同心跳和呼吸停止一样,是人的生命现象的终止,是个体死亡的一种类型。

脑死亡概念的最早提出见之于 1968 年美国哈佛大学医学院死亡定义审查特别委员会的一份报告,该报告第一次正式把脑死亡作为判断死亡的又一标准。因为脑功能一旦停止,则不可逆转,现代医学技术不能使其恢复。医学上传统判断人死亡的呼吸死(肺死亡)和心脏死标准,由于 20 世纪四五十年代以来,医学科学技术的发展,人工心肺技术和人体器官移植技术的发展而受到了冲击:呼吸和心跳停止并不一定意味着人已死亡;反之,借助人工抢救设施维持心肺功能的人并不等于活着。同时,人工心肺机对严重脑损伤病人的有效应用,即使大脑的功能已经全部丧失,也可以维持心肺功能,从而出现了"有脉搏的尸体"现象。因此,西方医学界认为有必要重新审查死亡的定义和标准,并提出了脑死亡的概念与脑死亡的诊断标准。

2. 脑死亡立法的意义

(1) 有利于器官移植:器官移植要求用于移植的尸体越新鲜越好,依靠先进的科学技术(仪器、药物)维持脑死亡者的呼吸和循环功能,使之可能成为医学上最理想的器官移植的供体。同时,脑死亡者还是极好的人体器官和组织的天然贮存库。医生可以根据移植的需要,在从容地做好了各项移植准备工作后,适时地摘取供体器官,从而提高器官移植的存活率。

(2) 有利于有限的医疗卫生资源的合理使用:确认脑死亡标准,可以适时地终止对脑死亡者的医疗措施,减少不必要的医疗支出,把有限的医疗卫生资源用于那些需要治疗而又能够达到预期效果的病人身上,发挥更好的效益。同时也可以减轻脑死亡者亲属的精神和经济辅导思念。

(3) 有利于法律的正确实施。死亡不仅是一个医学概念,而且是一个法律概念。各国的民事法律、刑事法律的许多规定都涉及人的死亡问题。因此,科学地、准确地判断一个人的死亡时间,在司法实践中具有极其重要的意义,有利于正确适用法律,公平合理地处理某些案件。

## 二、国外脑死亡立法

1. 国外脑死亡立法的发展

死亡立法起源于西方国家,20 世纪 60 年代欧洲一些国家医学界对死亡概念的理解就已经发生了变化,然而法律界未能立即响应,经过 10 年左右时间,一些国家的法律界终于开始谨慎地接受了脑死亡的概念。世界上第一个承认安乐死合法的国家荷兰,同时也是用法律接受脑死亡的第一个国家。在美国,脑死亡概念的出现与传统死亡概念为基础的法律发生了冲突,因而美国许多州开始制定或修改关于死亡认定的法律。1970 年,美国堪萨斯州率先通过了《死亡和死亡定义法》。经过多年探讨和实践,1983 年,美国医学会、美国律师协会、美国统一州法督察全国会议以及美国医学和生物学及行为研究伦理学问题总统委员会,建议各州对脑死亡问题予以立法。此后,世界各国关于脑死亡的立法也越来越活跃。

2. 国外脑死亡立法的内容

(1) 国外脑死亡法律地位:

1)国家制定有关脑死亡的法律,承认脑死亡是宣布死亡的依据。例如荷兰、美国等 10 多个国家,但美国的立法建议是:"一个人或(A)循环和呼吸功能不可逆停止,或(B)整个脑包括脑干一切功能的不可逆停止,就是死人。死亡的确认必须符合公认的医学标准。"这实际上是让传统死亡概念、标准和脑死亡概念、标准并存,以避免人为的死亡定义误解,这也是美国社会的认知多元化在立法中的反映。而芬兰则是国家法律接受脑死亡的第一个国家。在加拿大和瑞典,脑死亡的立法标准则是:当一个人的所有脑功能完全停止作用并无可挽救时,即被认为已经死亡。采用了脑死亡标准。此外,尚有阿根廷、澳大利亚、法国十等余国立法承认脑死亡是宣布死亡的依据。

2)国家虽然没有制定正式的法律条文承认脑死亡,但在临床上已承认脑死亡状态并以之作为宣布死亡的依据。如比利时、德国等 10 多个国家。

3)脑死亡的概念为医学界所接受,但由于缺乏法律对脑死亡的承认,医生不敢依据脑死亡来宣布一个人的死亡。这仍是目前世界上多数国家的状况,包括中国。

(2) 脑死亡的诊断标准:各国有关脑死亡的法律,一般都将死亡定义为全脑死亡,即大脑、中脑、小脑和脑干的不可逆的死亡(坏死)。那么,脑死亡如何诊断和鉴别?这涉及医疗行为的适当实施和法院审判工作的正确开展。1968年美国哈佛大学医学院死亡定义审查特别委员会首次提出了脑死亡的诊断标准:① 不可逆的深度昏迷;自发呼吸停止。② 脑干反射消失。③ 脑电波消失(平坦)。

凡符合以上标准,并在24小时或72小时内反复测试,多次检查,结果无变化,即可宣告死亡。但需排除体温过低(<32.2℃)或刚服用过巴比妥类及其他中枢神经系统抑制剂两种情况。此后,各国专家先后提出过30余种关于脑死亡的诊断标准,但这些标准与哈佛标准大同小异。所以,目前世界上许多国家还是采用了哈佛医学院的诊断标准。

为了保证和提高脑死亡诊断的准确性,防止偏差,有的国家法律规定,脑死亡诊断应由两名内科医生做出,且同器官移植无关联。也有的国家法律规定,脑死亡的确定,需由两名医生独立进行检查,得出相同的诊断,或需经上级医师的核准;必要时,还需神经内科、神经外科、麻醉科以及脑电图专家会诊,无异议时方可确定脑死亡。

## 三、我国脑死亡立法

### 1. 我国脑死亡立法的讨论

目前,我国对脑死亡的定义与标准,尚无明确法律规定。在我国,由于传统的文化观念影响及医疗和社会发展状况的极不平衡,要不要接受脑死亡概念,首先在学术界就存在着不同看法。一些医学界、法学界、社会学界的专家和学者提出,在我国确认脑死亡的实际意义是客观存在的,我国应制定法律接受脑死亡概念,确认脑死亡就是人体死亡、个体死亡,脑死亡的时间,即是个体死亡的时间。同时,鉴于我国各级各类医疗单位存在着技术、设备、诊疗水平上的差异,立法时应考虑允许传统的死亡和脑死亡两个死亡定义和标准同时并存,这样既能防止因脑死亡误诊可能造成的对有抢救价值的病人的延误抢救,又可以使医生正确运用脑死亡标准对那些脑功能全部丧失,对外界和自身毫无感觉、意识,也没有自主活动,处于不可逆昏迷状态的病人及时宣布死亡。中国香港地区早已立法规定,可以以脑死亡为死亡标准。中国台湾地区于1987年9月17日公布了《脑死亡判定步骤》,规定了脑死亡判定作为“认定死亡事实的标准之一”,但判定的程序严格控制,同时与呼吸、心跳停止的传统死亡认定标准并存。1999年5月,中华医学会、中华医学杂志编委会在武汉组织召开了我国脑死亡标准(草案)专家研讨会,就《中国脑死亡诊断标准(讨论稿)》以及制定脑死亡诊断标准的目的、尊重人的生命与死亡尊严的必要性等进行了讨论。这次讨论的成果也引起了法律界和我国有关方面的关注。2002年,卫生部已经初步制定了一份符合我国国情的脑死亡诊断标准,目前正在广泛征求各方意见加以修改和完善,这意味着我国的脑死亡立法已经进入了准备阶段。

### 2. 我国脑死亡立法建议

(1) 法律允许两种死亡标准并存:根据我国国情,确立脑死亡标准和传统死亡标准同时并存的制度。传统死亡标准虽有缺陷,但其观念已根深蒂固,而现代医学又没有完全否定其科学性。特别在我国广大农村和边远贫困地区医疗条件比较落后的情况下,传统死亡标准仍是判断死亡的有效标准。另外,脑死亡标准本身也并不排斥传统死亡标准。这样就可以因人因地而异,当医疗条件和设备达到一定程度时,就可以采用脑死亡的标准。

(2) 制定严格的脑死亡诊断标准:借鉴美国哈佛标准,结合我国医疗实践的具体情况,制定严格的、具体的脑死亡标准。

1) 脑死亡判定的先决条件:①病人陷入深度昏迷,不能自行呼吸而必须依靠人工呼吸器维持呼吸。②导致昏迷的原因已经确定。③病人遭受无法复原的脑部结构损坏。

2) 排除可逆性昏迷:①排除因为新陈代谢障碍、药物中毒与低体温所导致的昏迷。②如患病原因不明,则应排除而列入考虑。

3) 在使用人工呼吸器的状况下,观察规定时间,其间病人应呈持续深度昏迷,不能自行呼吸且无自发性运动。

4) 脑干功能测试:在符合上述条件的情况下,对脑干进行规定次数的测试后,病人仍完全符合无脑干反射与不能自行呼吸的条件,即可判定病人脑死。

3. 立法建立科学完整的脑死亡管理制度

脑死亡立法应规定哪些医生有权做出脑死亡诊断,应按什么程序进行,使用哪些检测手段等,以防止医生的草率诊断或者虚假诊断。

1) 有权确立脑死亡的医师资格条件:①必须具有国家执业医师资格。②具有神经内科或神经外科或麻醉科专科医师资格。③接受过有关脑死亡确立的学习研究,并持有证明文件的社区医院主治医师以上职称的医师。

2) 参与脑死亡确立的人员:①病人的原诊治医师。②具有确立脑死亡资格的医师 2 人。

3) 可以确立脑死亡的医院必须具备规定的设备条件。

4) 脑死亡诊断书的签发:由具有脑死亡确立资格的医师 2 人和病人原诊治医师共同签发死亡诊断书。

4. 明确法律责任

脑死亡立法应当明确规定违反脑死亡法律法规的法律责任,同时还应规定医生为了器官移植中器官新鲜的需要,当病人脑死亡诊断宣布后,不摘除死者身上的人工抢救装置而继续使用是否违法,究竟是对尸体的合理保存还是非法侵害。

5. 法律应当对于植物状态和脑死亡者加以严格区分

1996 年 4 月,中华急诊医学学会脑复苏研究中心组织国内著名医学专家初步制定了植物状态患者的诊断标准共 7 条:认知功能丧失,无意识活动,不能执行指令;保持自主呼吸和血压;有睡眠觉醒周期;不能理解和表达语言;能自动睁眼或在刺激下睁眼;可有无目的性眼球跟踪运动;丘脑下部及脑干功能基本保持。上述状态持续一个月以上者,即为人们通常说的"植物状态"。根据这一标准,可见植物状态患者不等于脑死亡,长期昏迷不醒、没有意识的病人与脑死亡的植物状态患者是两种不同的病例。因此,脑死亡立法应明确规定,对植物状态患者中那些脑功能已不可逆停止的人可以宣布死亡,但绝不能将所有植物状态患者宣布为脑死者而不予以治疗抢救或者摘除其器官用于移植。

# 第五节　安乐死与法律

## 一、概述

"安乐死"一词源于希腊文,其原意指"舒适、尊严或无痛苦的死亡"。现代意义上的安乐死是指当身患绝症或严重伤残者处于危重濒死状态时,由于精神和躯体上遭受着极端痛苦,在本人或其亲友愿意的前提下,他人出于同情和帮助其免受病痛折磨的目的,用仁慈的方式提前结束患者生命的一种行为。

学术界依不同的标准,将安乐死作如下划分:

1) 依实行安乐死是否出自患者自愿可分为自愿安乐死和非自愿安乐死。前者是根据患者的意愿或得到其同意而实施的安乐死;后者则是没有得到患者同意而实施的安乐死,其对象是无法矫治的畸形婴儿或神志昏迷无法表达意愿的危重病人。

2) 依实行安乐死是否主动可分为主动安乐死(积极的安乐死)和被动安乐死(消极的安乐死)。前者是以积极作为、直接干预的方式终止患者生命,如给患者注射可致死的药物;后者是采用消极不作为方式终止患者生命,如停止使用延续生命的机械或治疗措施,让患者自然死亡。

安乐死作为一种特殊的死亡形式,现代意义上的安乐死至今尚无一个统一完整的定义。

## 二、国外安乐死立法

### 1. 安乐死法律地位的争论

赞同安乐死立法的人认为,人的生理层次的生命价值不是绝对的。人有权利选择尊严的死亡,以科学和理性的态度对待死亡。当病人感到生不如死时,死亡比生存对他更人道。同时也可以减轻家庭财力和精神上的负担,节省有限的医药资源,对社会有利;但是如在没有法律可依的前提下主动采用安乐死停止一个人的生命,就会导致法律上的责任。有关人员也许可以不必承担道义责任,但却要受到法律制裁。至于被动安乐死并不需要法律做出规定使其合法化,何时停止治疗或抢救是医生职责内的事。

反对安乐死立法的人认为,每个人都有维持生存的权利,安乐死不仅与医生的职责相冲突,而且还可能成为病人子女、配偶等亲属为了减轻自己的负担或为了瓜分遗产等其他原因变相杀人的借口。如果安乐死得到法律认可,就会给滥用大开方便之门。或许立法刚开始时,执法可能较为严格,但一旦安乐死成为社会现象之后,标准就有可能降低,走向滑坡,甚至草菅人命。

### 2. 安乐死立法现状

自 20 世纪 30 年代开始,人们要求在法律上允许安乐死,一些西方国家开始对安乐死的立法问题进行讨论。1935 年,全世界第一个提倡自愿安乐死的团体在英国正式成立。自 50 年代起,一些西方国家开始尝试为安乐死立法。

(1) 荷兰:荷兰是世界上最早以立法形式准予实施安乐死的国家。1968 年安乐死成为荷兰社会开始注重的问题。1988 年荷兰皇家药物管理局在一份报告中阐述了关于安乐死的标准。1993 年 2 月,荷兰议会通过了关于安乐死的指导原则的法律,该法案于 1994 年 1 月 1 日起生效。该法

案的出台使安乐死在荷兰取得了合法地位,1997 年又建立了一套实施安乐死的办法。1999 年 8 月
10 日通过的最新修正案规定,凡 16 岁以上的人,若患绝症到生命末期,均可自行决定是否接受安
乐死,12 岁至 15 岁的青少年,要求必须经其父母同意。2000 年 11 月荷兰议会下院以多数票通过
了关于"没有希望治愈的病人有权要求结束自己生命"的《安乐死法案》。经过几年实践,在积累了
一定的法律和临床经验之后,荷兰议会上院于 2001 年 4 月 10 日通过了由下院于 2000 年 11 月 28
日通过的《安乐死法》,允许医生为身患绝症的病人实施安乐死,成为世界上第一个把安乐死合法
化的国家。

(2) 澳大利亚:澳大利亚的安乐死立法曾经历了一番波折。多年来,其国内一直存在着在医
生帮助下实施的安乐死,但法律却不允许这么做,因而这种行为都是秘密进行的。1996 年 5 月 25
日澳大利亚北部地区议会通过了世界上第一部安乐死法——《晚期病人权利法》,并于 1996 年 7
月 1 日在一片争议声中开始生效。但各界对该法案的反对之声不绝于耳,1996 年 12 月联邦众议
院以压倒多数通过终止这部法律的提案后,1997 年 3 月 25 日凌晨,澳大利亚联邦参议院经过辩
论,推翻了《晚期病人权利法》。从而为这一部关于安乐死的法律实施了"安乐死"。

(3) 美国:在美国,安乐死又称在"医生辅助下的自杀",关于它的是非标准目前还只停留在道
德范畴内,除华盛顿和纽约两个州的法律明确禁止该行为外,其他州要么含糊其辞,要么虽制定了
相应立法却中途夭折。美国联邦法律规定,任何医疗卫生部门都应该告诉成年病人,他们有权以
明确表示的方式拒绝维持生命的治疗。病人也有权以书写"生命预嘱"(又称"生前意愿书")或指
定代理人的方式决定维持或撤除治疗。

1976 年,美国加利福尼亚州颁布了《自然死亡法》(Natural Death Act),这是美国第一部成文的
被动安乐死法。也是人类历史上第一个有关安乐死的法案。

1977 年以来美国有 38 个州通过了《死亡权力法案》,要求医生尊重病人安乐死愿望,但到目前
为止,安乐死在美国大部分地区仍属非法行为。只有俄勒冈州于 1994 年通过一项法律,允许内科
医生在特定条件下协助病人自杀。美国在 1991 年颁布了《病人自我决定法》,要求医院、家庭病
房、护理诊所、卫生管理机构认真讨论和对待病人的愿望,但不一定要答应每一个要求。截至目
前,美国法律和医疗专业人士对安乐死仍持较为谨慎的态度,甚至有些人士公开反对安乐死。

(4) 日本:在日本,人们已基本接受了被动安乐死。即当病人患不治之症时,可应病人或其家
属要求撤除维持其生命的治疗,任其自然死亡,但在法律上仍视安乐死为违法。毫无疑问,难以被
普通公民所接受的主动安乐死也当然属非法行为了。但在 1995 年,日本是通过法院判例给安乐死
以有条件的认可,并逐渐形成了日本安乐死判例法。日本一法庭以判例形式把安乐死从《刑法典》
中关于嘱托杀人罪和承诺杀人罪的规定中独立出来,对实施安乐死附加了严格的条件,使之合法
化。为消除病人肉体痛苦不得已而侵害生命的行为,可被认为相当于日本刑法规定的"紧急避难
行为"。执行安乐死而不追究法律责任,其依据是作为正当行为的违法性阻却和紧急避难的违法
性阻却,即通常构成违法的行为由于特殊理由可不认为是违法。

## 三、我国安乐死立法

### (一) 我国安乐死及其立法的讨论

改革开放以后,安乐死的观念传入我国。安乐死在我国引起医学界、法学界、伦理学界、社会

学界和公众的关注和讨论。在 1987 年年底和 1988 年 7 月,我国举行了两次安乐死问题讨论会。

1996 年,来自 17 个省市的伦理学界、医学界、法学界的近百名专家、学者参加了在上海举行的第一次全国性的"安乐死"学术讨论会,多数代表拥护安乐死,一些代表认为就此立法已迫在眉睫。目前,我国赞成安乐死的人主要是老年人和高知识阶层人士。上海曾以问卷形式对 200 位老年人进行了安乐死意愿调查,赞成者占 72.56%;在北京的一次同样的调查中,支持率则高达 79.8%;另据《健康报》报道,有关部门对北京地区近千人进行的问卷调查表明,91% 以上的人赞成安乐死,85% 的人认为应该立法实施安乐死。

## (二) 我国安乐死立法思考

安乐死是指对患有不治之症且又极端痛苦的病人,在不违背其真实意愿的前提下,出于对其死亡权利和个人尊严的尊重,为解除病人痛苦而由医务人员实施的中止维持生命的措施使其自行死亡,或采取积极措施使其加速死亡的一种医疗行为。

**1. 安乐死的立法内容**

(1) 实施对象:关于安乐死的实施对象主要有三类:植物状态,脑死亡者,身患绝症濒临死亡而又极度痛苦者。

一般说来,安乐死的对象应严格控制,通常以下面三种人为实施对象:肉体和精神均处于极端痛苦之中的绝症患者;靠人工维持生命长期昏迷不醒、丧失自我意识的病人;有严重缺陷的新生儿。

安乐死适用的对象只能是身患现代医学上的绝症、濒临死亡的病人,且病人身体上的痛苦难以承受。因为,安乐死在形式上毕竟是一种故意剥夺他人生命的行为,如果不对安乐死的对象进行明确的限制,则有可能导致安乐死的滥用,从而被一些别有用心的人所利用,假借安乐死之名,行其故意杀人之实。

(2) 行为目的(基于仁慈):安乐死的施行,必须是出于对患者的同情和帮助,出于对患者死亡权利和个人尊严的尊重,而不能是出于其他的动机和目的。否则,安乐死可能因其目的的非正当性而失去其存在的合理性基础。

(3) 安乐死适用的前提:必须基于患者本人真诚的请求或嘱托,只有在患者本人无法表达其意愿的情况下,才能够由其家属提出。除此以外,不得因其他任何人的要求对患者施行安乐死。

(4) 行为实施者:安乐死的实施者应为合法的医务人员。必须是医生或者取得法定医疗资格的医护人员,且必须严格依照法定医疗程序进行。这样要求的目的,主要是为了防止安乐死的滥用,从而将安乐死的施行严格控制在法律允许的范围内。

(5) 安乐死的形式和方法:合法的安乐死形式既包括被动安乐死,也包括主动安乐死。安乐死的方法应当是快速、无痛的,尽可能表达"安乐"的本质,体现出人道主义的精神,不能使病人感到痛苦,否则,安乐死的施行即会因背离了"无痛苦死亡"的本意而丧失其存在的意义和价值。至于具体施行的方式,既可采取积极的作为形式,也可采取消极的不作为形式,只要能够促成绝症患者尽早结束生命,从无法忍受的痛苦中脱离出来即可。安乐死的施行并不一定要使病人处于快乐的状态。

**2. 安乐死的原则**

实施安乐死应符合无危害、无痛苦、不违背本人意志的原则。具体是:① 现代医学科学技术所不能救治的不治之症。②病人的剧烈痛苦无法抑制,且已迫近死亡。③病人有要求安乐死的真诚意愿。④在不违背病人意愿的前提下,由医务人员提供的在无痛苦状态下加快结束或不再延长死亡过程的医疗性服务。⑤执行安乐死的方法在伦理学上被认为是正当的,它是在特定情况下病人利益的最高体现。

3. 安乐死的实施程序

(1) 请求程序:必须有患者或其亲属的申请。申请安乐死者如果有表达意愿的能力,则必须提交由其亲笔签名的书面申请,若口头提出申请则必须是录音且必须有两名以上的见证人。原则上说,任何人都不能代替患者本人提出安乐死申请。神志不清、无法表达自己意愿的绝症患者,在一般情况下也不能对其实施安乐死,除非他们在神智清楚时已立有希望实施安乐死的遗嘱或有了解病人愿望的亲人提出请求。了解病人愿望的亲人是指那些长期服侍病人、能理解病人真实心愿的家属。当然,患者或其亲属可随时撤回申请。

必须是患者明确、真实且深思熟虑后的意思表示。患者必须以语言或文字明确表示要求安乐死,以暗示或其他方式表示的,都不能认为是明确的意思表示。意思表示还必须是患者的真实意思表示而非出自胁迫、欺骗、诱惑等其他非本人意愿的因素。

必须有患者亲属的认可。安乐死申请者的父母、妻子、儿女等共同生活者,必须对申请安乐死的要求共同认可,并在安乐死申请者的申请书上签名。请求必须是病人在意识清楚的情况下,出自本人的真诚意愿。对于陷入永久性昏迷状态,不能表达意愿的病人,可由其直系亲属请求,但需得到有关部门和医疗单位的同意方为有效申请。16岁以下患者的安乐死决定必须由其家长或监护人做出,16到18岁的未成年人可以在同家长商讨后一同做出决定。

(2) 审查程序:必须有医生的诊断。申请安乐死者必须经两名医生(其中一名是患者的主治医生)确诊为身患绝症或严重伤残且痛苦不堪或已处于垂危状态,主治医生必须向患者详细陈述实际病情和后果预测,并应当同病人讨论除安乐死之外挽救生命的其他方法,当一切努力均不可能时才能考虑安乐死,禁止医生向病人做任何可以把安乐死作为一种选择的暗示。必要时,还需要一位心理医生对患者进行诊断,以确认其神志清楚,完全有能力自己做出安乐死的决定。安乐死申请应有上述医生签字同意方为有效。

必须经过专门委员会批准。设立由医学专家、法医、医学伦理学专家等共同组成的安乐死审查委员会,其任务是对安乐死的申请进行严格的医学和司法审查,防止误诊和失控。该委员会应分为省级和市级(即省辖市级,包括地、州、盟级)。病人的安乐死请求经有关医生签署意见后,由市级委员会鉴定提出安乐死申请的病人所患疾病是否为绝症,决定可否实施安乐死。如果病人或其亲属对该决定有意见,可在法定期间内向省级委员会申请复议,由省级委员会做出决定。为确保做出此类决定的公正性,应规定若对省级委员会的复议决定不服的,可提起行政诉讼。

(3) 操作程序:安乐死申请得到批准后,分别要有7天以上的"冷却期"和48小时以上的"等待期"。安乐死申请被批准7天后,如果病人仍然坚持安乐死,那么病人还要再签一份申请书,他自己在这份申请书上签字之后,还要再等48小时,如果他仍然坚持自己的意见,那么,安乐死才可以正式实施。

必须经指定医院按照法定程序进行。遵循严格的程序是防止安乐死被滥用的关键,安乐死应体现"安乐",给死者创造一个愉快或无痛苦的死亡过程,这不是谁都可以随便做到的。安乐死必须在指定医院施行。在施行时,医院应严格审查有关材料,认真做好登记,依照批准的时间、地点、方式,由医护人员执行;并由申请人及其家属签名。施行时必须有死者家属及见证人在场。必须由病人所在医院两名以上的医务人员按批准的时间、地点等对病人实施安乐死。必须用医学方法实施安乐死。具体是由医护人员给患者注射针剂或由患者自己服用安眠药片等,所用方法不应使病人遭受不应有的痛苦或使他人产生残酷的感觉。

申请安乐死的患者的主治医生不能因为患者实施安乐死而从死者或其亲属处获得任何直接或间接的利益,当然,必要的医疗费用的支出除外。

4. 法律责任

1)对不符合安乐死条件的病人实施安乐死,应承担相应的法律责任。

2)有确切证据证明病人亲属或医务人员是在病人的真诚请求下对病人实施安乐死,但未经有关部门审查批准的,仍属违法行为,应承担相应的法律责任。

3)审查人员不认真履行审查职责,以致造成重大医疗纠纷的,医务人员用不人道的方法对病人实行安乐死的,违反有关保密规定的,均应承担相应的法律责任。

4)未经病人同意,病人亲属或医务人员对有行为能力的人擅自实行安乐死,构成故意杀人罪,应按刑法有关规定承担刑事责任。在实施前病人表示反悔,不同意实施安乐死,应尊重病人的选择,不得强迫实施安乐死。

**思 考 题**

1. 简述脑死亡诊断的哈佛标准。
2. 简述生殖技术、克隆、基因的概念。
3. 简述《基因工程安全管理办法》的主要内容。
4. 简述器官移植的分类。
5. 简述安乐死的内涵及其实施原则。

(南京中医药大学 田 侃 沈爱玲)

# 参 考 书 目

陈明光,刘本仁.1994.卫生法学.上海:上海医科大学出版社

陈明光.1996.中国卫生法规史料选编.上海:上海医科大学出版社

达庆东,曹文妹,田侃.2004.卫生法学纲要.第三版.上海:复旦大学出版社

达庆东.2000.卫生法学纲要.第二版.上海:上海医科大学出版社

丁言雯.1999.护理学基础.北京:人民卫生出版社

冯建妹.1994.现代医学与法律研究.南京:南京大学出版社

龚赛红.2001.医疗损害赔偿立法研究.北京:法律出版社

顾鸣敏.2001.医学导论.上海:上海科学技术文献出版社

洪浩,姜柏生,田侃.1994.医学法学教程.南京:河海大学出版社

姜柏生,田侃.2003.医事法学.南京:东南大学出版社

姜明安.1999.行政法与行政诉讼法.北京:北京大学出版社、高等教育出版社

李本富,丁惠孙,李传俊.1993.护理伦理学.北京:科学出版社

李彩霞.1997.初级卫生保健.南京:江苏科学技术出版社

李珠江,胡忠明.1989.医学伦理学.北京:人民军医出版社

梁毅.2003.药品经营质量管理规范.北京:中国医药科技出版社

刘革新.1997.医与法.北京:中国人民公安大学出版社

罗匡.1992.高技术法导论.合肥:中国科学技术人民出版社

罗玉中.1993.科技法基本原理.合肥:中国科学技术大学出版社

田侃.2004.卫生法规.长沙:湖南科学技术出版社

田侃.2004.中国药事法.南京:东南大学出版社

王陇德,张春生.1998.中华人民共和国献血法释义.北京:法律出版社

卫生部卫生法制与监督司.2003.卫生法立法研究.北京:法律出版社

卫生部政策法规司.1996.中华人民共和国卫生法规汇编(1992~1994).北京:法律出版社

卫生部政策法规司.1999.中华人民共和国卫生法规汇编(1995~1997).北京:法律出版社

吴崇其,达庆东.1999.卫生法学.北京:法律出版社

吴崇其.2001.中国卫生法学.北京:中国协和医科大学出版社

吴宏道.1995.现代环境卫生学.北京:人民卫生出版社

颜崇立.1991.实用卫生法律学.南京:江苏人民出版社

杨开忠,陆军.2003.国外公共卫生突发事件管理要览.北京:中国城市出版社

杨立新.2010.《中华人民共和国侵权责任法》精解.北京:知识产权出版社

医疗事故处理条例起草小组编写.2002.医疗事故处理条例释义.北京:中国法制出版社

赵同刚.2001.卫生法.北京:人民卫生出版社

赵同刚.2004.卫生法.第2版.北京:人民卫生出版社

中国药学会药事管理专业委员会.2001.中国医药卫生改革与发展相关文件汇编.北京:中国医药科技出版社

邹延昌,肖宏浩.2001.药事管理学.济南:泰山出版社